Flor María Rodríguez-Arenas

Periódicos literarios y géneros narrativos menores:
*Fábula, anécdota y carta ficticia
Colombia (1792 - 1850)*

⊖-STOCKCERO-⊖

Copyright © Flor María Rodríguez-Arenas
of this edition © Stockcero 2007
1st. Stockcero edition: 2007

ISBN: 978-1-934768-05-1

Library of Congress Control Number: 2007941292

All rights reserved.
This book may not be reproduced, stored in a retrieval system, or transmitted, in whole or in part, in any form or by any means, electronic, mechanical, photocopying, recording, or otherwise, without written permission of Stockcero, Inc.

Set in Linotype Granjon font family typeface
Printed in the United States of America on acid-free paper.

Published by Stockcero, Inc.
3785 N.W. 82nd Avenue
Doral, FL 33166
USA
stockcero@stockcero.com

www.stockcero.com

Flor María Rodríguez-Arenas

Periódicos literarios y Géneros narrativos menores:
Fábula, anécdota y carta ficticia
Colombia (1792 - 1850)

Índice

Introducción VII
1. Antecedentes coloniales 1
1.1. Prácticas sociales 6
1.1.1 Las polémicas...7
1.1.2 Las tertulias 11
1.1.3 La literatura de la Tertulia Eutropélica...17
1.1.4 El estado de la narrativa 33
2. El temprano siglo XIX: situación política...41
2.1 Los periódicos y las revistas literarios..52
2. 1. 1 La Miscelánea (1825-1826) 58
2. 1. 2 La Estrella Nacional (1836)...74
2. 1. 3 El Albor Literario (1846) 94
2. 1. 4 El Duende (1846-1849) 114
2. 1. 5 El Museo (1849) 133
3. Algunas formas narrativas existentes en las publicaciones periódicas 143
3. 1 La fábula - el apólogo..144
3. 2 La anécdota 166
3. 3 La carta ficticia 189
4. Conclusiones 209
5. Apéndice...213
6. Bibliografía 229

Introducción

Las décadas previas a 1850 muestran una de las etapas de más intensa actividad intelectual en la narrativa de ficción colombiana, desafortunadamente ese nutrido y constante trabajo escritural ha pasado totalmente inadvertido para los historiadores y los críticos de la literatura colombiana. Del siglo XIX, se habla de obras o de autores específicos, todos ellos pertenecientes a la segunda mitad del siglo; pero hasta ahora, nunca se ha efectuado un estudio de lo que fue el quehacer literario de las primeras décadas de vida independiente; esto ha servido para que se hagan afirmaciones totalmente equivocadas sobre lo que fueron esos años en Colombia.

Este libro investiga esa época en la historia literaria y cultural de Colombia. Durante esas décadas, además de grandes cambios gubernamentales y fuertes trastornos en la vida social, se establecieron, entre otros aspectos, las bases de lo que sería en el futuro la dirección política de la nación y el curso que seguiría la narrativa en todas sus manifestaciones.

Por lo caótico del momento histórico, los investigadores han señalado mediante fechas, sucesos que parecen proporcionar algo de orden a los aspectos de la vida que se vivía. No obstante, por la amplia gama de investigaciones históricas que dan cuenta de los acontecimientos gubernamentales que se efectuaban, se han ocultado casi completamente los logros culturales y literarios que se realizaban, al haber los intelectuales posteriores privilegiado lo político sobre lo cultural en sus indagaciones. Si se hace mención sobre la literatura, ésta es rápida y superficial y repite la falacia de pobreza y carencia de valor sobre el aporte cultural de la época.

Hasta la publicación de la *Bibliografía de la literatura colombiana siglo XIX* (Rodríguez-Arenas 2006)[1], no existía una fuente de información relativamente

---

1 Los libros de indispensables consulta y gran ayuda, aunque guardando las consideraciones debidas a la época en que fueron escritos son el de Vergara y Vergara ([1867] 1974), Ortega (1935), Otero Muñoz (1937), Gómez Restrepo (1945) y Curcio Altamar ([1957] 1975).

exhaustiva que permitiera al interesado, estudiante o investigador, encontrar una guía sobre los textos publicados en el periodo. Pero todavía falta conocer cómo fue surgiendo y fortaleciéndose la literatura; cuáles eran las intenciones de los autores al escribir; cuáles fueron sus modelos, los problemas que afrontaban; preguntas, cuyas respuestas proporcionarían un valioso aporte para conocer un poco más concretamente la vida cultural y la manera en que fue forjándose la ficción en Colombia durante la primera mitad del siglo XIX.

Además, esas tempranas décadas se han clasificado dentro del Romanticismo[2], cajón de sastre, que conlleva muchas características, pero con esto no se especifica la manera en que se fue formulando culturalmente el avance de la literatura, en especial de la narrativa; como tampoco de qué manera se publicaron los periódicos: *La Miscelánea* (1825-1826), *La Estrella Nacional* (1836), *El Albor Literario* (1846), *El Duende* (1846-1849), *El Museo* (1849). Tampoco se sabe cuáles fueron los géneros narrativos privilegiados ni las técnicas que se desarrollaron y que antecedieron o se presentaron paralelamente en varios géneros a la vez.

Asimismo, esos años se encasillan bajo el título «costumbrista» basándose en trabajos de tesis efectuados en el extranjero o en movimientos literarios peninsulares que estaban en franca decaída; membrete, que como el anterior es supremamente amplio y desconcertante; ya que no indica con precisión los rasgos verdaderamente importantes que se aportaron durante esas décadas a la literatura colombiana. El encasillamiento de la producción literaria de esas décadas al tiempo que ayuda a eliminar por desconocimiento variados textos de gran importancia, evita hacer un estudio riguroso de esas mismas producciones de la época, ya que significaría desarrollar una detallada y laboriosa investigación, que requieren la búsqueda minuciosa en publicaciones periódicas que aunque son de fácil acceso público, se encuentran únicamente en determinadas bibliotecas de lugares específicos.[3]

---

2   La mayoría de las obras producidas durante el siglo XIX en Colombia se han adscrito sin ningún tipo de indagación al Romanticismo. Esta clasificación es completamente equivocada; en Colombia hubo una amplia actividad intelectual que produjo obras en todos los movimientos literarios que se desarrollaron y se importaron de Europa. Sin embargo, hasta ahora, la falta de análisis y de investigación sobre lo que en realidad fue ese siglo, hace que los estudios sobre textos de la época sean repetitivos y sin ningún tipo de cuestionamiento; de ahí que se acepten falsas clasificaciones, produciendo como resultado una visión fragmentaria y fosilizada sobre lo que en realidad fue la producción escritural del primer siglo de vida republicana.

3   Esta situación viene sucediendo desde el siglo XIX: «Una de las tantas situaciones que coadyuva a la tergiversación de las letras hispanoamericanas, sucede en el marco de Colombia a mediados del siglo XIX. En 1866, para homenajear al recientemente fallecido Eugenio Díaz Castro, José María Vergara y Vergara publicó en dos volúmenes, una colección de algunos de los textos aparecidos en *El Mosaico*, (difundido en cinco épocas entre diciembre de 1858 y diciembre de 1872), cuyos autores eran hombres reconocidos, y los divulgó bajo el título: *Museo de cuadros de costumbres i variedades*. Posteriormente en 1878, José Joaquín Borda reunió también en dos tomos varios de los escritos que se habían hecho públicos tanto en *El Mosaico* como en la edición de 1866, y los compiló junto con narraciones aparecidas en épocas anteriores de otros autores distinguidos del siglo, titulándolos: *Cuadros de costumbres y descripciones locales de Colombia*. Entre los diversos ejemplos de esta anómala situación está la novela histórica de Juan Francisco Ortiz: «El Oidor de Santafé», aparecida en el periódico *El Día* (1845), que en la obra de 1878 seleccionada por Borda no sólo cambia de título: «El Oidor Cortés de Mesa», sino que transmigra a otro género convirtiéndola de novela histórica en relato costumbrista. Cla-

Escribir sobre la literatura del pasado significa revivir ideas, aprender a discernir, a interpretar situaciones y pensamientos; penetrar en los laberintos del tiempo, entender las intenciones de los escritores, las influencias de los pensadores, los intereses de los lectores; inferir el uso, la modificación, la adaptación, el rechazo; en fin, la apropiación y el forjamiento de un patrimonio cultural que por ser propio es peculiar del suelo en el que se produjo y, por tanto, diferente de aquellas corrientes en las que se nutrió, de aquellas ideas que le pudieron servir de guía en sus inicios o de los movimientos que al otro lado de sus fronteras o allende el mar se constituyeron.

Si en la trayectoria de la indagación se hallan paralelos con otras literaturas, ellos son los hilos que hermanan de alguna forma la creación, la producción de áreas que han seguido de una u otra manera procedimientos al parecer similares, en realidad, nunca iguales. Si se pretende explicar, por qué nuestra literatura no sigue los mismos ciclos ni las mismas variaciones que la literatura europea o por qué se produjo con retraso, se encontrarán verdades sofocada por los intereses de unos cuantos y luego por el tiempo y el desconocimiento de las generaciones posteriores.

La literatura colombiana se nutrió de otras, pero a la vez quiso hacerse peculiar, propia y por tanto única. En este intento adoptó, cambió y adaptó procesos y técnicas; trató de ser singular, tomando de todas parte y originando también; se luchó y se trabajó denodadamente. En la mayoría de esas producciones no hay retraso, hay transformación, elaboración, surgimiento, expresión de lo individual, de lo particular, de lo íntimo, que por ser natural e intrínseco, no es igual a lo español, pero toma de lo europeo (Francia, especialmente); buscarle defectos al no encontrar textos que surjan con el mismo vigor y con determinadas técnicas adscritas a un movimiento europeo, significa no saber la historia de la literatura en esos países (donde los movimientos surgieron en épocas diferentes en cada uno de los lugares); así además del desconocimiento se explicitan la incomprensión, el desfase y la inadecuación del investigador. En el siglo XXI, seguir con la mentalidad renacentista europeizante y conquistadora o con la positivista, no es un avance, expresa simplemente los resquicios mentales y culturales en los que se ha caído y a los que se aferran aquellos que prefieren repetir y aceptar que indagar y volver sobre los pasos para reconstruir, para mostrar lo que en realidad se hizo.

En los periódicos del siglo XIX en Colombia se halla el surgimiento de diferentes tipos de textos de ficción que convivían simultáneamente empleando técnicas e intercambiando funciones; escritos que posteriormente contribuirían a la solidificación del género novelístico. Estos están compuestos

---

sificación que repiten tanto la colección de obras de la Biblioteca del Banco Popular (volúmenes 46 al 49 de 1973), como la Biblioteca Luis Ángel Arango en la reedición y difusión de los textos anteriores que ha efectuado por medio de la publicación digital en la Biblioteca Virtual del Banco de la República: (http://www.lablaa.org/blaavirtual/letra-c/cuac/cuac30a.htm). De esta manera, primero por un capricho de editores y luego por falta de interés en el estudio de los textos, no sólo los escritores que publicaron en *El Mosaico*, sino todos los que en una u otra forma fueron autores reconocidos, comenzaron a ser clasificados como «costumbristas»; asignación que los críticos ulteriores han aceptado sin cuestionar» (Rodríguez-Arenas 2004, 57).

por estructuras simples, que a la vez que revelan el cambio en la forma de pensar durante esos años, muestran la influencia de la oralidad aún prevalente en el área. Diversos textos del momento tienden a desarrollar varias líneas argumentales al mismo tiempo, mientras incorporan términos y tópicos del periodismo, o técnicas de la poesía o de la cultura popular produciendo rasgos que se han desechado, relegando estos escritos al olvido, cuando en ellos se halla ya no sólo el germen sino las técnicas narrativas que se fueron aplicando y que posteriormente harían eclosión en la prosa de ficción en décadas posteriores en que los escritores se agruparon en las tertulias de «El Mosaico» y que produjeron el periódico del mismo nombre.

El lapso comprendido entre 1825 y 1850 es muy importante porque en los periódicos de esos años, se observa una mayor tecnificación narrativa en los relatos, ya que comienzan a manifestarse formas narrativas que se van complicando con el tiempo. En esos años los problemas de la composición del relato, las diferencias entre distintos subgéneros narrativos, las modificaciones entre imaginación y fantasía y la estructura de las narraciones comienzan a ser pensados y experimentados hasta crear formas de prosa de ficción que se van haciendo cada vez más complejas.

A finales de la década del veinte del siglo XIX parece haber una casi ausencia de narrativa; sin embargo, al estudiar cuidadosamente las publicaciones periódicas, se observa que la ficción se manifiesta en cada una de ellas en diversas modalidades; fenómeno que se hace más evidente a medida que transcurre el tiempo. En la década del treinta, surgen los textos críticos sobre la ficción y ya se producen novelas originales. Sin embargo, otras manifestaciones fictivas dominan las páginas de la prensa.

Trabajar con la creatividad tanto de los autores como de los lectores del pasado equivale a llegar a comprender cómo el pasado desafío la imaginación de ambos grupos, y cómo respondió cada uno a ese reto. Las siguientes páginas son la primera etapa de una historia crítica de la prosa de ficción colombiana durante el siglo XIX; indagación y lectura que intenta acercarse un poco más a la realidad que sus forjadores pretendieron, plasmaron y produjeron.

El esfuerzo de esas décadas debe entenderse como una unidad producida en una cadena discursiva coherente que es la del discurso sociocultural neogranadino del siglo XIX. Las generaciones de escritores que aparecen después de las guerras de independencia toman una serie de posiciones, a través de sus obras y de sus actuaciones públicas, dirigidas a abrir un espacio público para la consolidación de la literatura, especialmente en el campo de la narrativa de ficción. El estudio que se realiza aquí atiende a la clasificación tipológica que puede establecerse en función de la técnica narrativa y del formato adoptado para su transmisión.

Por estas razones, en este libro, se prestará atención tanto a la actividad literaria, como a los textos críticos y analíticos que se produjeron en esas décadas del siglo XIX. La representación, que esta escritura refleja es un reto que debe aceptarse cuando ya han pasado casi dos siglos desde su producción; lapso suficiente para que se dé a conocer la gran labor que desarrollaron esos intelectuales colombianos, quienes no sólo luchaban ideológica sino también culturalmente, porque querían delimitar lo propio, lo que los diferenciaba de su pasado colonial, aunque una gran mayoría descendía en línea directa de españoles monarquistas; cuestiones éticas e ideológicas supremamente difíciles de resolver. La lectura de los textos que se ofrece en este libro presenta la manera en que ellos exponen la gama de características, el acopio de técnicas, las modificaciones y los logros que la ficción fue alcanzando a través de las décadas iniciales del siglo XIX en Colombia.[4]

En el primer capítulo se mostrará la manera en que durante la Ilustración, las diversas formas de sociabilidad que se fueron desarrollando e implantando, a pesar de la censura y la coerción, gradualmente dieron paso a la expresión de una opinión pública que aunque delimitada y desconfiada empezó a mostrar tanto los avances literarios como los rasgos característicos socioculturales de la Nueva Granada.

En el segundo capítulo se hace un estudio sobre los primeros periódicos literarios que surgieron en Colombia; los intentos, los retrocesos, los hallazgos, los adelantos. En ellos se observa la manera en que los intelectuales se fueron organizando, cambiando y adaptándose a las circunstancias sociales y culturales, y nuevas generaciones de escritores modelaron y fueron delimitando una concepción de la literatura y de lo literario; además lo editores fueron encontrado lectores; los autores comenzaron a tener una relación con sus textos y comenzaron a hacer visible su presencia en la cultura a través de la prensa.

En el capítulo tercero se estudian: la fábula, la anécdota y la carta literaria, tres formas narrativas de ficción, cuyos autores fueron seleccionando y consolidando y volviendo más complejas con el tiempo. Estableciendo de esta manera, una relación con los lectores, comenzando la literatura a establecerse como una actividad autónoma, diferente de otras prácticas.

Esta pluralidad de formas narrativas, de las cuales sólo se estudiarán en este libro tres, durante la primera mitad del siglo XIX en Colombia, explicitan la manera en que se dieron las búsquedas, los encuentros y los desencuentros de los autores con el amplio panorama que se había forjado durante siglos en específicos países europeos. Al darse cuenta de la necesidad de nuevas formas, de nuevas voces que ofrecieran aportes, innovaciones, adaptaciones para la estructuración de la literatura neogranadina, se hallaron con una realidad fragmentada y en crisis. A través de la copia, la práctica, la modificación, comenzaron a producir textos originales, que aunque imitaban lo extranjero, ya poseían rasgos característicos de sus autores, del momento histórico y del medio en que los textos surgían. Así, a través de los ensayos y

---

[4] En el origen de este estudio se halla el apoyo recibido en Colombia mediante dos becas: en 1994, la Beca Nacional de Investigación otorgada por COLCULTURA, para realizar un estudio sobre «ESCRITURA Y NOVELA EN COLOMBIA (1835-1870)». En julio de 2002, la Beca Nacional de Investigación, otorgada por el Ministerio de Cultura de Colombia para estudiar LA «OTRA» TEMPRANA FICCIÓN CORTA DECIMONÓNICA COLOMBIANA.

de las rupturas abrieron nuevos caminos a la prosa de ficción; junto a las relaciones de la palabra escrita con expresiones sociales comenzaron las propuestas narrativas de los escritores a estructurar algunas de las originales rutas que poco a poco consolidaron la narrativa.

I. Antecedentes coloniales

La corona borbónica española en su intento por reestructurar el imperio ante las derrotas sufridas contra Inglaterra y Francia, comenzó a intervenir más directamente en los asuntos de los territorios americanos, para que controlándolos, pudiera así fortalecerse y transformarse política, económica y culturalmente, para restablecer su importancia en Europa. Con el fin de lograr esto, organizó en ellos cambios políticos y económicos, reformas administrativas, comerciales y educativas, mejoró las comunicaciones, reforzó la recaudación de impuestos y estimuló la formación de lucrativos monopolios fiscales del Estado. Sin embargo, en la Nueva Granada, en lo educativo, al censurar, eliminar y delimitar la actuación de los catedráticos de los Colegios Mayores, coartó los avances que los criollos habían alcanzado durante finales del XVII y parte del XVIII (véanse: Phelan 1972, 597-618, Guerra 1992 y Silva 1992, 178-249). Todo lo anterior logró únicamente un creciente distanciamiento de la alta sociedad criolla y suscitó un aceleramiento en la toma de conciencia tanto sobre la esencia de ser neogranadino, como sobre lo que se poseía y las posibilidades que se tenían para ser independientes (véase: König 1994, 53-60).

Al convertirse en Virreinato, la Nueva Granada tuvo mandatarios ilustrados[5] que se ocuparon en tratar de impulsar mejoras en el territorio, tanto en el transporte, la agricultura, las manufacturas, como en el comercio y en la educación, para solidificar el poder de España. Durante la época colonial en Santafé de Bogotá, las instituciones universitarias: el Colegio Mayor de San Bartolomé (1605) y el Colegio Mayor de Nuestra Señora del Rosario (1654) fueron los únicos centros en los que regularmente se formó la intelectualidad neogranadina que ocupó altos cargos tanto civiles como eclesiásticos. Existían

---

5   Entre 1761 y 1810 en la Nueva Granada, ocuparon el cargo de virrey: Pedro Messías de la Cerda (1761-1772), Manuel de Guirior (1772-1776), Manuel Antonio Flórez (1776-1782), Antonio Caballero y Góngora (1782-1789), Francisco Gil y Lemos (1789), José de Espeleta (1789-1797), Pedro de Mendinueta (1797-1803), Antonio Amar y Borbón (1803-1810).

también la Universidad de Santo Tomás (fundada por los Dominicos en 1580), la Academia Xaveriana (1623), La Universidad San Nicolás de Barí (1697, regentada por los Agustinos) para otorgar grados.

La universidad dominica estaba dedicada a la educación de sus propios miembros, carecía de maestros seculares y no funcionaba por largos periodos; mientras que la universidad agustina sólo confería grados en teología y filosofía a los Religiosos Agustinos de la Provincia de la Gracia; así que puede afirmarse que las generaciones de intelectuales neogranadinos se formaron en los dos Colegios Mayores santafereños: San Bartolomé y el Rosario.

En Popayán únicamente hacia 1760, se ofrecieron estudios de filosofía y teología en el Colegio-Seminario de San Francisco de Asís, cátedras que recibieron el reconocimiento real sólo en 1780. Sin embargo, muchos jóvenes panameños, ecuatorianos, venezolanos, payaneses, santandereanos, cartageneros, antioqueños siguieron viajando a Santafé de Bogotá hasta mediados del siglo XIX a realizar sus estudios.

En la época colonial, la universidad fue tanto un centro de formación intelectual, en el que se adquirían los grados y se recibían los títulos[6], como un medio importante para intervenir en la vida política y social, puesto que sus miembros guardaban estrecha conexión con las esferas laborales y de poder social, y después de terminados los estudios tenían garantizada una posición socialmente elevada en la administración civil o eclesiástica del reino.

En esa misma época, especialmente durante todo el siglo XVII, la enseñanza de la teología predominó, sobre cualquier otro estudio, lo que hizo que la intelectualidad neogranadina estuviera constituida principalmente por clérigos; esto permitió que la Iglesia fuera la institución que dominara los planos de la cultura y de la organización social.

Durante prácticamente un siglo: de 1605 a 1700, El Colegio de San Bartolomé, manejado casi exclusivamente por la Compañía de Jesús, fue el centro donde primordialmente se educaron los intelectuales. Este dominio fue contrarrestado a partir de 1700 por el Colegio del Rosario, donde los egresados iban a incorporarse a los altos cargos de la administración civil. En este centro educativo podían educarse y recibían asilo los nobles empobrecidos. El predominio de los egresados de este plantel en las esferas socioculturales se hace evidente a finales del siglo XVIII y primeras décadas del XIX (véase: Silva 1984, 275-440).

Los estudios que se ofrecían eran irrelevantes y perniciosos, como lo afirmó el Fiscal Moreno y Escandón en la larga y reñida defensa que diversos intelectuales ilustrados sostuvieron contra los Dominicos, entre otros aspectos, para que se eliminara la enseñanza de la escolástica en favor de la filosofía natural:

(...) los abusos literarios, tan nocivos no sólo al público y su tierna ju-

---

6   Al concluir los estudios de gramática latina, más o menos a los doce años de edad, se pasaba a los estudios de filosofía, durante tres años; después se ingresaba a los estudios mayores de teología o jurisprudencia y muy rara vez a medicina por lo irregular de su enseñanza. Las Facultades mayores estaban compuestas por «Teología, Cánones (Derecho Eclesiástico), Leyes (Jurisprudencia civil) y Medicina, de duración variable entre cuatro y cinco años» (Rivas Sacconi 1949, 54-73).

ventud, que alimentaba con inútiles disputas, nunca podrá ser útil al rey ni a la patria, sino también a la sociedad política y caridad cristiana, que se turba con la parcialidad y espíritu de partido que gloriosamente quiere abolir nuestro católico monarca, y que sin adhesión a escuela, doctor ni a un santo determinado, sólo se estudie y siga la verdad y sana doctrina, sin alegación a particular autor. Nada de esto es asequible en las presentes circunstancias en Santa Fe, donde cada uno, según su profesión, sigue las máximas, que a su comunidad o su capricho les sugiere, con total independencia de la autoridad real (en Soto Arango 1993, 42-43).

Al permitir la difusión de las ideas ilustradas, los virreyes querían en realidad que los criollos, que recibían tales nociones, se pusieran al servicio del Estado, generalmente en puestos dependientes de jefes peninsulares, para así afianzar la estabilidad y el dominio de España. Pero al autorizar la fundación de periódicos, al aprobar la apertura de las Sociedades Económicas, al acceder a que en las páginas de la prensa se discutieran asuntos sociales diversos: agricultura, industria, comercio, economía, lograron que los criollos más educados observaran con ojo crítico la política española hacia la Nueva Granada y que comenzaran a formarse grupos insatisfechos y desconfiados (véase: Silva 2005, 114-116).

Al impulsarse el abandono de los estudios escolásticos para lograr una reforma cultural que permitiría que las colonias se convirtieran en instrumento adecuado para devolver la supremacía económica y política a España, entró gradualmente a los diversos territorios la Ilustración y se expandió a través de los escritos de ilustrados españoles como Feijóo, Jovellanos, Campomanes y el Conde de Floridablanca; así como también por medio de obras de ingleses y franceses como Locke, Montesquieu, Voltaire, Rousseau y Raynal.

Con el conocimiento y la difusión de las ideas de la Ilustración se diseminaron conceptos arquetípicos originados en el pasado remoto, pero que el hombre de las luces había llevado a niveles más altos. Entre esos prototipos estaba el de *sabio*, concepto de origen platónico, que indicaba que el poseer el conocimiento, permitía hacer propuestas sobre la organización de la ciudad, la sociedad y el Estado; noción que a su vez marcaba al poseedor como liberado de pasiones. Otro arquetipo fue el de la *República de las letras*[7], destacada por dos elementos esenciales: por un lado, una tradición que promovía el diálogo entre diferentes naciones, es decir, la comunicación intelectual; y por el otro, señalaba un gran interés por instrumentos como los periódicos que permitían la circulación de ideas.

Nuevo arquetipo fue el del *Libre pensador o freethinker*, que a la vez que poseía una amplia cultura y una tradición republicanas, iba en contra de los poderes establecidos; era la manifestación de una crisis de la conciencia eu-

---

7   «La República de las Letras puede considerarse como el resultado de una revolución ideal en el mundo de las letras —hasta entonces ordenados según criterios feudales—, que se llevó a cabo gracias a la cada vez mayor presencia de la imprenta.(...) La República de las Letras moderna, sin embargo, acogía a cuantos practicaban alguna ciencia o materia del árbol del conocimiento. En este sentido, el término *hombre de letras*, además de ser sinónimo de escritor, engloba a cuantos tenían algún contacto con las letras, ya fueran autores o no (...)». (Álvarez Barrientos, ET. AL. 7-9).

ropea, que se produjo cuando ésta comenzó a compararse con culturas externas. Los poseedores de todas estas características seguían el modelo ético deístico e impulsaban la idea del *filósofo* oficial vinculado al poder de manera crítica y siempre positiva o eran religiosos, por tanto ajenos a la ética hedonista y rechazaban el *cosmopolitismo*; posiciones ideológicas que generaron grandes polémicas. Se asociaban en organizaciones que oscilaban entre el grupo, la camarilla, el partido, la logia y el salón y sus ideas se difundían en panfletos, periódicos, salones y teatros.

En Europa, las propuestas de los ilustrados se trasladaron de los salones donde dominaban presencias femeninas muy importantes, de ellos se desplazaron a los cafés, a las logias, a las tabernas. En las casas de libreros-editores del estudio de los libros, la cultura y la afirmación personal se pasó al panfleto de contenido agresivo; mientras que los ideólogos que estaban dentro de las esferas de poder guiaban las academias y controlaban los grandes periódicos de opinión; sin embargo, a su lado se formaban otros espacios más abiertos, pero más belicosos y ambiguos (véase: Ricuperati 1998, 21-33).

Surgió una lucha enfrentada entre ideas religiosas donde *moral* y *virtud* pasaron de los planos espirituales, ligados a la religión, a los de la humanidad del hombre y a su fin que eran el aquí y el ahora, entre sus semejantes. De ahí que se diera una secularización de la historia y se produjera la independencia de los modelos clásicos y cristianos. Al mismo tiempo, se introdujeron conceptos claves innovadores, junto a filosofías de la historia de naturaleza inmanentista y materialista que formularon concepciones como *progreso, perfectibilidad, civilización, política, derecho, utopía, opinión pública, historia natural*. Todos esos intereses ilustrados provenían de un deseo de obtener un conocimiento más auténtico y de hacer una crítica radical del pasado; por eso tendieron a desarrollar visiones de conjunto influidas por valores de *felicidad, progreso, sociabilidad, libertad, acción y reacción, moderación, tolerancia* y *racionalidad* en las relaciones humanas (véase: Abbatista 1998, 136).

Entre las imágenes y los símbolos que germinaron, estaba la representación de la ignorancia y de la superstición como monstruos que se debían combatir, para hacer triunfar las luces y acabar con el oscurantismo. La ironía se empleaba para ayudar a corregir los vicios tanto en pintura como en escritura. En el arte se pedía que los cuadros históricos fueran «una escuela de costumbres» y tomaran como referente las acciones virtuosas de los grandes hombres; es decir, el contenido debía ser social y moral. El artista, el creador tenía una responsabilidad social, ya que debía criticar la decadencia y la corrupción de la sociedad (véase: Arasse 1998, 164-166).

En la Nueva Granada, españoles como el científico José Celestino Mutis y el mineralogo José D'Elhuyar, viajeros e investigadores europeos como Bonpland y Humboldt, neogranadinos como Moreno y Escandón, Jorge Tadeo Lozano, Antonio Narváez y la Torre, José María Cabal, Francisco Antonio

Zea y otros que habían estudiado en España, contribuyeron a la expansión de las ideas de la Ilustración. Esta difusión se logró cuando los virreyes fomentaron el interés por las ciencias naturales y económicas, impulsaron la visita o la permanencia de científicos europeos en el territorio y apoyaron su trabajo; también cuando abrieron la Biblioteca Real (1788), primer establecimiento público de este tipo en Santafé de Bogotá (formada con las distintas colecciones confiscadas a la Compañía de Jesús en los colegios de Santafé de Bogotá, Tunja, Pamplona y Honda, al ser desterrados sus miembros), al escribir nuevos planes educativos (Moreno y Escandón, 1774; Junta de Santa Fe, 1779; virrey Caballero y Góngora, 1787; Eloy Valenzuela, 1806) (véase: Soto Arango 1994, 145-242), y cuando propusieron la apertura de una Universidad Pública, e inauguraron el Teatro (inició funciones en octubre de 1793) y el Observatorio Astronómico, en 1803.

Uno de los avances más importantes fue la fundación de la Expedición Botánica en 1783, encargada a José Celestino Mutis. Hasta 1790, sus sedes fueron La Mesa de Juan Díaz y Mariquita. A partir de ese año, por orden virreinal, el centro de La Expedición se instaló en Santafé de Bogotá; este cambio, permitió que la institución se convirtiera rápidamente en el centro de la reforma cultural para la Nueva Granada, puesto que a través de ella se estimularon los intentos del pasado y se fomentó el trabajo científico.

Entre 1783 y 1810, las generaciones de jóvenes neogranadinos al estudiar las ideas de la Ilustración aprendieron a reconocer la abundancia de flora y fauna, los recursos minerales y los diversos pisos térmicos que se poseían en el reino; advirtieron las fallas de la administración y comenzaron a fundamentar a través del estudio, los argumentos en que basaron las críticas al sistema; todo esto les proporcionó la confianza necesaria para socavar las bases del imperio del que dependían y comenzaron a pensar en ampiar sus campos de actividad y posiblemente en alcanzar la autonomía. Situación que ha sido definida como:

> La Ilustración fue desde este punto de vista, la estrategia cultural que un sector hegemónico elaboró para reunir a sus miembros, configurar los actos y pensamientos que debían regir su desempeño social y construir una identidad propia con base en la diferenciación que establecería con otros patrones. Como fenómeno cultural, buscó también ubicar este estamento en la escena social, con miras a que su existencia fuera reconocida, sus intereses legitimados y su aspiración de dominio garantizada por parte de los restantes (Peralta, xx).

1.1. Prácticas sociales

Ese movimiento transformador se produjo únicamente en pequeños grupos elitistas, los únicos que sabían leer y escribir, ya que los intentos de los virreyes para institucionalizar y divulgar la Ilustración a diversas capas sociales sufrieron serios obstáculos causados por falta de dinero y por el rechazo de las nuevas ciencias por parte de los directores de las instituciones educativas. El plan de estudios[8], impulsado por Moreno y Escandón (1774) y aprobado por el virrey Guiror para los dos colegios más importantes de Santafé, se remplazó en pocos años por otro más tradicional. Los Colegios Mayores existentes y la universidad de Santo Tomás dirigida por los Dominicos combatieron abiertamente el proyecto de abrir una nueva universidad que fuese pública. De esta manera, la divulgación de las ideas de la Ilustración se limitó a un número reducido de miembros de la élite que las estudiaron en colegios o universidades, centros estamentales y elitistas (véase Silva 2002, 33-34), o se diseminaron a través de prácticas de sociabilidad que tuvieron un fuerte impulso durante la Ilustración:

> (…) a diferencia de las instituciones de la sociedad tradicional, la amplia gama de sociedades, salones, cafés y otras reuniones de la Ilustración estaba compuesta por asociaciones voluntarias a las que tenían acceso individuos que buscaban juntarse con otros que compartían los gustos, valores, ideas o sueños. Estas instituciones variaban a lo largo de Europa y las colonias americanas, pero en todas partes constituían alternativas a las familias, iglesias, gremios y cortes regias, cuya sociabilidad era un sostén de la sociedad estratificada, jerárquica y patriarcal de la época (Goodman, 215).

Algunas de esas asociaciones eran impulsadas por iniciativas personales como: los salones privados, las tertulias, los cafés; mientras que otras estaban vinculadas al Estado, como: las Sociedades Económicas de amigos del país, las Sociedades Patrióticas y las Reales Academias, entre otras.

La educación impulsada por los mismos gobernantes ilustrados salió del ámbito confuso de lo cotidiano y de la teoría de los discursos especializados para pasar a los proyectos. Esto creó polémicas que mostraban la gradual adquisición de conciencia de las generaciones que iban dejando de lado la educación impartida por religiosos para dar paso a una nueva filosofía del ser humano y a un comienzo de secularización que comenzó a impulsar factores de orden social y económico.

---

[8] «Se trató de un plan moderado que retomaba en forma más bien tímida los modelos de estudios reformados de las universidades españolas de Sevilla y Alcalá, pero que permitió en el Nuevo Reino la emergencia de novedades culturales que sólo tenían antecedentes en los cursos de física y matemáticas que José Celestino Mutis había dictado a su llegada en la década del sesenta; lo mismo que permitió un avance grande en la discusión sobre el proceso de secularización de las esferas de competencia de la administración civil y la eclesiástica, y de sus respectivos sujetos» (Silva 1992, 120). Véase: el plan en Hernández de Alba (1980, 195-227).

1.1.1 Las polémicas

Una manera de conocer la vida cultural de un lugar se manifiesta a través de las controversias que se debaten durante las diferentes épocas. Por medio de esos razonamientos e impugnaciones se llegan a comprender las motivaciones tanto personales como sociopolíticas que marcan los periodos y que influyen en el desarrollo o el atraso de un lugar; ya que, detrás de ellos se encuentran las ideologías políticas y culturales que caracterizan el pensamiento de la época.

Entre las «polémicas» que destacaron desde la década del sesenta del siglo XVIII se hallan:

a) *La polémica por la Universidad pública* —es decir controlada por el Estado, pero nunca gratuita—, que proponía que existiera un recinto que otorgara grados, pero que no estuviera dominado por las órdenes religiosas, quienes ocupaban casi en su totalidad los cargos docentes y administrativos. Esta propuesta de Moreno y Escandón efectuada en 1768, enfrentó por casi medio siglo en lucha abierta al rey y a sus representantes contra el sector religioso; siendo vencidos los primeros en distintas oportunidades, al aliarse las distintas órdenes religiosas en apoyo de los Dominicos, quienes usaron su influencia en Roma para que se ordenara en diversas oportunidades el cambio de una decisión civil.[9]

b) *La polémica de los Agustinos contra Mutis* sobre la exposición de las teorías del inglés Isaac Newton (acerca de la gravitación universal, y la descomposición de la luz) y las de Nicolás Copérnico[10] y el método

---

9   Este fue un intento de Carlos III, llevado a cabo por su fiscal Francisco Moreno y Escandón para que el control de la Iglesia sobre la universidad cesara y, de esta manera, la enseñanza superior pasara a ser una de las funciones del Estado. Fue un designio fallido porque los religiosos santafereños lograron mantener su dominio en este nivel, no permitiendo ni siquiera una reforma de los planes de estudio. En 1798 se le regresaron las prerrogativas a la Universidad de Santo Tomás para otorgar grados, concluyendo así una polémica que duró casi medio siglo. Pero si los Dominicos readquirieron el poder, la idea de la educación civil se grabó en la mente de los colegiales, quienes siguieron proponiendo el cambio y prefirieron abandonar los estudios o viajar a Popayán donde en el Colegio-Seminario de San Francisco de Asís (regentado por la Orden de Predicadores desde 1774) se había dado paso a las ideas propuestas, frustradas en Santafé, durante el rectorado de Juan Mariano Grijalba (1783-1808), clérigo oriundo de San Miguel de Ibarra, educado en la Universidad de Lima, que se había enriquecido como cura del pueblo de Nóvita en la Provincia de Popayán. Con su recomendación, se llevó desde Antioquia a José Félix de Restrepo (Sabaneta, 1760- Bogotá, 1832), escolar y más tarde catedrático de San Bartolomé, quien había abogado por el plan de Moreno y Escandón en lo que tenía que ver con el abandono de la enseñanza del libro de Goudin, en favor de la adopción del de Brixia para la enseñanza de la filosofía.

10 Restrepo pasó a la historia al considerárselo el educador que durante la primera década del siglo XIX despertó la conciencia de los criollos. Muchos de los escolares que estudiaron con el maestro antioqueño en Popayán tuvieron después gran desempeño en Santafé al incorporarse en la capital como colegiales, catedráticos o abogados, llegando a adquirir una gran figuración y prestancia en la vida del siglo XIX (véase: Silva 1992, 443-477).

José Celestino Mutis comenzó a explicar estas ideas en 1762, cuando ya en Europa se había avanzado en la investigación de las ciencias naturales, en la experimentación, mediante la aplicación de las matemáticas y la física, y en la creación de gabinetes de historia natural, con lo que se impulsaba un cambio del lujo y lo superfluo por la adquisición de instrumentos para experimentar. Pero debió defender las nociones que Nicolás

experimental[11] presentadas en julio de 1774 por José Celestino Mutis, quien tuvo que hacer una defensa de estas ideas, cuando el regente del convento dominicano, fray Juan José Rojas, y el comisario de la Inquisición, el presbítero Díaz Quijano, lo acusaron de impulsar doctrinas heréticas.

c) *La polémica de los Colegiales,*[12] quienes la protagonizaron, después de unos años de haber comenzado a apoyar los cambios del sistema de enseñanza planteados para la difusión de las propuestas de los ilustrados, al enfrentarse a las instituciones establecidas y a sus directores y profesores también pidieron la ampliación o variación de las rigurosas normas de admisión al establecimiento; muchos querían ser admitidos en los colegios y universidades, pero eras excluidos por su condición social o racial. Los cambios paulatinos que se habían sucedido desde 1770, habían hecho que predominaran los colegiales *manteos*, estudiantes de diversos orígenes sociales y procedencias, sobre los *colegiales* y *convictores* (véase: Silva 2002, 36-46).

Copérnico había expuesto en el siglo XVI, las que demostraban el doble movimiento de los planetas sobre sí mismos y alrededor del sol; situación que denominó el sabio gaditano como: «El problema más oculto de la astronomía. cuya resolución ha excitado disputas interminables, y en que el ardor ha mezclado sátiras, persecuciones, y celos, hasta interesar en ellas el honor de la religión, ha contribuido también al alto grado de perfección en que vemos elevada la astronomía en nuestro siglo» (Mutis 1983, 57).

Sobre las teorías expuestas por Newton escribió en su defensa: «Sabemos que en otros tiempos se nutrió como novedad peligrosa esta opinión y se prohibió seguirla; pero se tiene hoy día por *tan desacertada* en Roma mismo su prohibición, que se ha borrado del Índice del expurgatorio, y acá en España salió al público un papel póstumo de don Jorge Juan, cuyo asunto es probar el movimiento de la tierra cual le admiten los copernicanos (…). Querer establecer fija la tierra es lo mismo que querer derribar todos los principios de la mecánica, de la física, y aún de la astronomía, sin dejar auxilio ni fuerza en lo humano para poder satisfacer» (Mutis 1983, 74).

11 El plan de estudios que Moreno y Escandón había propuesto llevaba implícito el método de la observación y de la experimentación. En los estudios de matemáticas con Mutis, se dieron a conocer ideas revolucionarias sobre el cosmos, el mundo y la naturaleza que el escolasticismo había escondido por siglos. En filosofía se reclamaba la utilidad al estudiar la realidad, es decir, el estudio debía estar ligado al conocimiento de las ciencias naturales y de la física experimental, al contrario de lo que hacía la escolástica que especulaba sobre cómo era o debía ser la naturaleza según la ortodoxia.

Antes de la entrada de las ideas ilustradas, la cátedra de filosofía constaba de tres cursos y se seguía el texto del padre Goudin. El orden del contenido variaba, pero se enseñaba: lógica, aritmética, álgebra, geometría, trigonometría, física experimental (astrología, que después cambió a astronomía y geografía) y ética. Con los ilustrados entraron a la cátedra: cuentas de comercio, dibujo, electricidad botánica, y «tratados de fuego, aire y agua» para dejar las ciencias especulativas y sustituirlas por las exactas. A esto se debe añadir la filosofía newtoniana, enseñada por Mutis, quien señaló que su objeto era: «describir los fenómenos de la naturaleza, descubrir sus causas, exponer sus relaciones y hacer descubrimientos sobre toda la constitución y orden del Universo» (Mutis 1983, 33-34).

12 La universidad colonial fue uno de los mecanismos conservadores de la segregación social; confería a sus miembros el acceso a un saber determinado, el uso de una lengua, el latín, que los separaba del resto de la población; otorgaba preeminencias y privilegios sociales y laborales, defendía la condición social y evitaba el mestizaje y sus consecuencias (véase: Silva 1992, 166-167).

Los estudiantes, señalados y diferenciados entre sí por el vestido y el sombrero, estaban divididos en: *colegiales*, quienes debían probar su nobleza, blancura, limpieza de sangre, catolicismo, buena moral y costumbres hasta en la más lejana parentela; también debían

d) *Las polémicas de los catedráticos*[13], egresados de los mismos planteles educativos antes de 1774. La propuesta de Moreno y Escandón al reivindicar el derecho del sector civil a ocupar esos cargos, abrió la oportunidad para que se suscitaran pleitos por adquirir ese derecho y por difundir los novedosos conceptos ilustrados. Los catedráticos que se atrevieron a desafiar la autoridad de los rectores de los Colegios, para utilizar la clase como vehículo de transmisión de las nuevas ideas, fueron una minoría muy selecta, pero obligaron con sus demandas a que se revisara y se replanteara la actuación del catedrático.

Las confrontaciones que se produjeron en las décadas finales del siglo XVIII dejaron ver los enfrentamientos «en torno a los problemas del monopolio del *saber legítimo*, [que] fue el conjunto dinámico de la vida universitaria» (véase: Silva 2002, 69). De esta manera, las polémicas mostraron la división social existente; los oponentes a los cambios eran de ideología conservadora y en su mayoría peninsulares o de antiguas familias; mientras que los que promovían las ideas de progreso, en gran número eran españoles recién venidos o criollos (hijos de madre perteneciente a una familia antigua y de padre inmigrante español reciente, conocedor por lo general de las ideas ilustradas), con fuertes ideas de la necesidad de efectuar cambios; es decir, las discusiones tenían sólidas bases políticas, sociales y étnicas en las que se intentaban destruir definitivamente las ideas europeas sobre la inferioridad racial e intelectual de los americanos, difundidas y sancionadas en las obras de De Paw y Buffon (véase: Gerbi 1982).

Una de las situaciones que se han establecido como causantes de la mo-

---

demostrar su inclinación a las letras en rigurosas informaciones (indagatorias) que se les seguía (éstos recibían beca seminaria, real o particular); y los *convictores, pensionistas o porcionistas* (pagaban una anualidad de cien pesos, pertenecían a la nobleza empobrecida), quienes vivían en la edificación del Colegio, lo que significaba reconocimiento social; participaban en la administración de la institución y en la selección de los compañeros. En realidad la participación administrativa se dio en el Rosario, y sólo después de la expulsión de los jesuitas, en el San Bartolomé. Los estudiantes de «segunda clase» por sus posición social y racial dudosa eran los *manteos o manteístas*, no daban informaciones, por lo que no gozaban de los privilegios de los colegiales, teniendo que vivir fuera de la institución; por lo general, su carrera terminaba al nivel de la gramática; muy pocos pasaban a los estudios superiores. Este grupo se distinguió por reclamar en sonados pleitos sus calidades sociales y por tener entrada total o parcial a los estudios superiores. Muchos de ellos permanecían en la ciudad en actividades que eran percibidas como díscolas o de ocio y vagabundeo; también estaban los que regresaban a sus provincias de origen y se desempeñaban como maestros de niños o pequeños funcionarios. El tercer sector estaba compuesto por los *fámulos o familiares*, parientes pobres de los becados, daban informaciones y eran blancos, pero «no nobles», ayudaban a pagar sus estudios realizando trabajos manuales enojosos dentro de la institución (véanse: Silva 1992, 178-183; Soto Arango 1993, 127-166; Silva 2002, 40-42).

13   Para evitar la propagación de las nuevas ideas, los rectores de los Colegios se opusieron a que se abrieran determinadas cátedras, lo que ocasionó los pleitos y con ellos, las polémicas. Fernando Vergara litigó por la cátedra de matemáticas contra el rector del Rosario, Manuel Agustín Alarcón. Lo mismo hizo Manuel Santiago Vallecilla, quien desconoció la autoridad del rector Santiago Gregorio de Burgos, director del Rosario, cuando éste le ordenó enseñar bajo los parámetros escolásticos. Juan Francisco Vásquez Gallo se enfrentó a Nicolás Martínez Caso, rector del Rosario, cuando defendió las ideas copernicanas (véanse: Silva 1992, 163-274 y Soto Arango 1993, 167-212).

dificación sociocultural que se realizó durante las tres últimas décadas del siglo XVIII se ubica:

> (...) en el nivel de las *élites culturales* en proceso de cambio, un grupo conformado por clérigos, abogados, funcionarios de la administración, estudiantes y catedráticos, y un grupo reducido de comerciantes y de gentes prácticas (los llamados «aficionados» o «curiosos») sin mayor formación académica, pero que mantenían desde tiempo atrás una cierta actividad naturalista y experimentalista de investigación botánica con fines comerciales, en su conjunto un grupo que fue en ocasiones dinamizado por migrantes de última generación, por viajeros que ocasionalmente pasaban por Santafé y otras ciudades del reino (...), en todo caso un grupo siempre reducido de fuertes ataduras sociales por sus pertenencias de familia, y en medio de una sociedad en su conjunto dominada por el tradicionalismo social y cultural (Silva 2005, 71-72).

Además, dentro de estas nuevas élites, los criollos deseaban recuperar la prestancia que habían tenido en el pasado, que «consistía en el control efectivo del poder a través del predominio criollo en los cargos de la Real Audiencia, la Real Hacienda, y los Cabildos» (Gutiérrez Ramos 1998, 136)[14]. Pero con los cambios gubernamentales que había impuesto la corona borbónica, veían que no se encontraba todavía incluidos completamente dentro del grupo de control.

Mientras que otro aspecto visible era el del clima de represión y prohibición sobre las actividades intelectuales durante la época; pues mientras que

---

14   Entre 1750 y 1780, miembros de la familia de Jorge Miguel Lozano de Peralta, Marqués de San Jorge, habían ocupado los siguientes puestos en La Real Audiencia: Oidores, Fiscal del Crimen, Fiscal de la Real audiencia, Alguacil Mayor. En la Real Hacienda: Tesorero de la Casa de la Moneda, Regente del Tribunal de Cuentas, Oficiales de la Real Hacienda, Contador de la Renta del Aguardiente de Honda, Contador de la Renta del Tabaco y Pólvora de Santafé y Factor de la Real Hacienda de Girón, Contadores del Tribunal de Cuentas, Administrador de las Rentas de Aguardiente de Mompox y del Tabaco del Socorro. Seis de los integrantes de la familia fueron cabildantes de Santafé. Para un total de veinte cargos importantes detentados por los miembros en forma directa o mediante relaciones de parentesco (véase: Gutiérrez Ramos 1998, 136-140).

Jorge Miguel Lozano de Peralta tuvo 9 hijos: José María (heredero del mayorazgo), Mariana, Úrsula, María Petronila, Juana María, María Josefa, María Clemencia, Jorge Tadeo, María Manuela y María Francisca. Mariana contrajo nupcias con Juan Nepomuceno Rodríguez del Lago, quien fuera Regidor y Depositario General del Cabildo, primer Corregidor del Socorro y años después firmante del Acta de la Independencia. María Petronila lo hizo con José Antonio Portocarrero, que sería Factor de la Renta de Tabaco y Pólvora de Santafé. Juana María se desposó con Eustaquio Galavís: Alcalde de Santafé, teniente coronel de Infantería y Corregidor de Zipaquirá. María Josefa casó con Manuel Bernardo Álvarez del Casal, quien sería dictador de Cundinamarca y murió fusilado por orden de Morillo. María Clemencia fue la esposa de Juan Esteban Ricaurte, Contador de la Renta del Aguardiente de Honda. De esta unión nació Antonio Ricaurte Lozano, el «héroe de San Mateo». María Manuela contrajo nupcias con Juan de Vergara y Caicedo y María Francisca con Nicolás de Ugarte. Jorge Tadeo Lozano (contrajo matrimonio con su sobrina y heredera del mayorazgo, María Tadea Lozano Isasi, con quien tuvo 7 hijos) se vinculó a la Expedición Botánica, fundó con su primo Luis Azuola Lozano en 1801 *El Correo Curioso*. Después del grito de Independencia, llegó a ser presidente de Cundinamarca y murió fusilado por Morillo en 1816 (véase: Gutiérrez Ramos 1998, 128-129).

los ilustrados profundizaban en la aplicación de los principios de *la República de las Letras*, la Corona directa o indirectamente los impugnaba. A esta situación se unió el impulso que el libro adquirió a través de la imprenta. Se sabe que existía «un comercio del libro incrementado, tanto en la esfera popular del libro de bajo precio como en la esfera del libro especializado y costoso, y una ampliación del número de comerciantes de los que depende esa actividad» (Silva 2002, 240).

1.1.2 Las tertulias

Las formas de sociabilidad, que habían empezado a dejar atrás el espacio privado y que tuvieron un fuerte impulso fueron las tertulias: «(...) reuniones de familiares, parientes, amigos, conocidos y desconocidos, pero eran mucho más. Eran formas más abiertas y creativas de establecer y mantener las relaciones humanas más variadas» (Pérez Samper, 11). Estas reuniones tenían unas características propias; ya que:

> (...) permitían el ejercicio de la amistad (contra los estamentos), la expresión de la opinión (contra la razón), el mantenimiento del diálogo (contra la lección), de la utilidad (contra el ocio), así como la igualdad en el trato, las decisiones colegiadas, la valoración del mérito personal, de la afinidad ideológica, del respeto y la tolerancia intelectual. Se trata de una convivencia mixta entre el espacio público y el privado, en que se articula la arquitectura y la decoración como estrategia de integración, distinción y poder. Hay en ellas aristócratas, gentes de letras, eclesiásticos, militares, burgueses, funcionarios, mujeres... no provienen del mismo estamento, pero comparten ideas semejantes en educación, así como preocupaciones e intereses, tiempo libre para discutir y compartir, valores individuales que resaltan el mérito personal, la preparación cultural y la opinión. Pueden ser interpretadas como formas de discusión y apertura política, como medio de relación interestamental o interclasista, como creadoras de opinión y de saber, de modas y buen gusto, como instituciones de mejora social, cultural y científica (Peset, 393).

Las «Tertulias» también eran llamadas: *Salones o Círculos*. Las que funcionaron en Santafé de Bogotá entre 1780 y 1810, se formaron a semejanza de las europeas; en ellas se discutían cuestiones de economía, literatura, asuntos de la época provenientes de periódicos y revistas extranjeros; pero en general de ellas surgió un velado enjuiciamiento al sistema colonial y una comprensión de la situación reinante. Algunas de esas reuniones sociales y literarias sirvieron para enmascarar Sociedades secretas que tenían intenciones ideológicas diferentes a las pretendidas por las tertulias; puesto que eran juntas propicias para buscar la reforma de las instituciones gubernamentales con las que los criollos intelectuales se hallaban recelosos.

Entre estas «Tertulias» destacaron: la *Sociedad Eutropélica*, dirigida por el cubano Manuel del Socorro Rodríguez de la Victoria; las sesiones funcionaban en el recinto de la Biblioteca Real. Entre sus miembros se encontraban los payaneses: Francisco Antonio Rodríguez, José María Gruesso, quien escribió: *Las noches de Zacarías Geussor* y *La lamentación de Pubén*; y José María Valdés, quien tradujo la *Ilíada* de Homero (véase: Ortega Torres 1935, 38-40). Las actividades de esta tertulia se estudiarán más adelante con detenimiento.

Otra asociación reconocida de la época fue: *El Casino* o *El Círculo Literario* o *La Tertulia Patriótica*, dirigido por Antonio Nariño (Bogotá 1765- Villa de Leyva 1823), entre 1789 y 1794; su fin era conocer las ideas en filosofía y política de los enciclopedistas franceses: Montesquieu, Rousseau, Voltaire. Entre sus asistentes estaban: Francisco Antonio Zea, José de Caycedo y Flórez, José Antonio Ricaurte y Rigueiro (su cuñado), José María Lozano y Manrique, hijo del marqués de San Jorge, Andrés José de Iriarte y Rojas, Francisco Tobar y Luis Eduardo Azuola, prócer de la Independencia, y su hermano José Luis Azuola fundador de *El Correo Curioso*, el antioqueño Juan Esteban Ricaurte y Muñiz, padre del héroe de San Mateo: Antonio Ricaurte; el abogado, prócer y mártir boyacense José Joaquín Camacho y Lago; el abogado Andrés José de Iriarte y Rojas, a más de los franceses Rieux y Froes, de Pedro Fermín de Vargas, del quiteño Espejo —también precursores— y algunos otros «ilustrados» (véanse: Ruiz Martínez 1990, 140-148; Hernández de Alba y García Maffla 1992, 59).

Las reuniones de esta agrupación servían para esconder otras más serias[15], que se denominaron *El Arcano Sublime de la Filantropía*, sesiones de la primera logia masónica que funcionó en la Nueva Granada. Los participantes en las reuniones literarias no sabían de la existencia del otro grupo, quienes amparados en el secreto podían sesionar con mayor libertad. La congregación de los miembros de la logia se verificaba en la residencia de Antonio Nariño; existía un grupo interno conocido como «El Santuario», y dentro de éste había una agrupación más secreta llamada El Arcano Sublime de la Filantropía (véase: McFarlane 1999, 423-424):

> El doctor Ricaurte custodia cuidadosamente en su escritorio los estatutos del *Arcano Sublime de la Filantropía*, sociedad secreta seguramente emanada de su futuro defendido Nariño. Ese establecimiento que rueda sobre dos ejes, Poder y Riqueza, no precisa sus fines, los cuales sólo co-

---

15 En uno de los papeles que le confiscaron al ser encarcelado, se describían algunas de las intenciones del grupo: «Se me ocurre el pensamiento de establecer en esta ciudad una suscrición de literatos a ejemplo de las que hay en algunos casinos de Venecia: éstos se reducen a que los suscritores se reúnen en una pieza cómoda, y sacados los gastos de luces, etc., lo restante se emplea en pedir un ejemplar de los mejores diarios, gacetas extranjeras, los diarios enciclopédicos y demás papeles de esta naturaleza, según la suscripción. A determinadas horas se juntan, se leen los papeles y se critica y se conversa sobre aquellos autores; de modo que se puede pasar un par de horas divertidas y con utilidad» (Vergara y Vergara [1867] 1974: 37-38).

nocían los tres jefes: el director, el censor y el celador, quienes han de servirse de los demás socios, ignorantes de todo y comprometidos a ciega obediencia, como de instrumentos pasivos para lograr tales fines (...). El misterio, el más absoluto secreto, se consideraba como el poderoso arbitrio para lograr los resultados apetecidos, para lo cual es preciso dar a entender, aún a los mismos asociados, que el objetivo propuesto es algo muy diferente del verdadero. Los miembros se dividen en clases, ninguna de las cuales habría de conocer a las otras ni intervenir en sus asuntos, girando en esfera propia (Rivas en Ruiz Martínez 1990, 140-141).

En las logias del siglo XVIII, el hermetismo y el ritual se practicaban al mismo tiempo que las arengas sobre la virtud y los méritos cívicos, con proclamas sobre la igualdad de los hombres y la necesidad de ser «ilustrados», por eso no es de extrañar que Nariño, comerciante, asiduo lector, librero, dueño de una imprenta, prestador de libros, traductor e impresor del folleto sobre «La declaración de los derechos del hombre»[16] fuera uno de los ideólogos e impulsador de una de las asociaciones más destacadas del momento. Como parte de su defensa en el proceso que se le siguió en contra, Nariño aportó algunos datos sobre diseminación de ideas, impresión de textos, la incongruencia entre la laxitud y la censura del gobierno español peninsular vs. el gobierno virreinal contra determinados conceptos; además, en ellos se muestra la decisión y la empresa de los criollos ante las oportunidades que se les presentaban:

> Yo tenía una imprenta y mantenía a mi sueldo un impresor. Vino a mis manos un libro, y vino de manos menos sospechosas que se pueden imaginar, fuera de esto se me dio sin reserva.
> Encontré en él *Los derechos del hombre*, y que yo había leído esparcidos acá y allá en infinitos libros y en los papeles públicos de la nación. El aprecio en que aquí se tiene del Espíritu de los mejores diarios, en donde se encuentran a la letra los mismos pensamientos me excitó la idea de que no tendrían mal expendio un pequeño impreso de los derechos del hombre trabajado por tantos sabios. Esto es hecho, tomo la pluma, traduzco los derechos, voyme a la imprenta y usando de la confianza que para imprimir sin licencia he merecido del gobierno entrego delante de todos el manuscrito al impresor que lo compuso aquel mismo día. En estos intermedios me ocurrió el pensamiento de que habiendo muchos literatos en esta capital que compran a cualquier precio un papel bueno, como que he visto dar una onza de oro por el prospecto de la Enciclopedia, sacaría más ganancia del impreso suponiéndolo venido de afuera, y muy raro. Vuelvo a la imprenta con esta nueva idea y encerrado con

---

16 Nariño, alcalde regidor de Santafé de Bogotá tradujo y publicó por primera vez en castellano en 1794 la «Declaración de los derechos del hombre y del ciudadano» del tercer tomo de la obra *Historia de la Révolution et de l'etablissement d'une Constitution en France*, en cuyas páginas 39 a 45 se encuentran los 17 artículos y un preámbulo del texto completo, que se había efectuado en la Asamblea Nacional de Francia el 4 de agosto de 1789. Por esto fue juzgado y condenado a prisión en África durante 10 años y a destierro perpetuo de su patria. En 1796, escapó de la prisión en Cádiz; viajó a Inglaterra y Francia, países donde pidió ayuda para la independencia de los territorios hispanoamericanos; al regresar a Santafé fue apresado de nuevo.

el impresor tiro los ejemplares que me parecieron vendibles, ciento poco más o menos, encargo al impresor el secreto que era regular para dar el papel por venido de España, salgo con unos ejemplares de la imprenta y encuentro al paso comprador para un ejemplar, doy otro a un sujeto y aquí paró la negociación porque un amigo me advirtió luego, que atendidas las delicadas circunstancias del tiempo, este papel podía ser perjudicial. Inmediatamente, sin exigirle los fundamentos de su aserción no obstante de estar yo satisfecho de que todo lo que el papel contenía se ha impreso en Madrid y corre libremente por toda la nación, traté de recoger los dos únicos ejemplares que andaban fuera de mi casa, y todos los otros los quemé al instante. Examinemos ahora en qué está mi delito. ¿En la impresión sin licencia? No, pues años enteros he estado imprimiendo sin ella por la confianza que debo al gobierno. ¿En que el papel es perjudicial, execrable, impío? Tampoco, porque no contiene un solo pensamiento que ya no esté impreso en Madrid y corra en varios libros y en los papeles públicos que lee todo el mundo. No importa, se me dirá, por eso no deja de ser perjudicial. Bueno, respondo; ¡conque este papel es perjudicial y otros muchos que contienen lo mismo no lo son! Lo son, se me replica, pero antes agrava, la malicia de éste, en un mal añadido a otro mal, una herida sobre una llaga, y por lo mismo más perjudicial. Pero pregunto ¿son perjudiciales esos papeles, esos libros y corren impunemente? ¿Será por indolencia del Ministerio que se han publicado en Madrid, y se dejan correr? (en Melo 1989, 291-292).

Nariño afirmó la diferencia de aplicación de dictámenes y políticas que se impulsaban en los virreinatos diferentes a los que regían en España, puesto que los libros y las ideas venían de la misma península; además, destacó que en él se daba un castigo ejemplar para no involucrar a los verdaderos culpables. Afirmación regida por la verdad, si se observa la calidad social y gubernamental de los lectores que habían prestado libros en el momento en que Nariño fue encarcelado: «clérigos y civiles, altos funcionarios y un simple impresor, abogados y naturalistas, catedráticos y estudiantes»[17] (Silva 2002, 322).

---

17   «*Apunte de los libros que estaban fuera: El señor Deán* [Francisco Martínez, Dean de la Catedral], *La Condesa de Genlis, Cartas sobre la educación y Genio de Buffon./ Otro, Los poemas de Joseph y Abel./ El Señor Berrio* [Fiscal de la Real Audiencia], *dos tomos de La Araucana./ Santacruz* [Eugenio, ilustrado quiteño, exiliado en Santafé], *El primer tomo de Nollet./ Hurtado* [Marcelino, universitario], *El poema del juicio y otro./ El doctor Iriarte* [Andrés, abogado santafereño], *Erasmo y otro más que es El espíritu de la Enciclopedia./ Doctor Ricaurte* [José Antonio, abogado santafereño], *El Plan de estudios de Portugal./ El Padre Isla* [catedrático de medicina], *Diccionario de inglés y Las enfermedades de las mujeres./ Don Pedro Saráchaga* [funcionario del Tribunal de cuentas], *un cuadernito de moral./ Don Luis* [?], *El despotismo./ Morales* [?], *el Salustio./ Doctor Mutis* [José Celestino, botánico], *un tomo de filosofía en verso./ Don Camilo Torres* [abogado y catedrático], *el termómetro'/ Hurtado* [?], *un cuadernito de griego./ Juanito* [?], *el Eusebio./ Camacho* [Joaquín, abogado y naturalista], *un tomo de José Segundo./ Otero* [Andrés, miembro del cabildo de Santafé], *los dos tomos de Federico II./ Azuola* [José Luis, clérigo y universitario], *Las memorias americanas./ Bernardino* [familiar], *el Buchan* [Medicina doméstica y casera] *y el Grajal./ Pepe* [pariente], *el Buchan./ Froes* [puede tratarse de un medico portugués establecido en Santafé, o de su hijo, un universitario], *la Historia de América de William Robertson./ Calvo* [Nicolás, un impresor], *La historia de Londres*» (Silva 2002, 323-324).

¿Pero, qué pasaba en España durante estos mismos años con la impresión y distribución de libros? La respuesta se encuentra en muchas fuentes, una de ellas informa:

> A partir del año 1789 Gobierno e Inquisición quedan asociados en una lucha común contra las ideas que minaban a la vez el trono y el altar. Así, a pesar de los intentos liberalizadores de algunos ilustrados, la Inquisición vio reforzada su presencia en la vida intelectual española, aunque con escasos resultados, a juzgar por la enorme cantidad de folletos sediciosos que burlaron la vigilancia de las fronteras. De verdadera invasión es calificado este comercio de papel impreso una vez sellada la paz con Francia, como lo indica el testimonio del historiador Muriel, contemporáneo de los acontecimientos que comenta: «ningún antídoto bastaba ya para preservar el reino del contagio, que cobraba cada día más fuerza y actividad. Entraban por la frontera de los Pirineos los libros de los filósofos franceses y su adquisición no era costosa ni difícil. No era ya necesario ir a buscarlos a la capital o a algunas ciudades principales, como lo había sido hasta entonces. La abundancia de los que se introducían era tal que los traficantes iban ellos mismos a ofrecerlos hasta los pueblos de corto vecindario» (Aguilar Piñal 1988, 27).

La situación que se vivía en España, también estaba sucediendo en Santafé de Bogotá, puesto que Nariño al parecer había recibido el libro de donde extrajo el texto de «Los derechos del hombre» de manos de Cayetano Ramírez de Arellano, sobrino del Virrey Espeleta y jefe de su guardia. Algunos afirman que fue el propio Virrey quien se lo proporcionó al Precursor, y para evitar verse envuelto en el proceso, involucró a su sobrino (véase: Ruiz Martínez 1990, 192-193). De todas maneras, el texto provenía de alguien con un alto puesto en el gobierno y había llegado a manos de quien bien supo hacer provecho de él. Sin embargo, Nariño debió pagar por este acto, 16 años de su vida en prisión en diferentes épocas.[18]

Otra asociación que se efectuó fue la *Tertulia del Buen Gusto*, realizada en casa de la culta dama doña Manuela de Santamaría, esposa del abogado de la Real Audiencia Francisco González Manrique del Frago y Bonís; las reuniones comenzaron en 1801, a ellas asistía lo más selecto de la sociedad del momento. En su vivienda, la dama tenía un gabinete de historia natural, ordenado y clasificado por ella misma. La tertulia se organizó a semejanza de «La Academia del Buen Gusto», «Salón» a su vez imitado de los franceses, que se reunía en el palacio de la marquesa de Sarriá y condesa de Lemos, doña Josefa de Zúñiga y Castro, en Madrid, quien impulsaba las ideas llegadas de Francia. A la *Tertulia del Buen Gusto*, asistían además de los hijos de la organizadora: Tomasa y José Ángel Manrique (éste estudió en el Rosario y poste-

---

18 Nariño comprendió, anticipándose a Miranda y a Bolívar, la necesidad de una estrategia político-militar basada en la movilización de las diversas clases y razas para enfrentar con éxito la dominación colonial. Considerado peligroso por el gobierno español, lo sorprende el grito de Independencia del 20 de julio de 1810 en las oscuras bóvedas del Castillo de Bocachica (Cartagena).

riormente escribió dos poemas burlescos: *La tocaimada* y *La tunjanada*; fue detenido en 1794 y juzgado junto con Nariño). También participaban muchos de los hombres que tuvieron importancia pública durante esos años, como: Camilo Torres, José Fernández Madrid, Frutos Joaquín Gutiérrez, José Miguel Montalvo (publicó el Soliloquio trágico: *El zagal de Bogotá* y la fábula política: *Los ratones federados*), José María Salazar (escribió y difundió posteriormente entre diversas obras: *El placer público de Santafé, La campaña de Boyacá, La colombiada*), Manuel Rodríguez Torices y Custodio García Rovira, entre otros. Aunque en las reuniones se trataban cuestiones científicas y temas de historia, esta tertulia fue una asociación, cuyo objetivo era pasar «la velada entretenidos en ejercicios literarios» (véanse: Vergara y Vergara [1867] 1974: 54-62; Ortega Torres 1935, 40-42; Cristina 1992, 583-584).

Lo mismo sucedió con *La Tertulia de los sabios o del Observatorio Astronómico*, llamada así porque se reunían todos los miembros de la Expedición Botánica, para hablar de ciencias, comunicarse nuevas ideas y pensar nuevos proyectos. La labor de este grupo se publicó en *El Seminario del Nuevo Reino de Granada*, dirigido por Francisco José de Caldas y Joaquín Camacho; el primer número de la publicación se difundió en 1808 (véanse: Vergara y Vergara [1867] 1974, 36-66; Ortega 1935, 38-42; Rodríguez Morales 1994, 231-232).

Funcionó en la sede del Observatorio Astronómico, donde se reunieron Francisco José de Caldas (entre sus tratados científicos más importantes se hallan: *El estado de la geografía del virreinato con relación a la economía y al comercio*, [1807] y *El influjo del clima sobre los seres organizados* [1808]), Camilo Torres (redactó el texto: *Representación del Cabildo de Santafé, capital del Nuevo Reino de Granada, a la Suprema Junta Central de España, en el año de 1809*, conocido como El Memorial de agravios); José Acevedo y Gómez (conocido como «El Tribuno del Pueblo», escribió un folleto de 49 páginas titulado: *Relación de lo que executó el M.I. Cabildo Justicia y Regimiento de la M.N. y M.L. Ciudad de Santa Fe de Bogotá, Capital del Nuevo Reino de Granada*, sobre la proclamación y jura de obediencia al rey Fernando VII, que había hecho el territorio el 11 de septiembre de 1808 en favor del rey cautivo); Luis Caicedo y Flórez (fue Regidor y Alférez Real de Bogotá y Caballero de la R. O. De Carlos III en 1796); Antonio Baraya (estuvo al servicio de los ejércitos patriotas y fue Comandante general de la Provincia de Tunja); José Manuel Restrepo (Considerado «el primer historiador de Colombia» porque su versión de las guerras de independencia, escrita cuando éstas apenas terminaban, sigue moldeando la manera como se perciben esos años conflictivos en los que surgió Colombia como nación); José Joaquín Camacho (escribió un importante estudio sobre *Las causas y curación de los cotos* y la *Descripción de la provincia de Pamplona;* con Caldas editó el *Diario político de Santafé de Bogotá*; además dirigió y colaboró en los periódicos *La Aurora, El Argos americano* y *Boletín de Tunja*, el cual se convirtió en el órgano oficial del Congreso); Miguel de

Pombo (tradujo y publicó la Constitución política de los Estados Unidos de América); José María Cabal (fue Presidente de la «Junta de las ciudades confederadas del Cauca» y primer dignatario de la «Junta revolucionaria de Popayán»); Andrés Rosillo (eclesiástico patriota, creador de lo que se conoce en la historia como «El cisma de Socorro»: pretendió erigir un obispado independiente de la Arquidiócesis de Santafé); Jorge Tadeo Lozano (ejerció el cargo de Presidente del Colegio Electoral Constituyente, durante el cual redactó, en 1811, la primera Constitución de carácter liberal que tuvo Cundinamarca como estado); Joaquín Ricaurte y Torrijos y otros. Organizados al principio para reuniones de estudio, con el tiempo, los encuentros se volvieron clandestinos, porque el gobierno consideró que el grupo podía volverse peligroso. El final de los miembros del Círculo fue trágico; por orden de Morillo, cinco de ellos fueron fusilados por la espalda: Caldas, Lozano, Camacho, Pombo y Cabal. Zea cayó prisionero y Restrepo huyó a Jamaica.

Estas reuniones «operan como espacios de la nueva comunicación cultural, pues lo que parece haber ocurrido en Nueva Granada, (...), es que, ante el hecho de las prohibiciones y vigilancias que pesaban sobre toda iniciativa de organización autónoma, espacios tradicionales hayan debido funcionar como los lugares de implantación y desarrollo de formas y prácticas de gran novedad, desde el punto de vista de las «sociabilidades». Por lo demás, se trata de formas de encuentro de gran movilidad y de rápidas transformaciones en cuanto a sus fines, a sus orientaciones y sobre todo en cuanto a sus prácticas» (Silva 2002, 319).

1.1.3 La literatura de la Tertulia Eutropélica

La *Tertulia Eutropélica* estaba dirigida por el cubano Manuel del Socorro Rodríguez de la Victoria, bibliotecario real, quien daba lecciones de literatura a un grupo de alumnos durante el día. Por la noche, en el recinto de la Biblioteca Real, se formaban sesiones colectivas para la difusión de ideas mediante la conversación educada; a ellas también asistían mujeres, no tanto para ornamentar, como para ampliar el espacio social del intercambio intelectual y para ofrecer puntos de vista posiblemente diferentes a los masculinos. Por los testimonios que dejaron plasmados en el *Papel Periódico de la Ciudad de Santafé de Bogotá*[19], eran asambleas modestas donde se hacían estudios de diversas áreas del conocimiento; esas pocas muestras de la actividad que realizaron, permiten ver la manera en que las lecturas de los Ilustrados: libros, prensa y papeles destacan aspectos de su cotidianidad.

---

19 Sobre el nombre de la publicación, Rodríguez de la Victoria explica: «Aunque a nuestro Papel pensábamos darle el nombre alegórico de *Eubolio*, fundado en una virtud que corresponde a la Prudencia y significa hablar o escribir lo más útil y conveniente, desistimos de esta idea por habernos parecido mejor el sencillo título de *Papel Periódico* [*Papel Periódico de la Ciudad de Santafé de Bogotá* 24 (jul. 22, 1791): 202].

El *Papel Periódico de la Ciudad de Santafé de Bogotá*[20] fue la primera publicación hebdomedaria regular que circuló en la Nueva Granada; se debió a la diligencia del fundador de la *Tertulia Eutropélica*: Rodríguez de la Victoria. Sus modelos parecen haber sido: la Tertulia de la Fonda de San Sebastián, de Madrid, establecida por Nicolás Fernández de Moratín [véase: Ortega Torres 1935, 38], y La Academia del Buen Gusto, que se reunía en el palacio de doña Josefa de Zúñiga y Castro, Condesa de Lemos. De la primera tomó el formato: reunión dirigida por un hombre en un lugar público, y siguió una norma similar a la de la Tertulia madrileña: «sólo se permitía hablar de teatro, de toros, de amores y de versos» (Pedraza Jiménez 1981, 56).

De la segunda, empleó el apelativo: «Academia del Buen Gusto» en algunas de sus reuniones; además de que los socios ostentaban caprichosos sobrenombres: Lino, Arsindo, etc. Su nombre: *Eutropélica*, significaba «la de los goces moderados y apacibles», su fin era buscar la instrucción con el estudio de la historia y con la lectura de los clásicos griegos y latinos; en sus sesiones predominó la tendencia neoclásica que impuso el director.

En el número inicial del *Papel Periódico de la Ciudad de Santafé de Bogotá*, Rodríguez de la Victoria se declaró ilustrado y manifestó que la prensa era un instrumento para fomentar la *utilidad común* y contribuir a la causa pública. Esto mismo declaró en la apertura del Nº 3, cuando explicó el tipo de publicación que el público recibiría:

> No ha sido nuestra idea dar a luz una Gaceta, cuyo contenido sólo llama la atención de los curiosos en el mismo instante en que se lee. Aquel papel ya no vuelve a servir jamás, porque en nada interesa luego que ha pasado el tiempo de su publicación. Al contrario un escrito comprensivo de varios ramos de literatura, y principalmente fundado sobre los precisos elementos de la vida feliz, cuales son: la filosofía moral, política y económica. En éste no queda perdido el costo, porque puede servir después para que los niños y jóvenes se formen un plan de educación ilustrada, primera ciencia que deben aprender, como que sin ella de nada sirven las demás [*Papel Periódico de la Ciudad de Santafé de Bogotá* 3 (feb. 25, 1791): 17].[21]

Interesado en la *felicidad* pública y en el anhelo de propagar la Ilustración para perfeccionar la sociedad, Rodríguez de la Victoria estableció la Tertulia Eutropélica con un fin educador: promover la cultura, mediante la creación de textos «prosaicos y poéticos». Esto lo afirmó enfáticamente en el número

---

20 El primer número del *Papel Periódico de la Ciudad de Santafé de Bogotá* apareció el 9 de febrero de 1791, después de 265 emisiones dejó de publicarse el 6 de enero de 1797. Como publicación fue la primera de gran importancia, además mostró en sus páginas la manera en que se fue forjando la ideología de la independencia nacional (véase: Silva 1988); en los números emitidos se discutió sobre economía, política, sociedad, cultura y literatura.

21 Nota: Para facilitar la lectura de los citas tomadas de los textos de la Colonia y el siglo XIX, la ortografía de los textos se moderniza en la siguiente forma: se normaliza el uso de *y, z, c, g, j, h* y las acentuaciones de las palabras según las normas actuales. Se agregan los signos de interrogación y admiración iniciales. Todas las otras variaciones presentes en los textos se respetan. Los títulos de los artículos permanecen con su grafía original.

154: «[E]l fin de todos los individuos que componen esta Asamblea de honesta diversión es discurrir variamente sobre cuantos asuntos tengan conexión con la bella literatura y otros objetos de instrucción y amenidad» (p. 805).

Las creaciones de los tertulianos que se publicaron en *El Papel Periódico de la Ciudad de Santafé de Bogotá* [22] se encuentran en el número 84. En este artículo se informa al público sobre la fundación de la Tertulia y se ofrece la explicación que sobre su apariencia y manerismos se le pide a uno de los socios; situación que sirve para que Rodríguez de la Victoria inserte uno de sus poemas (pp. 247-248). Este tema continúa y se resuelve en el número 85, bajo el título: «Respuesta de Lino» (pp. 255-256).

En el número 86, se presenta un rasgo poético de una de las damas participantes en la reunión; después del cual, Rodríguez de la Victoria publica el artículo: «De la Tertulia Eutropélica» (pp. 255-256 [sic]), para explicar lo que dio origen a lo referido y para moralizar al enlazar el tema con el del suceso de Lino relatado en el número anterior. Posteriormente, en el número 90, se describen las partes de una discusión que los tertulianos sostuvieron sobre la lotería como un bien o un mal para la Nueva Granada, bajo el título: «Modo de no perder en la lotería» (pp. 297-300).

En el número 91, se inserta el soneto de uno de los miembros de la Tertulia: «La América» (p. 412). Mientras que en el artículo «Anécdota literaria», se lee la disertación que se sostuvo en la Asociación sobre la forma en que un autor puede cometer en sus obras los mismos errores que critica en la escritura de otros (N° 125, pp. 576-580). El tema continúa en la siguiente emisión (N° 126, pp. 585-588); este asunto sirve para que los tertulianos ejemplifiquen con versos de Virgilio, Cicerón, Quintiliano y Horacio. Sobre esta situación, Silva destaca la manera en que la participación colectiva dentro de la tertulia demuestra «una mínima estructuración, producto de la integración de algunas reglas de debate, de la fijación de cierta periodicidad para sus reuniones, y que incluían de manera explícita como uno de sus objetivos, la ilustración recíproca de sus miembros» (2002, 316).

En el número 153, se plasma un fragmento de un ensayo sobre Cristóbal Colón, como muestra de Elocuencia de uno de los socios (pp. 797-804). En la edición siguiente, con el título «Cuestión filológica de la misma Tertulia» (N° 154, pp. 805-812), se discute el asunto de «la Belleza sublime (en cuanto al Arte y al Ingenio)» como rasgo estético. El tema prosigue en el número consecutivo con la respuesta que Arsindo, uno de los participantes, ofrece sobre el asunto propuesto (N° 155, pp. 813-818). La exposición del tema concluye en el N° 156 (pp. 821-826). Ante la diversidad de opiniones y la imposibilidad de llegar a una conclusión colectiva sobre lo que se ha planteado, Rodríguez de la Victoria se presenta, casi al terminar el artículo, como árbitro mediador y conciliador por medio de la acotación sobre la discusión de tópico tan polémico: «...no hay disputa más impertinente que la que trata de conformar

---

22 Antolínez Camargo menciona citando fragmentos o pomas, algunos de los textos producidos en la Tertulia (1991): 53-61. Véase también Rodríguez-Arenas (1985): 72-93; (1993): 22-39; (1998): 19-43.

tanta variedad de gustos y dictámenes en la común aprobación de alguna cosa» (p. 825).

Sobre este tema específico, Silva alude:

> Parece pues que se puede hablar de un proceso de transformación mediado por la práctica de la lectura, la discusión y la libertad de crítica, que conduce de las formas tradicionales de tertulia hacia formas nuevas de la comunicación cultural, hacia otros espacios de circulación de las ideas que, habitados aún por un contenido tradicional, conformes con la cultura política de esa sociedad (los elogios a Dios y a los reyes), y rodeados todavía de una gruesa capa de retórica (las tempestades eruditas de los eruditos socios), introducen prácticas y estilos que en parte corresponden ya a los de una *asociación moderna de contenido igualitario y de libre exposición de ideas*» (2002, 317).

Los temas de la Tertulia Eutropélica tratados y difundidos por medio del periódico dejan ver en sentido lato la concepción de «literatura» que el grupo poseía; puesto que se incluyen ramos diferentes del conocimiento humano: las humanidades, las ciencias y las artes en su sentido más general. Lo que en el presente se acepta como creación, como invención literaria, no abunda en los textos que se reproducen de los miembros de la Asociación. Situación que confirma que la actual noción, que se posee sobre la «literatura», se forjó a partir de la Ilustración y se estableció durante el siglo XIX.

Los dos primeros artículos que Rodríguez de la Victoria divulgó sobre la producción literaria de algunos de los miembros de la *Tertulia Eutropélica* permiten develar varias de las estructuras socioculturales imperantes en la sociedad neogranadina del momento[23]. El primero de ellos: «La Tertulia Eutropélica» relata la formación de la agrupación, el propósito que motivó la fundación y explicita el suceso que ocasionó la divulgación de uno de los trabajos producidos en las reuniones. De esta manera, Rodríguez de la Victoria destaca la necesidad de difundir el trabajo intelectual que hacen los miembros de la asociación, para contribuir a la cultura de la sociedad; difusión que emplea uno de los medios de comunicación social, que aunque censurados y vigilados cercanamente por las autoridades virreinales, prefigura la modernidad: la prensa.

En ese primer artículo se plasma una situación social explícita: la ambigüedad de vestimenta, compostura y actitud de uno de los socios, conocido como Lino; comportamiento que se juzga fuera de lugar en el ámbito de la Asociación. Se aducen como posibles razones: «desgracia de educación», «moda», «debilidad de espíritu», «no pose[er] aquel aire varonil digno de un verdadero hombre»; afirmaciones que ponen en entredicho su masculinidad; idea que se refuerza al motejar y ridiculizar a Lino como: «caballero semidama», «socio masculofemíneo», «quisicosa entre mujer y varón». En las

---

23   Véanse los textos completos de los artículos del *Papel Periódico* en el Apéndice final.

reuniones que se formaban, al parecer, había un lugar específico para las mujeres y otro para los hombres, ya que se cuestiona: «el asiento que debía ocupar» ese socio. Finalmente, Rodríguez de la Victoria concluye la interpelación, que «con mucha cortesía y urbanidad» le habían hecho a Lino, valiéndose de un epigrama donde le pide que explique si es «andrógino».

Rodríguez de la Victoria, al seleccionar los temas y los textos presentados en la tertulia, publica rasgos culturales y sociales, algunos triviales, otros un poco más trascendentales, e informa para el futuro aspectos de la vida cotidiana de Santafé de Bogotá al final del periodo colonial; época en la que se empleaban directamente fuertes etiquetas zahirientes para clasificar y castigar corrigiendo comportamientos de los hombres que iban en contra de la percepción hegemónica cultural. Esta reacción muestra que la ambigüedad de comportamiento dentro de la vida cotidiana se entendía como una amenaza para el orden social pretendido.

La difusión de este asunto censurado y censurable en esa sociedad cerrada hacía que el texto fuera llamativo o sorprendente, porque satisfacía el apetito por lo ajeno y aquietaba la curiosidad de tertulianos y lectores, aprovechando el deleite que producían los sucesos especiales; escudándose detrás de la función normativa que establecía límites precisos para el comportamiento, no sólo de los miembros de la Tertulia, sino también de otros individuos en la sociedad.

Cualquiera que haya sido la intención de publicación, en el texto se observa notoriamente una actitud social: la postura que este grupo poseía en el momento, sobre lo que se consideraba aceptable como el *ser público* de Lino:

> El ser público de las personas se construía sobre una relación de intercambio con las otras. Los elementos que se intercambiaban eran principalmente simbólicos: la nobleza o limpieza de sangre (blasones, relaciones de méritos, credenciales de cristianos viejos), el trato (forma de dirigirse, usar o no el don, el título tal, etc.), la procedencia (dar el lugar o el paso al más importante), las maneras de hablar, de vestirse, de comer, de conducirse, de celebrar, etc.), la honra y buen nombre. Estos elementos constituían el capital simbólico de las personas, de los grupos y de los estamentos, y era defendido como lo más preciado de su identidad (Garrido, 135).

El socio Lino no proyectaba el «aire varonil digno de un verdadero hombre» debido a las «acciones, composturas, y movimientos impropios» que empleaba al presentarse en sociedad; es decir su «masculinidad» estaba en duda. Al publicar el caso, se exponía a la opinión pública tanto el proceder de los tertulianos como el resultado del juicio al que sometieron al socio: era un comportamiento que afectaba la construcción del imaginario social neogranadino. La exposición del hecho explicita una metáfora jurídica, donde al acusado se le concede el derecho a la defensa y a la réplica delante de ese mismo tribunal. El *Papel Periódico de la Ciudad de Santafé de Bogotá* se presentaba así como una instancia presidida por el «público» e instituida para servir de espacio abierto a la comunicación.

Lino, como ser humano y ente social, buscaba un lugar y una confirmación dentro de la comunidad a la que estaba asociado; para lograr eso, interactuaba con los demás sujetos y reaccionaba entre ellos empleando un comportamiento, determinado en gran medida por sus acciones y sentimientos, según se creyera aceptado o quisiera sentirse mejor incorporado a ese conglomerado social. Su necesidad de pertenencia y aceptación: su actuación, su presencia física y los adornos de vestimenta que empleaba, aunados a los ademanes corporales con que se presentaba dentro del grupo, fueron rechazados produciéndose una reacción que se transmitió al público lector.

La objeción e impugnación de los asociados explicitaba que el cuerpo de Lino era un vehículo que «comunicaba», que transmitía información, muchas veces inconsciente, la cual servía para mantener o interrumpir su interacción con los otros miembros de la Asociación. Las señales no verbales que emitía Lino, aunque eran medidas estratégicas iniciales, de tanteo, para intentar el contacto con los socios de la Tertulia, se manifestaban ambiguas al percibirse y se decodificaban inaceptables dentro de esa agrupación; porque las características más sobresalientes que los interlocutores distinguían, no les permitía saber cómo actuar con este tipo de socio y de qué manera debían tratarlo. Es decir, la reacción que Lino recibió por su proceder fue de animosidad; porque el intercambio de información que se había verificado en el interior del sistema cultural reinante en la Asociación, había vuelto conscientes a los otros miembros de una conducta que consideraban transgresora; lo cual suscitaba la atención y originaba preocupación por la posible alteración que pudiera provocar dentro de las normas de sociabilidad permitidas y aceptadas.

Dejando de lado la religión, el reparo del grupo fue producto de una reacción «cinésica»[24] ante las posturas del cuerpo y las actitudes que esa cultura consideraba aceptables; esos comportamientos exhibidos eran aprendidos y se adjudicaban a uno u otro sexo, según el estereotipo que se suponía que hombres y mujeres deberían conformar; puesto que ya que en esa época, como ahora, ciertos movimientos del cuerpo se asociaban con determinadas inclinaciones sexuales, que eran propias de la naturaleza y no de los seres raciones que debían ser los varones.

En esta postura se encuentran imbuidas las nociones de *naturaleza* y *razón* que influyeron en los extremos a que llegó la Ilustración. La *naturaleza* se concebía como una mujer, y las mujeres debían aprender a identificarse con los hombres en «lo racionales» que ellos eran, o al menos buscar la *razón* a través de ellos. La *naturaleza* era mala y podía desviar; de ahí que, se la debía rechazar o conquistar, incluso torturándola, para alcanzar las luces y con ellas, el *progreso*. De la misma manera, el cuerpo propio era apenas un factor ex-

---

24 «El concepto de cínesis se deriva del griego: χινησισ «movimiento». Birdwhistell, el fundador de la kinesis, la define como: el estudio sistemático de la manera en que los seres humanos comunican a través de movimientos del cuerpo y de gestos» (Nöth 1995, 393).

terno, que formaba parte de la naturaleza; se lo debía disminuir y rechazar práctica y teóricamente y hacer lo posible para construir y sustentar la identidad independientemente de él. Es decir, los cuerpos eran parte de la naturaleza no del ser; ya que el ser era racional y debía aprender a elevarse sobre ese aspecto externo que era el cuerpo; porque éste estaba controlado por las leyes externas que gobernaban otras partes de la naturaleza. Con esta visión de la naturaleza y lo racional coexistía una noción de superioridad de un sexo sobre el otro. Así el hombre debía entrenar su cuerpo como algo separado de su mente; a la vez que debía estar preparado para que lo confrontaran por sus actitudes y tuviera que defender su posición racional, la cual era una afirmación de su virilidad (véase: Seidler 1994, 15-17).

La idea de «masculinidad» aceptada en la cultura Occidental, imperante ya en el Medioevo, ha variado muy poco desde la segunda mitad del siglo XVIII. La Ilustración afirmó que las virtudes varoniles como el poder, el honor y el valor eran la base para determinar ideas sobre la nacionalidad, el respeto y la guerra. Patrones normativos de moralidad y comportamiento determinaron lo «varonil» y, a la vez, influyeron en lo que se consideró típico y aceptable en la conducta y en la actuación de los hombres dentro de determinados círculos sociales (véanse: Nay 1990, 369; Mosse 1996, 17).

Durante la segunda mitad del siglo XVIII, la Europa occidental, gracias a los postulados iluministas sobre la *racionalidad* y la *naturaleza*, entró en una etapa más orientada visualmente, ejemplificada no sólo por símbolos nacionales, sino también por los efectos de las ciencias como la fisiognomía y la antropología, que clasificaron a los hombres de acuerdo a parámetros de belleza griega, que a su vez simbolizaban la virtud; no obstante, con estas delimitaciones, se establecieron estereotipos que encasillaron tanto al hombre como a la mujer dentro de imágenes mentales estáticas, no permitiendo un lugar para las individualidades. De ahí que la masculinidad dependiera de un imperativo moral, de ciertos estándares normativos de comportamiento y presencia física, que se oponían a las características que estereotipificaban a las mujeres, como: la feminidad, la suavidad, la delicadeza; así se llegó a considerar que la *razón* era masculina y la *emoción*, la *pasión*, la *naturaleza*, femeninas. La virilidad adquirió un carácter positivo al que se le oponía el negativo del afeminamiento, que impedía totalmente el progreso, porque se lo asociaba con la debilidad femenina; de esta forma, se asignaron sitios definidos para la actuación de cada uno de los sexos, imponiéndoles delimitaciones y campos de acción (véanse: Molina Petit 1994, 19-26 y Reyero 1996, 45).

Asimismo, la apariencia física se volvió muy importante dentro de los parámetros de la masculinidad, de la virilidad; ella influyó en los rasgos de valentía, entereza, fuerza, vitalidad, protagonismo o poder, autonomía, voluntad, autocontrol, personalidad y carácter sicológico que se percibían en el individuo. La apariencia y el carácter se hicieron equivalentes; es decir, el exterior y el interior se correlacionaron, ya que consideraban que debía existir unidad entre el cuerpo y el alma. A tal punto se difundió el estereotipo, que durante la Revolución Francesa la estructura del cuerpo masculino se convirtió en símbolo de una nación y de una sociedad saludables.

Las apariencias que no concordaran con los patrones viriles establecidos disminuían la masculinidad y, a su vez, eran indicativos de fallas morales producto del homoerotismo. Cualquier manifestación ambigua del aspecto exterior reflejaba un universo moral anormal y se hacía inaceptable como forma de vida. Los que transgredían el estereotipo de lo masculino eran marginados socialmente, porque representaban lo opuesto de lo que la norma social prescribía. De esta manera, la búsqueda de la individualidad se hacía penosa y difícil, cuando no imposible (véanse: Seidler 1994, 109; Mosse 1996, 3-76).

Esta es la situación que explicita el artículo de Rodríguez de la Victoria; la actuación y los distintos elementos de la indumentaria de Lino se percibían como síntomas conscientes o inconscientes de necesidades emocionales y de desviaciones personales que llevaban a perder la fama y el honor. Por eso, los tertulianos, que debían compartir tres horas diarias con Lino, reaccionaron con descortesía, a pesar de que Rodríguez de la Victoria afirmara lo contrario, motejándolo con los calificativos: «caballero semidama», «socio masculofemíneo», y conminándolo a aclarar sus actos. Explicación que enfatiza el Director de la Tertulia Eutropélica con el contenido de la sátira que se le dirige en forma de epigrama al socio (texto que será analizado posteriormente).

La presión social que se ejerció sobre Lino se intensificó al convertirlo en objeto de la sátira; género que se ha empleado en la cultura Occidental para atacar el vicio, los errores, los defectos o la insensatez, para lo cual se vale del ridículo o de la agudeza. Asimismo, se halla presente en los estereotipos que ejercen presión social sobre individuos, a los que habitualmente se los sujeta a la hostilidad, el humor o la indiferencia, marginándolos, de esta forma, mediante la censura o el abuso (véase: Griffin 1994). Las características que se le atribuyen al marginado se consideran una desviación de la norma, que se opone a los principios de comportamiento que detenta el grupo dominante. Cuando no se percibe una amenaza inmediata para las nociones de poder y prestigio, la reacción más común contra el individuo que se margina es el ridículo o la censura.

Esta es la función del epigrama de Rodríguez de la Victoria; para reforzar el «caso» que ha sucedido dentro de la Asociación, primero afirma: «Cara de hombre te veo, Lino»; pero inmediatamente censura: «con acciones de mujer»; para enseguida preguntar: ¿«eres andrógino»? Mientras espera la respuesta, ridiculiza al socio al calificarlo de: «quisicosa / Entre mujer y varón»; es decir, es un enigma, en lo que éste tiene de desviación a la norma establecida. En esas palabras se expresan las asimetrías de poder y jerarquía: el poder del grupo y la jerarquía del director bibliotecario, basadas en las diferencias de actuación y apariencia y expresadas en la posible infamia y deshonor.

Una de las funciones de la sátira durante el siglo XVIII, fue alcanzar la moderación por medio de la razón, para así evitar los extremos sociales que se habían producido en el pasado. No obstante, en el caso de Lino, la moderación que se demandaba dentro de la Asociación era punitiva; ya que, en la voz de Rodríguez de la Victoria se denigraba al socio al exponerlo públicamente, no sólo ante los miembros de la Tertulia, sino ante los lectores del *Papel Periódico de la Ciudad de Santafé de Bogotá,* y se lo convertía en objeto de duda e irrisión, demandándole una aclaración acerca de su identidad y de su apariencia, porque su actitud señalaba indefinición sexual.

Para los participantes en las reuniones, Lino mostraba un aspecto irracional, ya que el cuerpo controlaba sus actos. Esto significaba que las leyes de la *naturaleza* prevalecían sobre su *razón* y lo llevaban a semejarse a las mujeres en su deseo de ser pasión ciega, cuya finalidad era incitar a los hombres. Su comportamiento mostraba que él no coercionaba, controlaba o sometía sus emociones para acceder al reino de la *libertad*; es decir, que no poseía autodominio ni sometía su *pasión*.

La respuesta-defensa de Lino no se hizo esperar; se declaró «hombre de bien», calidad por la cual podía explicitar «la nobleza de su sexo» y combatir la «indefinición», también como la ambigüedad con que se calificaba su aspecto físico, que para los asociados insinuaba incertidumbre moral de su parte. Para convencer a su auditorio, humildemente aceptó, que su decisión había sido desatinada; presionado confesó que reconocía que su comportamiento, hasta ese momento, había sido artificial y había desfigurado su virilidad; asimismo, aceptó su debilidad y la ridiculez de sus acciones. En esa sociedad estamental, el respeto descansaba en la fama y en el honor públicos; se temía al escándalo porque significaba infamia.

La apertura del texto de Lino expresa disculpas y justificación por su flaqueza, la cual había producido trastornos en su conducta social. Enfatiza que era hombre y que ya poseía la *razón*; por eso, empleaba una forma directa, precisa y lacónica para hablar, evitando el adorno y la artificialidad; características que debía poseer «el caballero dieciochesco» (véase: Barilli 1989, 81). Si esto hacía en su escritura, posiblemente ya intentaba practicar lo mismo en su vida real.

Este razonamiento muestra la presión que se ejercía sobre la actuación de los hombres. El trayecto de consolidación de la personalidad estaba, y está, sembrado de dificultades; por un lado, se le decía que su masculinidad se definía simplemente como lo que no era femenino; pero por el otro, se le exigía conseguir un modelo de belleza masculina, que configuraba un tipo ideal de hombre, produciéndose en él contradicciones y confusión de sentimientos. No obstante, al seguir sus inclinaciones, se mostraba afeminado, se equiparaba a las mujeres, quienes eran naturaleza; sin embargo, debía procurar ser un «Adonis» y actuar como «Narciso» para definir una apariencia externa ideal en relación con su sexo.

No obstante, en esa sociedad Lino no tenía otros modelos que imitar sino a las mujeres, en quienes veía lo que se le decía que debía lograr: la belleza exterior, ideal que se venía reforzando y se había enfatizado en la Europa Ilustrada, especialmente a partir del énfasis que el historiador del arte, Winckelmann, había ejercido al alabar la belleza masculina. Socialmente, al adoptar esta conducta, Lino había querido mostrarse triunfador sobre los aspectos sociales importantes de la vida. Igualmente, al prestar atención al comportamiento de las mujeres, sin importar que fuera para emularlas, en su mente, las redimía de su calidad inferior, porque él como hombre podría superar la naturaleza femenina que imitaba (véase: Reyero 1996, 46).

A pesar de la reacción contraria que ocasionó la conducta de Lino, todos los rasgos de su actuación conformaban aspectos del estereotipo de la «masculinidad» de la época que debía poseer para ser viril. El problema surgió en la relación metafórica *naturaleza-cultura* (en este caso, *naturaleza-sociedad*) que conllevaba una dinámica de transformación: lo «natural» se «culturalizaba» o «sociabilizaba» a través de la *razón*. Al presentarse como miembro de una asociación que perseguía «las luces», ese comportamiento afeminado lo limitaba, lo distraía de los verdaderos propósitos que debía perseguir. Su mente debía ser más importante que su cuerpo, que su vida emocional. La autodeterminación y la libertad que debía conseguir siendo un «Adonis», alcanzando una imagen físicamente superior, había hecho que sus acciones se destacaran por estar señaladas de «primor, pulidez, melindre: en una palabra, (...) con un aire de molicie y afeminación», actos que lo alejaban de la dignidad racional del verdadero varón.

Los gestos y los movimientos del cuerpo pueden ofrecer información sobre la personalidad de un individuo, hasta el extremo de hacerlo sobresalir dentro de un grupo. «El estilo gestual de una persona es el producto de su bagaje cultural y profesional, de su edad, de su sexo, de su estado de salud, de su nivel de cansancio, etc.» (Squicciarino 1990, 30). Lino había hecho un gran esfuerzo para obtener con su comportamiento «un lugar muy distinguido en su trato y estimación», desafortunadamente al hacer esto, se había representado afeminado. Sus actos habían afrentado e incomodado a los otros miembros de la asociación, quienes demandaron que demostrara claramente a cuál sexo pertenecía su identidad. El portavoz público de esta reclamación fue Rodríguez de la Victoria, quien, aunque no lo dijera, se sentía desacreditado en su condición de varón; ya que la masculinidad es y ha sido muy importante para los hombres (Véanse: Greenstein 1994, 25-44; Gaylin 1992, xxv-xxvi; Ross 1992, 225-284).

Lino reconoció que para él había sido más fácil imitar: «los dengues, afectación y petimetría[25] de un hombre afeminado», que «la aplicación al trabajo, la hombría de bien, la prudencia, la sabiduría, buena educación: en fin, que todas las ilustres cualidades de un ánimo noble y virtuoso», porque era lo que preferían las mujeres que él imitaba; aceptación que indica las presiones internas y externas que sufría.

Las causas del comportamiento de los seres humanos se han clasificado en: 1) GENÉTICAS: la conducta está influida por la herencia, por el sexo; 2) ORGÁNICAS: factores fisiológicos, bioquímicos y orgánicos predisponen el comportamiento; 3) AMBIENTALES-SITUACIONALES: el medio ambiente físico y cultural influye en la forma y el funcionamiento de la conducta; 4) VARIABLES DE PERSONALIDAD (véase: Dicaprio 1999, 1-5).

Es evidente que las causas ambientales-situacionales de la cultura que Lino explicitaba lo presionaban e imponían fuertes demandas sobre su personalidad; a la vez que le planteaban problemas sociales que debía resolver, mientras lo bombardeaban con estímulos sensoriales. El socio había optado por el camino que le había parecido más conveniente, quería ser objeto de ilusión y de deseo, quería mostrar su desvalimiento, para aumentar su atractivo; subterfugios muy comunes en el hombre de la Ilustración, quien empleaba estas sutiles estrategias masculinas para asegurar posteriormente su papel dominante de hombre, al ser necesitado y buscado. Durante la segunda mitad del siglo XVIII, se destacaba con grandes despliegues de atención el abatimiento que representaba para la mujer la imposibilidad de retener al hombre (véase: Reyero 1996, 178-1179). No obstante, la aceptación social de este comportamiento del hombre, los miembros de la Tertulia Eutropélica rechazaron la conducta de Lino, al considerar que con ella no aumentaba su atractivo, que era lo que él anhelaba obtener, sino que le atraía el desprecio porque se la percibía como falta de hombría.

El rechazo y el enfrentamiento social llevaron a Lino a aceptar su error y a humillarse públicamente, considerando su conducta como: «indign[a] de una alma honrada, que sabe apreciar su existencia», porque insinuaba que socialmente no conformaba la norma preestablecida; de ahí que explicitara:

> ¿Cómo podré yo negar que un hombre afeminado para nada es útil a la sociedad? Él es un afrentoso individuo de la especie humana: un miserable fantasma de la república, un fenómeno de irrisión, y por decirlo de una vez, el objeto más despreciable que se puede presentar a los ojos de la Religión, La Filosofía, y la Naturaleza [*Papel Periódico de la Ciudad de Santafé de Bogotá* 85 (sept. 28, 1792): 255].

El verdadero hombre ilustrado debía superar la naturaleza; sus pensa-

---

25 La imitación de lo francés dio origen al «petimetre», del francés «petit maitre» o señorito, personaje popular vituperado por distintas capas sociales. Los petimetres eran personas ocupadas únicamente de su arreglo personal, de los ademanes que debía utilizar, del lenguaje que usaba; cuidaban de la forma de caminar, de saludar, de presentarse, pero sobre todo del vestido, del peinado y de los adornos. Durante el siglo XVIII, el petimetre era el polo puesto al «majo», símbolo de la masculinidad, del atrevimiento, de la valentía e incluso de la ordinariez.

mientos debían ser claros y sin ambigüedad; su actuación tenía que estar al servicio de la *felicidad pública*: el máximo bien superior, al que todos los individuos de una sociedad debían aspirar; su manera de pensar, de sentir, de actuar debían estar en consonancia con la *razón*. Como hombre no debía tener deseos ni necesidades; su autocontrol debía ser total, única posibilidad para conseguir la «invulnerabilidad» que se requería de él.

Al admitir su error, dejó ver en su defensa la manera en que los miembros de la Asociación le habían hecho experimentar y sufrir la afrenta, la miseria y la irrisión. De ahí que, reconociera el «errado capricho», la irreflexión que lo había acosado y controlado; ya la ilusión, la fantasía que lo había atraído hacia ese tipo de comportamiento se había desvanecido, gracias al llamado «tan suave y tan urbano» de los otros socios; por eso, prometía ser desde ese momento: «un hombre verdaderamente tal: sabré apreciar todo el honor digno de mi sexo», sólo así «lograré merecer vuestra estimación; y el lugar de socio masculino, conque me habéis honrado en esta tertulia».

En estos textos, los miembros de la Tertulia Eutropélica se muestran culturalmente dominados por ideas europeas difundidas sobre la posición superior del hombre y por contribuir a la mirada selectiva sobre los géneros; asimismo, dejan ver la manera en que esas posiciones culturales tenían consecuencias sobre los hombres jóvenes al crear confusión de sentimientos; la desorientación repercutía en su aspecto externo, el cual era importante por los mensajes más o menos manipulados, más o menos conscientes que el sujeto emitía; pero asimismo, eran un arma de doble filo, porque podían ser decodificados incongruentemente y por tanto ser contraproducentes para el mismo individuo; tal como sucedió en el caso ejemplificado en el texto.

El segundo artículo publicado: «De la Tertulia Eutropélica» (N° 86: 255-256) (sic) es uno de «los rasgos pequeños» producidos por los miembros de la Asociación que Rodríguez de la Victoria decidió imprimir. Este texto fue labor de una de las damas de la asociación, a quien se le asignó el tema para que produjera un escrito. El asunto, calificado por el Director de la Asociación como: «el gracioso pasaje de un encuentro, o tropezón que aquella tarde habían tenido dos ciegos en la misma cuadra de la casa de la Tertulia», fue considerado un «chiste»[26]; con él, la dama debía demostrar sus dotes de literata creando «un epigrama con toda la precisión que exige este género de poesía».

El aporte de la dama que se publicó en *Papel Periódico de la Ciudad de Santafé de Bogotá* fue:

---

26 El chiste «es un fenómenos humano que se da en todas las sociedades y en todas las clases sociales, circunscrito e inmerso dentro del contexto del humor. Y de lo cómico. Es una de las armas más efectivas con que cuenta el hombre en su búsqueda de placer, muy útil como vehículo para romper estructuras sociales, en principio rígidas e inamovibles como las familiares, las estatales y las religiosas, a las cuales tiende a pulverizar. El hombre por medio del chiste, pone en juego el instinto que le permite luchar contra esas rigideces, creando finalmente un clima de desinhibición y rompiendo barreras inquebrantables, imposibles de resquebrajar de cualquier otra forma» (Rojas 1996, 9).

> Al doblar por una esquina
> Dos ciegos se atropellaron,
> Y muy furiosos gritaron:
> ¿Qué no ve cómo camina? —
> No señor, porque soy ciego,
> Se dicen; y aquí los dos
> Exclaman: ¡Líbrenos Dios
> De otro abrazo! —¡fuego, fuego! (84: 247-248)

Para entender la función de este texto dentro de la prensa y la literatura del periodo en la Nueva Granada; deben observarse algunas de las características de la composición que se impuso como tema de estudio: el epigrama.[27] Su estructura debe ser breve, aguda, interesante para llamar la atención y despertar la curiosidad; normalmente consta de dos partes: la primera debe poseer unidad para ser comprendida; mientras que la brevedad de la segunda debe satisfacer la curiosidad despertada (Véase: Ruiz Sánchez, 164-165). Como su objeto es la mofa de algún aspecto de la vida cotidiana ridiculizando la situación, el texto presentado por la dama socia de la Tertulia Eutropélica cumple certeramente esa función.

Literariamente el texto posee dos partes. La primera narra el hecho manifestando la reacción expresada por los involucrados: dos individuos con un impedimento físico: la ceguera, chocan entre sí, frente a la puerta de la Asociación [hecho que causa hilaridad a los miembros de la Tertulia]. Los protagonistas del incidente son invidentes, carecen del sentido que simboliza el conocimiento, el entendimiento; ya que, el ojo es el símbolo de la percepción intelectual; no ver significa no comprender, de esta forma se impiden o limitan muchos aspectos de la *sociabilidad*. Por lo cual, se increpan mutuamente, sin saber que ese otro por el que se siente atacado es él mismo; es decir posee las mismas limitaciones.

En la segunda parte, luego de reconocer la situación del otro que consideran agresor, las dos voces al unísono expresan un concepto cáustico inge-

---

[27] El epigrama: «En su origen, como su nombre indica, es una inscripción o un escrito breve grabado sobre piedra, metal u otro soporte cualquiera y destinado para algún sepulcro o monumento privado o público. Así Cicerón, cuando da cuenta de su hallazgo del sepulcro de Arquímedes dice que sobre su losa "aparecía un epigrama con los versos roídos casi en toda su última mitad". (...). Poco a poco fue adquiriendo un carácter algo más variado, hasta que, siempre dentro de la brevedad, expone de modo rápido e interesante un pensamiento regocijado o satírico, pero siempre ingenioso. Gráficamente los temas del epigrama podrían contenerse en estos cinco: *Mel* ("miel"), que podríamos llamar laudatorios. / *Fel* ("hiel"), los procaces y satíricos. / *Acetum* ("vinagre"), de gusto agrio y picante. / *Sal* ("gracia"), inofensivos y graciosos y, finalmente, epigramas múltiples y compuestos. / Siendo el poema más breve, es toda la poesía en miniatura; dos, cuatro, ocho versos le bastan, aunque a veces recibe algunos más, e incluso se expresa en todos los metros. / Por muy breve que sea, consta siempre de dos partes: la primera, en que se reclama la atención, y la segunda, en que de un modo insospechado y rápido queda satisfecha la curiosidad. Llámase la primera nudo y la segunda desenlace. Su objeto suele ser una burla, una chanza, un pensamiento ligero sobre la vida cotidiana, una ridiculez, una antítesis, una voz o un equívoco. El epigrama, se decía ya en tiempos de Marcial, debe ser como una abeja, que es pequeña y produce la dulzura de la miel y deja el escozor del aguijón. Idea que Iriarte expresó así: "A la abeja semejante, / para que cause placer, / el epigrama ha de ser / pequeño, dulce y punzante"» (Guillén, 4).

nioso, que expresa un prejuicio del ciego hacia su propia condición; situación que refleja el rechazo social que ellos mismos sufrían por su discapacitación dentro de esa sociedad.

La sociedad dieciochesca vinculaba lo espiritual con las características corporales. Las enfermedades no sólo señalaban el cuerpo, caracterizándolo como imperfecto, sino que indicaban también una falta en el carácter de los afectados. Únicamente los cuerpos sanos podían conducir a la formación de una nación saludable. Aquéllos que poseían afecciones corporales eran considerados subhumanos por la mayoría, que no entendía el origen del padecimiento (véase: Mosse 1996, 63). Esta proclividad social sobre las enfermedades se ejemplifica en la reacción que tiene cada ciego hacia el otro.

Además, como la situación había sido considerada un chiste, la composición debía producir el humor; de ahí que para lograrlo el epigrama explique, que los ciegos al entender la limitación del agresor —del otro—, en nombre de Dios, clamen: «—¡fuego, fuego!». La ironía de lo que se emite, produce la risa; porque la anfibología de lo expresado al unísono origina oscuridad en el significado; no se sabe qué es lo que reclaman los ciegos con el vocablo «fuego»: si es lumbre para ver o claman por el acto de disparar un arma, para defenderse del agresor. Cualquiera que sea el sentido de la anfibología, ninguno de los ciegos puede hacer nada con el elemento pedido; puesto que con lumbre no verán, ni disparando sabrán dónde se halla el agraviador.

Los que poseen la visión controlan el conocimiento y el poder; de ahí que mediante la ironía, el epigrama impasiblemente explicite el reclamo que los dos ciegos se hacen con ira y mutuamente: «¿Qué no ve cómo camina?», puesto que ambos están imposibilitados para saber la condición de quien consideran un agresor; ambos, intentando no pasar por anormales, reclaman conocer el error y quieren hacer sentir culpable al otro, demostrar que tienen el control, cuando ambos carecen de él.

Este epigrama muestra detrás del concepto y del juego de palabras un sistema cultural formado por imágenes mentales sobre los seres «diferentes», anormales; porque las creencias que se tienen sobre las personas afectadas por alguna limitación física, psíquica o social, no son tanto el resultado de la experiencia, sino de las imágenes, de los comentarios y sobre todo de la carga informativa que se comunica por diversos medios dentro de la sociedad. Esta circunstancia hace que se asuman determinadas creencias y actitudes hacia personas desconocidas, etiquetándolas como deficientes, tipos de monstruos capaces de producir miedo; por tanto se los debe rechazar empleando cualquier medio. Esas imágenes mentales son producto del prejuicio y, como tal, conforman estereotipos.

Este texto sigue descorriendo el velo sobre otras estructuras socioculturales imperantes en la sociedad neogranadina del momento. Los socios de la Tertulia ven a los ciegos como un espectáculo que les produce diversión. Para analizar la actitud de los tertulianos, debe verse de qué manera concuerdan las reglas del humor con el suceso acaecido.

El humor es una manera lúdica que libera de las presiones de la vida diaria; sin embargo, se debate si es un estímulo, una respuesta, una disposición o una combinación compleja. Tampoco existe consenso entre la diversidad de las funciones que posee y el uso personal que se le da (véase: Lewis 1989, 2-4). Por esto, para entender la manera como se emplea en la literatura se debe distinguir entre: la forma, el contenido, la función del humor y el contexto en que se produce (Lewis 1989, 8).

Uno de los acercamientos cognitivos-perceptuales al humor sostiene que el placer en el humor proviene de la resolución cognitiva inesperada de una serie de paradojas que tienen como su punto culminante el producir gracia y ser cómicas (Levine 1969, 5); condición que es básica para los chistes semánticos (V. Raskin 1986). Esas incongruencias dentro del contexto de lo cómico, lo risible o lo divertido tienen la función de producir un estímulo positivo, sin importar lo absurdo de lo contrapuesto.

En el poema de la dama, las situaciones externas: la sátira inherente al epigrama y la ironía que resulta de la anfibología, aunadas a las culturales: insensibilidad ante la situación ocurrida son: «consecuencia probablemente de variables-no divertidas independientes, tales como la vergüenza y la conformidad» (La Fave 1996, 81), o la tensión emocional; todo lo cual hace que se celebre «con mucha risa el pasaje de los ciegos».

Ante esa reacción, Rodríguez de la Victoria ejerce de mediador, mostrando su «prudencia» al decir: «Al menos, señores, ese par de ciegos tuvo la fortuna de conocer su enfermedad»; con lo cual concluye definitivamente la situación que planteó la producción del texto literario. Sin embargo, esas palabras le sirven de enlace para retomar el «caso» del socio, presentado anteriormente, y alabar su proceder presente: «¡Bien haya Lino que (...) ha adquirido la estimación de todos, en virtud de la entereza varonil con que hoy se presenta en medio de la Sociedad!», porque ya «las damerías» y «el aire de *Rosita* que había adoptado» antes, no existen. «¡He aquí un alma generosa, que en el mismo punto de conocer su error, lo abjura eternamente, temiendo ridiculizarse más, si hace empeño de sostenerlo como si fuese una virtud».

Esas aseveraciones de Rodríguez de la Victoria merecen explicarse. Durante la Ilustración, la «virtud» era el conjunto de comportamientos gracias a los cuales el «vir» podía mantenerse como tal. Y la falta de *«virtus»* era el conjunto de comportamientos que le podían hacer perder esta condición y que tenía que practicar en sumo grado cuando era sometido a la condición de *«homo»* o *«servus»*. La *«virtus»* era, pues, el código de conducta del dominador, y la *«humánitas»* el código de conducta del dominado (véase: Ricuperati, 21-33). Ahora Lino es hombre digno de pertenecer a esa sociedad patriarcal, ya que su *ser público* no afrenta a los otros miembros del grupo.

Estos dos textos ofrecen una rara visión del saber literario y del cuerpo político social del siglo XVIII en la Nueva Granada. En ambos, existe una conexión entre la salud física individual y la moralidad social. Rodríguez de la Victoria actúa como representante y mediador de un grupo social, que funciona como juez y jurado de sus contemporáneos. Él, como Director de la Tertulia, muestra «sentimiento hacia los otros hombres», lo que proporciona la certeza de que la Asociación como representante de una agrupación más amplia, la sociedad, existe bajo el auspicio y la protección varonil. De ahí que, la actuación de los participantes a las reuniones explicite concepciones culturales predominantes en ese lugar y en ese momento histórico.

El empleo que se hace de la sátira en los dos textos, asimismo, permite descubrir el paradigma dominante de conocimiento y de comportamiento sociales. En ambos, se oponen dos mundos, dos actuaciones, dos estados de salud física y mental; uno de ellos representado por valores ejemplares, que contrastan con otro visiblemente deficiente, para poder satirizarlo abiertamente. Esta característica expone un sistema cultural represivo-punitivo que es positivo únicamente en apariencia, pero que en el interior recrea todas las circunstancias de desconfianza e insatisfacción.

La paradoja que se observa en la sátira encerrada en estos textos surge de la fisura entre un mundo aislado y marcado por factores considerados de peligro social y el anhelo de uno ideal, pero inalcanzable, donde la virtud y la verdad deben imperar. La *felicidad* individual y colectiva depende del hombre y de su anhelo de lograr la perfectibilidad. Rodríguez de la Victoria, con su proceder en las dos situaciones, se hace militante para reformar las costumbres e instruir a la sociedad. Al buscar el ordenamiento de la realidad que puede controlar, la de la Tertulia, expresa el ideal moral del hombre Ilustrado. El paso de la simpatía a la benevolencia, que se observa en los dos artículos, el equilibrio entre lo a priori y la experiencia, la naturaleza y la educación, la pureza de intención y el interés señalan en el Director de la asociación un sentido moral. Asimismo lo hacen portavoz de un grupo social que expresa un amor por el orden establecido, declarando con esto, otro de los fundamentos de la *moral* de la Ilustración.

En la época, «la moralidad de un acto estaba determinada por la razón y la conciencia de integrarse en una lógica universal. Las virtudes no reguladas por el amor al orden [eran] ilusorias» (Delon 1998, 44). De ahí que, Rodríguez de la Victoria aproveche el segundo artículo para volver al «caso» de Lino; esa situación le permitía seguir atacando todo comportamiento improcedente en los hombres.

No obstante, estas posiciones ilustradas que indican intolerancia, la sociabilidad empezó a ser más abierta; existían grupos asociados que se dedicaban a leer y a escribir; las mujeres formaban parte de las tertulias y participaban activamente en ellas con esas actividades; había un movimiento hacia a la asociación, hacia lo público, y hacia la manifestación colectiva de ideas. Para esto, el papel impreso, en su modalidad de libro, pero ahora con el *Papel Periódico de la Ciudad de Santafé de Bogotá* tuvo una posición destacada; de esta manera, la literatura principió a difundirse y a llegar más rápidamente a la colectividad a través de este nuevo medio de difusión.

1.1.4 El estado de la narrativa

Para comprender la manera en que la ficción surgió a raíz de la Ilustración se necesita entender cómo percibía la gente del periodo la literatura, qué se leía de la ficción producida en Europa, cómo se entendía la ficcionalización o literatura de imaginación y cuáles fueron las manifestaciones que se produjeron en el suelo neogranadino antes de la Independencia. Para lograr parte de esta comprensión se debe recurrir a textos críticos y extraliterarios que indiquen cómo sucedió el proceso.

Existen dos estudios sobre las tempranas letras neogranadinas durante la colonia y mediados del siglo XIX. El primero de esos escritos es la defensa que en tiempos coloniales hizo el cubano Manuel del Socorro Rodríguez de la Victoria de la literatura de la Nueva Granada en las páginas del *Papel Periódico de Santafé* en 1792, en el ensayo titulado «Satisfacción a un juicio poco exacto sobre literatura y buen gusto, antiguo y actual, de los naturales de la ciudad de Santafé de Bogotá»[28]. Ensayo[29] que es una respuesta a una carta firmada bajo la rúbrica de «Espectador ingenuo», en la que se ataca las letras del reino por desconocer «los elementos de las buenas letras o Bella Literatura», ya que «en esta ciudad jamás ha habido cátedra de humanidades ni de poética» (Rodríguez de la Victoria 1792, 59-60).

Para contrarrestar la afirmación, el desafío y la condena que se había lanzado en contra de la labor literaria del reino en las áreas de la poética y la elocuencia, Rodríguez de la Victoria expuso ejemplos de la labor escritural realizada por Hernando Domínguez Camargo, Juan de Castellanos, Bruno de Valenzuela, Pedro de Solís y Valenzuela y Andrés de San Nicolás en el campo de la poética. Mientras que para ejemplificar sobre la elocuencia y así desmentir lo que él llamó «crítica de papirote», habló de Lucas Fernández de Piedrahita, Alonso de Zamora, Diego de Padilla, Domingo Cancino, fray Cristóbal de Torres, Joaquín Mosquera y Figueroa, fray Martín de Velasco, José Domingo Duquesne de la Madrid y Álvarez de Velasco y Zorrilla.

Los textos que Rodríguez de la Victoria empleó, provenían de los mismos fondos de la Biblioteca Real de la que era director. Todos los modelos citados

---

28   Apareció en los números del periódico publicados el 6, 13, 20 y 27 de abril y el 4 y 11 de mayo de 1792. El texto completo abarca desde la página 57 a la 112 de la publicación. Ver estudio del ensayo en Rodríguez-Arenas 1993, 22-39; 2ª ed. 1998. 19-43.
29   Ver el estudio del texto en Rodríguez-Arenas 1993, 22-39; y 2ª ed. 1998, 19-43.

procedían de cronistas, versificadores, oradores, escritores místicos y filólogos (ver clasificación en Vergara y Vergara (I-II, 1974); con esa exposición crítica demostraba que aunque nunca se había dictado una cátedra de humanidades, el manejo de esas técnicas retóricas y poéticas era conocido y había dado ya frutos muy sólidos; pero tanto por falta de bibliotecas para su conservación, como por medios de divulgación debido a las restricciones gubernamentales eran desconocidos. Situación que no sucedía con la literatura escrita en España, cuyos textos circulaban pública o clandestinamente en las colonias, gracias al comercio y al contrabando.

El segundo escrito importante para conocer el estado de las letras en la Nueva Granada durante los tiempos coloniales, lo publicó José María Vergara y Vergara en 1867, después de 16 años de recopilación e investigación. Bajo el título: *Historia de la literatura en Nueva Granada*, hizo una exposición cronológica de escritores y textos que habían surgido antes de 1810, guiado por dos motivos: «El plan de estudios de 1843, obra del señor Mariano Ospina (...) tenía una falta en mi humilde opinión: no consagraba al estudio de la lengua y de la literatura patrias sino un breve curso de gramática, que nunca se estudió sino en compendio» (17). Aunada a esta carencia, deducía que la generación de pensadores, que había intervenido en los hechos de 1810, había sido el resultado de procesos ideológicos y culturales: «Para mí era y es indudable que, con excepción de los profetas, todos los demás hombres notables por su genio son la síntesis y no el paréntesis de una generación» (19). Si había surgido un Francisco José de Caldas, antes de él había habido «un desarrollo del espíritu, lento si se quiere, pero que existió» (19).

Con estas premisas en mente, para poder investigar, coleccionó documentos y textos; tarea en la que encontró apoyo en Rufino Cuervo y el Arzobispo Manuel José Mosquera, además en la erudición y en las colecciones de sus coetáneos Ezequiel Uricoechea y José Manuel Quijano Otero. Con la información recopilada y el análisis de los textos concluyó que:

> Un pueblo pequeño lucha por formarse su historia escrita, por civilizarse de una manera análoga a la vida salvaje que aún lo rodea, y a la vida europea cuyos hábitos le enseñaron sus padres. Escribe primero una mala prosa que poco a poco mejora: ensaya algunos versos; tantea fortuna por el lado de las letras sagradas, y vuelve otra vez a las letras profanas, en las cuales se va enrobusteciendo día por día. La gran revolución de 1810 se empieza a oír desde 1760, al principio sorda y lejana, poco a poco más cercana y resonante, hasta que al fin, como el Funza en el Tequendama, se lanza en el pavoroso y admirable cataclismo que la guarda (23-24).

De esta manera dio una visión breve y acertada de lo que había sido el desarrollo colonial de las letras neogranadinas: prosa, poesía, oratoria sagrada y ensayos; pero concluyó que en la misma forma portentosa que desembocaba el río Funza en la catarata del Salto de Tequendama, las letras neogranadinas durante la Colonia se habían fortalecido con el tiempo, el aprendizaje, la práctica y el estudio, y así se había producido la generación que originó los hechos de 1810; antecedente de lo que sería el caudal desbordante que había surgido entre 1835 y 1866. Hay que tener en cuenta que para la fecha de publicación de su obra, ya el grupo de escritores que giraron al rededor del periódico *El Mosaico*, estaba en plena producción. Con las palabras que escribiera Manuel Ancízar bajo el seudónimo «Alpha» en el «Prólogo» de la *Historia de la literatura de Nueva Granada*, esta obra es un: «precioso testimonio del progreso intelectual precursor de las transformaciones sociales y políticas por que hemos pasado» (Vergara y Vergara [1867] 1974, 15).

La edición de esta obra realizada por el Banco Popular, con notas de Antonio Gómez Restrepo y Gustavo Otero Muñoz, ofrece la lista de autores que no incluyó Vergara y Vergara e inserta al final de cada volumen un índice sintético y sinóptico de los tiempos coloniales hasta 1808. En esa amplia y difusa taxonomía, los escritores coloniales están divididos en: versificadores, historiadores y cronistas, polígrafos, escritores místicos, teatro periodismo, oratoria sagrada, ciencias y estímulo a la cultura.

Como se observa, Rodríguez de la Victoria en 1792 y Vergara y Vergara en 1867, concienzudos investigadores y arqueólogos de la literatura en tiempos difíciles, señalan la carencia de narrativa de ficción en cualquiera de sus manifestaciones durante la Colonia; afirmación que corrobora un siglo más tarde Curcio Altamar (1957).

Obviamente, hubo que esperar hasta el final de la década del setenta del siglo XX, cuando se propagó la noticia de la publicación del manuscrito de Pedro de Solís y Valenzuela: *El desierto prodigioso y el prodigio del desierto* (hacia 1650), para que hubiera conciencia de la producción de escritos que presentan en su complicada estructura la manifestación de prosa de ficción durante la época colonial, y para que surgieran ensayos críticos sobre la novela de esa época en la Nueva Granada (véanse: Páramo Pomareda 1977, Orjuela 1984, Rodríguez-Arenas 1994 y 1995).

Como afirmé en otra ocasión:

> La existencia de novelas coloniales hispanoamericanas se viene estudiando desde hace unas décadas. Para la comprensión y el estudio de estos textos específicos, se debe recordar que las concepciones sobre lo que hoy se considera novela y literatura comenzaron a prevalecer a partir de la Ilustración. La noción de lo literario no estaba confinado a lo «creativo», como se percibe en el presente; por eso, los autores anteriores a esta época se consideraban a sí mismos simplemente como «escritores», y elaboraran textos con características de novela, de relato histórico, de composición poética, etc. De ahí que, los escritos que se

designan hoy como novelas coloniales hispanoamericanas posean elementos de esos otros géneros.

Aún más, en la misma forma en que Terry Eagleton (17) afirma que los escritores del siglo XVIII de la Gran Bretaña desconocían conceptos como «respuesta personal» o «imaginación única», que se relacionan intrínsecamente hoy con lo que se considera *literario*, esas nociones tampoco tenían sentido para Pedro de Solís y Valenzuela, Francisco Bramón o Pablo de Olavide, algunos de los «novelistas» del periodo colonial.

Además, la novela colonial hispanoamericana predieciochesca escrita por criollos surge en una época de crisis para la novela española. Es decir, junto a las características ya mencionadas, añade a su estructura el hecho de carecer de patrones que imitar; pues, las formas novelescas que se habían establecido en España desde mediados del siglo XVI, hasta antes de la mitad del XVII habían entrado casi en plena disolución, haciendo que no hubiera una producción narrativa fuerte que se mostrara como continuación de lo elaborado durante la centuria anterior.

Ese fenómeno de la novela española ha recibido diversas explicaciones; tal vez, la más cercana al origen del problema sea la confusión que se produjo entre estructuras del mundo comentado y las del mundo narrado (Weinrich 61-94), causadas por tratadistas y retóricos de la época (López Grijera). La cual habría producido una creciente y progresiva intercalación dentro de la narrativa, de estructuras pertenecientes a deliberaciones, monólogos, descripciones, cartas, comentarios, discusiones, etc., provocando estatismo y pasividad en lo relatado.

Por eso, ninguno de los textos predieciochescos considerados novelas coloniales hispanoamericanos presenta un relato que se circunscriba fielmente a uno solo de los tipos novelescos que imperaron en España hasta antes de la década del 30 en el siglo XVII, sino que ofrecen una fusión de varios de ellos, disfrazados de tratados ascético-religiosos para, tal vez, tratar de evadir o quizá intentar conformarse a las prohibiciones impuestas por la Iglesia e impulsadas duramente por la Inquisición contra la producción de prosa de ficción.[30] (Rodríguez-Arenas 1995, 485-486).

Críticamente no existía producción de prosa narrativa de imaginación[31], en el sentido en que se entiende la ficción actualmente; esto lo corroboran di-

---

30 Se consideran novelas coloniales: *Peregrinación de Bartolomé Lorenzo* (1587) de José de Acosta; *Siglo de oro en las selvas de Erífile* (publicada en 1608, escrita entre 1580-1585) de Bernardo de Balbuena; *La historia tragicómica de don Enrique de Castro* (1617) de Francisco Loubayssin de la Marca; *Los sirgueros de la virgen* (1620) de Francisco de Bramón; *El pastor de noche buena* (1644) de Juan Palafox y Mendoza; *Sueño de sueños* (1788) de José Mariano Acosta; *La portentosa vida de la muerte* (1792) de Joaquín de Bolaños; el grupo de novelas escritas por Pablo de Olavide (1797-1807), etc.

La temática religiosa y la cosmovisión barroca de sentido moralizante y ascética, que caracterizan la obra de Solís y Valenzuela, se manifiestan con variaciones, debidas al racionalismo y al espíritu ilustrado dieciochesco, en la mayoría de las obras ya mencionadas, posteriores al *Desierto prodigioso y el prodigio del desierto*.

31 Sobre lo errado de considerar ficción, los casos históricos que se encuentran en el *Carnero* de Juan Rodríguez Freile, véase: Rodríguez-Arenas 1992, 354-367 y 1999, 149-170.

versos textos extraliterarios que se encuentran en archivos, edictos, diligencias notariales, testamentos, etc. Entre los documentos extraliterarios se pueden mencionar los diferentes decretos sobre educación que se emitieron desde la Colonia. Uno de ellos es el capítulo cuarto «De la instrucción literaria» de «La relación del estado del Nuevo Reino de Granada, presentada por el Excelentísimo Señor Virrey don Pedro Mendinueta a su sucesor el Excelentísimo Señor Don Antonio Amar y Borbón» en 1803. En el texto de tan prometedora relación «literaria» se habla de la creación de la Universidad pública y de los estudios generales:

> Deberá comprender desde las escuelas de rudimentos de dibujo y de primeras letras, cosas tan precisas en todo ministerio, arte u oficio, hasta las ciencias más altas; las matemáticas, en toda su extensión; una buena física natural y experimental. La mineralogía, la química y la botánica, la medicina y la cirugía ocuparán el distinguido lugar que merecen y mejorada entonces la enseñanza de las facultades mayores de teología y ambos derechos, se abrirán nuevos recursos a los talentos americanos, reducidos en este Reino a la carrera eclesiástica y a la profesión de la abogacía.
> Las noticias que vuestra Excelencia ha adquirido ya del estado del Reino, de sus producciones, minas, agricultura, limitada industria, caminos y otros ramos y las que sucesivamente vaya recibiendo, unidas a su propia observación y experiencia y rectificadas con sus ilustres talentos, le harán ver la necesidad de propagar las ciencias útiles y ensanchar los conocimientos de unas gentes que no carecen de aplicación y que manifiestan aptitud para todo, pero que no tienen ocasiones ni medios para acreditar estas apreciables cualidades y dan pruebas de ello por una deplorable falta de conveniente instrucción
> Los que la tienen puede decirse que la han adquirido más bien en sus gabinetes, a esfuerzo de un estudio particular, auxiliado de sus propios libros, que en los colegios y aulas públicos, estando en ellas limitada toda la enseñanza a una mediana latinidad, a la filosofía peripatética de Gaudin, a la teología y derecho civil y canónico, según el método y autores que prescribió la Junta de Estudios de 13 de octubre del año de 1779, derogando al mismo tiempo el sabio plan que regía apenas desde el 74, formado por el Fiscal que fue de esta real Audiencia, don Francisco Antonio Moreno, con una ilustración y métodos superiores a los alcances literarios de sus contemporáneos (Hernández de Alba 1985, VI: 150-151).

Como se observa, durante la Colonia lo literario se refiere a los estudios que se denominaba en la época «ciencias útiles», no a la creación de literatura de imaginación. No obstante estos datos, en esa época, a pesar de la censura gubernamental, y a la rigurosa aplicación de las reglas inquisitoriales que hacía efectivas el Santo Oficio en contra de los escritos de filosofía y de ficción, en la Nueva Granada se conocieron importantes autores europeos, cuyos textos circulaban en la clandestinidad. Este caso se encuentra documentado en las diligencias del embargo de bienes que sufriera Antonio Nariño en 1794. Entre los 700 títulos de la biblioteca-librería que le confiscaron y que se pueden identificar, se mencionan entre las primeras: obras de Voltaire, Raynal, Robertson, Motesquieu, Rousseau, Mirabeau, Locke, de Paw, Necker; entre las segundas: las *Fábulas* de Esopo y las de Samaniego, *Las aventuras de Leucipe y de Clitofonte* de Aquiles Tacio, *Don Quijote de la Mancha* de Cervantes, *Alonso mozo de muchos amos* de Jerónimo de Alcalá Yáñez de Ribera, las *Cartas persas* de Montesquieu y *Las veladas de la quinta* de la Condesa de Genlis (véase: Ruiz Martínez 1990, 209-403).

Estos libros estaban a disposición de un grupo amplio de lectores dentro de la sociedad santafereña, ya que en la residencia de Nariño se celebraban las reuniones de la tertulia denominada bajo nombres diferentes como: *El Casino*, *El Círculo Literario*, *La Tertulia Patriótica*, *El Santuario* o *El Arcano Sublime de la Filantropía*. Los intelectuales, hombres de gobierno y clérigos, que fueron implicados en el proceso de despojo, encarcelación y condena contra Nariño, pedían «un ejemplar de los mejores diarios, gacetas extranjeras, los diarios enciclopédicos y demás papeles de esta naturaleza (...). A determinadas horas se junta[ba]n, se le[ía]n los papeles y se critica[ba] y se conversa[ba] sobre aquellos autores; de modo que se p[odía] pasar un par de horas divertidas y con utilidad (Vergara y Vergara [1867] 1874: 37-38).

Los datos registrados en los documentos de embargo de bienes y de condena contra Nariño indican claramente que entre los textos que se estudiaban y cuya información circulaba, además de filosofía, religión, historia, gramática, retórica, poesía, relatos históricos de viajes, también se leía prosa de ficción: fábulas, cartas ficticias y variadas manifestaciones de novela: griega, pastoril, moderna y de escritoras francesas del siglo XVIII.

La vida social y política durante las décadas finales del siglo XVIII y la primera del siglo XIX, mostraron cambios, perceptibles unos, imperceptibles los otros, que fueron caracterizando la vida cotidiana, en realidad fueron de gran magnitud porque incidieron en el imaginario cultural de la población. Como afirma Silva, esas modificaciones fueron:

> [T]ransformaciones radicales, que han ido tomando forma a través de prácticas dispersas y fragmentarias, hasta llegar a constituir *una norma para proponer a la sociedad,* aunque en la mayoría de los casos permanecieran como *actitudes simplemente marginales*. El punto es importante, porque en cierta manera la «modernidad» de esa sociedad era conquistada bajo esa forma: pequeñas modificaciones culturales pero de gran significado, que se imponían en un lugar sí y en otro no, produ-

ciendo una sociedad culturalmente fragmentada y hecha de grandes «discontinuidades» internas, al punto siempre de perder lo que parecía una conquista por carecer de las formas sociales estables que le dieran continuidad (2002, 510).

Tal vez el cambio más evidente que se produjo y que permaneció fue la presencia de la prensa dentro de la vida de la sociedad. Industria que tuvo muchos tropiezos debido a la falta de medios económicos de quienes la impulsaban y a la inexistencia de un público receptor capaz de promover el mercado y el intercambio de los impresos en una sociedad todavía incompetente para entender la función y el valor de la difusión del conocimiento de esa manera.

Para que esto sucediera, se necesitaron modificaciones sociales más drásticas; debió esperarse a que llegara la Independencia, sucediera la «Pacificación» española impulsada por Morillo y Sámano, se formara y se desintegrara la Gran Colombia y transcurrieran algunos años más para que los intelectuales colombianos pudieran pensar efectivamente en la producción local de narrativa de ficción.

2. El temprano siglo XIX: situación política

El territorio tuvo diferentes nombres en los primeros 50 años del siglo XIX[32]: «Virreinato de la Nueva Granada», «Estado de Cundinamarca» (1810), «Provincias Unidas de la Nueva Granada» (1811), «República de Cundinamarca» (1812), «Provincia de Cundinamarca» (1812-1816), Virreinato de la Nueva Granada (1816-1919), «República de Colombia» / «Departamento de Cundinamarca» (1819-1831), «Estado de la Nueva Granada» (1831-1842), «República de la Nueva Granada» (1842-1853) (véase: Pombo y Guerra 1986).

El país no era una unidad; estaba formado por provincias desunidas, en las que se quería tener un gobierno propio y que estaban separadas geográficamente por terrenos escabrosos, lo que las incomunicaba y hacía de difícil acceso:

> El Departamento de Cundinamarca lo formaban quince provincias que antes llevaron el nombre de Nuevo Reino de Granada: Santafé, Cartagena, Santa Marta, Ríohacha, Panamá, Veraguas, Chocó, Antioquia,

---

32   El periodo histórico 1810-1850 tuvo como gobernantes elegidos o encargados oficialmente a: José Miguel Pey (Vicepresidente Junta Suprema, 1810), Jorge Tadeo Lozano (Presidente, 1811), Antonio Nariño (Presidente, 1811-1812; 1812-1813), Manuel Benito de Castro (Consejero de Estado, 1812), Camilo Torres (Presidente Congreso de Provincias Unidas, 1812-1814; Presidente, 1815-1816), Manuel de Bernardo Álvarez (encargado, 1813-1814), José María del Castillo y Rada (Triunviro-encargado, 1814), José Joaquín Camacho (Triunviro-encargado, 1814-1815), José Fernández de Madrid (Triunviro-encargado, 1814-1815; Presidente, 1816), Custodio García Rovira (Triunviro, 1814-1815; Presidente, 1816), Antonio de Villavicencio (Triunviro, 1815), Manuel Rodríguez Torices (Triunviro, 1815), Liborio Mejía (Vicepresidente, 1816), Fernando Serrano y Uribe (Presidente, 1816), Simón Bolívar (primera elección, 1819; 1826, reasume el mando, dejado en 1819; 1830, renuncia), Francisco de Paula Santander (encargado, 1819-1826; Presidente, 1832-1837), José María Obando (encargado, 1832), Domingo Caicedo (encargado, 1830; encargado, 1831; encargado, 1840; encargado, 1841; encargado, 1842), Joaquín Mosquera (Presidente derrocado, 1830), Rafael Urdaneta (por golpe, 1830-1831), José Ignacio de Márquez (encargado, 1832; encargado, 1835; Presidente, 1836; 1837-1841), Juan de Dios Aranzazu (encargado, 1841), Tomás Cipriano de Mosquera (Presidente, 1845-1849), Rufino Cuervo (encargado, 1847), José Hilario López (Presidente, 1849-1853) (véase: Arismendi Posada 1989).

Popayán, Neiva, Mariquita, Tunja, Socorro, Pamplona, Casanare (Ibáñez III, 115).

Los intelectuales se reunían en Bogotá, teatro de muchas de las decisiones gubernamentales. Existían otros centros culturales, generalmente las capitales de otras provincias, entre las que sobresalían Tunja, Cartagena, Popayán, Mompós, y en menor medida Medellín (véase: Silva 1988, 27-28); pero ninguna de estas poblaciones tuvo la importancia, durante la Colonia y gran parte del siglo XIX, de Santafé de Bogotá como centro educativo y cultural para la preparación y expresión de los sectores intelectuales y para la reunión de las élites culturales. Santafé de Bogotá, que en 1819 pasó a llamarse Bogotá, fue el marco y el teatro de acontecimientos vitales para Colombia (entonces Nueva Granada) entre 1800 y 1850.

En el periódico *Correo Curioso, Erudito, Económico y Mercantil* (Santafé de Bogotá, 1801), se describe cómo era la capital al comienzo del siglo XIX:

> Esta ciudad que es la residencia de sus Virreyes, y de los Reales Tribunales de la Audiencia, Cuentas y Cruzada, y cuya Iglesia Catedral es la Metropolitana del Reino, está dividida en cuatro parroquias, y además hace veces de tal la Capilla Castrense para los Militares, que aquí residen: tiene dentro de su recinto treinta y un Templos inclusas las Hermanitas: cuenta ocho Conventos de Religiosos, y cinco de Monjas: tiene dos Colegios públicos, fuera de los privados que mantienen los Religiosos para la enseñanza de los individuos de su orden: hay una Universidad Pontificia, y Regia al cuidado de los RR.PP. de Sto. Domingo: una Real Casa de Moneda; y una Biblioteca pública dotada por S.M. Tiene dos Hospicios uno de hombres y otro de mujeres; y un Hospital general para la curación de los enfermos del cual cuidan los RR.PP. de San Juan de Dios. Finalmente para su mejor policía está dividida en ocho barrios con sus respectivos Alcaldes Comisarios... (Santafé de Bogotá) 5 (mzo. 17, 1801): 1.

En el censo que se realizó ese mismo año se explicaba cómo estaba distribuida espacialmente la ciudad, cuántas viviendas existían en ese momento, y el número de habitantes, divididos por género, que el padrón, levantado para saber cuántas personas vivas no habían estado enfermas de viruela, había ubicado:

> De los antecedentes calculados resulta, que la Ciudad de Santafé está dividida en ciento noventa y cinco Manzanas, en las cuales se cuentan cuatro mil quinientas diez y siete puertas, cuyas habitaciones ocupan ocho mil ciento noventa y un hombres, y once mil ochocientas noventa mujeres, que componen el número de veinte mil y ochenta y una almas, a que deben añadirse setecientas diez y nueve, que residen en los Conventos de Monjas, cuatrocientas ochenta y nueve en los Religiosos y ciento setenta y cinco en los dos Colegios; cuyas partidas juntas suman veintiún mil cuatrocientas setenta y cuatro, que es el total de la población

de esta Ciudad, sin incluir los transeúntes, que no bajan de mil almas, ni los mendigos, y vagos, que no tiene casa fija, y ascenderán a quinientos (Santafé de Bogotá) 6 (mzo. 24, 1801): 3.

A partir del 20 de julio de 1810, al darse el grito de Independencia, comenzó el cambio de instituciones sociales y gubernamentales. La vida de la ciudad estuvo convulsionada con los rápidos y cruentos cambios que se vivieron desde ese momento: las autoridades españolas fueron remplazadas por la Junta de Notables, llamada en la ciudad *La Junta Suprema de Santafé*, la cual convocó un *Congreso de las Provincias*, que se reunió el 22 de diciembre de 1810, pero falló porque no hubo representación de todas partes; ante este resultado, la Junta Suprema formó el Colegio Constituyente de Cundinamarca, que dictó la primera constitución. Desde ese momento surgieron las desavenencias debido a lo que cada partido o provincia proponía: gobierno centralizado o gobierno federal[33]; esto hizo que las pequeñas provincias se anexaran a Cundinamarca (Chiquinquirá, Villa de Leiva, Muzo, Sogamoso se separaran de Tunja; Girón y Vélez se disgregaron del Socorro; posteriormente lo hicieron los cantones de Timaná, Garzón, Guagua, Purificación y Mariquita) (véase: Ocampo López 17-18).

Esa situación originó la reacción general del Congreso de las Provincias Unidas reunido en Villa de Leyva en octubre de 1812 que declaró la guerra a Santafé y a su presidente Antonio Nariño; la derrota para la capital llegó en Ventaquemada el 2 de diciembre de 1812 y se consolidó posteriormente el 9 de enero de 1813 en el combate sostenido en San Victorino, en plena capital. Ese mismo año, comenzaron las invasiones realistas en distintas partes del territorio, situación que se agravó en 1815, con la llegada a Santa Marta de la expedición «pacificadora» dirigida por Pablo Morillo. Este periodo de luchas intestinas se llamó el de «la Patria Boba», porque los grupos que se formaron después de la Independencia eran amorfos, indisciplinados, su finalidad era la defensa o la imposición de un concepto: centralismo o federalismo; ideas vagas, que no representaban una posición fija o precisa de quienes las impulsaban sobre tareas complejas del Estado (véase: Duarte French 1980, 236).

«La pacificación» o «El terror» fue el nombre que recibió la ofensiva con que Fernando VII quiso recuperar las colonias que España había perdido en 1810. El jefe de dicha expedición fue Pablo Morillo, quien tuvo la convicción

---

[33] El origen de esta división la narra el general Francisco de Paula Santander, quien en 1810 tenía 18 años de edad: «El señor Miguel Pombo publicó un opúsculo desenvolviendo las ventajas del gobierno federativo de los Estados Unidos del Norte, y la Junta Suprema de Cartagena dirigió una invitación a las provincias de la Nueva Granada convidándolas a adoptar dicho sistema de gobierno. (...) Al ver que entre los hombres ilustrados de nuestro país, habían adoptado el sistema federal los Camilo Torres, Joaquín Camacho, José María Castillo, Fernando Caicedo, Juan Agustín Rocha, Crisanto Valenzuela, Joaquín Malo, Frutos Gutiérrez, José Gregorio Gutiérrez, los tres Pombos, José Manuel Restrepo, Corral, Torices, Rebollo, Real, Niño, Robira, Dávila, Benites, Peña, Plata y otros más, yo fui uno de los que abrazaron sus opiniones, y me uní a la causa nacional que pedía la reunión de un congreso federal. El Sr. Antonio Nariño, bien conocido ya por sus persecuciones desde el año de 1794, y gozando de la reputación que daba un talento cultivado, servicios a su país, y el conocimiento práctico de Europa, se manifestó contrario a los deseos de las provincias, y empleó todos los medios posibles para hacer triunfar su oposición» (1838, 8).

de que para doblegar el movimiento independentista era preciso emplear los mismos medios que España había usado en la primera conquista[34]. Luego del asedio y de la invasión a Cartagena de Indias en 1815, Morillo masacró un gran segmento de la población de esa ciudad al ejecutar en la plaza pública a los más reconocidos dirigentes e intelectuales de la ciudad para dar un escarmiento ejemplar (véase: «Proclama de Morillo, Cartagena 15 de enero de 1816», en Rodríguez Villa 8-10). Penetró después al interior del territorio dejando tras de sí innumerables personas muertas en las provincias de Pamplona y El Socorro[35]; al llegar a Santafé de Bogotá el 26 de mayo de 1816, proclamó el siguiente bando:

> Toda persona que sirviendo al partido revolucionario, ya fuese civil o militarmente, no se presentase en el enunciado término de seis días a gozar del indulto que a nombre del Rey se ha expedido, será juzgado como traidor y sus bienes pertenecientes al real erario (en Arteaga Hernández 1999, 91).

Todos aquellos que se presentaron ingenuamente esperanzados en la promesa fueron apresados inmediatamente; los que no lo hicieron, fueron denunciados corriendo con la misma suerte. Poco tiempo después, ya no hubo suficientes cárceles para tantos presos, provenientes no sólo de la ciudad, sino de los pueblos y de las provincias.

Apoyándose en la represión y el terror consiguiente, el 28 de abril de 1816 en Madrid, se dictó la real orden de convertir el territorio en virreinato nuevamente; así de «Provincia de Cundinamarca», nombre que había tenido por constitución desde 1812, pasó a llamarse otra vez «Virreinato de la Nueva Granada». El virrey fue Francisco de Montalvo, quien se instaló en Santafé el 27 de marzo de 1817. Éste fue remplazado por Juan Sámano, quien gobernó entre los años de 1818 y 1819.

---

34 El historiador José Manuel Restrepo escribió al respecto: «[L]a cuchilla de sus fieros mandatarios ha segado muchas vidas preciosas, para extinguir las luces, enemigas las más terribles del despotismo. (...) en la Nueva Granada, tuvieron el proyecto de sacrificar los hombres más ilustrados, y en efecto asesinaron un gran número. Morillo, sobre todo, tenía el plan, y lo decía, de «que en América sólo debían quedar labradores, artesanos y mineros, que de otro modo y trayendo de España, los empleados, abogados y jueces con muchos misioneros, practicando mucho lo que habían hecho los españoles, al tiempo de la conquista, aquélla conservaría sus colonias». Así han perecido en los cadalsos y en los campos de batalla, en los bosques y en las emigraciones varios de los hombres más ilustres que había cuando comenzó la revolución (1833, 179-180).

35 La defensa de la libertad se luchó con pocos fusiles y muchas novenas, como dejó constancia Caballero en su Diario, ante la entrada de las tropas de Morillo a la capital: «Sábado 9. Vino posta de que los enemigos adelantaban sus marchas, y vino el detal de Rovira, de la derrota absoluta de su ejército, y que viene replegado para ésta. (...) Se han comenzado novenas a Nuestra Señora del Topo, en la Catedral; a Nuestro Amo, en Santo Domingo; en la Concepción, al Espíritu Santo; y a San Miguel y a Nuestra Señora del Descendimiento, y a Nuestro Amo en San Francisco, y en todas las demás iglesias y conventos a diferentes santos, que es lo que realmente nos puede librar de esta terrible calamidad. Dios haga su voluntad y lo que mejor a cuenta nos esté. A 11 vino parte que los enemigos han tomado el Socorro, habiendo emigrado casi todos el día 6. Estas noticias nos han acobardado demasiado, especialmente porque nos faltan armas y auxilios. Ya toda la gente está para abrirle la puerta al enemigo. El gobierno está muy triste y pusilánime, de manera que su temor hace amilanar los ánimos en los demás» (235).

Morillo dictó un Bando el 6 de junio de 1816, donde «para cortar de raíz los malos hábitos que la desgraciada época de cinco años había impuesto en casi todos los habitantes» del Nuevo Reino (Rodríguez Villa, 72) ordena entregar armas, libros, caudales, fincas, alhajas, todo tipo de posesiones; además pide delaciones de seglares, eclesiásticos y militares que hubieran participado en una u otra forma en el movimiento independentista (véase: Bando de Morillo, Santafé 6 de junio de 1816, en Rodríguez Villa, 71-74). Asimismo, «dice en un despacho del mes de julio de 1816, fechado en Bogotá, haber declarado rebelde a todo el que sabía leer y escribir: en su consecuencia, seiscientos notables de aquella ciudad fueron sentenciados a expirar en la horca en un estado completo de desnudez» (Cantú en Ibáñez 1989, III: 185).

Para juzgarlos rápidamente, Morillo instauró un Tribunal de Sangre, llamado *Consejo de Guerra Permanente*, cuya misión era condenar a muerte a los patriotas, siguiéndoles un irrisorio proceso en el que el fiscal y el defensor eran militares españoles. También instituyó el *Tribunal de Pacificación*, ante el cual debían comparecer todos los que hubieran tenido participación indirecta en la política; a estos se los castigaba con trabajos forzados, cárcel o destierro. Groot, historiador contemporáneo a los hechos, anotó:

> Hubo un individuo malignamente curioso, que desde el 20 de julio (de 1810) tuvo cuidado de hacerse a todos los impresos que se publicaban, cuya colección entregó a Morillo, para que se impusiera de todo y de todos los que habían figurado como patriotas. Esto junto con el prolijo examen de los archivos a que se dedicó Enrile, dio a los dos jefes sanguinarios todos los conocimientos que se necesitaban para que no se escapase persona alguna de las que de algún modo hubieran tenido participación en los negocios de la patria (Groot 1953, III: 493).

De esta manera, los que habían participado en las revoluciones de independencia, y muchos de los intelectuales que había publicado artículos en periódicos celebrando la revolución y la victoria o habían reclamado la separación total de España, fueron gradualmente encarcelados y juzgados; muchos de ellos, fueron fusilados por la espalda como traidores al Rey, si tenían prestancia social, o ahorcados, aquellos considerados inferiores por su posición social o por el tipo de humillación final con que se los quisiera degradar; a muchos les cortaron la cabeza u otras partes del cuerpo y colocaron los miembros mutilados en horcas, en jaulas o en picas o colgando a las entradas de la ciudad o en las plazas públicas. De la siguiente manera se comenta una de las ejecuciones llevadas a cabo por el gobierno español y la Inquisición ya en el siglo XIX:

> Los españoles, aparte de sus crueldades, se han hecho célebres por la gravedad e imponente aparato con que han sabido investir las escenas de terror, desde el auto de fe hasta una simple ejecución.

> Ocho batidores blandiendo relucientes espadas abrían paso ahuyentando la multitud que por todas partes se apiñaba a reconocer a los ajusticiados. La comitiva rompía presidida de un crucifijo sostenido a regular altura. (...) La seráfica comunidad de los franciscanos con su sayal destinado para servir luego de sudario, calada la capilla y salmodiando a compás el oficio de los agonizantes, formaba las filas que cerraban atrás los destinados al suplicio, sostenidos cada uno por dos ministros del altar rodeados de sayones y de verdugos. Piquetes por todas partes, cubriendo las avenidas, corriendo la multitud, daban a conocer la importancia de las víctimas y el recelo de sus sacrificadores. (...) al pie de la máquina mostrábase un ser humano, con rostro feroz y atraidorado, avezado al crimen y diestro en dar la muerte. Llevaba vestido colorado, ribeteado de blando, las piernas desnudas, cubierta la cabeza con un sombrerillo apuntado: parecía el bufón del drama, y no era sino ¡el verdugo! (Santander 1988, 118-120).

Después de las ejecuciones masivas, para culminar las causas seguidas, se hacía un *Auto de Fe*[36] en la plaza central, hoy Plaza de Bolívar, para quemar, sin importar el idioma, todos los libros que se les habían decomisado a los sentenciados. Además, para ratificar los hechos e impedir cualquier intento de nueva rebelión, en el mismo lugar en que funcionaban los Consejos de Guerra y de Purificación, se celebró el santo del Rey con un suntuoso baile; a éste se obligó a asistir a las madres, viudas, hermanas e hijas de todos los asesinados y encarcelados; ya que se les notificaba: «que se tendría como señal de infidencia el no concurrir al obsequio que se iba a tributar al soberano» (en Arteaga Hernández 1999, 93); su presencia era obligatoria; al llegar al recinto, sus parejos de baile eran aquellos que habían sido los acusadores o los verdugos de sus seres queridos.

> El silencio y la discreción en el ajusticiamiento de un disidente se entendía como un desperdicio de los efectos sicológicos y políticos que podían obtenerse a través del asesinato como evento social. El castigo no era sólo para el individuo transgresor: era también para el grupo que esperaba el desenlace del atrevimiento. Había que reforzar el temor de la sociedad ante la capacidad de venganza de la autoridad. El acto de segar la vida a un individuo acusado de disidencia se hacía frente a un grupo de personas. Minuto a minuto el público presenciaba cómo era apagada la existencia de un semejante. Una mezcla de emociones afloraba en la multitud que presenciaba el hecho: temor, compasión, tristeza, curiosidad, gozo disimulado, rabia e impotencia (...) (Rodríguez González 1999, 202).

Este repetido espectáculo urbano de refinada crueldad, cuya esencia era

---

36 Los «Autos de Fe» eran «actos que por la escenografía sugestiva y la suntuosidad, queda[ban] grabados para siempre en la memoria de los asistentes, quienes por su presencia al acto recibían indulgencias y por su ausencia la excomunión. El espectáculo servía de escarmiento a los condenados y de amonestación a los que, habiendo caído en el delito de herejía, aún no habían sido descubiertos» (Borja Gómez 1996, 351). Véase la manifestación de uno de estos «Autos» en *El Carnero* en Rodríguez-Arenas 1999, 149-170.

el abierto despliegue de sevicia, fue el vector privilegiado de la memoria institucional española entre 1815 y 1819 en la Nueva Granada. Su meta era imponer una memoria unívoca entre los habitantes para reafirmarles que ellos eran los sojuzgados; lo mismo que para enfatizarles que la letra, en cualquiera de sus manifestaciones (libros, escritura, periódicos, aprendizaje, etc.) era peligrosa; puesto que, en parte, era la causa de su situación.

> En unos pocos años despareció lo más importante de la generación precursora, entre ellos, los criollos Camilo Torres, Francisco José de Caldas, Joaquín Camacho, Frutos Joaquín Gutiérrez, Jorge Tadeo Lozano, Antonio Villavicencio, Manuel Rodríguez Torices, José María Cabal, Policarpa Salavarrieta, Antonia Santos, Liborio Mejía, Antonio Baraya, José Cayetano Vásquez y otros criollos granadinos (Ocampo López 21).

De esta manera, la intelectualidad neogranadina de la época[37] fue casi completamente diezmada. «[L]as sombras de siete mil víctimas sacrificadas por Morillo, Sámano y Enrile [El Virrey Montalvo en su Memoria de mando al Rey de España hace subir a este guarismo el número de patriotas, pertenecientes a las principales familias del Nuevo Reino, sacrificados en los dos años de 1816 a 1818 en los patíbulos, las cárceles y los presidios en trabajos y climas insalubres]» (Camacho Roldán, 544). El duro golpe recibido a manos de la Pacificación monárquica, acabó con muchos de los que hubieran podido dar gloria a la literatura del periodo.

Entre 1819 y 1821, prosiguió la limpieza del territorio, los españoles ocupaban importantes posiciones en el litoral norte, donde el virrey Sámano conservaba un ejército poderoso y controlaba Cartagena y el río Magdalena casi en toda su extensión hasta Honda, además del Valle del Cauca y Popayán; asimismo, avanzaba sobre las provincias del Chocó y Antioquia. Los combates de exiguas proporciones se multiplicaban a diario en todas las regiones, porque surgían nuevos focos realistas que causaban estragos y mantenían alerta a las poblaciones. Lo que significó que la inestabilidad política y social continuó mucho después de la derrota realista en el Puente de Boyacá en 1819.

Luego de asegurada la expulsión realista del territorio al consolidarse y ganarse con éxito la Campaña Libertadora de la Nueva Granada, con la acción de Gámeza, el combate del Pantano de Vargas, el triunfo de la Batalla de Boyacá y el confinamiento realista a las zonas de Cartagena, Cúcuta y Pasto, en Bogotá se afianzó efectivamente el gobierno de las provincias libres de la Nueva Granada encabezado por Bolívar y Santander. Así se creó la Re-

---

37 Caballero graba la situación para la posteridad; después de señalar página tras página los nombres de los ajusticiados, comenta: «no se perdonaba a ninguno que fuese hábil o rico: a los unos, por privar mil luces para que siempre vivamos en la ignorancia, y los otros para echarse sobre sus bienes» (255). Posteriormente informa la manera en que salva su escritura para la posteridad: «Desde este mes no he podido llevar el Diario, como hasta aquí, por las muchas incomodidades que hay, pues los papeles de estas noticias he tenido que enterrarlos, junto con todas las Gacetas y demás impresos, para libertarlos y libertarme. (...) ¿No estaré pensando cuándo me caen? Yo pienso emigrar; Dios me dé sus designios y arbitrios para ejecutarlos, pues los mismos nuestros son los peores, y hay uno que anda dando noticia de todos los que han servido a la patria. ¡Dios quiera que de mi no se acuerde!» (265).

pública de Colombia (conocida hoy como Gran Colombia, por la unión de Cundinamarca, Venezuela y Quito)[38], y comenzó a organizarse la administración y la hacienda del naciente Estado. A pesar de las numerosas muertes de intelectuales, «vivían para gloria de Colombia, Santander, Azuero, Soto, Peña, Castillo Rada, Urbaneja y otros ciudadanos eminentes, cuya mirada fija en el porvenir, buscaba la realización de las tendencias genuinas del movimiento revolucionario» (Samper Agudelo, 38).

En 1820 al clausurarse el Congreso de Angostura se dio libertad al Valle del Cauca y al Magdalena; en 1821 se decretó la abolición gradual de la esclavitud y la abolición del tributo indígena, se liberó la zona de Cartagena, se incorporó Panamá a la República de Colombia y se declaró su libertad. En 1822 después de las Batallas de Bomboná y Pichincha, se definió la independencia de Quito; un mes más tarde la independencia total del Ecuador y se produjo la incorporación de Guayaquil a la Gran Colombia (véase: Samper Agudelo, 40-67). También se establecieron escuelas normales y se comenzó a hacer uso del método de enseñanza mutua propagado por el escocés Andrés Bell en Europa y por el londinense José Lancaster en el Nuevo Mundo. En 1823 se liberó totalmente el territorio venezolano y se celebraron tratados con México, Lima y Buenos Aires.

Desde 1820, el Gobierno de Colombia inició la contratación de profesores para la instalación de escuelas lancasterianas. El primero fue el franciscano quiteño Fray Sebastián Mora Bermeo[39], quien había sido desterrado a España por el Pacificador Pablo Morillo, acusado de propagador ardiente de las ideas independentistas. En España estudió el método de Lancaster y al recuperar su libertad regresó a Colombia y ofreció sus servicios al Gobierno nacional.

---

38   Al ser proclamado Libertador en el Congreso de Angostura, Simón Bolívar presentó «su proyecto de formar una gran nación llamada Colombia que integraría los territorio de Venezuela y Nueva Granada y tendría su capital en Las Casas (un lugar entre ambos)». (Lucena Salmoral 1988, 107). «[E]l estado que [Bolívar] pretendía crear no era otro que Colombia, y así lo llamó siempre, en homenaje al descubridor de América, integrando dentro del mismo a Venezuela, Nueva Granada, Panamá y Quito. El intento fracasará (...) y sólo quedó un país con el nombre de Colombia (la Nueva Granada). De ahí que se utilice usualmente el nombre de Gran Colombia para distinguir esta creación plurinacional de la posterior nación colombiana» (Lucena Salmoral 1988, 117). «Colombia en su primera configuración, era hija de Bolívar y encarnaba muchas de sus ideas políticas. La constitución de Cúcuta (1821) creaba un estado fuertemente centralista, una Gran Colombia, que comprendía Venezuela, Nueva Granada y, potencialmente, Quito, unidas no en tres regiones, sino en una serie de departamentos. Era una constitución conservadora: favorecía al Presidente frente a la legislatura, y restringía el derecho de voto a los que supieran leer y escribir, que tuviesen además bienes raíces valorados en cien pesos. Bolívar creía que Colombia podía ser gobernada sólo a través de un poder central absoluto y rechazaba los argumentos de los que pretendían hacerla federal» (Lynch 1988, 200).

39   Sebastián Mora Bermeo: sacerdote quiteño que ayuda a difundir las escuelas lancasterianas. El Congreso General de Colombia, en 1821, decretó la instalación de escuelas normales de método lancasteriano en las principales ciudades de la República, el ejecutivo decretó más tarde que las escuelas normales fueran establecidas en Bogotá, Caracas y Quito. Desde 1820, el gobierno había iniciado la contratación de profesores para el establecimiento de escuelas, el franciscano Mora Bermeo, conocedor del método fue nombrado director de la escuela normal de Bogotá. Al renunciar, el religioso quiteño fue encargado de establecer una escuela similar en la capital del Distrito del Sur, Quito, donde desarrolló su actividad educativa, desde 1824 (véase: Tobar Donoso 1937, 463-539).

Al ser contratado estableció varias escuelas públicas que empleaban ese método. En 1824, se lo nombró director de la Escuela Normal bogotana, que buscaba promover la formación de maestros nacionales. Poco después viajó a su región natal, recién liberada para establecer escuelas lancasterianas (véase: Cacua Prada 1997, 102-104).

También se organizaron escuelas y colegios para niñas. Existían tres colegios-conventos con personal religioso y laico para la enseñanza femenina en Bogotá: el de Santa Clara, el de La Concepción y el de la Enseñanza. Para éste último en 1824, El vicario Nicolás Cuervo reglamentó que el número de alumnas no podía pasar de 80, y sus edades deberían estar entre los siete y doce años. Sin embargo, el paso del tiempo no había mejorado en nada la exigua educación femenina; para 1825, se seguía enseñando lo determinado en 1783, cuando se había fundado el Colegio: principios de religión, lectura, escritura, oficios y labores femeninas como bordado y música (véase: Foz y Foz 245-246).

En 1824, comenzó a organizarse el fisco nacional, se fortalecieron las relaciones entre la Iglesia y el Estado, se organizó la hacienda, se dividió el territorio en departamentos, provincias y cantones; y se acogió la doctrina Monroe, que rechazaba toda intervención europea en los asuntos de América. En 1825, la Gran Bretaña reconoció la independencia de Colombia y el General Santander ordenó un censo de población que arrojó para Cundinamarca una cifra incompleta de 1'223.598 habitantes (véase: Pérez, 447).

Sin embargo, la inestabilidad política continuaba: Caracas rechazó la Constitución, demostrando profundas tendencias federalistas que se oponían a los designios de Bolívar. Páez, en su calidad de comandante general del departamento de Venezuela tuvo violentas fricciones en 1824 con la Municipalidad de Puerto Cabello y con la Municipalidad de Caracas; todo lo cual hizo que Venezuela obedeciera a regañadientes las órdenes provenientes de Bogotá. En Pasto había fuertes focos realistas que se negaban a estabilizar la situación política. Las disensiones entre federalistas y centralistas proseguían con furor. En Bogotá, los grupos se ubicaban a favor o en contra bien de Nariño, bien de Santander (véase: Gilmore, I: 42-56).

En 1824, comenzó abiertamente la desintegración del proyecto bolivariano con la polarización en Bogotá entre Santander y Bolívar, y los continuos disentimientos entre Venezuela y Cundinamarca. 1826 continuó con la desintegración de la Gran Colombia. En ese año, Santander propuso un nuevo plan de estudios para limitar el papel de la Iglesia en la educación; intentaba expandirla con la enseñanza del francés, el inglés y la adopción de nuevas teorías como la de Bentham (véase: Cacua Prada 1997, 108-136). Al final de este año, hubo ruptura política y personal entre Santander y Bolívar.

En 1827, se propagó la idea de elegir como monarca a Bolívar; en 1828, la anarquía reinante hizo que el Libertador intentara implantar un gobierno con mano fuerte, lo cual promovió con ímpetu la noción del establecimiento de una dictadura. Bolívar derogó las medidas tomadas por Santander respecto a la educación, prohibió la enseñanza de los principios utilitaristas de Bentham y restituyó el poder de la Iglesia en este sentido (véase: Motta Vargas, 29). A esto se agregó el resentimiento que se le tenía al general caraqueño en Bogotá, produciéndose el 25 de septiembre de 1828 un atentado contra la vida de Bolívar (véase: Andueza Palacio, 413-414), intento de asesinato originado por miembros de la logia libertad de Colombia Nº 1, que presidía Santander, lo que le ocasionó a este general la expatriación (véase: Rojas Pontón, 1992). Ese mismo año, Venezuela se separó de Colombia y Bolívar se retiró del gobierno en 1830. El país comenzó la década del treinta con una nueva constitución. Se eliminó definitivamente el tributo indígena (que ya había sido eliminado en 1821 y restablecido por Bolívar en 1828). El 17 de noviembre de 1831, se dictó la «Ley Fundamental de Estado de la Nueva Granada» que promulgó la unificación de las provincias del centro de lo que fue la antigua Gran Colombia con el nombre de Nueva Granada (véanse Pombo y Guerra, III: 242-245).

En 1832, se instauró la Convención Granadina con una nueva Constitución de régimen centralista, sancionada por el entonces vicepresidente José María Obando; los grandes departamentos se convirtieron en provincias más pequeñas. El Istmo, la Costa Atlántica y el Cauca fueron incorporados a la Nueva Granada. Pero las provincias caucanas de Buenaventura, Pasto, Popayán y Chocó trataron infructuosamente de anexarse al Ecuador (véanse Pombo y Guerra, III: 251-307).

En 1835, la alianza de exbolivaristas y exsantanderistas en el Congreso eligió a José Ignacio de Márquez como vicepresidente de la República y en 1837, como presidente. En mayo de 1839, comenzó el primer gran conflicto que se produjo en Colombia después de la Independencia: La guerra de los Conventos, que se originó por haberse llevado a cabo la orden, dictada en 1821, de suprimir los conventos menores que tuvieran menos de 8 miembros y destinar sus rentas a la Instrucción pública de la provincia (véase: Acosta de Samper 1901, 363). Orden que se ejecutó en Pasto, ocasionando la reacción conservadora del área. El conflicto se extendió por diversas regiones del país y tomó el nombre de Guerra de los Supremos, fue una revolución federalista que se propagó hasta 1841 (véanse: Pombo y Guerra, IV: 313-316; Gilmore, I: 129-135).

En 1843, se impuso una nueva Constitución conservadora, que pretendía establecer un gobierno centralizado, con fuerte presencia de la Iglesia. En 1845, comenzó el primer periodo de Tomás Cipriano de Mosquera en la presidencia. Su administración se distinguió por la paz, el gran progreso económico, pero marcó el deterioro de los grupos conservadores y la reorganización de los grupos liberales; fue una época de transición, en que la prensa tanto liberal como conservadora creció rápidamente en la capital como en las provincias. Los hombres que dirigían y redactaban los diarios durante esos años eran los principales políticos, reformadores sociales y económicos, y literatos de la nación de ambos partidos. El periodismo, en su papel de propaganda, era militante y agresivo.

Después de la Guerra de los Supremos y en los años en que se sentaron las bases de los tradicionales partidos políticos, se propusieron definiciones alternativas de los valores que se identificaban con lo que se quería que fuera la nueva nación; así, la literatura se empleó para validar proyectos competentes de reconstrucción nacional y se localizaron en el pasado nacional muchos valores centrales. Los grupos en contienda miraban el pasado buscando imágenes de coherencia y unidad para proyectarlas en su presente y construir el futuro.

En el congreso de 1846, el representante Lucas Caballero presentó el proyecto de expulsión de los jesuitas alegando la vigencia de la pragmática sanción de Carlos III. Lo apoyó el general Mantilla diciendo que desde su regreso al país no se habían sometido a las disposiciones universitarias en sus colegios y adujo que «desde niño había oído llamar por su padre, jesuita a los hipócritas» (Arteaga Hernández y Arteaga Carvajal 1999, 192), obligando al gobierno y a un amplio sector ministerial encabezado por Mariano Ospina Rodríguez a asumir abiertamente su defensa.

A finales de 1847, la unión de los liberales en contra de los conservadores promonarquistas se hizo más notoria. La oposición al gobierno, la inexplicable persecución de Obando, líder liberal por parte de su suegro el general Mosquera, y la polémica siempre intensificada sobre los jesuitas fueron las características de la época (véanse: Camacho Roldán 1893, 9-19; Gilmore 1995, 137-142). En el Congreso de 1848 se suscitó de nuevo la cuestión de los jesuitas; produciéndose debates muy acalorados que se llevaron al terreno público. Julio Arboleda propuso nuevamente declarar en vigor la pragmática Sanción de Carlos III para que se los expulsara. Mariano Ospina de nuevo los defendió. Manuel Murillo Toro participó en la polémica diciendo que había sido un crimen el haberlos traído otra vez al país.[40]

En ese mismo año, Ezequiel Rojas elaboró el primer programa liberal en el país, señalando los lineamientos del partido Liberal (véase: Motta Vargas, 35-43); y en 1849, surgieron, los del Conservador. Del mismo modo en esos lustros, los terratenientes, los esclavistas, los burócratas, los comerciantes, el clero y la milicia, muchas veces entraron en pugna o coalición entre sí según los intereses que se disputaran en el momento. Es decir, política y socialmente fue una época intensa de cambios, transiciones y adaptaciones que proyectó sicológicamente incertidumbre en todos los ámbitos; pero que lentamente fue perfilando lo que sería la nación colombiana.

---

40 El tema de los jesuitas se convirtió en una fuerte discusión política durante el año de 1848 y se fueron agrigando los ánimos más y más. Este tema y la cuestión electoral ahondó y aumentó la división entre los grupos políticos y dio pie para que el 20 de mayo de 1848, en un texto de Florentino González que estudiaba los partidos políticos, los dividiera en dos bandos con los nombres de liberales y conservadores.

2.1 Los periódicos y las revistas literarios

Sorprende ver que los historiadores y críticos de la literatura colombiana hayan dejado de lado el valor de los periódicos y las revistas literarios decimonónicos para el estudio de las letras colombianas, ya que esas publicaciones fueron la forma de emisión literaria privilegiada durante el siglo XIX y en ellas se forjó gradualmente el discurso literario que contribuiría a guiar los parámetros dentro de los cuales se debería producir la literatura colombiana de la época. Así se originó la producción de prosa de ficción breve y de novela con la que para mediados del siglo los hermanos Ortiz (José Joaquín y Juan Francisco), Juan José Nieto, Eladio Vergara y Vergara, Josefa Acevedo de Gómez, Pedro Camacho Pradilla, León Hinestroza, José María Ángel Gaitán, Ricardo Becerra, Raimundo Bernal Orjuela, Felipe Pérez, Priscila Herrera de Núñez, José David Guarín, Manuel María Madiedo, Bernardino Torres Torrente, Daniel Mantilla, Antonio Pineda, Juan Clímaco Arbeláez, Jesús Silvestre Rozo, Temístocles Abella Mendoza, Constancio Franco Vargas, Próspero Pereira Gamba, José Joaquín Borda, Enrique Cortés, entre otros, anticiparan o escribieran coetáneamente sus obras a las de los reconocidos Eugenio Díaz Castro, Jorge Isaacs o a las de los esposos Samper-Acosta: José María Samper Agudelo y Soledad Acosta de Samper (véase: *Bibliografía de la literatura colombiana siglo XIX*. Rodríguez-Arenas, 2006).

Después de la Independencia, la libertad crítica favoreció en parte el surgimiento de una opinión independiente, en la que gradualmente el juicio erudito y el literario se fueron uniendo con lentitud a los hechos políticos reportados. Las publicaciones periódicas a partir de la segunda década del siglo XIX comenzaron a ofrecer textos que señalaban el esfuerzo por establecer un quehacer literario, en el sentido actual, que se considerara neogranadino/colombiano. En esos escritos se hallan los rasgos que comenzaron a caracterizar lo «propio»; los que se adoptaron, los que se quisieron imponer o los que se modificaron para lograr los objetivos que los intelectuales pensaban que debía poseer la literatura en general y la ficción en particular; del mismo modo, en esas publicaciones se observa la ideología de los escritores y los antagonismos o las desaprobaciones que el medio sociocultural manifestaba en el momento de la escritura de las obras.

El contenido de los periódicos a partir de la Independencia fue únicamente de noticias de guerra o ya claramente político; en ellos se observa la coincidencia en expresión de fuertes sentimientos patrióticos; pero laten profundas divergencias ideológicas que con el tiempo se perfilan con claridad y progresivamente se van polarizando. Los textos, al servicio de la más fugaz actualidad, eran obra de autores que muchas veces no habían pensado en ser escritores, pero las circunstancias del momento les proporcionaba algo que decir sobre los sucesos sociales, políticos o literarios que surgían.

Esas publicaciones no se vendían en números sueltos sino mediante suscripción renovable cada cierto tiempo (situación que permitía que el grupo de editores tuviera manera de sufragar los gastos de la edición); estaban dirigidas a un público muy reducido y por lo general masculino, interesado en asuntos políticos y económicos; existían para promover el punto de vista de una facción o de un partido político y para dar información de actividades como la agricultura, el comercio o los negocios civiles importantes para el grupo receptor. Las páginas estaban llenas de transcripciones de procesos o edictos de los gobiernos: local, regional y nacional; de editoriales y algunas veces de una serie de breves artículos reimpresos de otros periódicos o de sucintas noticias provenientes de otras fuentes. La manifestación literaria presente en esos impresos era la poesía; tipo de escritura que no tenía casi ninguna conexión con los temas tratados en los artículos. Los redactores estaban interesados en solidificar la circulación de su publicación, para diseminar ideas y noticias; pero la sociedad carecía de medios económicos para comprar las publicaciones o para subvencionarlas por medio de la suscripción. Además, el público lector era un número muy reducido de la población; ya que el analfabetismo era la norma en esa sociedad decimonónica.

Todos los periódicos presentaban variación en la frecuencia de publicación; se retrasaban o se suspendían por circunstancias políticas, por quiebra de la publicación o por motivos personales de los redactores. En general, hacían muy pocas concesiones para seducir al lector; sin embargo, el ejemplar del periódico pasaba de mano en mano y posteriormente se coleccionaba y se empastaba como libro, a esta práctica se debe en parte que se hayan conservado y hayan llegado al presente.

Desde esas épocas iniciales, los editores habían descubierto medios para interesar a los lectores en su publicación. Al principio fue la necesidad de saber las noticias y los resultados políticos; después, el círculo de personas instruidas en ciencias políticas y morales fue el receptor preferido, convirtiéndose en un periodismo doctrinal y moralizador, con ánimo proselitista al servicio de ideas políticas o religiosas, con muy pocas informaciones y muchos comentarios o artículos, en los que predominaban actitudes de acusación, exhortación y disuasión. Posturas que se manifestaban a través de dos vertientes: la doctrinal y la satírica; en ambas, una de las técnicas más persistentes fue la ironía.

Desafortunadamente, la vida de muchas de esas publicaciones periódicas era insubstancial y efímera. Lo normal era que tuvieran 4 páginas; pero como se puede leer en un apartado tomado del Nº 7 de *La Bagatela*, periódico fundado por Antonio Nariño, algunos ni siquiera alcanzaban ese exiguo número de carillas:

> También me remitieron dos cuartillas de papel con sus títulos del *Amigo de las Artes*: En el uno comienza el periódico y en el otro se acaba. No pude menos que soltar la carcajada de risa cuando vi la última nota,

porque aún estaba tu *Bagatela* sobre la mesa. Ciertamente hoy nacen y mueren los papeles como los insectos en las orillas del Nilo, que hacen toda la carrera en un sólo día. Sus autores me parece que serán dos serios y graves lacedemonios que bajo este título pretendían desterrar las artes en lugar de fomentarlas (Nariño [1811] 1966, 28).

En 1812, *El Amigo de las Artes*, publicación de dos páginas se suspende antes del segundo número porque, como afirma su editor: «Siendo muy pocos los ejemplares que se expenden es imposible con su producto sufragar los gastos de imprenta y papel. Sufriríamos con gusto ese pequeño sacrificio si el público apreciara más esta especie de producciones. Nosotros, pues, esperamos un tiempo más feliz que el nuestro en que dejemos de ser niños amigos de pequeñeces» (en Otero Muñoz 1925, 101).

Afortunadamente, eso no sucedió con todos los periódicos, existen algunos que alcanzaron varias decenas de emisiones, como sucedió con la ya mencionada *Bagatela*[41], fundada por Nariño; esta publicación intentó publicarse todos los domingos, salió al mercado el 14 de julio de 1811 y dejó de publicarse el 12 de abril de 1812, después de 38 emisiones. Un dato interesante que se proporciona en el periódico es el de la difusión que había alcanzado. En el último número, Rafael Flores, el encargado de expender el periódico informó: «Cuenta de la venta de las Bagatelas. De 15.120 ejemplares, con sus correspondientes suplementos, que se me han entrega desde 14 de julio de 1811, hasta 8 de marzo del presente año, a razón de 420 semanales, sólo quedan en mi poder 3.233 y se han expendido 11.887» (Nariño [1812] 1966, 150), cifras que indican la importancia y la divulgación que habían alcanzado los periódicos ya en 1812.

Otros periódicos se originaban en un lugar y clausuraban su tiraje en uno diferente, lo que les permitía una vida de más larga duración, como sucedió con *El Argos Americano*, publicado en Cartagena por José Fernández Madrid y Manuel Rodríguez Torices. El 23 de mayo de 1812 salió a la luz el número 78, último difundido en esa ciudad. Lo imprimió Diego Espinosa de los Monteros, quien había sido sentenciado a la cárcel de las bóvedas de Cartagena por habérselo hallado cómplice de Nariño en la publicación del folleto que contenía «Los derechos del hombre». Este periódico presentó una novedad para el periodismo: dividió la página del periódico en dos columnas.

Esta publicación resurgió como *Argos de la Nueva Granada* el 11 de diciembre de 1813 en Tunja, se clausuró el 10 de enero de 1815 con el número 61 y resurgió nuevamente en Bogotá, continuando la numeración que traía

---

41 Descripción del periódico: N° 1: (14 de julio de 1811) «Prospecto», «Carta del Filósofo Sensible a una Dama, su amiga» (I). N° 2: (21 de julio de 1811) «Sobre la libertad de Imprenta», «El Gobierno de EE.UU.», «Contestación de la dama al Filósofo Sensible» (I). N° 3: (28 de julio de 1811) «El Gobierno de EE.UU.» (II), «Dictamen sobre el gobierno que conviene al Reino de la Nueva Granada», Suplemento: «El Filosofo Sensible a una Dama, su Amiga» (II). N° 4: (4 de Agosto de 1811) «Dictamen sobre el gobierno que conviene al Reino de la Nueva Granada» (II), «El Filosofo Sensible a una Dama, su Amiga» (III), «Erratas», Suplemento: «Carta a un Amigo», «Nota de Suscripción». N° 5: (8 de Agosto de 1811) «Dictamen sobre el gobierno que conviene al Reino de la Nueva Granada» (III), Suplemento: «Fraternal Advertencia (Primera Amonestación)» (véase: Nariño, 1966).

de Tunja, el 26 de febrero del mismo año; llegó hasta el número 110, el 28 de enero de 1816, cuando cerró definitivamente (véanse: Otero Muñoz 1925, 87-90,161-164 y Cacua Prada 1983, 28).

Las cuestiones políticas se dirimían a través de las páginas de la prensa, como se observa con la polémica que surgió en torno a afirmaciones de violación de correo contra las autoridades, que Nariño emitió en el primer número de *La Bagatela*, bajo la forma de carta y con el título: «Un Filósofo sensible a una Dama su amiga», cuyo texto «critica acerbamente los hábitos de corrupción y los vicios heredados del antiguo régimen al propio tiempo que defiende la independencia absoluta de la patria» (Otero Muñoz 1925, 104). Para responderle salió *La Contrabagatela* el 22 de julio, publicación en la que se desmentía la inculpación pero se acusaba al Congreso; esta hoja generó dos nuevas publicaciones y la respuesta de Nariño en el número 3 de su periódico. Sobra decir que después de explicitadas las ideas en contra, los impresos ocasionales dejaron de publicarse.

Contrarrestada parcialmente la represión española en algunas partes del territorio, siguieron años caóticos en los que la mano fuerte de los dirigentes se hizo sentir en diversos planos, uno de ellos: los libros y la censura. El 19 de enero de 1820, el General Santander dictó un decreto en el que pasaba a ser función del Estado la revisión y censura de libros, con el fin de evitar las ideas no religiosas, para cuyo propósito se estableció un grupo de revisores. El artículo 5° del edicto decía: «Por ahora, se prohíbe la impresión de todo libro, discurso o papel que no tenga la aprobación eclesiástica». La lectura de los textos no estaba prohibida «a toda persona de juicio, madurez y discernimiento», siempre y cuando leyera para anotar los errores y demostrar la falsedad de lo expuesto (véase: Duarte French 1980, 124-124). La función de este tipo de edicto era subordinar la Iglesia al Estado, para que así éste pudiera controlar las funciones de la primera; sin embargo este decreto manifiesta la tensión social que se vivía en el área, cuando la amenaza española era todavía evidentemente visible; todo esto hacía que la labor de los intelectuales fuera aún era muy precaria.

Esta situación ambigua continuó; sin embargo, los intelectuales después de ganada la libertad nuevamente, continuaron con sus prácticas de socialización secreta o públicamente, dándose paso a ideas ya establecidas en otras partes, pero todavía novedosas en el territorio; por eso no es raro encontrar hasta comienzos de la segunda parte del siglo, artículos bajo el título de: *felicidad*, *moderación*, *progreso*, *tolerancia*, *racionalidad* y otros conceptos provenientes de la Ilustración.

Apenas declarada la Independencia, la Constitución de Cundinamarca, en 1811, consagró la libertad de imprenta como un derecho ciudadano (Título XII, art. 11) (véanse: Pombo y Guerra, I: 371-372). Esta situación se reiteró en la Constitución de Cúcuta de 1821 (Título VIII, art. 156): «Todos los colombianos tienen el derecho de escribir, imprimir y publicar libremente sus pensamientos y opiniones, sin necesidad de examen, revisión o censura alguna anterior a la publicación. Pero los que abusen de esta preciosa facultad sufrirán los castigos a que se hagan acreedores conforme a las leyes» (Pombo y Guerra III: 97). Con muchos vaivenes, la asociación de «personas de juicio, madurez y discernimiento» hizo que gradualmente comenzaran a surgir los periódicos destinados a instruir y a divertir mediante temas amenos; de esa manera, se imprimieron más asiduamente distintos tipos de creaciones literarias, con lo que se intentaba atraer al lector cansado de los cambios políticos que desestabilizaban la vida social.

Apenas pasados pocos años de la «Pacificación», el historiador Restrepo, contemporáneo a los hechos, comentó al respecto:

> Sin embargo, no se puede decir que la totalidad de las luces de los colombianos sea ahora menor que al principio de la transformación política. Tenemos, es cierto, menos abogados, canonistas, literatos, físicos y matemáticos, pues durante el curso de la revolución no han podidos formarse los jóvenes en estos ramos de las ciencias y de las bellas artes; pero en recompensa hoy se estudian con bastante generalidad los principios del derecho político, de economía política y de legislación, ciencias tan necesarias para la felicidad de las naciones y que antes eran absolutamente desconocidas. (...) Además rotas las trabas que la Inquisición ponía a la instrucción pública, con la odiosa prohibición de libros, estos circulan fácilmente, y habiendo proporciones para ilustrarse los pueblos, por todas partes van disipándose las sombras de la ignorancia. La libertad de imprenta y los papeles públicos contribuyen al mismo fin, penetrando semanalmente por donde quiera, apenas se veían cada dos, tres y aún seis meses pocos ejemplares de la *Gaceta de Madrid* en manos de tres o cuatro individuos de algunas principales ciudades de Venezuela y de la Nueva Granada, ahora son leídos los periódicos por una gran parte del pueblo, el cual ya discute las materias de que tratan, se interesa por los negocios políticos y va teniendo en sus ideas una completa revolución. Sin duda la imprenta libre, ese vehículo de las luces, hará dentro de pocos años un pueblo nuevo de los antiguos colonos de la España (1833, 180-182).

Uno de los momentos más importantes para la difusión de la escritura de imaginación sucedió en 1825 cuando se difundió el primer número de *La Miscelánea*; publicación que originó la circulación de revistas y periódicos literarios; lo que gradualmente fue abriendo nuevas posibilidades de escritura. De esta forma, los intelectuales reafirmaron el servicio que prestaban para elevar la calidad de la vida social y el pensamiento individual al considerarse la prensa periódica depósito de la verdad y de la experiencia.

Gracias, a las iniciativas personales y particulares de un grupo decidido de intelectuales y hombres públicos, interesados en procurar tanto el avance social, como en tratar de guiar las diversas capas de la sociedad para que modificaran algunos de los parámetros mentales instituidos por las nuevas circunstancias, se comenzaron a apoyar con vehemencia las nociones de *democracia* y las ideas de *libertad*; ellos consideraban que la tiranía política se basaba y se reafirmaba en la ignorancia y en la aquiescencia prevalentes. De ahí que, a pesar de la certidumbre concreta que tenían de los terribles males que podría acarrear la letra y los mensajes que con ella se transmitían, concluyeron que para originar reformas socioculturales productivas, la prensa era un medio que contribuiría a impulsar los prerrequisitos de un mundo más justo y avanzado, como eran: la *libertad*, la *prosperidad* y el refinamiento tanto cultural como intelectual.

El periódico literario: prensa dedicada a difundir la literatura, surgió lenta y esporádicamente al principio, pero pasados los lustros de experimentación se convirtió en una manifestación constante; ya que proporcionaba a los lectores además de una fuente de distracción, redes de palabras y prácticas sociales que lentamente iban constituyendo los emergentes discursos, que dieron origen tanto a imperceptibles cambios sociales como a diversas creaciones literarias. En esa temprana parte del siglo XIX, el campo social ocupado por los periódicos se convirtió en un imperio de signos, que se percibió y se valoró gracias a las pautas que ellos mismos habían ido delimitando. De esta manera, la prensa se entendió como un modo de organización culturalmente influyente para diversas construcciones sociales discursivas.

Esta empresa tuvo un proceso que en Colombia, como ya se vio, surgió a finales del siglo XVIII; primero registró la necesidad de representar el mundo con sus carencias y conflictos; después mostró la forma en que se iban conquistando y resolviendo las contradicciones en que se desenvolvía la vida social; alcanzado en parte esto, se dio inicio a la búsqueda de lo propio y de lo característico en lo territorial e incluso en lo cotidiano. De ahí se acometió la empresa de crear una expresión literaria propia; por eso, en las páginas de cada una de las publicaciones periódicas paulatinamente se observa la manera en que lo literario comenzó a expresarse, las manifestaciones que los autores privilegiaron, la función que tenían esos textos y la utilización pública que cumplían. Es decir, el periódico se convirtió en una tribuna en la que expresaban las posiciones fundamentales que intentaban instituir para la vida social, como la que comprendía lo literario.

Los periódicos literarios que interesan aquí son: *La Miscelánea* (1825-1826), *La Estrella Nacional* (1836), *El Albor Literario* (1846), *El Duende* (1846-1849) y *El Museo* (1849); ya que en ellos se encuentran las diversas manifestaciones literarias que se producían y la manera como en Colombia se adoptaron, se adaptaron y se establecieron o surgieron, las técnicas que sus autores empleaban y el propósito que perseguían. Junto a estos periódicos literarios se hallan numerosas publicaciones periódicas (véase: Cacua Prada, 1983), que son contemporáneas a los primeros y que además de proporcionar y cubrir una gama más amplia de situaciones, también muestran los hábitos y las circunstancias históricas que llevaban a los miembros de esos segmentos sociales a actuar o a reaccionar de cierta forma. Melo afirma: «En la actualidad el número de registros de prensa del siglo XIX es aproximadamente de 2200» (2), que se hallan en la Biblioteca Nacional de Colombia.

2. 1. 1 *La Miscelánea* (1825-1826)

El 8 de septiembre de 1825, aparece el primer número de *La Miscelánea* en Bogotá; publicación que se considera: «la primera revista» colombiana (Cacua Prada 1983, 35); título asignado, tal vez, por haber dedicado un espacio más amplio que cualquier otro periódico hasta el momento a secciones destinadas a temas literarios; no por poseer las características básicas que se reconocen en una revista: producción no diaria, de pequeño formato, multiplicidad de páginas, donde la imagen tiene un papel preponderante (véase: Martín Aguado y Armentía Vizuete 1995).

Los redactores, enemigos de Bolívar, fueron: Juan de Dios Aranzazu, Rufino Cuervo, José Ángel Lastra, Pedro Acevedo Tejada y Alejandro Vélez[42]. Cada ejemplar de *La Miscelánea* poseía cuatro páginas, al igual que los periódicos que se publicaban en la época; y como ellos, fue de impresión irregular y existencia no muy larga, ya que desapareció después de 39 emisiones, el 11 de junio de 1826, luego de sacar a la luz pública 158 páginas, con los asuntos más diversos, debido a «las exigencias de los negocios particulares que reclaman (...) debida atención» (157). Esta publicación surgió dentro del territorio que Bolívar había organizado bajo el nombre de Colombia (Venezuela, Cundinamarca y Quito), de ahí que los artículos incorporen a los habitantes de estos lugares como receptores de los textos.

Todos sus redactores pertenecieron a la Logia Masónica Libertad de Colombia Nº 1, a la que habían ingresado entre los años 1820 y 1822 (véase: Rojas Pontón 1992); del mismo modo, todos ejercieron cargos públicos importantes al servicio de la nación, llegando dos de ellos, Aranzazu y Cuervo, a Presidentes encargados de la República.

En el «Prospecto» de la publicación, los editores declararon:

> Al presentarnos al público como escritores, creemos de nuestro deber manifestar el objeto de este periódico, y hacer una ligera enunciación de los principios que profesamos. Su título indica bastantemente la diversidad de materias que nos proponemos tomar en consideración. La política, la legislación, el comercio, la literatura, y las noticias extranjeras

---

42   Véase una breve biografía de cada uno de los redactores de los periódicos estudiados en el Apéndice final.

ocuparán un lugar preferente en nuestras líneas; amantes de la libertad y celosos de nuestros derechos, vigilaremos cuidadosamente la conducta de los magistrados para denunciar sus faltas y reclamar el cumplimiento de las leyes. (...) Combatiremos los principios que no creamos en armonía con las instituciones que nos rigen, o con las que reclaman el bien del mayor número, y como tendremos que luchar con opiniones añejas, con intereses encontrados, con preocupaciones envejecidas, y sobre todo, con hombres altivos, unos por el poder, y otros por el prestigio que los ha divinizado, es probable que encontremos enemigos en la ruta, pero esperamos de la justicia de nuestros conciudadanos que no se nos ataque con insultos y sarcasmos, porque sobre ser demasiado prohibidas esas armas, sólo sirven para desnaturalizar las cuestiones (...). Como tampoco nos hemos propuesto fomentar la discordia entre los ciudadanos, declaramos: que nuestra patria es: la República de Colombia, y que todos los hombres cualquiera que sea el lugar de su nacimiento, sean cuales fuesen sus opiniones religiosas, son acreedores de nuestra consideración (...). [La Miscelánea (sept. 18, 1825): 1].

Desde esta apertura, los redactores sentaron su posición sobre el contenido del periódico: iba a estar compuesto de asuntos mixtos, donde prevalecerían los de importancia para la vida civil[43]; propósito que cumplieron hasta su clausura. Del mismo modo, demostraron la presencia de un movimiento cívico que se enfrentaba a los errores o arbitrariedades del gobierno regional o estatal. Pero para ellos ya existía divergencia entre los tipos de temas que se podían representar, entre los que lo literario comenzaba a diferenciarse.

---

43 Los artículos dedicados a la vida civil fueron: «Censuras. Nombramiento del Poder Ejecutivo». 1: 2-4. «Administración de justicia».1: 4. «Comercio». 2: 5-7. «Vacío en la lejislación». 2: 7.«Sociedades patrióticas». 3: 9. « Municipalidades». 3: 9-10. «Siete preguntas sobre la nueva ley orgánica de los tribunales, de 11 de mayo último». 3: 10-11. «Elecciones». 3: 12. «Elecciones». 4: 13. «Comercio». 4: 13-15. «¿Cuál es el mejor medio de evitar los delitos?». 5: 18-19. «Carreras de caballos». 5: 19-20. «Junta provincial». 6: 21-22. «Robos». 6: 24. «Comunicado: S. Dr. José Fernández Madrid». 6: 24. «Policía». 7: 27. «Amor patrio». 7: 27. «Duelos. 7: 28. «Fraude demostrado». 8: 29-30. «Potestad eclesiástica». 9: 33-36. «Elecciones».10: 37. «Comercio». 10: 37-38. «Libertad». 10: 38-39. «Cohecho». 10: 39. «Igualdad legal». 12: 45. «Impresión de leyes». 12: 45. «Cuestión legal». 15: 57. «Fuero militar». 17: 67-69. «Rejistro de elecciones». 18: 71. «Cementerios». 18: 71-72. «Matrimonios». 18: 72-74 (sic) (mala numeración, debe ser 73)]. «Memoria de la Secretaría de Relaciones Esteriores». 18: 74 (sic) (mala numeración, debe ser 73)]. «Mensaje del Poder Ejecutivo». 19: 79-80. «Fuero militar». 19: 80-82. «La constitución violada». 19: 83. «Triunfo de la constitución». 21: 87. «Memoria del Secretario de la Guerra». 21: 87-88. «Municipalidad de Bogotá». 22: 91-92. «Memoria del Secretario del Interior». 22: 92-93. «Enajenación de fincas de regulares». 22: 93-94. «Inventos. Máquina de navegación. Cañones de vapor». 24: 102. «Patriotismo». 25: 104-105. «Sesión de la Cámara de Representantes. El 6 del corriente por la mañana». 26: 109. «Lazaretos». 26: 109. «Sociedades secretas». 29: 119-121. «Acusación ante el Senado del Comandante Jeneral de Venezuela». 30: 124-126. «Acusación ante el Senado del Dr. Miguel Peña». 32: 131. «Representación del Dr. Vicente Azuero contra el Dr. Francisco Margallo». 33: 135-132 (sic). (Numeración equivocada, debe ser 136)]. «Partido de la oposición». 33: 133-341 (sic). (Numeración equivocada, debe ser 137-138)]. «Sesión de la Cámara de Representantes del 25 de abril, 1826». 36: 144. «Observación sobre la ley de crédito público». 38: 152. «Civilización de indíjenas». 38: 152-153. «Nombre de esta ciudad». 38: 153-154. «Al Municipal». 38: 154. «Errata sustancias del número anterior». 39: 155-156. «Fuegos artificiales». 39: 156.

A pesar de que ya habían pasado 6 años de la época del terror (La «Pacificación») y 15 del comienzo de la lucha por la emancipación, estos intelectuales seguían promoviendo ideas que habían surgido durante la Ilustración como: «el bien del mayor número»; *bien* o *bienestar* era sinónimo de *felicidad*, ya que ésta era el fin natural a que debía tender el individuo; como la de *sociedad*, la *felicidad* o el *bienestar* que debía ser común, general. Para ellos alcanzar este bienestar para la mayoría fue la finalidad de los esfuerzos efectuados en esta publicación, como lo afirmaron en la despedida: «nuestra empresa al redactar *La Miscelánea*, no tenía por objeto el interés pecuniario, sino el cooperar como lo permitiesen nuestros escasos conocimientos y nuestro tiempo, a generalizar la discusión sobre los grandes intereses nacionales» (157).

Con esa intención, publicaron los textos de *La Miscelánea*; uno de ellos, «Revista cronológica del año 1825», sirve para dar unas pautas sobre lo que fue ese año para el territorio; algunos de sus fragmentos informan:

> El año decimoquinto de la independencia de la República ha entrado en el abismo de lo pasado, para no volver a aparecer jamás. Fijemos por algunos momentos la consideración sobre la serie de los principales sucesos que han hecho en este periodo la historia de Colombia.
> 2 de Enero. Se instaló el tercer congreso constitucional de Colombia. En el mismo día fue reconocida por la Inglaterra la independencia de Colombia, Méjico y Buenos-Aires (...).
> El congreso reunido en la cámara del senado, oyó la tercera renuncia que hizo de la presidencia del estado el Libertador Simón Bolívar. Ninguno de los setenta y tres diputados presentes abrió la discusión sobre el asunto. La negativa fue unánime y el pueblo que rodeaba la barra, prorrumpió en vivas y mil señales de placer.
> 31. Se informó al congreso oficialmente, que el Libertador había recibido de Europa, un plan para establecer la monarquía en Colombia, coronándose rey.
> (...) 14 (febrero). Ley imponiendo penas a los traficantes de esclavos en Colombia y su jurisdicción marítima.
> (...) 7 (marzo) El gobierno de los Estados-Unidos del norte ratificó el tratado con la república de Colombia.
> (...) 26. El coronel Leonardo Infante, declarado reo de un asesinato, fue fusilado en la plaza principal de Bogotá. En el mismo día, ratificó el gobierno de Colombia el tratado con los Estados-Unidos del norte. (...) [*La Miscelánea* (ene. 1, 1826): 61-63].

Estos apartados ofrecen una rápida visión de hechos importantes para la vida civil. La renuncia de Bolívar a la Presidencia de Colombia: Venezuela, Cundinamarca, Quito; a raíz del triunfo de Ayacucho, se vio empañada prontamente con el proyecto de instituir una monarquía para gobernar con mano fuerte y restablecer el orden; a esto se aunó el proceso y subsecuente ajusticiamiento del coronel Leonardo Infante, miembro de los temibles batallones de pardos venezolanos que habían participado en las batallas de independencia[44]. El juicio que se le siguió, la ambigüedad de las pruebas y la actuación del Consejo que lo juzgó, hizo agitar y dividir definitivamente las facciones tanto políticas como regionales y contribuyó al desmembramiento de la Colombia bolivariana.

En este mismo artículo se comunica que únicamente después de 15 años del grito de independencia, algunos países europeos, Inglaterra el primero, empezaban a aceptar la separación política de estos territorios americanos de España, reconociendo de manera oficial su autonomía. Por razones como ésta, no puede esperarse que en estos nuevos países lo social y lo cultural, entre esto la literatura, fueran a la par con lo que sucedía en regiones europeas en esa época.

Otro artículo que arroja luces sobre la época se halla en el N° 13, en él se notifica el número de periódicos que existía en Colombia (conocida ahora como la Gran Colombia) en 1825, eran 25; de ellos, únicamente circulaban 8 en el territorio de Cundinamarca; en Tunja: *El Constitucional de Boyacá*; en Bogotá: *La Gaceta de Colombia, El Constitucional, La Miscelánea*; en Santa Marta: *El Observador Samario, Los Pescadores del Ancón*; En Cartagena: *La Gaceta de Cartajena*, y *El Correo del Magdalena* [véase: «Periódicos». *La Miscelánea* (dic. 11, 1825): 52]. En 1826, se lanzó en Bogotá otro periódico: *Los Amigos en Turno*, cuya aparición mereció una nota en el N° 37, penúltimo de la publicación.

Estos datos confirman la circunstancia especial de la emisión de *La Miscelánea*, puesto que los otros periódicos que se leían en Bogotá: *La Gaceta* y *El Constitucional* estaban dedicados a la emisión de noticias relativas al gobierno y a la política; con ellos, la «revista» sostuvo diálogo o censuró el contenido de artículos publicados con los que los Editores no estaban de acuerdo. Además, los escritores, basados en su experiencia y en las circunstancias sociales que vivían, calificaron en sus páginas la labor que ejercían. La tarea del periodismo era difícil, fugaz y considerada fútil por la mayoría de la gente; de ahí que se dejara ver un dejo de melancolía en el artículo: «Pensamientos sueltos sobre los periódicos»:

> La profesión de escritor es una profesión trabajosa y desagradecida. Críticas, censuras, enemistades y descontentos suelen ser las recompensas de los que se desviven por decir al público algo bueno y útil. Los que escriben para encuadernar y empastar pueden consolarse apelando a la posteridad de las injusticias de sus contemporáneos; mas los pobres periodistas en los

---

44 «Vivía por entonces el coronel Infante en el barrio San Victorino de Bogotá. Los vecinos le temían por su rudeza y por su aspecto africano. Era un negro de los más finos, corpulento, esforzado y aunque cojo, de presencia imponente; siempre estaba uniformado y por las noches salía sable en mano a recorrer las calles siendo el terror de todos; así, pues, todos los ánimos estaban prevenidos contra él. El día 24 de julio de 1825 apareció muerto bajo el puente de San Victorino el teniente Francisco Perdomo; las sospechas recayeron sobre Infante e inmediatamente fue detenido, pero inspiraba tal temor que cercaron su casa con guardias. Los vecinos de San Victorino se sintieron de plácemes con aquella prisión, aparecieron cartelones que decían 'San Victorino libre'» (Arteaga Hernández y Arteaga Carvajal 1999, 131).

juicios que se pronuncian contra ellos no tienen segunda instancia ni sala de revista, porque después del día en que salen a la luz, nadie los vuelve a ver. Todas sus producciones son tan fugitivas que para inculcar una verdad es necesario que la repitan trescientas sesenta y cinco veces por año.

Los errores y desbarros de los escritores de libros son permanentes porque en la biblioteca los encuentra la posteridad siempre hablando; pero los de los periodistas son pasajeros y de poca trascendencia, porque nadie lee periódicos del año pasado, y una semana después de su publicación ya están sus hojas en casa de los botilleros. Pocos son los curiosos que conservan colecciones. (...).

Tienen los periódicos la útil ventaja de poner al alcance de los perezosos e indolentes y de las clases laboriosas que no pueden empeñarse en la lectura de los grandes libros, una multitud de verdades y de principios importantes de cuya propagación se forma la civilización de un pueblo. No dijo mal el que afirmó que la ilustración de las naciones se mide por el número de sus periódicos [*La Miscelánea* (feb. 19, 1826): 98].

Con esta última afirmación, expresaron una crítica abierta contra la precaria situación del país (la Colombia bolivariana) y en particular la de la patria (el Estado de Cundinamarca), donde apenas había 8 periódicos, 3 de ellos, únicamente en la capital. Como Lozano y Azuola, redactores del *Correo Curioso* en 1801, los Editores de *La Miscelánea* apelaron a la posteridad para que valorara el quehacer que realizaban.

Ahora, no debe olvidarse que habían pasado menos de seis años de la «Pacificación» promovida por España e impulsada por Pablo Morillo y Juan Sámano, y que las imágenes de terror y rechazo se habían grabado en la mente de los habitantes del territorio; además, un buen grupo de los ideólogos de los nuevos cambios eran descendientes de españoles.

Estando ese grupo de intelectuales tan cercanos a los sucesos de la «Pacificación», interesa ver el pensamiento de la época sobre los vínculos y relación con España. Habían concluido que para impulsar nuevos cambios socioculturales, la prensa era un medio que contribuiría a promover los prerrequisitos de un mundo más justo y avanzado; de ahí que, convirtieran los periódicos en instrumentos del cambio social; aunque «para inculcar una verdad [fuera] necesario que la repit[ier]an trescientas sesenta y cinco veces por año». Para alcanzar algunas de estas metas, los autores de los textos de *La Miscelánea* impugnaron las tradiciones y las costumbres legadas; es decir, las concepciones culturales más enraizadas, empleando técnicas escriturales que manipulaban para mejorar o degradar aquello que les sirviera para producir imágenes deseadas[45]. Algunos de los artículos que se encuentran en la revista

---

45 Este fenómeno se conoce como *manipulación lingüística*: «[es la] guía de la conducta según una motivación de opiniones (generalmente) inconsciente, por medio de verbalizaciones de hechos con carácter encubierto y disfrazado, (...) que puede estar también unida a la selección y combinación de informaciones de un repertorio dado de mensajes, en interés de un grupo. La m. l. es, por regla general, tanto manipulación del lenguaje como manipulación por medio del lenguaje. Las expresiones lingüísticas pueden ocultar ciertamente relaciones existentes o llevar a una interpretación o a una valoración alteradas,

trabajan ideológica e intelectualmente estos aspectos, como se observa en sus títulos: «Sobre el honor», «Sobre el idioma», «Nobleza envejecida», «El mundo está perdido», «Así es costumbre», «Más vale lo malo conocido que lo bueno por conocer», «Antes y ahora», etc.

En el artículo, «El mundo está perdido» se explicitan algunas de las técnicas de escritura que se empleaban para modificar actitudes y así alcanzar algunos objetivos; el texto abre con una oración exclamativa compuesta por tres proverbios, e inmediatamente pasa a exponer aquello que lo origina:

> ¡Válganos Dios, y qué disimulados papagayos somos los señores y señoras que componemos la tal especie humana! Oímos a nuestros padres cuando chiquitos alguna opinión general, proverbio o exclamación, la repetimos desde que nos entrometemos a conversar, la oyen nuestros hijos, la dicen luego ellos, y heme aquí una cosa establecida y nunca examinada. ¿Quién no ha oído decir a sus mayores, y no ha repetido alguna vez, «el mundo está perdido»? ¡Por nuestras barbas, que diéramos regalado en número de *La Miscelánea*, por saber cuándo estuvo ganado o cuándo fue mejor!
>
> «Ya no hay negocio qué hacer para vivir», dice un comerciante, «todo es miseria; en otro tiempo el más pobre no se dejaba ahorcar por dos o tres mil pesos». —«La salud del alma es lo que importa», grita un clérigo, «y ya no hay religión; antes no se hallaba un impío ni un hereje». —«No hay seguridad en las propiedades», clama un anciano ricacho; «en mis tiempos, se botaba el oro en los zaguanes y allí parecía». —«La moralidad se acabó», prorrumpe una buena señora, «un pisaverde seduce a mi hija con descaro; cuando yo era moza, una muchacha de honor era respetada como una reliquia».
>
> Si todos los que se quejan así de lo que es, elogiando lo que fue, reflexionasen: que puesto que nuestros abuelos construyeron tantos hospicios y hospitales, había miserables en su época, y no poquitos; que la inquisición es de antaño y no se hizo para guardar santos; que las chapas, candados y cofres fuertes son viejos, no menos que las cárceles y presidios, y que nada de esto se inventó por la sobra de hombres de bien; que en los días de sus bisabuelos emparedaban a las niñas, y luego las hemos ido hallando con sus correspondientes chiquillos en esqueleto, si no mienten tantas historias de estas como se cuentan; y en fin, si para cada caso moderno recordasen uno antiguo, a buen seguro que al criticar el mal presente conociesen lo pasado. (...) Lo que puede sacarse en limpio al examinar este negocio es, que siempre ha habido abusos, desórdenes y picardías de todas clases y que los pecados que ahora cometemos son todos de fábrica antigua sin que se halle uno sólo de moderna invención.
> [*La Miscelánea* 14 (dic. 18, 1825): 54].

---

a producir estados de ánimo, posturas positivas o negativas intensas ante determinadas personas, grupos, sucesos o productos. (...) La m. l. puede comprobarse en todos los ? niveles de la lengua, en el léxico, en los slogans, clichés y *en la cosmética léxica* (...), en el nivel sintáctico por la introducción de sujetos ficticios (*la opinión pública/general*, (...), mediante ? fórmulas vacías, ? estereotipos; ? en el texto, mediante determinadas ? estrategias del discurso (...) (Lewandowski 1995, 220).

La situación se presenta con la introducción del sujeto ficticio: «la especie humana», y se construye con repeticiones que expone con leves variaciones: «señores/señoras»; «nuestros padres/sus mayores»; «chiquitos/nuestros hijos», «opinión general/proverbio/exclamación»; «oímos/oyen»; «decimos/dicen/decir»; «repetimos repiten»; de esta forma se controla la percepción que surge en el lector sobre las ideas expuestas, para luego encaminarla por otro lado con la exclamación que cierra el párrafo: «¡Por nuestras barbas! (...) ¿Cuándo estuvo ganado o cuándo fue mejor?»; de esta forma el lector empieza por imaginar otras posibilidades diferentes a las que tuvo cuando inició la lectura.

Para modificar las conductas, los escritores producían la inserción de un pseudoambiente entre el lector y el ambiente real; edificaban, por un lado, sobre la *redundancia* y, en un sentido más complejo, sobre la *ocultación, distorsión* o *manipulación* de ciertas imágenes, de tal manera que éstas casi dejaban de ser un medio de revelar la realidad para convertirse en una forma de ocultarla. *Redundancia* y *distorsión-ocultación* se convertían en caras de la misma moneda; es decir, manipulaban la percepción de las ideas para que los lectores-receptores imaginaran los posibles resultados antes de experimentarlos. De esa manera, los conceptos anticipados gobernaban profundamente todo el resto de la percepción, hasta que gradualmente entraban a formar parte del imaginario colectivo o sistema cultural.

Los dichos del comerciante, del clérigo, del anciano ricacho y de la buena señora son la expresión de una ideología existente, que ponderaba el pasado como época edénica y primordial; además muestra convicciones debidas a la costumbre y a los juicios habituales de personas u objetos unidas a determinadas ideas sobre normas y valoración; es decir son esquemas de juicio, estereotipos.

No debe olvidarse que ese pasado añorado, en 1825 estaba en entredicho o en franco rechazo por las calamidades que había causado no hacía mucho a la población en general. De ahí que los miembros de la sociedad que emiten esas afirmaciones, expongan en el nivel sintáctico otro estereotipo hábilmente concebido por el escritor: muestran a un grupo compuesto por aquellos que tienen posición y estabilidad, y que posiblemente son españoles o sus descendientes. Las palabras que se les adjudican, los señala como portadores de una relación emocional de rechazo con el mundo en que vivían.[46]

En el texto de *La Miscelánea*, los estereotipos van en las dos direcciones; ya que los que tenían posición o pertenecían al gobierno o a la iglesia presentaban a sus congéneres como quejumbrosos, miserables, ladrones, inmorales, etc. Es decir, el texto muestra aspectos esenciales de la vida social del mo-

---

46   No debe olvidarse que: «Los estereotipos son importantes porque ellos forman la base de los prejuicios, los cuales a su vez se usan para justificar la discriminación y las actitudes positivas y negativas. En este sentido es importante estar alerta sobre que los estereotipos pueden ser positivos y negativos.

Aunque los estereotipos se consideran indeseables por el papel predominante que juegan en la opresión social, que se basa en características como la raza, el género, la etnicidad y la edad, en un aspecto importante son esenciales para la vida social» (Johnson, 1995, 282-283).

mento: un grupo acostumbrado a la posición social acomodada y a detentar el poder, ahora se halla descontento porque con el cambio del sistema de gobierno han variado algunas de las normas sociales. Mientras que el grupo en ascenso, gracias a los cambios efectuados, resiente el *status quo* que pretende mantener a toda costa la tradición. Por eso, el escritor pasa inmediatamente a juzgar lo emitido en los dichos de los miembros de la clase acomodada.

Con esas afirmaciones, el autor del escrito ataca fuertemente las representaciones vacías y estereotipadas que transmiten los dichos con que se reafirma la tradición; al mismo tiempo que hace un llamado para que la ignorancia y la aceptación pasiva se eliminen. La redundancia y la manipulación mediante estereotipos y enunciados generales hacen que los lectores empiecen a modificar la manera en que perciben el mundo circundante, para que de esta forma se comience a originar un cambio social.

Al ejercer la persuasión, mediante la transmisión de sus mensajes, los escritores efectúan un intento consciente, para cambiar las actitudes, creencias o comportamiento de los lectores; a fin de lograr esto, emplean técnicas escriturales y transmiten claves simbólicas en el contenido de sus textos. Con esta actividad simbólica intentan que el lector realice un proceso de internalización que lo lleve a aceptar voluntariamente nuevos estados cognitivos que finalmente lo conduzcan a un comportamiento determinado. Claramente en este proceso, quien recibe el mensaje tiene libertad para tomar decisiones sobre el mensaje emitido.

La época durante la que se publicó *La Miscelánea* fue decisiva políticamente para la vida futura de la Colombia bolivariana[47]; diversos grupos no estaban de acuerdo con las ideas ni con la forma de gobernar de Bolívar, al intentar formar una confederación agrupando varios países bajo un mismo centro de gobierno; de ahí que emplearan los periódicos para expresar su descontento, pero al mismo tiempo tratando de atraer nuevos adeptos a su causa. Uno de los diversos ensayos que se divulgan en el periódico: «Godos», expone abiertamente la ideología de los Editores, y explicita las técnicas empleadas para persuadir a los lectores:

> ¡Sobre que se nos está olvidando que aún existen entre nosotros algunos de estos perillanes! (...) Para parecernos en algo a los que escriben en grande comenzaremos por la etimología de la palabra. —Los godos pueblos errantes y belicosos de la Escandinavia ocuparon las tierras de los españoles, y estos jamás pudieron arrojarlos, como nosotros lo hemos hecho con ellos de las nuestras. De los venidos y los naturales del país resultaron los españoles actuales. Pero en Colombia no llamamos godos sólo a los paisanos de Cortés y de Pizarro, sino también a los de Bolívar que quieren vernos aún súbditos de Fernando el ingrato. —En Bogotá

---

47 «Las grandes distancias que separaban a Venezuela, Cundinamarca y Quito; las cadenas montañosas; las malas comunicaciones; las heterogéneas masas de población; pardos en Venezuela, mestizos en Nueva Granada, indios en Ecuador; todo ello imposibilitaba la consecución de una identidad nacional e incluso la existencia de la Gran Colombia. No hubo impulso hacia la integración económica: las economías de Venezuela y Nueva Granada eran distintas e independientes» (Lynch 1988, 200).

hay ya muy pocos y esos sin ninguna influencia, o por mejor decir en una completa nulidad. Así tal cual que ha vuelto de su emigración desengañado, aburrido y cansado de esperar; tres o cuatro beatas, y otras pocas que no lo son, pero a quienes ha negado Minerva sus dones, y Venus sus gracias; es decir en romance castizo, que son tontas y feas.

Otra especie de godos tenemos, también de ropas talares, pero que no ejercen su influencia por su aseo, su elegancia, la delicadeza de sus formas, ni por un mirar voluptuoso, ni una sonrisa halagüeña; pero sí por sus pláticas, sus sermones y sus sugestiones de conciencia. Barruntan algunos entre la clerecía que a favor de la libertad y de la propagación rápida de las luces, puede destruirse, no la religión, porque ésta tendría muchos defensores, pero sí un cierto número de abusos de disciplina externa que ellos defienden con más ahínco que los dogmas, porque les dan una influencia política que no deben tener, y riquezas que tampoco han debido adquirir. Alarmados por un peligro tan inminente se han puesto pues en campaña para minar y desacreditar el sistema y las instituciones actuales persuadidos que sólo el régimen español puede garantizarles el estado actual de cosas y dejarlos en sus holguras. Poco tienen ellos que ver con antiguo o con nuevo sistema, con Fernando ni con independencia; lo que les importa es la VITA BONA, y reviente el que reventare. (...).

Nuestra censura deberá entenderse respecto de algunos pocos, porque seríamos muy injustos si dejásemos de reconocer que en Colombia hay eclesiásticos ilustrados, virtuosos patriotas, (...). Los hay también a quienes la causa de la independencia les debe servicios muy importantes. Si el poder Ejecutivo hubiese empleado las facultades extraordinarias de que casi siempre ha estado investido durante estos cuatro años, en purgar el país de esta especie de godos de que acabamos de hablar, que son tanto más temibles, cuanto que se esconden detrás del simulacro de los INTERESES DE LA RELIGIÓN, para herir a la república, la tranquilidad y la consolidación de nuestro sistema estarían mejor aseguradas. Esta política parsimoniosa, o más bien pusilánime, que ha guiado nuestro gobierno en este negocio, debería haber sido con más razón, el objeto de las reclamaciones de algunos escritores, que se han levantado contra las facultades extraordinarias. Estas son siempre un mal, pero a veces necesario. (...) Si los escritores todos hubiesen hecho oír al gobierno sus clamores sobre este punto, hoy nos veríamos quizá libres de algunos godos de sotana, que con sus armas invisibles, hacen una guerra invisible a la República [*La Miscelánea* (ene. 15, 1826): 74-73 (sic)].

El autor del texto califica negativamente desde la oración inicial al grupo al que se refiere designando a sus miembros como «perillanes»: «pícaros taimados»; inmediatamente utiliza el tópico de la falsa modestia para delimitar el uso original del apelativo «godos». Empleando irónicamente la etimología de la palabra, lo define como: trashumante, pugnaz e invasor; pero a diferencia de la comunidad original escandinava, los españoles, herederos del nombre, ya habían sido expulsados de las tierras americanas de las que se habían enseñoreado. A las capas de significado que ha aportado, agrega otra que conlleva aspectos aún más derogatorios porque alude a la situación del momento; ya no son únicamente los españoles con su secuela de tiranía y abuso, sino los seguidores de Bolívar con sus ideas de monarquías e imperios; extranjeros, ajenos a la realidad local; cuyos adeptos ya no tenían poder o valor como agrupación; la cual estaba compuesta por unos pocos hombres inútiles, que no tenían esperanza en su causa, y por mujeres o gazmoñas y rezanderas o necias y menospreciables. De esta manera, además de mostrar que el apelativo, como muchas otras palabras, tenía la capacidad incorporada de desplazarse de un lugar, o una comunidad lingüística, a otro; lo empleaba como arma ofensiva en su lucha ideológica.

El recurso lingüístico que maneja el escritor en este texto es el de *ilustración*, compuesto por una serie de enunciados cuyo objeto es aclarar o explicar el contenido del tópico que señala el título del artículo (véase: Alcaraz Varó y Martínez Linares 1992, 294). El texto ofrece una serie de definiciones por intensión[48] sobre el significado y la aplicación del adjetivo «godo».

Junto a esos miembros inofensivos, existía otro que soterradamente ejercía su influencia en los diferentes círculos sociales amparándose en ideas religiosas y en la tradición y presumiendo ser lo que no era; pero creando anarquía y descomposición y contribuyendo a la permanencia del ambiente caótico e inseguro que se vivía, únicamente para alcanzar el beneficio propio. Estas afirmaciones expresan la importancia de la influencia que el clero ejercía en la vida de la nación; ya que ellos poseían autoridad moral absoluta sobre la masa de población[49]. El autor del texto, aunque evidentemente es anticlerical[50], no hace un ataque contra la religión, sino contra aquellos que abusando de su autoridad espiritual, la empleaban para socavar la vida civil. De ahí que pidiera a los escritores de papeles públicos la unión para presionar al gobierno a dejar de lado la pusilanimidad y expulsara a esos miembros del clero que atentaban contra la estabilidad social promoviendo ideas reaccionarias.

---

48 «Consiste en la exposición del conjunto de rasgos o características que definen la clase de objetos denotados por la unidad léxica» (Alcaraz Varó y Martínez Linares 1992, 162).

49 «De acuerdo con el censo de 1825 la nación contaba con 1694 sacerdotes seculares, 1377 frailes y 789 monjas; había por tanto un sacerdote o un fraile por cada 700 habitantes aproximadamente, lo que representaba una proporción superior a la que existe hoy en la América Latina. Aún así, el número de clérigos se había reducido en una séptima parte, más o menos, en comparación con los niveles de pre-guerra» (Bushnell 1985, 242).

50 «Todos los principales periódicos existentes durante el régimen de Santander eran anticlericales en su tono» (Bushnell 1985, 254). «Otro de los factores que estimulaban la difusión de los sentimientos anticlericales era el acelerado crecimiento de la francmasonería (...). La masonería tuvo evidentemente una significación mayor entre los civiles; casi sin excepción los dirigentes liberales y anticlericales fueron miembros de las primeras logias, mientras que los conservadores auténticos permanecieron a distancia. El gabinete de Santander llegó a estar conformado enteramente por masones y algunos de los curas y frailes más radicales ingresaron igualmente a la masonería» (Bushnell 1985, 254-256).

El empleo de los estereotipos[51] que se observa en el texto es ostensible; el escritor desea ampliar el marco de la información en los individuos receptores mediante la manipulación lingüística de la comunicación de masas, lo que le permite trocar la experiencia de la realidad en interpretación de esa realidad.

> Según Klaus (1967, pág. 47), toda clase y, sobre todo todo partido practica a su manera la manipulación lingüística pragmática «al buscar una estructuración lingüística política que sirva a sus fines. Determinadas palabras... deben convertirse en términos generales que a su vez obtienen una función organizativa política e ideológica». El análisis de la manipulación lingüística pone al descubierto estructuras manipulativas ante un fondo semántico referencial propio, así como en sus relaciones de actividad; estudia la información bajo el aspecto de su interés, estudia los efectos causados por el manejo operacional de los textos (Lewandowski 1995, 220).

La habilidad con que en la época manejaban la palabra impresa, permitió a los interesados emitir mensajes sin causar mayor desconcierto entre los integrantes de sus propios grupos; como miembros de la sociedad en que vivían, reconocían la manera en que los lectores entendían la realidad, la representación que se hacían de esa realidad y las respuestas que producían a esa representación del mundo circundante. Lo que los escritores hacían, era persuadir a los receptores mediante la manipulación del lenguaje, para llevarlos a modificar la manera como imaginaban el mundo, ya que ésta determinaría sus actos futuros. La persuasión manipulaba un grupo central de ideas establecidas bien por los mismos receptores o dadas por otros, pero que eran culturalmente predominantes.

Esa situación se manifiesta en el artículo: «Sociedades secretas», donde los redactores de *La Miscelánea* dicen adoptar públicamente una posición sobre la francmasonería (recuérdese que todos ellos pertenecían a la logia masónica Libertad de Colombia Nº 1). El texto emite al parecer un mensaje literal que rechaza las sociedades secretas:

> Es ya tiempo que los escritores de La Miscelánea entren en la cuestión sobre la conveniencia de tolerar o de proscribir las sociedades secretas (...) (119). Una sociedad con ceremonias, juramentos, clases y secretos, se preocupará más en defenderse, en aumentarse y en procurarse los medios de hacerse intolerante a su vez, que en difundir y sostener los buenos principios; ella producirá partidarios suyos, pero no hombres sin

---

51 Como el estereotipo es una «Convicción debida a la costumbre y a los juicios habituales de personas u objetos unida a determinadas ideas sobre normas y valoración, esquema de juicio; para Lippman, una opinión preconcebida sobre atributos del mundo exterior que organiza nuestras experiencias y expectativa y sirve a la economía del pensamiento. Para Shaff (1973), el estereotipo es una categoría mental-pragmática referida a la actividad humana (frente al ? concepto como categoría-mental lógica); surge cuando se trata de valoraciones, de la voluntad y los sentimientos, y es portador de la relación emocional con el mundo. El estereotipo no suele considerarse conscientemente estereotipo, de forma que 'ejerce su acción con fuerza tanto mayor cuanto más se identifica en un todo unitario con el *concepto* en la conciencia humana'. Cfr. ? manipulación del lenguaje, definición persuasiva (Lewandowski 1995, 118).

espíritu de partido; combatirá las preocupaciones ajenas, recomendando las propias; desacreditará las ceremonias que juzgue vanas, y las tendrá ridículas detestará la persecución de las ideas, y querrá privilegio exclusivo para las que profese. (...) Sí, escribiendo, enseñando, desengañando a la faz del mundo, con la confianza que inspira una buena causa, así es que se logrará desalojar entre nosotros la ignorancia, la inmoralidad y la superstición, compañeras casi inseparables. La profesión de los buenos principios, la práctica de la moral más pura, y la consoladora filantropía, son las que deben formar entre los hombres una sociedad escogida, sin necesidad de misterios para instruirse, ni de signos para reconocerse, ni de juramentos para auxiliarse [29 (abril 2, 1826): 119-121].

No obstante, el artículo en su totalidad es tanto una explicación de los principios más básicos de la francmasonería: Libertad, Igualdad, Fraternidad; la aseveración de la creencia en Dios (Algo superior al hombre), la mención de algunos de sus ritos; la reafirmación de no coacción para con sus miembros, y la exposición de algunas pautas de comportamiento del masón; así como un abierto tratado sobre la necesidad de la tolerancia[52], que debía conducir a la fraternidad (véase: Daza 1997). Es decir, bajo la apariencia de rechazo abierto, se ofrece una guía de los principios básicos para los interesados en la asociación. En esta publicación se hace lo que ya se había establecido para informar a los miembros, se utiliza la prensa. En la *Gazeta de Santafé de Bogotá*, el 2 de enero de 1820, se había publicado un aviso en el que el general Santander bajo el subterfugio de formar una sociedad de lectura y de ofrecer lecciones «Para aprender a traducir y hablar los idiomas francés, e inglés», llamaba a reunión «los lunes y jueves de cada semana de las 6 a las 8 de la noche (...) en la casa en que habitaba el Sor. Lastra» (Sierra, 2002); de esta manera, se informó sobre las reuniones de la logia Libertad de Colombia N° 1, en la residencia de uno de los futuros redactores de *La Miscelánea*.

Para enfatizar la ironía que encubría la situación planteada en el artículo «Sociedades secretas», en el N° 35, bajo el título «Diálogo. El clérigo Don Francisco, el militar Don Carlos, el masón Don Crispín y el filósofo Don José», se publica un diálogo literario en el que intervienen cuatro miembros representativos de la sociedad.

(...)

EL MASÓN: ¿Pues no han leído Uds. El N° 29 de *La Miscelánea*?

EL CLÉRIGO: Sí que lo he leído y releído, y me he relamido de gusto; ya se ve, alguno me ha de dar la tal *Miscelánea*, aunque corto e incompleto:

---

52 «Lo extraño de la campaña sobre la tolerancia era que había muy pocos no-católicos a los que fuera necesario otorgarla. Por ello, Groot afirmaba que el objetivo principal de esta campaña era el de ganar tolerancia para la masonería, aunque los masones venían gozando de ella como de algo natural. Groot tiene sin embargo razón cuando observa que esa agitación implicaba mucho más que una simple demanda de libertad de cultos, puesto que se encontraba dirigida además contra la oposición clerical a las nuevas ideas sobre religión, educación y sobre todos los campos de la actividad intelectual. La obstrucción que el clero ejercía con respecto a tales ideas correspondía a la esencia del tan atacado "fanatismo", que se convirtió en una de las expresiones más trilladas de la literatura del periodo» (Bushnell 1985, 254-254).

corto porque al pasar al segundo artículo no más, se me acibaró el placer, e incompleto porque se le olvidó el primer argumento contra las sociedades secretas, pues ya ven Uds. que con haber citado las bulas que excomulgan a los masones estaba probado de sobra que deben proscribirse las logias; pero en fin, del lobo un pelo, como suele decirse.

El militar: A mí, señores, me importan un bledo las logias, y aún si lo pienso un poquito, no tardo en suscribirme con mi opinión al artículo «Sociedades secretas», y en cuanto a diezmos y tolerancia religiosa la voy una por una con *La Miscelánea*; si no se hubiese adelantado a criticar tan agriamente la defensa del fuero que hizo el comandante general de Venezuela, no había más que pedirle al tal número 29.

El masón: Préstense Uds. mis amigos a oír por un momento el lenguaje de la razón. Déjense Uds. de pretensiones y preocupaciones de cuerpo, y conocerán que *La Miscelánea* no ha hecho más disparate que atacar las sociedades secretas entre las cuales se hallan las logias. Fueros y Diezmos todo vale poco, ¡pero la insigne y real orden de la masonería...!
(...)

El filósofo: Vamos ya lo entiendo: Uds. no tienen de común sino la preocupación y el respectivo fanatismo.

El masón: Esto es en el lenguaje de *La Miscelánea*.

Don Crispín: (...) ¿Qué casta de pájaro es Ud?

El filósofo: Lo que a Uds. les parece inexplicable, es clarísimo. Yo soy un ciudadano del partido nacional. Profeso el amor de la justicia y de la razón; el blanco de mis deseos y el norte de mis opiniones, es el bienestar del mayor número de mis conciudadanos. Infiero de estos principios que toda ley, toda institución, toda costumbre, deben enderezarse a procurar libertad y seguridad a la masa de los asociados. (...) Gusto de que se extienda y fomente el espíritu de asociación para todo lo bueno, pero aborrezco los misterios, las ceremonias y los embelecos. En una palabra, mis opiniones en estos puntos son las que ha manifestado *La Miscelánea*, y si sus razones nada han podido con Uds. tampoco debo esperar cosa alguna de mis palabras. (...). (35: 141-142).

Este texto representa un género difundido y reconocido que había tenido gran popularidad desde la edad clásica: el diálogo. En la literatura y desde el punto de vista retórico, este género implica un espacio textual donde se presentan miméticamente la presencia de emisores y receptores ficticios que intercambian sus posiciones comunicativas en forma alternada. Esta forma literaria simula un proceso de comunicación entre unos «personajes» en el espacio del texto; simulación que constituye una figura retórica de pensamiento o pragmática, llamada «sermocinación» y a veces «dialogismo» (véase: Mayoral, 278; 284). Con ella, se tratan problemas religiosos, políticos, amorosos, lingüísticos, didácticos, etc. y se emplea para reflexionar, denunciar, exponer, atacar o simplemente para divertir; asimismo sirve para mostrar tendencias, establecer corrientes y prevenir y exponer problemas (véase: Infantes, 55).

En el fragmento destacado del texto de *La Miscelánea* intervienen un clérigo, un militar, un masón y un filósofo. Don Crispín, el masón, da origen a la intervención inicial, que es de queja y conmiseración. A ésta sucede el parlamento de reacción de Don Francisco, el clérigo, que inmediatamente se regocija porque considera que el artículo de *La Miscelánea* al que ha aludido Crispín ha sido ideológicamente compatible con sus ideas; excepto por lo breve y lo superfluo del contenido en el hecho de no mencionar los documentos papales en contra de la masonería, así se produce un cambio brusco de tópico que podría no tener fin, si don Carlos, el militar, no hubiera interrumpido para dejar ver claramente que el problema del artículo del periódico era el haber criticado las acciones de un militar en un escrito posterior en la misma edición. Esta rotación de intervenciones continúa dos o tres veces más, demostrando que cada uno deja de escuchar a los otros; es decir no hay diálogo, ni siquiera un intento de efectuarlo; cada uno desea imponer su verdad, su razón sobre los demás; no respetan el mensaje ajeno ni tratan de comprenderlo. Al final interviene don José, el filósofo, después de haber oído el intercambio unilateral que los otros tres efectuaban; como no había reciprocidad de comunicación, ni ninguno escuchaba al otro, los interpela y los califica de intolerantes y egoístas.

Al sentirse agredidos, a su vez lo atacan proporcionándole la oportunidad de emitir un breve discurso en «apoyo de la independencia y de la libertad», que es la misma causa que defiende *La Miscelánea*. La característica de esta intervención es la valoración, la comunicación y la decisión de los enunciados emitidos; además, la manera en que cierra la discusión afirmando que las intervenciones de los otros tres eran un diálogo de sordos, donde ni siquiera él iba a alcanzar ningún efecto; con lo cual da por concluido el intercambio de parlamentos, que en realidad nunca fueron un diálogo.

La intención del diálogo es retórica; ya que apunta a desinformar; a silenciar la verdad por medio de diversos procedimientos retóricos. Emplea la repetición y el ataque en los parlamentos de tres personajes estereotipados, cuyas posiciones impiden a un lector no preparado pensar con claridad, impidiendo desarrollar una opinión diferente; con lo cual lo que no se comprende, pero que todos repiten, adquiere por reiteración un carácter de verdad: *La Miscelánea* ha escrito un artículo en contra de las Sociedades secretas. De esta manera, se produce la manipulación del público lector por sobreinformación; técnica que es completamente consciente y controlada.

Además del aspectos del contexto cultural y político, en las páginas de la publicación se encuentran textos fundamentales que permiten a las generaciones posteriores entender cómo concebían los tempranos intelectuales decimonónicos tanto la literatura como la función que las publicaciones periódicas y las letras poseían o deberían poseer en las circunstancias sociales que se vivían; asimismo, se observa el tipo de formas narrativas que privilegiaba ese grupo de escritores.

En el Nº 3 de la publicación se encuentra el siguiente texto:

LITERATURA

Esta voz en su más lata significación es un término que designa el conocimiento de las ciencias, de las bellas artes y de las bellas letras. Conócese por tanto que no es dado al breve término de la inteligencia humana ser un literato perfecto, porque nadie puede reunir todos los talentos y todos los gustos a un saber universal.

Se entiende sin embargo más frecuentemente por *literatura*, la gramática, y los idiomas en general; las bellas letras propiamente dichas, a saber, la elocuencia y la poesía en todos sus géneros respectivos; los romances, y las novelas; la critica en general, sea que ella consagre sus investigaciones a restituirnos la literatura antigua, o bien que por medio de un examen ilustrado pronuncie un juicio equitativo sobre las producciones humanas; la historia universal y particular, y la biografía de los hombres célebres; la historia de las ciencias, y la de la literatura misma; la mitología; y este conjunto, en fin de luces y de noticias que se designa frecuentemente con el nombre de erudición.

Algunos ideologistas clasificando los conocimientos humanos han comprendido en el estudio de la *literatura* el de las antigüedades, el de la cronología, y el de la geografía descriptiva. En esto como en todo lo convencional, o que es solo del dominio del pensamiento, o de la opinión, nada se halla jamás que sea intrínseco, evidente ni invariable.

El agregado de conocimientos que acabamos de enunciar, con muy poca diferencia es llamado *filología* por los preceptistas. Otros lo conocen con el nombre general de *bellas-letras*. Se entiende por *humanidades*, la versación en la inteligencia de los autores clásicos griegos y latinos, tanto historiadores como oradores y poetas, y a la habilidad de imitarlos [*La Miscelánea* (oct. 2, 1825): 12].

Como se observa en 1825, el término «literatura» todavía comprendía todo el «saber universal» e incluía lo que actualmente se acepta como literatura, lingüística, crítica, historia y mitología. Esta concepción importa tenerla en cuenta al analizar textos de esa época; pues hasta bien entrado el siglo XIX, en diversos escritos se muestra el concepto como inclusivo del saber universal. Es decir, lo literario todavía no se relaciona exclusivamente con las «Bellas Letras». En ese momento, las composiciones literarias, entendidas con la significación del presente, eran: la poesía, el discurso (la elocuencia), el ensayo, el comentario especialmente teatral, la anécdota, y ya bien entrada la década del treinta, el artículo descriptivo de costumbres.

Entre los textos literarios[53] publicados en *La Miscelánea* se encuentran ensayos sobre lengua literatura y vida civil, artículos críticos y composiciones ficcionales como fábulas, anécdotas, chistes, monólogos, diálogos, artículos de breves y animadas descripciones del entorno social y cartas ficticias; algunas de estas formas narrativas están escritas con un tono de censura irónico o son únicamente de diversión y como pasatiempo, por tanto su tono es festivo, sentimental u objetivo. Si bien las formas literarias plasmadas eran las comunes en la época, lo inusual fue la reunión de ese número de textos literarios en una publicación periódica. Este hecho indica cómo los escritores expresan la relación del hombre con su medio y, a la vez, explicita la manera en que la literatura de la época comienza a penetrar el espacio de su nueva significación.

El aumento de diversas formas de escritura en una publicación como ésta, aunado al incremento de una audiencia lectora o al menos receptora del contenido de los textos, beneficio directo de la independencia definitiva de España, de la subsecuente consolidación de los postulados de la Ilustración francesa y de la política educativa impulsada por el general Francisco de Paula Santander desde 1821 fueron los factores que más influyeron en la emergencia de la literatura colombiana en el temprano siglo XIX. Lo distintivo de estas formas de escritura eran la brevedad, la amenidad y el estilo popular; lo que las hacía preferidas para un tipo de publicación periódica semiliteraria como fue *La Miscelánea* y compatible con ese público emergente que ahora podía problematizar los ámbitos no cuestionados públicamente hasta hacía muy poco y que comenzaba a tener una opinión pública.

Siguiendo las normas de la época, los artículos de esta publicación no están firmados, lo que hace imposible de identificar a sus autores; pero estos incipientes inicios sirvieron a los escritores que participaron en la publicación para avanzar en su proyecto y para perfeccionar gradualmente sus técnicas escriturales, con la que más tarde iban a producir sus obras reconocidas.

---

53 Los textos literarios publicados en *La Miscelánea* fueron: «Anécdota» 2: 7. «Fruslería» [diálogo] 2: 8. «Literatura» 3: 12. «Anécdota» 3: 12. «Sobre el idioma» 4: 15. «Sobre el idioma» [art crítico]. 5: 17-18. «Confederación americana» 6: 21-22. «Anécdota» 7: 27. «Literatura. Revista de obras nuevas» 8: 30. «Literatura. Las mujeres vengadas, &c. Por Pedro Pablo Broc, Doctor Médico de la Facultad de París)» [art. crítico]. 8: 30-31. «Literatura: (Sobre La victoria de Junín, canto a Bolívar)» [art. crítico] 8: 31. «Pasatiempo»: [anécdota] 8: 32. «Neolojismo. Correspondencia entre un doctor flamante y su padre: El hijo al padre» [carta ficticia] 11: 42-43. «Neolojismo. Correspondencia entre un doctor flamante y su padre: respuesta» [carta ficticia] 11: 43-44. «Nobleza envejecida» 11: 44. «Los por qué» 12: 45-46. «Federación literaria» 13: 49-51. «Diálogo entre un cura de indios y fe Bartolomé de las Casas» 13: 51-52. «Periódicos» 13: 52. «El mundo está perdido» 14: 54-55. «Neolojismo. Concluye la correspondencia entre el doctorcito flamante y su padre: El hijo al padre» [carta ficticia] 15: 58. «Neolojismo. Respuesta» [diálogo] 15: 58-60. «Así es costumbre» 15: 60. «Cuando y entonces» 16: 63-64. «Godos» 18: 74-73 (sic) (mala numeración, deben ser 73-74)]. «Diálogo. El Clérigo, el Militar y el Filósofo» 22: 93-94. «Horacio y Boileau» 27: 113-114. «Vale más lo malo conocido que lo bueno por conocer» 27: 114. «Tolerancia» 28: 116-117. «Fruslería» 32: 134. «Diálogo. El clérigo Don Francisco, el militar Don Carlos, el masón Don Crispín y el filósofo Don José» 35: 141-142. «Palabra nueva» 36: 145-146. «Antes y ahora» 37: 148-149. «Variedades»: [fábula] 37: 149-150. «Monólogo» 39: 156-157.

2. 1. 2 *La Estrella Nacional* (1836)

Sólo es hasta el 1° de enero de 1836, once años después de publicada *La Miscelánea*, que surge la primera publicación completamente literaria: *La Estrella Nacional*. Tuvo una duración efímera, cesó de publicarse tres meses después, el 17 de abril de 1836, luego de emitir el número 12. Este periódico fue producto de la colaboración y el esfuerzo de los hermanos Juan Francisco y José Joaquín Ortiz, Gregorio Tanco, Francisco Javier, Antonio José y José Eusebio Caro. De los tres Caro[54], José Eusebio, quien apenas tenía 19 años, emplearía *La Estrella Nacional* como plataforma de lanzamiento de sus poemas.

El tamaño del periódico era de 29 centímetros de largo por 20 centímetros de ancho. Se publicaba los jueves y cada emisión constaba de 4 páginas en folio en dos columnas. Cada número contenía una sección fija: «Literatura» y una o dos secciones de las siguientes: «Noticias», «Variedades», «Poesía». A partir del número 8, se retiraron los señores Caro y Tanco, quedando la redacción a cargo de los hermanos Ortiz, quienes, a partir del número 9, cambiaron la presentación de las secciones. Ahora cada número está encabezado por una sección sin título dedicada a comentarios políticos generales o extranjeros, económicos o sociales. Complementaban los números, las secciones de «Literatura», «Poesía» o «Variedades». En el último número se incluyó la sección de «Remitidos».

La crítica literaria no concuerda sobre quién fue el principal ideólogo y fundador de este periódico. Cacua Prada afirma que *La Estrella Nacional* surgió por iniciativa de Juan Francisco Ortiz (1983, 41), mientras que Otero Muñoz dice que José Joaquín Ortiz fue el gran impulsor (1937, 96). Sin embargo, los historiadores de la literatura y del periodismo están de acuerdo en que esta publicación fue la primera dedicada exclusivamente a la literatura.

Como característica especial, en esta publicación algunos de los autores firmaron sus composiciones con iniciales [J. E. C. (José Eusebio Caro = 5 poesías), J. J. O. (José Joaquín Ortiz = 1 artículo de crítica, 1 poesía), F. J. C. (Francisco Javier Caro = 2 relatos), G. T. (Gregorio Tanco = 1 artículo)], hecho que permite reconocer diversos nombres[55] y preservar para la historia los textos que produjeron en esas épocas. Además, de estos artículos, en el periódico se hallan ensayos sobre filología y crítica literaria, diversas poesías anónimas; artículos educativos e informativos, así como anécdotas y un relato anónimo para un total de tres narraciones de ficción.[56]

En el prospecto de *La Estrella Nacional* se lee:

---

54 Francisco Javier (Pachito) y José Antonio (Antonio) eran primos de José Eusebio Caro (Pepe) e hijos de Rafael Caro (véase: Rafael Caro en Holguín y Caro 1953, 37). El abuelo Francisco Javier, tronco de los Caro en Colombia, nacido en 1750, había muerto en 1826 y Antonio Joseph, el padre había nacido en 1783, murió en 1830.

55 Sin embargo, es interesante que las iniciales de Juan Francisco Ortiz no aparezcan.

56 Los textos literarios publicados fueron: «Novelas» 1 1-2. «Importancia de la lengua latina» 1: 2-3. «Prosodia castellana: teoría de la doble vocal» 1: 3. «Poesía: El día de Año nuevo» 1: 4. «Sermón de la taberna» 1: 4. (Dumas, Alexandre: «Jeografía antigua: Moisés - Homero» 2: [1-3]. «Prosodia castellana» 2: [3-4]. «España» 2: [4]. «Soneto» 2: [4]. «Be

Bajo el título de LA ESTRELLA NACIONAL, seis amantes de la literatura anuncian al público un nuevo periódico, destinado a difundir para la Nueva Granada el amor a las bellas-letras, el conocimiento de los deberes morales, las esperanzas de un mundo mejor. (...) se distribuirá en tres grandes porciones: en la primera se publicarán las noticias políticas más recientes; en la segunda se agruparán en torno de un centro moral, composiciones literarias, tanto originales como traducidas por fin, todos los números terminarán con una poesía siempre inédita. (...) El primer número saldrá el 1° de enero de 1836. (...) Íntimamente penetrados de lo profundo del letargo que se derrama sobre un pueblo, cuando sin literatura, carece de un acento peculiar y distintivo que lo haga reconocer entre el bullicioso mercado de las naciones; cuando sin moral, lleva apagada en la mano la antorcha de la virtud, cuando sin religión, el cielo le niega su porvenir y sus consuelos; los editores (...) se creerán harto recompensados de sus fatigas, si con ellas contribuyeren a empujar la Nueva Granada hacia la gran renovación que tan imperiosamente demandan nuestras costumbres. Mas no con esto se piense que vayamos con un nuevo periódico a arrojar un nuevo tizón al horno ardiente de los partidos políticos, no; el destino de LA ESTRELLA es iluminar, no consumir; merecer la pública gratitud, no ir a llamar a las puertas de las ciudades para que la despidan cargada con sus maldiciones; débil rayo, perderse y confundirse entre el mar de resplandor de la aurora de nuestra civilización, no cántico de muerte resonar sobre la sepultura de nuestra libertad. Bogotá - Imp. de la Universidad, por Nicolás Gómez. Año de 1835.

Este texto introductorio explica claramente las intenciones de la publicación: sobre una base moral y religiosa se iba a impulsar la literatura para provocar la apremiante reforma de las costumbres; intenciones que se cumplieron cabalmente en cada uno de los números del periódico. No obstante, la anunciada publicación de noticias políticas no se realiza en ninguna de las diez primeras emisiones, situación que se explica en «Equivocaciones», primer artículo del número 3 de la publicación:

Pensaron algunos que la Estrella Nacional era un periódico encaminado a despopularizar al gobierno, y padecieron una grave equivocación. (...) nos hemos propuesto alejarnos cuanto más se pueda de las cuestiones de política y de gobierno; y si llegara el caso de ocuparnos de algún acontecimiento público que exija de suyo ser puesto en noticia del pueblo, lo

---

llezas de la Biblia» 3: [3-4]. «Teatro» 3: [4]. «Tus amores» 3: [4]. «Lectura» 4: [3]. (J. E. C.) «La venida a la ciudad» 4: [4]. «Castillos en el aire» 5: [1-3]. (J. E. C.) «El árbol del sepulcro» 5: [4]. (J. J. O.) «Crítica literaria» 6: [1-2]. (F. J. C.) «El agua nueva» 6: [2-3]. «El Marqués de Miraflores» 6: [3]. «Soneto» 6: [3]. (G. T.) «Proverbios» 6: [3-4]. (J. E. C.) «El mendigo proscrito» 6: [4]. (J. E. C.) «Soneto: Héctor» 6: [4]. (F. J. C.) «El renegado» 7: [1-3]. «Un filántropo» 7: [3-4]. (J. E. C.) «Adiós a la vida» 7: [4]. «Literatura» 8: [1-2]. «Las juntas de Apolo» 8: [2-3]. «Poesía» 8: [4]. «Importancia de la puntuación» 9: [2-4]. «Canción» 9: [4]. «Mentidero de Bogotá» 10: [1-2]. «Estudios necesarios. Hombre singular. Vista de Sogamoso. Viaje repentino. Laguna de Tota». 10: [2-3]; 12: [1-2]. «Epigramas» 10: [4]. «Soneto» 10: [4]. «A——» 11: [4]. (J. J. O.) «La gloria». 12: [1]. «Sociedad Filotécnica» 12: [1-2]. «Melancolía» 12: [2-3].

referiremos sin comento y sin glosa, pura y sencillamente como haya sucedido para que nuestros lectores formen el juicio que deban [*La Estrella Nacional* (ene. 14, 1836): 1].

La época tan acostumbrada a las contiendas públicas y a los bandos partidistas, cuya mecha prendía la palabra impresa se expresa en toda su magnitud en la primera parte del fragmento destacado. De ahí que, los editores del periódico movidos por la cautela y por el deseo de cumplir el fin que se habían propuesto: difundir e impulsar las letras, decidieran alejarse voluntariamente de lo que habían aspirado a hacer inicialmente en la primera parte de cada emisión: comunicar «las noticias políticas más recientes».

Obviamente los seis editores eran proclives a conservar la tradición, a impulsar la religión y muchas de las normas políticas del pasado, pero ante la reacción pública por las palabras del prospecto y las especulaciones consiguientes de la gente, optaron por la parte literaria y la difusión de la cultura, excluyendo los negocios y asuntos relativos al gobierno; de ahí que, los diversos artículos se encargaran de la tarea de cultivar las mentes y los hábitos de lectura de los nuevos ciudadanos[57]. Esta es la función de la difusión del siguiente artículo:

LECTURA

¿Queréis que haya una suma mayor de conocimientos en el pueblo? Enseñadlo a leer. Este es un principio generalmente reconocido entre nosotros; y por esto se han fomentado las escuelas de primeras letras, por esto es que se trata de enseñar a silabar a los soldados y por esto es que se establecen escuelas dominicales. Yo sacaría otras consecuencias de igual principio, pero estoy convencido de que nada se adelanta sabiendo leer, si se lee mal, o no se ejercita sino allá cada año, ya leyendo la explicación de una estampa o tal cual noticia política. Y precisamente esto es lo que sucede con los que sabiendo leer son menestrales. De esto deduzco yo, que no se hace todo estableciendo escuelas en que se enseñe a conocer las letras; es necesario inspirar amor a la lectura y establecer un método de enseñanza más cuidadoso.

Inspirar amor a la lectura a los niños, es casi imposible. Estos necesitan de tal modo desenvolver todas las partes de su cuerpo que emplean en ello toda su existencia. Inspirar amor a la lectura a los que saben leer es lo que debe tratarse; a los jóvenes de cualquiera clase. Podemos asegurar que hay estudiantes que no han leído sino los libros puramente precisos para seguir su carrera. Cuánta multitud de ideas que pudieran servirles no se han perdido para ellos por no querer hojear un libro. Una que otra novela es toda la biblioteca de la mayor parte de nuestros jóvenes co-

---

57   Véanse: los artículos de *La Estrella Nacional* dedicados a la educación pública: «Jeografía antigua», 2: [1-3]. «Vejez del mundo» 5: [3]. «Jabón antigálico» 5: [3-4]. «Papeles públicos», 8: [3-4]. «Empleo del tiempo» 8: [4]. »Enseñanza de legislación» 9: [2]. «El astrolabio bogotano» 9: [4]. «Lección de economía política» 10: [1]. «Mentidero de Bogotá» 10: [1-2]. «Estudios necesarios» 10: [2-3]. «Lazarinos» 10: [3-4]. «Poder ejecutivo» 11: [1-4]. «Facultad peligrosa» 12: [3]. «Convenio con Venezuela» 12: [3]. «Policía» 12: [3]. «Derechos eventuales» 12: [3-4]. «Agricultura» 12: [4]. «Rentas» 12: [4-5].

merciantes. Si esto sucede con la parte más ilustrada, que tiene más medios, se deja ver cuan poco será el fruto enseñando a leer a los jornaleros, si por otra parte no se trata de hacer que amen la lectura los que pueden más fácilmente adquirir libros, para que ellos comunicando su afición, puedan hacer de esto una moda para que el pueblo los imite; y si no se trata de poner en manos de todos libros o periódicos para todos y a poco precio. Un campesino que supiese medio leer adelantaría en breve si se publicase un periódico que costase poco y tratase de agricultura. No sería aventurar si se dijese que habría menos que supiesen leer si no hubiera libros devotos y almanaques.

Para mejorar la enseñanza de primeras letras convendría que los maestros se persuadiesen de la utilidad de saber leer bien. Creo que estos señores, en general, se fincan poco en esto; y en sabiendo decir el muchacho palabras enteras de corrido, le ponen un catecismo de aritmética en las manos: el pobre a fuerza de mascujar llega a aprenderse su lección; y al cabo ha contraído un hábito tan pésimo de leer que sólo las orejas de un maestro acostumbradas a tal sonsonete pueden tolerarlo. No es esto lo peor, sino que el discípulo sin guía, hace punto donde debiera hacer coma, y muchas veces lee una palabra por otra. De esto resulta que muchas cosas que pudiera haber entendido, no las entiende por no haber sabido leerlas. Todo el que haya estado en escuelas, se acordará que muchas de las explicaciones hechas por el maestro habrían sido inoficiosas si el discípulo hubiera sabido leer. Es necesario, pues que pare la atención el maestro, no sólo en que el niño lea de corrido, sino en que sepa dar expresión a lo que lee, y de este modo se evitará muchos dolores de cabeza.

Parécenos que de todo lo dicho puede deducirse: que si se quiere que haya una suma mayor de conocimientos en el pueblo, es necesario enseñar a leer, inspirar amor a la lectura, y establecer un método de enseñanza más cuidadoso. [*La Estrella Nacional* (ene. 20, 1836): [3].

El autor de este texto, preocupado por el *bienestar* de la comunidad, que conduciría al adelanto social, enfatizaba que además de fundar recintos para albergar las clases, y de nombrar docentes, se debían emplear diversas técnicas pedagógicas para que algunos de los procesos cognitivos particulares que permitían que los alumnos descifraran la letra impresa, a la vez, hicieran que surgiera en ellos inclinación por la lectura; con lo cual se producirían incentivos para continuar ejerciéndola. Explicaba que había diferentes habilidades cognitivas que se requerían para la decodificación de los textos, lo que se reflejaba, a un nivel más profundo, en una variedad de procesos fisiológicos que les permitía a los lectores extraer el significado de la escritura.

A quienes enseñaban el arte de la lectura, les indicaba que para determinar la naturaleza de los procesos fisiológicos que los lectores debían emplear para extraer el sentido de un texto escrito o impreso se debía enseñar, primero, la estructura del lenguaje con la ausencia o presencia de inflexión, y la ausencia o presencia de convenciones originadas por la estructura y el orden de las palabras; ya que esto tenía ramificaciones en las capacidades mentales que se requerían para la decodificación del lenguaje escrito. Es decir, les sugería que hicieran modificaciones en la pedagogía que utilizaban para transmitir este arte; había que adaptar a los jóvenes lectores a desarrollar procesos cognitivos para interpretar los signos y luego poder convertirlos en componentes fonéticos para construir palabras. Este desarrollo no era instintivo ni instantáneo, de ahí que les pidiera dedicar más tiempo para el periodo de entrenamiento; puesto que esto haría que los lectores novicios pudieran reconstruir mejor oralmente las palabras de sus componentes gráficos, dando sentido y comprendiendo el significado del mensaje escrito. Al completarse este proceso, el mundo de las ideas estaría al alcance de todos aquellos que lograran maestría en este arte; y al alcanzarlo, surgía el amor por la lectura; por tanto, se impulsaría el progreso social.

El propósito de este texto era doble, por un lado destacaba la importancia de saber leer, pero al mismo tiempo insistía en la urgencia de saber enseñar. Una sociedad sin buenas guías era una colectividad acéfala, con buenas intenciones pero sin resultados positivos; porque para progresar se necesitaba poseer una adecuada preparación. Con textos como éste, los escritores reafirmaron el servicio que prestaban para elevar la calidad de la vida social y el pensamiento individual al considerarse la prensa periódica depósito de la verdad y de la experiencia[58]; todo lo cual hace aún más importante la fugaz existencia de *La Estrella Nacional*; a pesar de estar en contradicción la intención con que se publicaban algunos artículos, como sucede entre el intento que se aspira con el anterior texto «Lectura», y el que se había publicado como apertura de la publicación.

En el primer número de *El Albor Literario*, los redactores imprimieron en la sección: «Literatura», un artículo de autor anónimo titulado «Novelas»[59]; texto particularmente importante tanto por explicitar la «cultura» del momento en Bogotá, como por la «ideología» que transmite. Este ensayo es el primero en los periódicos literarios colombianos del temprano siglo XIX en exponer abiertamente la posición de escritores, lectores y críticos sobre la ficción en suelo colombiano. Al mismo tiempo que señala las obras de autores que circulaban, indica cuáles textos privilegiaban sus redactores, y cuáles eran los preferidos por sectores del público lector; así mismo destaca la manera en que la letra impresa propiciaba la difusión de las nuevas ideas y la forma como se llegaba a ellas ya fuera por medio de la traducción, la adaptación o la copia.

El texto ofrece una mirada parcial al mundo de las lecturas de ficción, del mismo modo que muestra una posición exclusivamente de carácter ide-

---

58 Véanse: el «Prospecto» de *La Estrella Nacional* y los artículos y relatos: «La Estrella Nacional» 1: [1]. «Equivocaciones» 3: [1]. «Castillos en el aire» 5: [1-3]. «Nota» 8: [1]. «Papeles públicos» 8: [3-4]. «Redactores» 9: [4]. «La Estrella Nacional» 12: [2].

59 Véase una versión inicial de este texto en Rodríguez-Arenas (1996).

ológico por parte de los redactores, quienes se proponían incidir con su escrito sobre la lectura como práctica social; ya que este texto como ensayo crítico explicita una suerte de autoridad sobre los bienes simbólicos al transmitir una especie de legitimidad sobre lo que hablaba, respaldándose en el saber y la cultura. Así, a la vez que imponía un gusto literario determinado sobre todo el público, restringía a grupos de lectoras y escritores:

NOVELAS

Si se exceptúan las Viacrucis, Modo de oír misa y demás libros de devoción, las novelas son las lecturas de las señoritas bogotanas; las afamadas por sus lances demasiado libres o por ser de autores llamados a boca llena impíos, herejes, son las únicas que, a no ser a hurtadillas, dejan de ser leídas; La Nueva Eloísa, las aventuras del caballerito Foblás y todas las de Pigault-Lebrunt, se quedan para que los hombres a la moderna se saboreen con su lectura. ¿Será puesto en razón, pregunto ahora, el que las mujeres lean tanta insulsez, sólo porque no tienen fama de ser malas? ¿que adquieran ideas exageradas sobre todo y un gusto depravado? No es puesto en razón; y por esto tratamos en este artículo de manifestar nuestra opinión sobre algunos de estos libros; pues, agradando nuestro modo de pensar, aunque sean leídos se hará poco caso de ellos y no servirán ya de modelos, ni para pensar ni para obrar.

Las novelas de Madama Cotin, entre ellas la Matilde o las cruzadas, son de las que más corrompen el gusto a la juventud; personajes que a solas hacen lo mismo que si estuvieran rodeados de cuarenta o cincuenta, no son sacados de la naturaleza; amantes siempre afligidos; mujeres amadas de todo el mundo que no piensan en sus trajes, que no murmuran; estilo hinchado y llorón; ninguna escena que no sea decorosa y patética; son cosas a la verdad que agradan a muchos. Así es que una carta de cinco pliegos de la amada al amante, llena de clausulones, en que ni por pienso se acuerda de darle cuenta de lo sucedido en la casa, es el *non plus ultra* de las cartas amatorias. Estos son los grandes modelos que tratan de imitar nuestros jóvenes; y he visto más de dos imitaciones, que harán llorar de risa a cualquiera que tenga los cascos bien sentados.

La condesa de Genlis, es otra madama Cotin. Valmore y Malek-Adel, Clara y Matilde se asemejan a una persona que se ha puesto en zancos y se ha borrajeado la cara.

Ana Radcliffe ha seguido otra senda, pero no creemos por esto que sea la más bella. La Abadía en la selva, La Campana de media noche, El Castillo de los Pirineos, Los Misterios de Udolfo y El Italiano, son novelas que no pueden leerse más que una vez, pues consistiendo su mérito en la trama, sabida ésta no hay que admirar ni caracteres, ni estilo ni sentimientos, ladrones, asesinos, víctimas, castillos arruinados y selvas son los que mueven nuestra curiosidad; y aunque hay escenas y conversaciones naturales, los amantes son siempre fríos y desagrada ver a un hombre de bien como aislado en la sociedad, por que donde quiera encuentra trampas y desalmados. El mérito que pudieran tener dichas novelas los pierden leyendo las Mil y una noches, pues consistiendo éste en el enredo, no hay duda en que las Mil y una noches las aventaja en esto de sobra.

Atala, René, Pablo y Virginia y Werther, son novelas muy bien escritas; la Nueva Eloísa también lo es y una de dos: si aquellas (exceptuamos a Pablo y Virginia) son leídas por mujeres, también debe serlo la Eloísa; o al contrario: si la Nueva Eloísa no es leída, tampoco deben serlo, Atala, René y Werther; por que todas estas composiciones pueden causar los mismos males o los mismos bienes. Si la Nueva Eloísa nos hace amable un amor criminal ¿no lo hace también René y Werther?

Viendo estas obras con los ojos de un literato, encontraremos mucho que alabar en ellas: ¡qué poco se parecen Virginia, Carlota y Atala a las heroínas de casi todas las escritoras francesas! Carlota pertenece a la sociedad, las otras dos están aisladas, pero Virginia escribe sus cartas como mujer y Atala siente como tal. A pesar del diferente estilo de estas tres composiciones, pues que a Atala podemos llamarla poema, porque las musas dictaron la mayor parte; todas llevan impreso el carácter de la verdad, sobre todo Werther y todas son poéticas.

El Vicario de Wakefield merece también todas estas alabanzas, y como Pablo y Virginia, contiene una sana moral.

Sir Walter Scott es autor de un género de novelas totalmente diferentes de las que hasta ahora hemos mentado. La mayor parte de los célebres novelistas franceses de nuestro tiempo siguen a Scott: sus argumentos como los de éste son históricos: la risa, el llanto, lo patético y lo ridículo van unidos como lo van en las sociedades humanas. No hay duda que esta clase de novelas es instructiva. Una señora que haya leído el Talismán, quedará más enterada de lo acaecido en la primera Cruzada, que la que sólo haya leído la Matilde: aquella conocerá los verdaderos caracteres de Ricardo Corazón de León, de Felipe, del Arzobispo de Tiro y de los Templarios; los usos y costumbres árabes y las de los cruzados; la que haya leído la Matilde no conocerá sino fantasmas salidos de la cabeza de una buena señora francesa.

Las novelas de Sir Walter Scott, a nuestro modo de ver, son las que más bien deben ser leídas por las señoritas; las historias a más de no contener todos los pormenores que encierran aquellas obras, no son de ningún modo una lectura amena, así es que a duras penas pueden leerlas las mujeres, y Sir Walter les ha allanado el camino. El Ivanhoe, El talismán, Quintín Durward, Dalgety, Waverley y los Puritanos de Escocia, son obras que no se componen así no más; no se componen cogiendo un pliego de papel y, vamos a delirar; se necesita mucha erudición, muchísima.

Madama Stael y el Visconde de Arlincourt han compuesto novelas célebres en ambos mundos, pero nos abstenemos de dar nuestro parecer: ellas tienen mérito pero no creemos que sean las más convenientes para nuestras jóvenes.

Richardson es célebre por su Pamela y Carlos Grandison; pinta muy bien a las mujeres, pero escritores más modernos y de más nombre han hecho de él un autor mediano.

Necesitaríamos de muchos pliegos si quisiéramos enumerar todos los novelistas de tal cual nota, tanto españoles como franceses. No hemos hablado de los primeros porque no están en moda, a pesar de que el Quijote, Gil Blas y Guzmán de Alfarache (principalmente el Quijote) valen literariamente más que todas las novelas de las señoras francesas. Puede decirse que los españoles en el Quijote dieron la muestra más hermosa de novelas para que por ellas se siguieran los que quisiesen adelantarse en este género. Los clásicos franceses y sus imitadores alabándola la despreciaron pues no quisieron imitarla. Ahora se admira y se trata de imitar. No nos detendremos absolutamente en la Casandra y en otras obras parecidas por ser conocidamente insustanciales y pesadas. En fin, se nos ha quedado mucho por decir; pero creemos que esto es bastante para dar a conocer nuestro gusto y nuestros deseos de ver mejorado el de las bogotanas [*La Estrella Nacional* (ene. 1°, 1836. 1-2].

El artículo «Novelas» es esencialmente un ensayo sobre formas de lectura impuestas, actitudes hacia libros y hacia la misma lectura; aceptación o rechazo de esta actividad socializante producida alrededor del libro y por el libro; indicación de los públicos lectores, de la manera de leer y del querer leer; de la situación en la que se encontraba la práctica de lectura, de la identificación del tipo de productos que circulaban en la época y que daban sentido al hábito de la lectura que mostraba la sociedad bogotana, especialmente el grupo femenino que podía ejercer esta habilidad. Pero a la vez, es un texto normativo que impone determinados parámetros y guías, que delimita el gusto literario y circunscribe la opinión pública al orientar la reflexión sobre la conducta de la comunidad lectora y sobre la de la experiencia de leer; es decir, sobre cuáles autores importaban más y cuáles obras se debían evitar o establecer como lectura apropiada.

En suma: «Novelas» es un texto que inscribe en su discurso la imposición de una ideología que a la vez que refuerza un sistema hegemónico que señala patrones de comportamiento, impone tanto un canon literario exclusivo (literatura normativa en y para la comunidad), como conceptos de gusto y juicios de valor al tratar de controlar el fenómeno de recepción y la relación entre el libro y la comunidad receptora, porque dicta interpretaciones receptivas y obliga a todos al dirigir, unir o dividir desde el interior, asegurando una identidad.

Hasta hace relativamente poco tiempo, la lectura se percibió como un procedimiento directo, en el cual los lectores debían entender el significado del texto, respondiendo con precisión a los estímulos que emanaban de él. El texto se concebía como un objeto que permanecía el mismo con el tiempo y era invariable para todos. Esta es la posición del autor del ensayo, quien deseaba imponer una manera única de leer los textos, a pesar de las respuestas que emitían los lectores, fueran mujeres u hombres.[60]

El autor de «Novelas» emite un discurso que promueve un ideal social, en tanto que estigmatiza lo no deseable con el objeto de generar adhesión al ideal que impulsa; también impone coercitivamente su perspectiva de hombre instruido y como tal su concepción de género[61], con todas sus implicaciones, para influir en el acercamiento y en la comprensión de los textos[62]. Para él, la lectura cotidiana de libros no debía constituir una experiencia digna de disfrutarse, como era para las señoritas bogotanas que leían por iniciativa propia, sino una manera de regir las relaciones en la sociedad, tanto en la esfera pública como en la privada. Como ensayo crítico, «Novelas» desborda las nociones literarias y emplea relaciones de poder que buscaban establecer el orden tradicional y la diferencia de roles en los géneros al determinar lo que era «natural» para cada uno de los sexos.

---

60 Sin embargo, a pesar de los esfuerzos de las instituciones diseñadas para preservar estas concepciones sobre la lectura, especialmente en el campo de los estudios literarios, los lectores continuamente producían lecturas diferentes y a menudo contradictorias del mismo texto. De ahí que, se emplearan diversas medidas para obligar a seguir viendo el texto como un objeto fijo.
Las investigaciones acerca del lector [«historias de la lectura» en el sentido de Jonathan Culler (1982). La teoría de la respuesta del lector («Reader's Response Criticism») y la de la recepción («Rezeptionsästhetic»); Hans Robert Jauss (1970), Wolfgang Iser (1978), Norman Holland (1975), Rosemblat (1978), Kolodny (1980) y Crawford y Chaffin (1986), entre otros], han mostrado que en las últimas décadas se ha llegado a la conclusión de que el texto no es un objeto fijo ni su significado depende únicamente de lo contenido en su escritura; el lector juega un papel predominante al aportar sus marcos de referencia y sus experiencias al acto de leer. Diferencias en la crianza, la educación y en el conocimiento de la vida afectan la comprensión y la memoria; lo mismo sucede cuando se tiene un determinado punto de vista sobre una situación.

61 Por género no sólo se entiende el sexo (masculino o femenino) señalado por el cromosoma. El sexo es únicamente una influencia en el género. Existen otras dos circunstancias que lo conforman: el clima hormonal del cuerpo y la clasificación dada a un individuo. El sexo y las hormonas son variables biológicas, mientras que la clasificación es un acto social aprendido que comienza el proceso de elaboración y mitificación de lo biológico, puesto que desde muy pequeño/a se le enseña al(a) niño/a cómo comportarse para ser hombre o ser mujer (véanse: Crawford y Chaffin 1986, Childers y Hentzi 1995, 122).

62 La identidad del género se presenta por lo general sin ambigüedad muy temprano en la vida; los seres humanos desde esa época desarrollan varios grados de tipificación del género y de aceptación de la manera en que la cultura ve lo femenino/masculino como apropiado y característico de sí mismos. Al nacer el/la infante recibe una clasificación de género: masculino/femenino; luego bajo estos parámetros comienza a desarrollar una identidad de género: hombre/mujer. Desde que nace está expuesto/a a prescripciones y prohibiciones consistentes con la clasificación y la identidad que se le ha dado: normas de comportamiento para ser niño-hombre o niña-mujer. Finalmente se comporta y se evalúa a sí mismo/a en términos de esas normas. De ahí que, al leer un texto pensará y actuará según su identidad de género para responder o reaccionar ante lo que ha internalizado. La tipificación del género se refiere al grado en que el ser humano acepta el papel de las normas de los sexos para sí mismo (véase: Crawford y Chaffin 1986).

Los delineamientos teóricos actuales permiten entender mejor la situación que se explicita en el ensayo «Novelas». Según su anónimo autor, este texto quería mejorar el gusto literario falible y desacertado de las señoritas bogotanas, criticando imperiosamente las preferencias lectoras y su interés especial por la narrativa de mujeres; al mismo tiempo, criticaba el que los nuevos escritores emplearan la escritura de mujeres como modelo narrativo para estructurar sus textos, para lo cual destacaba el valor de las novelas que oponía, elogiándolas y calificándolas como lecturas para los «hombres a la moderna»; posición que al devaluar, convertía en invisible la producción escritural de las autoras y devastaba las intenciones de los noveles escritores, quienes en la acción misma de asumir el escrito y elegir patrones de escritura violentaban los cánones literarios que trataban de imponerse desde Europa, y por tanto impulsaban la modernidad de la sociedad en la que vivían.

El anónimo autor, a quien Otero Muñoz identifica (1937a, 97), sin aportar ninguna prueba, como «la pluma del lírico Ortiz» (José Joaquín Ortiz), había pasado por los claustros del Colegio Mayor de San Bartolomé (los Ortiz habían estudiado en ese plantel) y había recibido una educación esmerada para la época, puesto que pertenecía a la élite de intelectuales que estaba al frente de los negocios públicos del naciente país. Como parte de esa élite, sus lecturas habían recibido influencias inglesas y francesas, lo cual se observa en el ensayo «Novelas»; de ahí que dictaminara que su propia manera de ver el mundo debía ser la seguida por todos los lectores en la Bogotá de 1836. Al objetar el tipo de lecturas y modelos narrativos preferidos e imitados, que de hecho señalaban un momento de transformación en lo social donde empezaban a surgir fisuras en los patrones de conducta establecidos, el ensayista consideraba que la estratificación social instituida y la subordinación de determinados sectores era natural y legítima en las relaciones entre los géneros.

La posición privilegiada que el anónimo autor gozaba como hombre letrado referente a la educación, le estaba vedada a las mujeres bogotanas incluso hasta después de 1832; año en que se logró un incipiente pero decisivo avance para ellas, gracias a la labor de Rufino Cuervo, quien como gobernador de la provincia abogó ante el Secretario de Estado por la educación de las jóvenes granadinas:

> Un sexo hermoso adornado de brillantes cualidades físicas e intelectuales, tiene títulos incuestionables a que se le fomente y eduque a nivel de las luces del siglo. (...) No es inútil, exponer a usted la necesidad de que sean educadas las mujeres: ellas tienen la principal parte en las buenas o malas costumbres de la República, porque encargadas de la crianza de los hombres, les inspiran las primeras ideas que marcada influencia tienen en el porvenir de la vida. La mujer prudente aplicada y piadosa es el alma aún de las mayores casas, pone en orden la economía, arregla los espíritus y fortifica la salud de la familia. Por eso fue sin duda

que la Ley del 18 de marzo del año 16 dispuso en el artículo 25 que la Dirección de Estudios promoviese la creación de escuelas de niñas y que el artículo 6º del Plan General de Instrucción Pública ordenó el modo con que se habrían de elegir las maestras.

Grande mal ha sido para la Nueva Granada, que a pesar de tales disposiciones, poco o nada se haya hecho en el beneficio de las Granadinas, como si ellas hubieran nacido para vivir en la abyección y nulidad, a semejanza de las esclavas del Gran Señor.

Hoy que una nueva aurora se presenta para este país que manos ávidas y extranjeras han dejado de explotarlo en provecho propio; y que se está introduciendo el arreglo y el sistema hasta en los últimos pormenores de la administración, no tendrán las Granadinas un derecho a las miradas del Gobierno? A nombre de ellas, *yo solicito* el establecimiento de un colegio nacional (en Acuña de Moreno 1989, 6-7).[63]

Es dentro de esta situación social para la mujer, llena de buenas intenciones únicamente para un grupo reducidísimo de jóvenes granadinas que no había alcanzado a obtener casi ningún provecho de los decretos sobre la enseñanza, que se produjo la crítica severa difundida en el ensayo «Novelas», cuyo autor iba directamente en contra de la falta de sensatez de las señoritas bogotanas al seleccionar sus lecturas por placer; con lo cual consideraba que ese acto que ellas practicaban no era ni histórico ni trascendental en la época donde la falta de instrucción y guía para ellas era casi total.

En la posición del autor del ensayo surge una problematización de las relaciones de género como práctica social en la que él se involucra irremediablemente, señalando la forma en que las determinaciones sociales de este tipo se volvían virtualmente «invisibles», transmitiendo la idea de que la mujer era débil e incapaz, por tanto enfáticamente hacía una trivialización aniquiladora de su escritura y un apabullante asolamiento de sus capacidades intelectuales, puesto que «las señoritas bogotanas..., a duras penas p[odían] leer», inclusive cuando los autores «les ha(bían) allanado el camino», porque ellas «necesita(ban) mucha erudición, muchísima».

Como se observa, este texto expone en su discurso la violencia simbólica, noción que se caracteriza por que transforma en naturales aquellas modalidades culturales que tienen por finalidad someter a un determinado grupo social, utilizando estrategias de poder para seguir manteniéndolas dependientes y subordinadas. Es decir, es una violencia que convierte en natural lo que es una práctica de desigualdad social y, precisamente por ello, es una vio-

---

63 Fueron admitidas niñas entre los cinco y los catorce años de edad. Sin embargo, dos años después de fundado el colegio, la directora al rendir cuenta al gobierno, se quejaba porque «no ha hecho el establecimiento los progresos que eran de esperarse»: «No es posible que a la vez aprendan las niñas las lecciones de urbanidad, moral cristiana, fundamentos de Fe, geografía, gramática castellana y francesa, aritmética, lectura, escritura, música instrumental y vocal, dibujo y labor de manos; si el día apenas alcanza para tomar tantas lecciones, cuanto menos alcanzará para aprenderlas. Sería muy conveniente que se dividieran estas materias en cursos, asignando las que deberían enseñarse en cada uno de los cuatro años que deben permanecer las educandas en el Colegio» (en Acuña de Moreno, 117).

lencia que se absorbe como el aire, contra la que muchas veces no se siente presión, porque está en todas partes y en ninguna y es muy difícil escapar u oponer resistencia (véase: Bourdieu, 2000a). Este tipo de violencia, que no deja huellas aparentes, practicada por los hombres sobre las mujeres, pretende, por medio del menosprecio, lograr que ellas, además de obedecer, acepten un puesto determinado socialmente.

De ahí que las aseveraciones emitidas produzcan un efecto que promueve públicamente la discriminación cultural de la mujer. Esta violencia simbólica y subjetiva constituye una de las múltiples estrategias de la producción de la desigualdad de género, porque causa un consenso con respecto a la «naturalidad» de la inferioridad de la mujer; si la mujer es inferior, es normal su lugar secundario y su subordinación. Este consenso ha sido adoptado por las propias mujeres, quienes durante siglos han formado sus posibilidades de desarrollo cultural dentro de las limitaciones que su inferioridad «natural» les ha impuesto.

Por esta razón, las jóvenes granadinas en desventajosa situación educativa, propiciada por la tradición y la situación social, se veían fuertemente censuradas, ridiculizadas y despreciadas a través del ensayo, porque ejercían la lectura, producto de una costumbre ya formada que además de que exigía fuerza de voluntad consciente, provenía de un hábito predispuesto ya en la familia. En las palabras que el autor del ensayo emite sobre las lectoras bogotanas existe un menoscabamiento y por tanto una trivialización de la actividad lectora que ellas ejercían; porque leer supone ya no solo un ejercicio, sino un movimiento recursivo de la inteligencia y de la afectividad, de la memoria, del léxico y del imaginario social y simbólico.

Esas declaraciones censuraban además la actividad de un grupo reducidísimo que leía libros que además de ser muy leídos y difundidos en diversos países, eran muy difíciles de adquirir, tanto por el costo, como por el idioma en que se encontraban[64]. Libros provenientes de Inglaterra y Francia, donde también tenían una gran demanda. Libros que eran vehículos de generación de conocimiento sobre situaciones sociales que causaban la opresión, y la desigual distribución de bienes y poderes materiales y simbólicos en los planos de la vida personal y social.

En el mismo año de 1836, J. Steuart describió desde su perspectiva extranjera la situación de la Biblioteca y de los libros en Bogotá:

---

64 William Duane escribió hacia 1823 las siguientes características de la vida en Bogotá: «En esta calle existe la única librería que tuve oportunidad de ver en toda Colombia; casi todos los libros eran en francés, algunos en inglés, y también muchos de los recientes editados por las prensas hispanas (...). Al hacer referencia a esta librería, cuyas ventas no parecían muy animadas ni fructíferas, me veo también obligado a aludir a la biblioteca pública. (...) La forma *deliberada* en que cumplía sus funciones dicho instituto me permitía andar entre montones de libros apilados sobre el suelo, y la gran cantidad de volúmenes en que rebosaban los anchos plúteos. Me causó cierto desagrado la manera en que se trataba a los libros, y la negligencia y desorden de su disposición, sobre todo el advertir que en aquella rica colección había muchas obras valiosas, e incluso inapreciables. Aunque una proporción considerable está formada por basura eclesiástica, clerical y dogmática, es allí donde pueden encontrarse los materiales necesarios para reconstruir la historia de aquellos países que estuvieron sometidos a la férula de España (en Romero 1990, 42-43).

> La Biblioteca consta de algunos volúmenes finos principalmente en los lenguajes español y francés, generalmente sobre las artes y las ciencias. Entre ellos, un muy antiguo y raro trabajo de botánica. Por la cantidad de polvo que se encuentra sobre esas finas obras se puede ver la mala reputación que se le tiene a la lectura en este lugar; mientras que el descuido y la manera desaliñada en que se mantienen los salones auguran muy poco para la causa de la literatura y la ciencia en la capital de la Nueva Granada (133). / Sobre los encuadernadores de libros, el que ahora está en Bogotá, y que hace el poco negocio de este tipo, bastante mal por cierto, es bueno para el lugar en el presente, hasta que el deseo por la lectura se haga más evidente (143).

La percepción de un extranjero explicita la parcialidad e improcedencia del ensayista. Las ideas plasmadas por él en «Novelas» indican que conocía, gracias a sus lecturas y posiblemente a sus viajes, la reacción masculina de incomodidad, resistencia y rechazo en Europa al verse disminuida la demanda de sus libros; ya que consideraban que el campo de las letras debía ser hegemónicamente masculino. Para los hombres y los intelectuales era una afrenta lo que consideraban la feminización de ciertos sectores del mundo literario; porque trastocaba tanto la subjetividad impuesta y presuponía transformaciones en las instituciones de sentido; también como modificaba posicionamientos psíquicos de los involucrados produciendo nuevos significados sobre los papeles y los puestos de los géneros en la sociedad. Circunstancias que impulsaron la crítica violenta que sufrían las escritoras, promovidas por los literatos e intelectuales en los diversos países europeos.

Esa situación había comenzado en Francia en las últimas décadas del siglo XVIII y se había acelerado por los cambios no sólo en las prácticas sociales sino en las modificaciones en la forma de pensar y en la manera de expresar la sensibilidad, resultado de la minuciosidad con que se escrutinizaba la vida imperial anterior. Esto era posible gracias a la apertura de nuevas vías de promoción social que se habían originado a partir de la Revolución y que habían socavado paulatinamente la tradición; canales que estaban promoviendo la adquisición de nuevos roles que las mujeres comenzaban a poner en práctica. Es decir, se estaba ocasionando un cambio de mentalidad al comenzar a transformar el orden de prioridades de las circunstancias que ordenaban las vidas privadas; cambios inevitables donde ambos géneros empezaban muy lentamente a renegociar los contratos y los pactos establecidos unilateralmente.

Esas condiciones históricas (la Revolución Francesa, la caída de la monarquía, Girondinos vs. Jacobinos, El reinado del terror promovido por estos últimos, el 18 de Brumario, las guerras napoleónicas, el Primer Imperio francés, la Restauración de la monarquía, la Campaña de Waterloo, la Segunda Restauración) habían permitido en las dos primeras décadas del siglo XIX, que más de centenar y medio de mujeres novelistas laboraran activamente en Francia, siendo a menudo autoras de los grandes éxitos literarios. Al parecer, los hombres jóvenes franceses que buscaban poder y fortuna, debido a las circunstancias históricas del momento, se habían decidido por la administración o por las armas, en lugar de incursionar en el mundo de las letras y de las ideas (véase: Maza en Hollier 1989, 624). Todos estos aspectos del fenómeno que había originado la Revolución causaron una profunda ambivalencia acerca de los diferentes roles sociales en Francia.

Mientras que en Inglaterra sucedía lo mismo; había una gran cantidad de mujeres novelistas ya desde el siglo XVIII, de ahí que la reacción de los hombres se presentara bajo el argumento de que la novela se estaba «feminizando»; es decir, se estaba volviendo una ocupación únicamente para las mujeres, con todas las características de tal ocupación: mala remuneración y peor posición dentro de la cultura (véase: Straub 1994). Durante las tres primeras décadas del siglo XIX, las mujeres inglesas dominaron tanto la producción como el consumo de novelas. El éxito de las bibliotecas ambulantes que prestaban libros en muchas partes del país había hecho que los libros caros circularan y llegaran a un nuevo tipo de consumidor compuesto en su gran mayoría por mujeres letradas de clase alta y media alta, que preferían la literatura, especialmente las novelas, escritas por mujeres. Para 1830, había más de doscientas escritoras que estaban vivas y que eran autoras de por lo menos una novela. Los registros de las bibliotecas y de las ventas de libros muestran que entre 1800 y 1830 las mujeres eran las novelistas aclamados y de moda.[65]

Estas autoras construyeron un discurso femenino en la amplia gama de ficción que produjeron. Frecuentemente emplearon su escritura como un vehículo ideológico contestatario y subversivo; explotaron la novela por medio del empleo de un humor incisivo y cuestionaron los códigos sociales existentes. Fortalecieron la tradición literaria femenina romántica, que desafiaba y revisaba abierta y poderosamente la ideología patriarcal doméstica que se había entronizado desde la época clásica. Rechazaban la doctrina de las esferas separadas, con su dualidad y ambigüedad de lo público-masculino y privado-femenino y su división de trabajo dentro de esos parámetros. La actuación de estas escritoras ejerció un papel preponderante para la construcción y aceptación de una nueva ideología sobre el género, al rechazar la ideología que promovían las novelas de Defoe, Fielding, Richardson, Sterne y Mackensie; así como también al repudiar la política literaria asumida por los poetas románticos.

Las novelistas románticas inglesas no celebraban los logros de la imaginación o el poder desbordante de los sentimientos, sino el trabajo de la mente racional, que bien podía encontrarse tanto en las mujeres como en los hombres. De esta manera insistieron en la fundamental igualdad del hombre

---

65 Los nombres de Maria Edgeworth, Elizabeth Hamilton, Amelia Opie, Mary Brunton, Jane y Anna Maria Porter, Sydney Owenson, Ann Radcliff, Mary Shelly, Susan Ferrier, Marguerite Gardiner, Elizabeth Le Noir, Jane West y póstumamente Jane Austen se señalan como los de las novelistas aclamadas durante esos años. Mientras que únicamente Walter Scott y Thomas Surr aparecían entre las listas de autores cuyas obras se prestaban o se vendían; ninguno de ellos alcanzaba las cifras a que llegaban los libros de las mujeres (véase: Mellor 1994, 328).

y de la mujer. Aceptaron el valor de la familia sobre la del individuo y desarrollaron una subjetividad sustentada en la alteridad, en el otro. Basaron sus nociones de comunidad en la cooperación más que en la posesiva interacción con la naturaleza y promovieron una política de cambio social gradual opuesta a la violenta que reclamaban los hombres (Véanse: Burstyn 1984, Foster 1986, Mellor 1994).

Como ya se dijo, las producciones que se atacan directamente en el ensayo «Novelas» habían sido escritas por mujeres tanto en Francia como en Inglaterra. Mientras que las que se elogian y se proponen como modelos dignos de ser leídos eran las que los hombres habían escrito, ya no sólo en esos países sino también en Estados Unidos. Se observa con claridad que el autor —como hombre— consideraba que la escritura masculina era la más apropiada no sólo para el deleite sino para la emulación. La «competencia literaria» que poseía y que explicitó a través de sus marcos de referencia, su educación y sus experiencias hicieron que demostrara una fuerte actitud enraizada en su clasificación de género, denotando el lugar de las relaciones entre los hombres y las mujeres, sus identidades y sus actividades. En la actitud explicitada en la escritura de su ensayo también se observan las intersecciones del género caracterizadas en las maneras de designar las diferencias como la edad, la clase, la sexualidad o la nacionalidad de los complejos diseños de ideas culturales y relaciones sociales.

Según el ensayista, la escritura femenina hacía que las mujeres y algunos hombres inexpertos se engañaran; por eso debía precaver a los desprevenidos sobre la mentira que entrañaba y los males que inducía; por tanto, para desaprobar la escritura de este tipo y sus lecturas, nombra y censura autores, obras o personajes; de Madame Sophie Cottin (1770-1807)[66] destaca: *Matilde o las cruzadas* (*Mathilde ou Mémoires tirés de l'histoire des croisades* (1805), considerada la novela más importante de la autora francesa; historia que ejerció influencia en la ficción de diversos escritores, entre ellos Chateaubriand (*Las aventuras del último abencerraje* [*Aventures du dernier des Abencérages*] 1826). Mme Cottin[67] la escribió catorce años antes que Scott publicara *Ivanhoe*.

---

66   Ver vida de las escritoras en el Apéndice final.
67   De esta autora, Emilia Pardo Bazán escribió: «¿No evoca el nombre de madama Cottin ningún recuerdo en los que me leen? Y ese recuerdo, ¿no va unido a las impresiones de la cándida niñez? ¿Existe alguien que no haya visto en su propia casa o en las humildes posadas y ventorros de los trasconejados pueblecillos, litografías que representan a un árabe guapo, caballero en fogoso corcel, y llevando al arzón a una mujer desfallecida y lánguida, envuelta en flotantes cendales blancos? El grupo romántico-sentimental de Malek-Adel y Matilde, en estampas, relojes de sobremesa y candelabros, hizo competencia a la tierna pareja criolla de Pablo y Virginia. Pues bien; la autora de Matilde o Las Cruzadas, no fue otra sino madama Cottin. De esta mujer exaltada, que acabó suicidándose de un pistoletazo en mitad del corazón, andaba prendado Michaud cuando se prestó a escribir el Discurso preliminar de Matilde; trabajo que hizo germinar en su mente el plan de otro más extenso, que llegó a ser la empresa eminente de su vida, y la que hoy nos obliga a recordar su nombre, el cual estaría no menos arrinconado que el de madama Cottin, si sólo hubiese lucido en polémicas periodísticas, en acerbas sátiras o en narraciones de viajes efímeras de suyo» (1911, 256). La noción de su suicidio fue dispersada por Sainte-Beuve, quien dijo que lo había hecho movida por un amor contra-

En *Matilde o las cruzadas*, la ambivalencia entre las dos fidelidades: la personal y la colectiva, era lo que se consideraba prohibido; ya que lo personal debía dar paso al bienestar de la colectividad. Por esto, este tipo de amor sentimental era un instrumento que la mujer no debía sentir porque no podía controlar, como sí sabía hacerlo el hombre. No obstante esta posición, los lectores franceses acogieron ésta y otras novelas de Mme Cottin porque las consideraron apropiadas para su generación que sufría la desilusión propagada por la Revolución Francesa.

Otra de las críticas que el ensayo «Novelas» efectúa es a: *El sitio de la Rochela o la desgracia de la conciencia* (*Le Siège de La Rochelle ou le malheur de la conscience*. 2 vols. Paris: Nicolle, 1807), mediante la mención de Valmore y Clara, sus personajes centrales. Esta novela es obra de la también autora francesa: Caroline-Stephanie-Felicite du Crest de St-Albin, Condesa de Genlis (1746-1830), quien creó muchas de sus heroínas en oposición a Julia, la protagonista de *Julie ou La Nouvelle Héloïse*, novela de Rousseau, obra que condenó en el prefacio a *Adelaidae y Teodoro*, por irreal e inmoral, acusando a su autor de plagio:

> Todo lo que hay de interesante en el personaje de Julia ya está en Clarissa y Pamela. El personaje de Clara es visiblemente copia de Miss Howe. Pero la copia es inferior al original. ¡Qué diferencia en el dolor profundo y en la verdad de Miss Howe, cuando ella persona a su amigo; contrario al dolor extravagante de Clara (1784, ix).

Conociendo el tratamiento de las protagonistas de las novelas de Mme Cottin y Mme de Genlis, ambas obras clasificadas dentro del género de la novela sentimental francesa, puede entenderse la afirmación efectuada por el autor del ensayo «Novelas»: «La condesa de Genlis, es otra madama Cotin. Valmore y Malek-Adel, Clara y Matilde se asemejan a una persona que se ha puesto en zancos y se ha borrajeado la cara». Desde su punto de vista de letrado y de hombre, dos protagonistas que fueran decididas y estuvieran dispuestas a arrostrar adversidades y torturas para conservar su identidad no eran normales; porque la naturaleza de la mujer se oponía y hasta rechazaba lo que la sociedad necesitaba según las enseñanzas de Rousseau, para quien la mujer requería de un hombre para que le indicara el camino que debía seguir.

Ahora, el ensayista también rechaza la lectura de novelas de la autora inglesa Ann Radcliffe (1764-1823): *La abadía en la selva* (*The Romance of the Forest*, 1791), *La campana de media noche*, *El castillo de los Pirineos* (*The Castles of Athlin and Dunbayne*, 1789), *Los misterios de Udolfo* (*The Mysteries of Udolpho, A Romance*, 1794) y *El italiano o el confesionario de los penitentes negros* (*The Italian*, 1797), cuyos relatos desarrollan el género de la novela gótica o de terror a una cima no alcanzada anteriormente; entre cuyos tópicos usuales están: los castillos en ruinas, las puertas misteriosas, las músicas embriaga-

---

riado. Esto fue completamente falso, Mme Cottin murió a los 37 años de edad en Champlan, lugar donde había ido a vivir junto con su prima y los 3 hijos de ella después de la muerte de su esposo, el 25 de abril de 1807.

doras y los espectros. Mientras que sus personajes femeninos sufren una violencia despiadada que produce temor y ansiedad.

Mediante este género de novela, la escritora inglesa representaba la manera en que sus personajes femeninos desafiaban los límites del comportamiento asignado a la mujer tanto en su forma de hablar como en sus actos guiados por la «razón», privativa de los hombres según la filosofía de la época. Al mismo tiempo que representaba el mundo público y social dominados por los hombres como confuso, peligroso y sin sentido, que funcionaba en las novelas únicamente para probar el carácter moral e intelectual de las protagonistas y como un ejercicio para su moral y su sensibilidad estética.

Para eliminar la posibilidad de la lectura de este tipo de novelas, el ensayista neogranadino afirma: «El mérito que pudieran tener dichas novelas los pierden leyendo las Mil y una noches, pues consistiendo éste en el enredo, no hay duda en que las Mil y una noches las aventaja en esto de sobra»; aseveración con la que quiere desautorizar ya no sólo el género narrativo gótico, sino oponer a la escritora como autora a un autor anónimo colectivo de *Las mil y una noches,* obra que durante siglos fue forjada y modificada, hasta el punto en que la historia principal sobre Scherazad parece haber sido agregada en el siglo XIV. Colección, cuyos relatos están plagados de adulterios, hechos de sangre, fechorías y transgresiones de todo tipo.

No obstante esto, aún así, el autor del ensayo «Novelas» reafirma que las obras escritas por las mujeres eran las que «más corrompían el gusto de la juventud»; porque sus protagonistas femeninos eran decididos, valoraban su individualidad y protegían con fortaleza su interioridad. Representaciones que creaban fisuras en la ideología patriarcal dominante al retar las imágenes sobre la mujer que se querían preservar.

Para reforzar las ideas emitidas anteriormente sobre la escritura femenina, señala como grandes fallas en esas novelas que los personajes femeninos obraran igual cuando estaban solos o acompañados, o que «los amantes siempre est[uvier]an afligidos» y que «las mujeres [fu]eran amadas de todo el mundo, no pensa[r]an en sus trajes y nunca murmura[r]an»; además indicaba que los textos se presentaban con un «estilo hinchado y llorón» y que todas las escenas «eran decorosas y patéticas». Del mismo modo, criticaba el empleo de largas cartas «llenas de clausulones» en el que la amante «ni por pienso se acordaba de dar cuenta de lo sucedido en la casa».

Crítica que se centra en el descrédito de la escritura, de las técnicas narrativas, de la estructura del relato y de la creación de los personajes de las escritoras. En el registro de este ataque hacia la novelística escrita por mujeres, el autor se sumaba a la corriente de rechazo que manifestaban los intelectuales y los literatos europeos e hispanoamericanos (véase: Rodríguez-Arenas 1993, 91-99 y 1998, 93-99). Situación que surge porque consideraban que era posible que en la Nueva Granada se produjera la transformación mental que en Francia e Inglaterra había cambiado el orden de las prioridades desde donde los hombres y las mujeres ordenaban su vida. Cambios no sólo en las prácticas sociales, públicas y privadas, sino transformaciones en el modo de pensar y en las formas de sensibilidad, lo que haría repensar y renegociar los papeles de los géneros en la sociedad. Ruptura de modelos tradicionales de comportamiento que no estaban ni preparados ni dispuestos a reconocer; de ahí que haya hecho énfasis en las características del mundo doméstico que las mujeres debían ocupar, lejos de la esfera de lo público.

Lo que se explicita en la escritura de este ensayo es la violencia simbólica, que no provoca muertes, pero esclaviza cerebros (procesos difícilmente desligados del concepto de muerte), produciendo la asimetría en la caracterización de las estructuras sociales; una asimetría creciente que aleja a grandes capas de la población de beneficios encomiados por las clases dominantes para perpetuar un determinado orden social producto de actos de construcción de estructuras de dominación. Estas formas sociales son arbitrarias (relativas a un grupo particular) y socialmente determinadas (véase: Bourdieu 2000b).

En el mensaje general que subyace en el texto del ensayo se advierte la continuación de patrones de significados encerrados en símbolos. Los que en él se emplean son el de la lectura y el de la escritura. La lectura (considerada en el texto actividad pasiva, correspondiente a las mujeres, quienes no tenían discernimiento para decidir si lo que leían era bueno o malo) y la escritura (considerada actividad dinámica, correspondiente a los hombres, quienes tenían la capacidad para escoger los textos, para leerlos, juzgarlos e imitarlos si querían; además porque su escritura era la única digna de emularse). Por medio de estos símbolos el autor del ensayo comunicaba a sus lectores lo que él conceptuaba que debía seguirse considerando como el ámbito apropiado, como las condiciones de vida, y en general como los parámetros culturales para cada sexo. De esta forma contribuía a perpetuar esas concepciones, e incidía abiertamente en la incipiente opinión pública neogranadina.

Otro aspecto importante, dentro de las críticas que ofrece el texto del ensayo, es la afirmación que el autor emite posteriormente: «Estos son los grandes modelos que tratan de imitar nuestros jóvenes y he visto más de dos imitaciones, que harán llorar de risa a cualquiera que tenga los cascos bien sentados». Esta declaración manifiesta rotundamente el tipo de estructuras y tendencias narrativas que los jóvenes escritores colombianos trataban de emular: las provenientes de las novelas de las escritoras europeas, las cuales mostraban tanto los excesos característicos de la sensibilidad pre-Romántica como la reformulación de las funciones de los papeles ejercidos por las mujeres, bien hayan sido ellas las escritoras o los personajes femeninos.

En el primer nivel, las escritoras europeas habían comenzado a reformular la función de las mujeres novelistas al principiar a representar las luchas que sostenían y las opresiones que sufrían las mujeres en los diferentes niveles (Situación que se observará también en Colombia en los trabajos de Soledad Acosta de Samper en la década del sesenta de ese siglo). Al mismo tiempo, las heroínas de sus novelas entraron a actuar en nuevos contextos lógicos, sicológicos y sociales, y demostraban que sus creadoras poseían un marcado conocimiento de los obstáculos sociales que enfrentaban como mujeres y que las reprimían. De ahí que en muchos de la actuación de esos personajes empezaran a poner abiertamente a prueba las ideas patriarcales.

Estos modelos eran los que emulaban los principiantes escritores colombianos («más de dos imitaciones»). Junto a la crítica contra los modelos novelísticos que se adoptaban, el autor del ensayo censuraba violentamente con el ridículo la inversión de los papeles en la esfera de lo público que se estaban efectuando en Colombia y en particular en Bogotá: el hombre imitando la escritura de las mujeres; ya que según él, el hecho era para hacer «llorar de risa a cualquiera que t[uviera] los cascos bien sentados».

Esa fuerte reprobación y la ridiculización están seguidas inmediatamente por las pautas que «los hombres a la moderna» debían practicar: las provenientes de novelas de autores franceses, como Jean-Jacques Rousseau (Ginebra, 1712-Ermenonville, 1778): *La nueva Eloísa* (*Julie ou La Nouvelle Héloïse* 1761); Bernardin de Saint-Pierre (1737-1814): *Pablo y Virginia* (1788); el Vizconde de Chateaubriand (1768-1848): *Atala* (1801) y *René* (1802). De alemanes, como Goethe (1749-1832): *Werther* (1774). De ingleses, como Walter Scott (1771-1832): *Waverley (1814)* y *Los puritanos de Escocia* (*Old Mortality* 1816), *Ivanhoe (1820)*, *El talismán* (1825). Puesto que ellas «está[ba]n bien escritas»; y los personajes femeninos como: Carlota, Virginia y Atala «pertenec[ía] a la sociedad», «escrib[ían] sus cartas como mujer[es] y [sentían] como tal»; es decir, eran muy hermosas, muy prudentes, bastante pasivas, sufrían pacientemente y en silencio y morían de amor. No obstante estas rápidas y casi ingenuas afirmaciones del anónimo autor del ensayo, la crítica ha reconocido durante muchas décadas que en estas novelas, especialmente en las de Rousseau y Chateaubriand, dejando de lado la fidelidad de la representación que de «lo femenino» hacen, en ellas se representa la sexualización de las relaciones familiares en la narrativa, y se enfatiza la domesticidad de la mujer, su falta de educación, su dependencia del hombre y su confinamiento al hogar.

Con éstas y las anteriores afirmaciones sobre las «lecturas» de las señoritas bogotanas, se produce una translación de sentido del objeto al sujeto y se convierte tanto a la mujer lectora, como al escritor joven y novato en el «otro», con el objetivo de hacer manifiesto el papel que el ensayista (portavoz de un grupo) piensa que deben ocupar los seres subordinados en la sociedad. De esta manera se explicitan las relaciones de poder en la forma de producir conocimiento desde valores hegemónicos masculinos como ejes de la vida social, por medio de la difusión de modelos de dominación de género en el contexto sociocultural (véase: Moore 1991).

Finalmente el autor agrega: «No hemos hablado de los [novelistas españoles] porque no están en moda, a pesar de que *El Quijote*, *Gil Blas* y *El Guzmán de Alfarache* valen literaria y moralmente más que todas las novelas de las señoras francesas» (2). Ésta, al parecer inocente afirmación, sirve para cancelar definitivamente cualquier duda que pudiera haber sobre el valor de las novelas que se imitaban. A pesar de que lo español no estaba de moda, los textos eran suficientemente conocidos y canonizados dentro del mundo de las letras para poder hacer una valoración, aunque fuera desfasada, como la que el autor propuso.

La competencia por el poder, la autoridad y la legitimidad en la esfera pública que se observa en este ensayo sobre la novela estructura el acto de un escritor, representante de un grupo, para imponer valores y concepciones en el mundo social bogotano; para impedir que los mundos representados en cierto tipo de novelas se llegasen a considerar como posibles en el ámbito colombiano, como lo expresan las últimas palabras del fragmento extractado anteriormente: «aunque sean leíd[a]s se hará poco caso de ell[a]s y no servirán ya de modelos, ni para pensar ni para obrar». Ataca tanto a las escritoras como a sus personajes femeninos protagonistas de las novelas, porque representaban actuaciones que iban contra la tradición; de esta manera, a la vez que se excluía a la mujer: lectora, escritora o personaje de ficción, se negaban identidades y se obligaba al colectivo social integrado a asumir como propias unas reglas previas y ajenas, un código identitario ficticiamente universal que reproducía una identidad impuesta desde el androcentrismo patriarcal, con la meta de delimitar y establecer los puestos sociales de los géneros.

Ahora, los redactores de *La Estrella Nacional* para ser consecuentes con los mensajes que se habían emitido en el ensayo «Novelas», publicaron tres narraciones; una de ellas: «Castillos en el aire»[68] (N° 5), de autor anónimo, representa fielmente la visión que ellos tenían de la vida pública, del mundo de las ideas y de la escritura, aspectos que consideraban propios únicamente del hombre.

Esta apertura a la escritura, a la difusión de las ideas y al intento de establecer una literatura propia está fuertemente marcada por el *«habitus»*:

> El sistema de disposiciones duraderas y transferibles (que funcionan) como principios generadores y organizadores de prácticas y representaciones que pueden estar objetivamente adaptadas a su fin sin suponer la búsqueda consciente de fines y el dominio expreso de las operaciones necesarias para alcanzarlos (...) sin ser producto de obediencia a reglas (92). Es una capacidad infinita de engendrar en total libertad (controlada) productos —pensamientos, percepciones, expresiones, acciones— que tienen siempre como límite las condiciones de su producción histórica y socialmente situadas (Bourdieu 1991, 96).

---

68   En ella, varios amigos deciden redactar un periódico literario en Tunja. Distribuyen las labores y cada uno se dedica a un aspecto diferente de la escritura y la publicación del mismo. Uno de ellos, Santiago Peñalver, se ha ofrecido a traducir un cuento del inglés titulado «Castillos en el aire», pero considerando que se veía mal empezar la publicación de un periódico con una texto traducido; suplica a los lectores acepten el artículo que ha compuesto y que representa la labor de estructuración y lanzamiento de un periódico similar al que tienen en la mano los lectores.

Es decir, los redactores a pesar de sus buenas intenciones con respecto al avance nacional, difundían un sistema de disposiciones duraderas, eficaces en cuanto esquemas de clasificación que orientaban la percepción y las prácticas sociales que los individuos interiorizaban. Así decidían a quiénes correspondían los diversos usos de los bienes culturales: educación, erudición, escritura, ideas, etc., situación que casi no se modificó durante el siglo.

No obstante las intenciones del autor del ensayo «Novelas» y de los redactores del periódico al publicar el texto como apertura para la publicación, *La Estrella Nacional* en su corta vida y su reducido número de ediciones fue el primer jalonamiento serio en el largo proceso de construcción de la literatura y de la ficción en suelo colombiano; esfuerzo de un grupo de intelectuales que quería progresar, pero que no podía sacudirse de estructuras preconcebidas y empleaba el periódico para normalizar y guiar la opinión pública.

2. 1. 3 *El Albor Literario* (1846)

Este periódico apareció diez años después de la publicación de *La Estrella Nacional*, alcanzando ocho números en seis meses, distribuidos en 192 páginas de tamaño 26 cms. de alto por 17.5 cms de ancho. La peculiaridad de esta publicación fue la de ser un proyecto generado por jóvenes estudiantes que se preparaban para ser profesionales. Se reunieron con la idea de impulsar la literatura del territorio, para lo que crearon la publicación periódica como el órgano difusor de la Sociedad Literaria; asociación que habían establecido para celebrar sesiones en las que se congregaban para conversar y disertar sobre temas culturales y de letras: «Esta sociedad literaria surgió a raíz de las clases de literatura española que dictaba el profesor español Diodoro Pascual en el Colegio San Bartolomé, las cuales fueron importantes porque dieron a conocer el romanticismo y fomentaron una corriente de seguidores» (Caro, 2004).

Los redactores de la publicación fueron: José María Rojas Garrido (redactor principal), Próspero Pereira Gamba, Rafael Eliseo Santander, Lázaro María Pérez, Antonio María Pradilla, José Eusebio Ricaurte (véase: Los Editores. «Aviso». p.112). Mientras que entre los colaboradores estuvieron: José Caicedo Rojas, Lorenzo María Lleras, Domingo A. Maldonado, Ulpiano González, Manuel María Madrid, Manuel María Madiedo, José Gregorio Piedrahita, Gregorio Gutiérrez González, Germán Gutiérrez de Piñeres, José María Samper, F. Useche, Scipión García Herreros, además de otros.

José María Samper escribió en *Historia de un alma* sobre esta agrupación:

> Hacia fines de 1845 fundamos entre unos cuantos jóvenes, casi todos estudiantes de derecho, una sociedad denominada Literaria. Sus objetos

eran: promover el progreso general de la literatura, hacer estudios metódicos en la materia, criticarnos y corregimos recíprocamente, por medio de comisiones, los trabajos literarios que ejecutásemos, y publicar y sostener un periódico quincenal, bien nutrido, dedicado a servir a las ciencias, la literatura y las bellas artes. Lo dimos a luz bajo el título de El albor literario, y en un principio casi todos fuimos asiduos en la asistencia a las sesiones, que eran semanales, y en los trabajos de colaboración periodística. Entre los miembros recuerdo los nombres de Salvador Camacho R. y Manuel Pombo, Lázaro María Pérez y Próspero Pereira Gamba, José María Rojas G. y Scipión García Herreros, Carlos Martín y José Eusebio Ricaurte, Gregorio Gutiérrez G. y Antonio María Pradilla. El más notable por sus aptitudes literarias, y de mayor edad, era don José Caicedo Rojas. Por junto éramos como veinte, y ya de ellos han fallecido cinco o seis.

Pero aconteció con nuestra sociedad lo que con casi todas las literarias, en cuyo seno se agitan por lo común muchas rivalidades de vanidad y se pagan pocas cotizaciones mensuales. Los más asiduos trabajábamos bastante, suministrando principalmente artículos de costumbres, poesías y breves estudios históricos, con lo que sosteníamos el periódico; y los haraganes se entretenían casi todos en intrigas para obtener la presidencia, la vicepresidencia y demás puestos de honor. Ello fue que no tardó en haber desagrados, que el Albor sólo alcanzó a vivir hasta su número 8° y que a los seis meses se disolvió la sociedad, minada por tontas rivalidades, fruto de una más tonta vanidad (Samper 1946, 186).

Mientras que entre las cartas que recibiera Gregorio Gutiérrez González conservadas en la Biblioteca Central de la Universidad de Antioquia en Medellín, Antonio María Pradilla, uno de los Redactores de *El Albor Literario*, le escribió a Gutiérrez González el 16 de julio de 1846 sobre este periódico y la Sociedad que apoyaba la publicación:

> Sabrá Ud, que revivió la Sociedad literaria, tiene por objeto en su nueva vida, sostener un periódico literario, que se llamará «El Albor» y cuyo primer numero saldrá el 20 de este mes.
> Yo he asistido ya a tres reuniones y presenté, para que se publicase una composición en verso dedicada a una celebre bailarina que vino con la compañía dramática, y que sobra ser muy linda, desempeña sus funciones como artista muy satisfactoriamente. No le envío copia de la composición porque me parece que por el correo venido le podré remitir el primer número del periódico; léala juzgue de ella y deme su parecer. Espero que ud me envíe algunos artículos en prosa, para publicar y que me autorice más de lo que estoy para publicar algunas de sus publicaciones en verso (Moncada Roldán ([transcriptora] 32).

Próspero Pereira Gamba, otro de los miembros de la Sociedad al escribirle a Gutiérrez González el 8 de septiembre de 1846 informó sobre la manera en que la Sociedad difundía *El Albor Literario*:

> Respecto de mis aventuras solo puedo decirte, que la redacción del Albor Literario a puesto coto a mis coqueteos. Supongo que habrás visto las tres primeras entregas de este periódico (el único de la clase en la República) y que esta carta llegará a la par de la 4ª entrega que se te remitirá como agente en esa ciudad.
> No sería malo que me escribieras dándome parte del resultado de tu comisión, número de inscripciones, acogida del periódico (ilegible) juez has de saber que yo soy actualmente el único editor por convenio expreso de la Sociedad Literaria que no ha querido seguir con el carácter de periodista (Moncada Roldán ([transcriptora] 44).

Además, el 2 de octubre de 1846, Antonio María Pradilla resolvió la incógnita sobre algunos de los seudónimos bajo los cuales se escondían escritores del periódico.

> Frai Junispero (sic) es Próspero, F. U., es Useche, aquel nuestro condiscípulo de antaño, el de los plagios es Herrero. La Sociedad se disolvió mientras estuve yo en Guaduas según me han dicho, porque todos querían ser directores y presidentes. El que ha criticado el Albor ha sido el monigote Torres y él es el autor también de «Amalia» que habrá Ud. leído en El Día, si es que ha tenido bastante paciencia para leer tan insulsa producción (Moncada Roldán ([transcriptora] 46-47).

Según informó Otero Muñoz (1937, 97), la Sociedad Literaria se reunía los domingos. En el periódico *El Duende,* en un anuncio sobre la futura publicación periódica, se informó bajo el título: «Nuevo periódico», las características, el costo y el lugar de adquisición: «16 páginas en cuarto, conteniendo artículos de bellas letras y algunas noticias interesantes. Este periódico saldrá los días 4 y 20 de cada mes, y se suscribe a él en la tienda del Sr. Marcos Urbina, 2ª calle del Comercio, por 10 reales el trimestre, que se pagarán adelantados. Cada entrega vale dos reales» [Editores. (jul. 5, 1846): iv].

Los miembros de la Sociedad Literaria expresaron en la «Introducción» de *El Albor Literario*, las intenciones que tenían con la publicación:

> Nuestra misión no es la de ilustrar a nuestros conciudadanos: esta sería una bella idea, un pensamiento sublime, pero fantástico; porque carecemos de este conjunto de fuerzas intelectuales y materiales, necesarias para el desenvolvimiento de tan bello ideal. Nuestro fin es alentar la juventud convidándole a marchar a la par del siglo en que vivimos, y poner en juego el principio de la libertad de imprenta, base fundamental del sistema democrático, punto de trabazón de las garantías sociales, y proteo de la civilización moderna.

Por otra parte, nosotros estamos penetrados de que la moral, la urbanidad, la virtud toda entera, no puede existir sin la presencia constante en la sociedad de una voluntad firme, de una fuerza poderosa, capaz de dictar leyes a las voluntades particulares, de una pujanza dominate que avasalle las fuerzas privadas y las haga plegar al orden general. La literatura, cuando se dedica a encontrar la virtud y deprimir el vicio, reúne estos elementos particulares y forma la unidad nacional.
Nuestro periódico será puramente literario. ¡Él saluda al sol del 20 de julio! ¡sol de poéticos recuerdos! Momentos en que aparecimos soberanos entre los escombros del despotismo (...). Si más de un cuarto de siglo no ha sido suficiente para borrar la honda huella del despotismo colonial, los sucesos del veinte de julio demostrándonos que en esta tierra pueden operarse grandes cosas, nos hacen entrever un horizonte de paz y de bonanza (...) [LL. EE. (jul. 20, 1846): 1-2].

En la década que había transcurrido entre la emisión de *La Estrella Nacional* y el lanzamiento de *El Albor Literario* existe una conciencia más definida de la importancia de la transmisión de las ideas como medio para alcanzar la unidad nacional. Sabían que la imprenta era una tecnología que tenía grandes efectos en la formación intelectual y política de la ciudadanía, en la configuración y transmisión de las ideas y en los valores ideológicos que se podían alcanzar; como también en el desarrollo de actitudes hacia la interrelación y la convivencia con los demás seres humanos. De ahí que comprendieran que la prensa podía diseminar un discurso pedagógico de más largo y amplio alcance, que debía incorporar la reflexión sobre las letras y la manera en que éstas ejercían efecto sobre la sociedad; por lo cual se propusieron difundir únicamente textos literarios.

El grupo de jóvenes redactores de *El Albor Literario* recibió un fuerte apoyo de José Caicedo Rojas, considerado por uno de ellos como: «El más notable por sus aptitudes literarias, y de mayor edad» (Samper 1946, 186), quien para 1846, contaba treinta años de edad y ya era un avezado escritor en las lides periodísticas desde hacía más de una década. En apartes de su texto se lee:

LA PRENSA

Artículo dirigido a la Sociedad de redacción del Diario de esta capital

¡Qué sería de los hombres sin los libros! ¡Qué sería del mundo sin las imprentas! La ignorancia y la barbarie constituirían la herencia del género humano; la inteligencia del ser racional, el más precioso don del Cielo, estaría sumida en profundas tinieblas (...).
Es constante que las causas se relacionan siempre íntimamente con los efectos y que se sustituyen y reemplazan mutuamente (...); así es, que (...) EL AMOR A LA LECTURA ha pagado con creces a la educación popular los beneficios que le debe, y a su vez la ha auxiliado y fomentado

poderosamente. El Gobierno al extender y propagar la educación en todas las clases del pueblo ha creado lectores: estos a su turno han creado imprentas y escritores; y unos y otros de consuno han trabajado eficazmente por la educación popular, para que las generaciones subsecuentes, no sólo gocen del mismo beneficio, sino que sean más ilustradas aún. Y, lo que es más, el mismo Gobierno ha cobrado con usura, pagándose con paz, tranquilidad, progreso y bienestar, que por cierto son excelente moneda, las anticipaciones que había hecho; en una palabra, ha cosechado la abundosa mies de la semilla que había sembrado. (...).
Las imprentas han atravesado los mares y venido a ejercer su benéfica influencia en estos habitantes meridionales tan dulces, tan inteligentes y tan propensos a la civilización; los periódicos, excelentes maestros del pueblo, se han multiplicado; los libros también han sido cosecha nacional en muchas partes. No hay Estado Sur-americano donde no se publiquen por lo menos los papeles oficiales necesarios para instruir a los ciudadanos en los negocios públicos; en muchas capitales se publican diarios que pudieran rivalizar con los de las ciudades europeas (...). Nueva Granada tiene imprentas en la mayor parte de sus ciudades principales: Bogotá, Cartagena, Popayán, Santamarta, Tunja, Medellín, Cali, Mompós, Panamá, Quibdo, Pasto, han contribuido siempre a la causa de la ilustración con su respectivo contingente de publicaciones, y hoy, la mayor parte de estas ciudades tiene uno o más periódicos de mayor o menor interés; la capital cuenta siete: dos oficiales, dos literarios, dos políticos y uno de costumbres; además de esto ensaya un Diario que comenzará a ver la luz con el año venidero. (...) Parece, pues que la imprenta en la Nueva Granada va acercándose a un grado de esplendor sumamente lisonjero y que las esperanzas que concibieron nuestros padres al sacrificarse por establecer y cimentar un régimen de libertad política e intelectual no están lejos de realizarse, no obstante los multiplicados y fuertes obstáculos que encuentran en su camino, y las profecías enfáticas de muchos pesimistas que sólo ven a su rededor un estrecho horizonte. (...) Las personas de algunos recursos deberían suscribirse a toda nueva publicación, aún cuando ésta en sus principios no fuese enteramente buena, pues tal vez con el tiempo podría serlo. Estas observaciones desaliñadas son hijas legítimas de un puro patriotismo y de una ansia vehemente por la ilustración de las masas que tanto necesitamos (...). Sólo resta felicitarlos cordialmente y asegurarles que no falta quien haga fervientes y sinceros votos al cielo porque vean coronados sus esfuerzos con un feliz suceso [Damon = Caicedo Rojas. (1846): 113-118].

Con estas palabras particularmente vigorosas y representativas, tanto por su diseño como por su proyección en la vida intelectual y social del momento, en la Nueva Granada, Caicedo Rojas hace un recuento de la manera en que la escritura y posteriormente la imprenta habían impulsado el progreso social. Consideraba que la prensa periódica era una actividad que ya para los contemporáneos representaba, una institución cultural que, con su carácter y expectativas de difusión, había modificado sustancialmente el paisaje intelectual y literario del país, porque ofrecía un instrumento de comunicación de posibilidades nunca sospechadas hasta entonces, que había efectuado un gran aporte a la vida política de la nación. Esta distribución de información y de opinión a 36 años de declarada la independencia, comenzaba ya a mostrar un ejercicio válido y duradero socialmente, gracias al interés que había del público lector. En sus inicios había sido generalmente la trasmisión de comunicación unidireccional transnacional, pero ahora comenzaba a expresar más asiduamente aspectos de la identidad regional y nacional.

Sin embargo, por la inestabilidad que producía la falta de un mayor número de lectores y los problemas económicos que sufrían las empresas periodísticas, urgía a todos los intelectuales y personas con medios económicos para que apoyaran con consejo y monetariamente las nuevas empresas periodísticas, como *El Albor Literario*. Precisaba que era necesario activar una dinámica colectiva de puntos de encuentro locales para intensificar las relaciones sociales a escala regional y posteriormente nacional.

En los enunciados se expresa orgullo por el avance que ha logrado la difusión de las publicaciones periódicas y la manera como se han ido aclimatando en suelo neogranadino; para hacer énfasis en el avance alcanzado, informa que únicamente en Bogotá en ese año de 1846, existían 7 periódicos divididos según el tipo de artículos que privilegiaran: los oficiales: *La Gaceta* y *El Constitucional* informaban noticias relativas al gobierno y eran voceros del grupo que estaba en el poder. Los periódicos políticos eran: *La Noche. Periódico político, literario, comercial e industrial* y *Libertad y Orden*, de tendencia opuesta entre sí. *El Día*, periódico fundado en 1841 y clausurado en 1851, posiblemente fuera el denominado de «costumbres», y *El Albor Literario* y *El Duende* completan la producción de prensa hacia mediados de 1846 (véase: Cacua Prada 1983, 47-52). De todos ellos, *El Albor Literario* era el único completamente dedicado a la literatura.

Las áreas que en el momento se entendía que comprendía la literatura, las aclara Rojas Garrido en otro artículo de la misma publicación: «Si os convidamos al estudio de la literatura lo que hay de bello y grande, sublime y sentimental en el universo. Permitidme trazar un cuadro de las materias a que consagra sus trabajos la sociedad de que soy miembro. / Lengua española, historia, retórica, crítica, bibliografía y poesía. / Su conocimiento servirá a vosotros para que edifiquéis un mundo risueño, por no decir un tiempo de inmortalidad» (1846, 30-32). Como se ve, en los 20 años que habían pasado desde la publicación de *La Miscelánea*, la concepción de la literatura se había ido delimitando más rigurosamente.

Al hacer una revisión de lo que se publicó en las páginas de *El Albor Literario*, se observa la aplicación que los redactores efectuaron de las materias seleccionadas que para ellos constituían la literatura. La publicación concretó el foro a través del cual los jóvenes de la Sociedad Literaria como escritores y lectores compartían sentimientos, conocimientos, experiencias y percepciones con la audiencia receptora; la publicación fue su medio de divulgación. En sus páginas examinaron y analizaron acerca de las materias presentadas; reflexionaron sobre su valor estético, como también ponderaron el valor social de lo publicado que estaba esencialmente determinado por el grado en el que desempeñara funciones sociales o políticas: «La literatura, cuando se dedica a encontrar la virtud y deprimir el vicio, reúne estos elementos particulares y forma la unidad nacional».

De ahí, que en las páginas del *Albor Literario* se encuentre que los textos adquieren cada vez más un significado recursivo y trascendente que se ajusta con cercana precisión a las tipologías expresivas y estilísticas relativas a modalidades y clases de textos literarios que históricamente se han asociado con los géneros literarios. Aunque existe ya en esos escritores la intención de hibridar y transgredir las estructuras tradicionales de género al configurar sus textos con variaciones e innovaciones que intentan constituir expresiones comunicativas innovadoras, el trayecto que deben recorrer las letras colombianas apenas empieza. En la publicación se encuentran: poesías[69], leyendas[70], ensayos literarios[71], relatos originales y traducidos[72] y escritos sociales diversos.[73]

---

[69] Poesías: «El sueño de Bolívar» 1: 2-3, «En el álbum de la señorita Ramona Furnier» 1: 61, «Mi tristeza»1: 96 (Pereira Gamba); «A la graciosa bailarina» 1:6 (Antonio María Pradilla); «Al salto de Tequendama» 1:21-22, «Una visita» 1:83-84 (Gregorio Gutiérrez González); «Amarguras del alma» 1:26-28, «Fernández Madrid» 1: 181-182 (Lázaro María Pérez); «El cementerio» 1: 51 (José María Rojas Garrido); «Mi secreto» 1: 54 (Damon = José Caicedo Rojas); «La mujer» 1: 87-88, «Tu día» 1: 88 (Germán Gutiérrez de Piñeres; «La inocencia» 1: 121 (Lorenzo María Lleras); «Así se ama» 1: 156 (Manuel María Madiedo); «El cementerio de Bogotá» 1: 187-188 (José María Samper Agudelo); «Los mártires de la patria y la batalla de Boyacá», II. «El virrei y la noticia», III. «La batalla» 1: 35-42 (José Gregorio Piedrahita); «La visión i la sombra» 1: 63 (E. S.); «El arrebol de mayo» 1: 118-119; «Poesía» 1: 173 (El joven); «El escéptico». 1: 192 (Alazor).

[70] Leyendas: «Elvira o el reló de las monjas» 1: 103-110 y «Matilde (romance histórico)» 1: 145-147 (Lázaro María Pérez).

[71] Ensayos literarios: «Pláticas doctrinales del M. R. P. F. Junípero Tafur» 1: 12-16; 43-46; 93-96 (Firmado M. R. P. F. Junípero Tafur, seudónimo de José María Rojas Garrido); «Miscelánea» 1: 29-30; «Teatro» 1: 47 (El lego de Frai Junípero, seudónimo de Rojas Garrido); «Canto a la juventud granadina» 1: 30-32; «Cuestión tafurina» 1: 47-48 (Tafur, seudónimo de Rojas Garrido); «Una noche romántica i un día clásico» 1: 3-6 (Rojas Garrido); «Las traducciones i los traductores» 1: 81-83 (Damon, seudónimo de José Caicedo Rojas); «Debo escribir algo» 1: 143-144 (Zafadola); «Nuestro gusto por el teatro». 1: 60-61 (Anónimo).

[72] Relatos: «Balada» 1: 55-56 (E. S., seudónimo de Rafael Eliseo Santander), «El Adelantado Gonzalo Ximénez de Quesada»: ``S. A. (= «Santander Aldana»: Rafael Eliseo Santander); «Versos de gorra. Artículo de costumbres» 1: 124-128 (Fulano de tal); «El doctor» 1: 148-155 (Gismero); «Mi entrada en el mundo» 1: 158-160, «Debo escribir algo» Zafadola; «Un loco», Anónimo; «Amores de estudiante» 1: 173-176 (Lúpulo, seudónimo de Próspero Pereira Gamba); «El Adelantado Gonzalo Ximénez de Quesada»: ``S. A. (= «Santander Aldana»: Rafael Eliseo Santander); «Versos de gorra. Artículo de costumbres» 1; 124-128 (Fulano de tal); «El cura párroco» 1: 169-170 (Alfonso Lamartine); «Mi tío el canónigo» 1:22-26 (Eugene Mirecourt); «Amor y coquetería» 1: 182-187 (Paulin Niboyet).

Para los fundadores del *Albor Literario*, el contexto literario ético y estético del periodo se hallaba en el Romanticismo, pero quedaban rezagos ideológicos de la Ilustración, por un lado y por el otro, de una posición intermedia entre la literatura ilustrada y la romántica en lo publicado. En este contexto, los escritores debieron tomar una postura; situación que intentaron dilucidar en el siguiente ensayo, publicado en el primer número:

UNA NOCHE ROMÁNTICA Y UN DÍA CLÁSICO

Hace muchos años que la cuestión románticos y clásicos se suscitó entre los literatos españoles, nosotros hemos formado parte del mudo auditorio que no tiene voto; porque apenas comprende lo que se explica, careciendo de instrucción y genio para lanzar una idea que flote en la superficie de aquella atmósfera.

(...) No examino qué se entiende por romanticismo y clasicismo, si son propias de la poesía, y si en ellos se ventila una cuestión política, social y filosófica: bastante se ha discutido ya en España, porque cualquier cosa que se haya dicho es bastante para que yo no pueda agregar nada; pero de la discusión resulta, a mi modo de ver, que hay un romanticismo ignorante, bandolero y aún criminal, un abuso de la palabra con que se cohonestan de vez en cuando los más absurdos caprichos, el plagio y soltándoles la rienda a la pereza y a las pasiones, se deja de estudiar para ser romántico y se insulta la moral para no ser clásico. Pues ese romanticismo también lo hay en nuestra sociedad, y unos jurando que la vida es un torbellino de horrores, y que la expresión de algún genio sublime cuando dijo, —«Reír, cantar, beber, ésta es la vida» debe obedecerse literalmente, se entregan a la disolución y a la torpeza de los excesos; y otros confiados en que «la analogía no es el plagio, la semejanza no es la imitación ni la consonancia el eco» desfiguran atrevidamente las producciones de buenos literatos para vomitar disparates dándole a un bello pensamiento el barniz de un absurdo. Nada hay tan común en nuestros escritores como el plagio, y nadie critica el peor de los defectos en literatura, acaso porque se teme haber incurrido en el mismo robo.

---

73   Artículos: «Antonio Tobaca sufre la pena de muerte por asesino». 1: 9-10 (Paulino); «Pequeñas causas producen grandes efectos». 1: 11; «Discurso sobre la historia del hombre pronunciado en la Sociedad Literaria» (S. G. H. Seudónimo de Scipión García Herreros); «Cuadro histórico de guerras civiles» 1L 18-20 (F. U.); «La propagación del cristianismo» 1: 33-34 (Manuel María Madrid); «Muerte de Cristóbal Colón» 1: 57-58 (Lázaro María Pérez); «Roma durante un conclave» 1: 49-50; «Indijencia» 1: 62; «La tierra» 1: 157-158 (J. E. R., seudónimo de José Eusebio Ricaurte); «El Adelantado Gonzalo Ximénez de Quesada» 1: 72-80 (S. A.); «Pruebas judiciales» 1: 89-92; «Discurso de José María Rojas Garrido sobre la influencia del comercio en la prosperidad de las naciones» 1: 120-123 (J. M. Rojas Garrido); «El pueblo de Santa Lucía» 1: 189-191 (Lúpulo, seudónimo de J. M. Rojas Garrido); «Invasión de Ibagué en 1605» 1: 97-102 (P. P. G., seudónimo de Próspero Pereira Gamba); «La prensa» 1: 113-118 (Damon, seudónimo de José Caicedo Rojas); «El abogado, su importancia en la sociedad, y sus deberes para con los demás hombres en el ejercicio de su profesión» 1: 129-132 (José María Samper Agudelo); «Museo español» 1: 166 (J. M. A.); «Ruina de Jerusalén» 1: 171-172 (L. R. R.); «Formalidad» 1: 52-54; «Química moderna» 1: 58-59; «Sacro colejio» 1: 64-72; «La inconstancia y la pereza» 1: 85-86; «La vela de Tekins» 1: 111; «Galería de artistas célebres. La Malibran García» 1: 177-179; «El día de año nuevo» 1: 180 (Anónimo).

> La musa del clasicismo para los románticos según D. Juan Donoso Cortés «es una musa que no recibe sus colores del sol, ni sus inspiraciones del cielo: una musa a quien los afeites han robado la espontaneidad, la juventud y la belleza (...)». ¡Ojalá que para algunos de nuestros románticos no fuera más la musa de los clásicos!
> La musa de la poesía romántica para los clásicos según el mismo escritor, «no es una divinidad que levanta su trono en el Olimpo; es una prostituta que se arrastra penosamente en el lodo y que en su loco frenesí en vez de cantar, blasfema (...)». Aunque no soy clásico ni romántico, agregaré de mi bolsillo a la anterior descripción, que la musa de algunos románticos del país, se pasea por entre los versos de Zorrilla, el prólogo que D. Nicomedes Pastor Díaz escribió a las obras de éste, las obras de Larra, Saavedra, Bermúdez de Castro, etc, sin mentar los literatos franceses porque entre las producciones de ellos almuerza, come, cena y duerme, robando de aquí y de allí, ya un calificativo, un pensamiento completo, ya una composición entera; y ofréscasele una necrología, por ejemplo, y nada le cuesta decir: «hace tres semanas que un carro fúnebre caminaba por las calles de N. seguíanle en silenciosa procesión &c. Y ahí va un trozo del citado prólogo del Sr. Díaz, variando Madrid, en la ciudad que corresponda, y dígase cuanto se quiera (...) [J. M. R. G.= Rojas Garrido) (1846): 3-4].

En este ensayo, Rojas Garrido expone el sentir de la generación de escritores que conformaba el grupo de jóvenes fundadores del periódico; muchos de los cuales serían hombres públicos reconocidos en la historia colombiana; ya no sólo como intelectuales sino como ideólogos de grandes cambios tanto en literatura como en política. En el texto se plantea el dilema del papel que desempeña el escritor literario en la vida de esta sociedad; ya que el conglomerado de redactores sabía que no estaban incluidos en la toma de decisiones culturales sobre la dirección que tomaba la literatura en general, por falta de competencia filosófica para incidir en las transformaciones que producían los grandes cambios socioculturales en Europa y que apenas repercutían en la Nueva Granada.

Rojas Garrido también reconoce que el debate entre el Clasicismo (Ilustración), tanto con su regreso a las literaturas clásicas de Grecia y Roma y la reimplantación de sus cánones, como con la influencia de las teorías de la Ilustración francesa, que criticaba los modelos tradicionales e impulsaba el conocimiento basado en la razón; contrapuesta al Romanticismo, que proponía la libertad de creación, el énfasis en las emociones, la nostalgia por el pasado, la exaltación de la naturaleza y el impulso de la imaginación y la fantasía, no era desconocido en tierras neogranadinas; pero dividía a los intelectuales, causando grandes tensiones ideológicas entre ellos, a causa de la aceptación o el rechazo que hacían de manera imprecisa sobre algunos de los rasgos que caracterizaban esas posiciones estéticas. Situación que normalmente se presentaba entre los mayores, quienes tendían al neoclasicismo, y se oponían a los jóvenes, que apoyaban las tendencias románticas.

Rojas Garrido, en nombre del grupo de redactores, informa que ellos estaban al corriente de los debates literarios que habían sucedido en Europa en torno al Romanticismo y que por su posición dentro del periodismo, su función crítica literaria era la de informar a los lectores sobre la estado del movimiento y de los problemas que se generaban por la mala compresión, los abusos de estilo, la exageración y el plagio; ya no sólo de ideas sino literalmente de palabras y expresiones. Circunstancia que se presentaba, no únicamente en los escritos sino en la manera de actuar de algunos que exhibían una altisonancia hueca, falta de hondura, ausencia de reflexión y total insensatez en su proceder; como también en la forma de hablar marcada por la verborrea plagada de apropiaciones de otros, acomodadas en tal forma que destruían el sentido de las ideas originales. Los que hacían esto se amparaban en la ignorancia, en la creencia de su originalidad y en la seguridad de que acrecentarían su fama de intelectuales, porque el plagio no sería notado. Con la deshonestidad y el exceso mostraban que eran apenas émulos mediocres y vulgares de los buenos escritores.

Los aludidos en el ensayo de Rojas Garrido tomaban los aspectos negativos del Romanticismo para actuar en contra de la sociedad y de ellos mismos; puesto que al defender la individualidad personal, el interés propio y la ruptura de valores reivindicaban una libertad ilimitada, que no conllevaba ninguna responsabilidad. De ahí que, el resto del artículo se convierta en uno de los textos más característicos del extremo al que podían llegar los abusos románticos en la actuación y en la manera de expresarse de los abusadores.

Con este texto, Rojas Garrido expresó plena conciencia de la existencia real y establecida del nuevo movimiento y manifestó simpatía por un romanticismo moderado que respetara tanto normas socioculturales, como la propiedad intelectual. Palabras que explicitaban el espíritu de modernidad al que tendía la Sociedad Literaria de la que era parte; puesto que la agrupación estaba al corriente tanto de publicaciones que se efectuaban, como de las polémicas literarias que se realizaban en Europa y de los problemas éticos que surgían.

Para demostrar las afirmaciones que acababa de hacer, Rojas Garrido incluye como ejemplificación y conclusión del ensayo: «Una noche romántica y un día clásico», el siguiente relato:

> A las cinco de la mañana de uno de los días pasados, me encontré con un joven *paquete*, que según la palidez de su semblante, los ojos hinchados y la voz ronca había pasado la noche en vela. Luego que me vio, mediando entre los dos esas relaciones fugitivas que se pierden en la separación, exclamó. «¡¡¡Amigo de mi alma!!! ¡Cuán borrascosos y ma-

logrados, aunque brillantes, son mis días! Adiós demonios, dije para mí, o éstos son la sombra de Larra, o este joven tergiversando las palabras, se sabe lo que el Sr. Díaz dijo de la muerte de aquél; pero para darle cuerda le contesté con sentimiento. —Válgame el cielo ¡cuán sensibles me son sus desastres! ¿Qué le ha sucedido a Ud.? «Anoche, me contestó, paseaba en el altozano de la Catedral: cubría el cielo de oriente a poniente, de norte a sur, una triple gaza de nubes negras tan fatídicas como el pavimento interior de mi sepulcro... empero, las almenas de las torres se dibujaban, en relieve con tintes más oscuros sobre la enlutada cortina del firmamento... La tempestad crujía: el vendaval estrellado contra los edificios incrustaba su sonido entre el silencio de la soledad... Lucía un relámpago... su luz cenicienta desgarraba por un instante la oscuridad de la noche... solo un ser con vida andaba por este lugar como el sepulturero atraviesa solitario el cementerio que custodia aquel espectro, aquella fantasma sin nombre... era el que habla, un joven enamorado: allí maldecía los desdenes de mi querida, allí daba al viento mis sollozos, mis pupilas eran nubes eléctricas que arrojaban instantáneamente relámpagos de desesperación... un momento después el altozano quedó desierto... me vi en un rincón de los portales de la aduana, sintiendo a mis pies enroscado un ser que no distinguía, traté de examinar, y arrastrándole de los cabellos, encontré un viviente... un hombre que allí dormía un ser que insultaba con su libertad las prohibiciones del mundo; que desafiaba la intemperie, cubierto con un sudario, vestido de harapos, pero era un ente dichoso: de ese hombre a la nada había un paso: las ilusiones. La gloria, la esperanza jamás habían llamado a las puertas de aquella existencia, ni ley se acuerda de él, ni la mujer bulle en su alma... él es feliz... yo en medio del mundo, dotado de inteligencia, vivo en la desesperación, una mujer, que adoro me desprecia, la sociedad me engaña, y en un torbellino de desolación y espanto, de perfidias y crímenes soy Blanca flor que del tallo desprendida
Arrastra por el suelo el huracán.
No pude aguantarle por más tiempo tanto retumbo, y volviéndole las espaldas, temeroso de que *incrustara* en los oídos otros tantos plagios, lo dejé solo, abandonando, a paso largo, aquella romántica, rimbombante atmósfera en que el eco del joven oía a lo lejos así: ...¡Hórridas furias del estigio lago...!
Por la tarde del mismo día pasaba yo por la puerta de un juzgado parroquial, y me pasmó la presencia del *susodicho* en aquel lugar de realidades: figureme por un instante que recogiendo datos para los misterios de Bogotá, aquel hombre fantástico, del torbellino de su cabeza que, según él, era el torbellino del mundo, bajaba, como Lucifer a los infiernos, a la prosaica tienda en que se administra la justicia de menor cuantía. Pero los gritos del juez parroquial de «cruce Ud. los dedos»,

«preste Ud. juramento» me hicieron presumir que, testigo de algún *romanticismo*, declaraba un negocio criminal. Mientras detenido en la mitad de la calle, procuraba yo comprender el asunto, juró el joven; y un señor de presencia muy clásica, ni más ni menos que un tendero de la plaza, con un estómago bien pronunciado, chinelas amarillas, poco más de vara y cuarta de largo, otro tanto de ancho, y algo menos de profundo, es decir, del ombligo al dorso, y qué sé yo si de capacidad para los líquidos, con una patilla corriente, línea divisoria del mercader y el confitero, le interrogó de la manera siguiente.

¿Cómo es cierto que esa corbata que tiene puesta se la fié a U. hace año y medio con plazo de quince días que U. ha tenido a bien prolongar hasta hoy? —No me acuerdo haberla comprado a U. —Señor, si yo no le digo que me la compró, porque esto supondría que U. ha tenido plata alguna vez... —Señor juez, exclamó con voz estentórea el demandado, no me deje U. ultrajar, el magistrado, representante de los derechos individuales, emblema de la sombra de la libertad, debe oponerse a la profanación de este santuario remedo de la Omnipotencia... Sí... una carcajada del juez le interrumpió, que abriendo los brazos con aire satisfecho se recostó sobre el espaldar de la silla, que inclinada se apoyó contra la tapia, dando por debajo con las rodillas un fuerte sacudón a la mesa o hamaca de madera, que tambaleó el tintero derramando el negro líquido sobre un sumario truncado, que desde no pocos meses esperaba del señor juez le sacudiese el polvo, si para más no alcanzaban las horas del despacho. —Pido que se me respondan las *posesiones* claramente, dijo, con énfasis el demandante. —Miren qué disparate, murmuró un tinterillo que pasaba a tiempo de decir el otro las *posesiones*, por no valerse de uno, vienen a servir de irrisión a los que entendemos de esto, y al fin pierden el derecho. —Responda U. retóricamente, dijo el juez que en otra época había oído decir a su abuelo categóricamente, y sólo le quedaba el eco de la palabra: continuaron las posiciones. —¿Cómo es cierto que le presté, hace un mes, cuatro pesos en reales de cordón, con el plazo de ocho días, para un baile que me aseguró tenía esa noche? —No me acuerdo— Conteste sí o no, repitió el juez. —Es falso— ¿Cómo es cierto que al salir U. de mi tienda, le entregó un guante boleta de demanda que entablaba el sastre por la casaca y calzones que tiene puestos? —Señor juez, esto es insufrible, ¡qué baldones! ¡qué falta de garantías! Dejar que se vilipendie la honradez, que la calumnia lance sus tiros emponzoñados, esto es un infierno! Conteste U. sí o no a lo que se le pregunta, articuló el juez. —Pues no, y mil veces no. A este tiempo entraron al despacho tres testigos que afirmaron lo contrario, a lo dicho por el demandado; y administrando &c., el juez pronunció el fallo de la clásica realidad intimándole al deudor, el pago, o su equivalente la admisión del pasaporte para la cárcel. Juró el señor romántico no tener más bienes que lo encapillado, como dice la frase vulgar; y preguntó al demandante con ademán de súplica, si recibía en pago los calzones que llevaba puestos: admitida la finca, le convidó a su casa (que naturalmente no tendría), para entregársela; pero el clásico desconfió, y el juez hizo presente al romántico, que se hallaba en la alternativa de consignar los calzones, o ir a prisión por la deuda.

Después de mil apuros y súplicas, inexorables demandante y juez, resolvió el otro, detrás de una hoja de la puerta, quitárselos, y en la ejecución parodió los *sepulcros blanqueados* de la escritura.

Ya estaba de noche: al salir el joven recordó el juez el perjurio en las posiciones, y resolviendo sumariarlo al día siguiente, a pesar de satisfecha la deuda, lo puso en manos de un agente de policía quien con viento favorable, condujo su figura más romántica que nunca, al más clásico de los recintos para el que le habita, como el más romántico para el que le describe: la cárcel.

He aquí la escoria de la elocuencia y del lujo: el romántico que dice disparates y plagia, es intolerable; pero el romántico que además, es un cachaco[74] vago que vive de trampas, es el cuerpo del delito que comete la policía cerrando los ojos ante las plagas de la sociedad (J. M. R. G.= José María Rojas Garrido) *El Albor Literario, periódico científico, literario i noticioso* (1846): 4-6].

En el ensayo total se acepta la renovación de la literatura y se defiende a los románticos que buscan interesar al público sobre los aspectos positivos del movimiento; de ahí que para representar los excesos, y para divertir e instruir literariamente, mediante un cuadro de costumbres, se expliciten los efectos y el combate de las pasiones de un romántico abusador parodiándolos y satirizándolos, pero efectuando el retrato de un segmento de la sociedad neogranadina del momento.

Margarita Ucelay definió el artículo de costumbres como:

> [U]na composición breve en prosa o en verso, y que tiene por finalidad la pintura filosófica, festiva o satírica de las costumbres populares. Sus temas concretos son la descripción de tipos, costumbres, escenas, incidentes, lugares e instituciones de la vida social contemporánea (...) con escasa o ninguna trama argumental. En cuanto a la tendencia en su contenido presenta un carácter variable: ya es satírico o didáctico con propósito de reforma de la moral o la sociedad: ya pintoresquista, humorístico o realista, descriptivo, sin preocupación ulterior alguna del puro

---

74   Cachaco: nombre que hasta hoy sirve de gentilicio a los habitantes del interior de Colombia. En su origen surgió: «Antes de la famosa y deplorable rebelión de 1830 (...) Llamábase cachaco al que se vestía con desaliño, que era de poca consideración, especialmente si era joven. Pero como en las revueltas de 1830, los jóvenes y en particular los estudiantes, tomaron una parte activa en defensa de las leyes ultrajadas y de la oprimida libertad, los serviles y los monarquistas los denominaron cachacos, por vía de desdén y menosprecio (...). Los serviles para denominar un liberal lo apellidaban cachaco; a los militares jóvenes y liberales los llamaban cachacos. He aquí, pues, que habiendo llegado la voz indígena cachaco ser sinónima de liberal, nosotros la hemos adoptado de muy buena gana para nuestro papel, y nos hemos honrado, nos honramos y nos honraremos (...) de pertenecer a los cachacos» [Anónimo. *El Cachaco* (1833, 43)].

entretenimiento. En su fondo y en su forma representa una fusión feliz del ensayo y del cuento» (1951: 16).

Definición que se puede aplicar en sus rasgos más generales al texto narrativo de Rojas Garrido. El argumento situado entre el romanticismo y el costumbrismo emplea tópicos de uno y otro. Satíricamente, la interioridad afligida del «joven paquete» trasnochado se halla en consonancia con el ambiente en que se desarrolla la breve trama argumental; el relato comienza en la madrugada, sigue por la tarde en el interior de un cuarto oscuro y termina por la noche. Su forma de expresarse está llena de plagios y ripios que provienen de sus mal comprendidas lecturas, de las que ha tomado, aquello que le ha llamado la atención. Así, algunas de sus imitaciones fraudulentas y adaptaciones que se observan en su habla son: «¡Cuán borrascosos y malogrados, aunque brillantes, son mis días!», palabras que toma y adapta de las que Nicómedes Pastor Díaz escribió a la muerte de Larra: «borrascosos y malogrados, (...) días». Asimismo, se adjudica versos de Zorrilla: «Blanca flor que del tallo desprendida / Arrastra por el suelo el huracán»; e incluso adapta el verso: «¡Hórridas furias del estigio lago...!» del poema épico *La Cristiada* de Fray Diego de Ojeda. Es decir, sus pensamientos no eran exclusivos, sino el resultado de un barrunto de copias, adaptaciones, tergiversaciones, donde no sabía ya lo que era propio y lo que había tomado de otros. Consideraba que la libertad de creación era sacar de todas partes sin ser original; que expresar sus emociones era libertinaje de actuación; que la nostalgia y la melancolía eran una represión en contra de quienes no lo aceptaban; lo único que estaba en consonancia con su forma de actuar era el ambiente nocturno en que se desenvolvía; ya que su proceder era oscuro, engañoso y deceptorio. El mismo proceder que demostraba en su forma de hablar, lo seguía en su forma de comportarse: de todos tomaba, de todos prestaba, pero a todos robaba. Mediante la representación satírica de un joven romántico abusador, Rojas Garrido intentaba además de divertir y distraer a los lectores de la publicación, enseñar humorísticamente sobre los males sociales a los que se podía llegar de no existir ética en la conducta. La imaginación y la fantasía se podían desarrollar mediante la lectura, el estudio continuo y el empleo racional de lo aprendido.

La prensa está ahora al servicio de la literatura, favoreciendo su difusión con gran eficacia; ya que diversifica entre la exposición del ensayo crítico y el cuadro costumbrista que crea, con el que ejemplifica y entretiene instruyendo. La vinculación entre la literatura y el periodismo, es decir, la incidencia del medio de difusión y de la escritura, concretada en la ficción del cuadro, adquiere con este periódico un desarrollo importante para la ficción colombiana. El texto explicita estrategias narrativas que mantienen la atención del lector al recrear una serie de implicaciones sociales mediante los personajes representados. Existe un «yo» pasivo que observa, escucha e indaga y un «él» activo que exhibe la realidad criticada. Ambos son estrategias especulares, cuya función es ofrecer diferentes puntos de vista sobre la vida social, como es obvio, inventada en parte, pero armonizada para recrear con perspectiva los sucesos extratextuales. La exhibición de esta realidad inmediata con el juego de la ficción y con la oportuna explotación de las técnicas narrativas tiene el objetivo de ofrecer un artículo atractivo, que hace más fácil y efectiva la diseminación de la literatura en un momento histórico en que el publico lector aumentaba y se hacía más diversificado en sus gustos y opiniones.

La representación de coordenadas espacio/temporales que todos reconocían en esa pintura de la realidad inmediata que se observaba en el cuadro en la actuación del «joven paquete», destacaba la importancia de los hechos que comenzaban a plasmarse para la lectura; de esta manera, los redactores demostraban que el periódico era un medio efectivo para reflexionar sobre la vida diaria, tanto como sobre cuestiones académicas que se desarrollaban en otros ambientes, pero que eran importantes para el progreso de la cultura neogranadina. Así la literatura se va configurando gracias a los periódicos como resultado de las presiones, los intercambios y los condicionamientos. Con *El Albor Literario* la relación entre el periodismo y la literatura empieza a ser cada vez más sólida.

Con este texto se advierte, cómo en una década, escritores y críticos han ido adoptando nuevas posturas literarias que señalan una mayor aceptación o al menos tolerancia hacia distintas tendencias románticas. Asimismo, se aprecia el esfuerzo por ejercer una labor docente por medio de la prensa para combatir las irregularidades sociales, captando, de esta manera, el pulso de la sociedad neogranadina e informando que se contaba con la libertad literaria y la libertad política para el avance sociocultural.

Ahora, los redactores de *El Albor Literario* tuvieron entre los lectores, especialmente entre otros periodistas, apoyadores y censores. Un artículo publicado 6 días después de emitido el primer número del periódico de los jóvenes, reafirma el trabajo de difusión que había hecho el grupo, pero también manifestaba su desaprobación:

AL ALBOR

> (...) El Albor Literario es producción de unos pocos jóvenes, que sintiendo arder en sus pechos el sagrado fuego del patriotismo, han querido por medio de su conducta, contestar a los cargos que hombres meticulosos hacen a la juventud, al mismo tiempo, que, estimular a otros para que salgan de la estrecha esfera en que se han encerrado, olvidándose de que existe patria y de que existe sociedad. Es pues este periódico en este sentido, digno de la protección de los hombres influyentes de este país, como también de todos los apreciadores de las ideas de progreso, y de los sentimientos filantrópicos.

Nosotros deseamos que los jóvenes que componen la sociedad literaria cieguen honrosos laureles en el camino que han emprendido, y que el Albor tenga próspera y venturosa carrera.

Sólo tenemos que hacerles reflexiones (...) Tercera. No deben olvidar nuestros jóvenes que la literatura es la expresión de la sociedad, por consiguiente, «El Albor» como el único periódico de bellas letras que nosotros tenemos, es el termómetro para medir nuestros conocimientos literarios. Ahora bien, si él es malo, y si a eso se agrega el estar lleno de plagios, en vez de ser plausible su conducta, degenerará en inmoral; y es la razón muy obvia; porque a más de ser un delito el robarse los pensamientos de otros, es también poner en descrédito a la República, porque fuera de ella no están al cabo de saber quiénes son los sautores de semejante producción, y es seguro que no se la achacarán a unos pocos jóvenes, sino a nuestros hombres más prominentes. Y no se diga que son vanos rumores, ni que creamos que por ser jóvenes los redactores de «El Albor» tengan necesidad de plagiar, no en el primer número de dicho periódico literario, sino en su prospecto o sea introducción, que ciertamente corresponde mejor a un periódico de política que no a uno de bellas letras, encontramos en la columna 2ª, acápite 4°, línea 2ª (...) Su autor lo ha puesto como parto de su cabeza, pues no señor; es nada menos que de la cabeza de M. Guisott (...). El periodo plagiado está hasta con los mismos puntos y comas con que se halla en la citada obra; este contraste es mucho más notable cuanto que, en el dicho «Albor» se encuentra un artículo titulado: «Una noche romántica y un día clásico», en el que trata de criticarse por su autor a los que roban los pensamientos de otros; la lectura de este artículo y nuestra observación hará que *nuestros literatos* no vuelvan a plagiar tan sin pudor (...). [Editores. El Día (jul. 26, 1846): 4].

El periódico *El Día* fue uno de los pocos que tuvo una extensa duración durante el siglo XIX; surgió el 23 de agosto de 1840 en Bogotá y cerró el 17 de julio de 1851, después de 836 ediciones, hecho que nunca antes había sucedido (véase: Cacua Prada 1983, 49-50). Como se observa, desde una publicación que llevaba 6 años de existencia y en donde se conocían los obstáculos que debía soportar y allanar la prensa periódica como medio de comunicación, los escritores sabían los peligros que corrían los periodistas inexpertos en una época donde la libertad de imprenta daba independencia para insertar en las páginas textos que circularan libremente. Uno de esos riesgos era creer que nadie tendría memoria para recordar lo leído, cayendo en la tentación de incurrir en el delito de plagio. Por esta razón, uno de esos experimentados periodista impone censura por lo hecho por los redactores en el artículo de presentación del periódico. El crítico no se limita únicamente, ateniéndose a los hechos, a señalar el problema que se halla en la nueva publicación literaria, sino que anticipa la dificultad de visibilidad y de aceptación global que se tendría en otros países cuando se recibiera *El Albor Literario*; palabras con las que afirma la movilidad que el periodismo como medio de comunicación ya poseía. Lo irónico de la situación es que los jóvenes redactores al parecer no se leían entre sí los textos que salían publicados en el periódico, porque de lo contrario, o bien el artículo introductorio habría sido expurgado del plagio o el ensayo de Rojas Garrido no habría expuesto el tema en el cuerpo del ensayo ni lo habría representado vívidamente en el cuadro.

La libertad de creación y de publicación era amplia; los redactores dieron vuelo a su imaginación y plasmaron textos que expresan la confianza que sentían como escritores en esa época; ya no se consideraban figuras subalternas relegadas geográfica y lingüísticamente frente a la supuesta centralidad del lenguaje español peninsular; ahora, ya existía una actitud lúdica ante la palabra escrita y las posibilidades de representación, situación que se observa en el artículo publicado unos meses después de inaugurado *El Albor Literario*:

DEBO ESCRIBIR ALGO

He aquí la orden del día en mi pupitre, mesa o escritorio: orden de suyo exigente; porque de no cumplirla, perderé para siempre mi título de *escupe-tinta*. No hay remedio... ¡*Debo escribir algo*...! ¿Pero de qué asunto escribiré? Muchísimos asaltan en tropel mi imaginación; pero no todos se prestan a mi pobre pluma. Unos son de gravedad rigurosa y mis escritos nada tienen de grave; otros exigen viveza de imaginación pureza de estilo, elevación de espíritu... y yo, permítome la confesión, no tengo nada. De esto. ¿Escribiré de política? Harto de bueno y malo se ha escrito y escribe en nuestra época con variados *principios* y multiplicados *fines*. Para escribir de política en estos tiempos que corren se necesitan *ojo certero* y *corazón herido:* estar al corriente de los sucesos del día: atisbar los secretos de *alto* gabinete: tener correspondencia de *alto coturno:* y sobre todo mucho atrevimiento, prenda que no adorna mi pobre cuerpo, ni mi humilde alma. ¿Escribiré versos? Tampoco; porque me falta numen y no he *coqueteado* (con perdón de los *cachacos*) a una o más de tantas musas que hermosean a Bogotá, ni quiera que después de hincharme la cabeza con ideas grandotas, después de fatigar mi imaginación pintando cosas que jamás he visto, que tal vez no han sucedido y que tanto trabajo cuesta metrificar, vengan luego los indigestos lectores y digan, con aquel tono de suficiencia que les es propio, «*esto no sirve*...», «*no hay nada nuevo*...», «*la imaginación de este aprendiz es un corcho*...», o que alguno menos severo o más tolerante creyéndolos *pasables,* me los apellide versos de gorra. ¿Qué hacer pues? Duro conflicto es éste para un pobre redactor...

La hacienda pública es hoy el asunto de más alta importancia; pero yo

¿qué podré agregar en la materia? ¿Cómo me meteré con mis andrajos en una liza en que campean con éxito tan vario nuestros hombres más instruidos... Risa daría ver al pobre Zafádola, que aunque con testa coronada, confiesa no tener testa, hablando de *Bancos, siembra libre, de tabaco, nueva moneda nacional* y otras tantas cosas que no hacen más que calcinarle los sesos sin poder entender palote. ¿Escribiré de costumbres...? ¡Dios me libre...! Si tal desacato cometiera, no tendría después a quien quejarme de mil y mil calamidades que me atraería por tal torpeza. ¿Escribir de costumbres? ¿Quién sería el bobo que se creyera bastante fuerte para sobrellevar con paciencia las miradas torcidas de los *cachacos,* el juicio crítico de sus tertulias? ¿Quién sin ser *crucificado* se metería a Redentor? Esto dando por supuesto que los *cachacos* me arrojaran, me despreciaran, me malmiraran, me amenazaran; que si me tocaran... «Prudente será que alejemos este supuesto y convengamos en este otro. Supóngase U. Sr. lector que me dijera mi mal destino, *«debes escribir de costumbres»* —¡Bien! ¿Cómo me atrevería a decir cara a cara a las *cachacas,* que tienen como todas las hijas de Eva mil defectillos y resabios que es indispensable censurar? ¿Cómo sin temor de un mal gesto y algo más, tendría el decoro de decirle a la fea, fea y a la boba, boba? ¿Cómo fingiendo buscar una novia en Bogotá, contestaría en letras mayúsculas NO LA ENCUENTRO? —¿Cómo les levantaría el falso testimonio de imputarles que se asoman a los balcones y ventanas (y aún a otros lugares asomables), para sortear una mirada o asestarla contra algún prójimo combustible? —¿Cómo tendría la tibieza de manifestar a las *Señoras mayores*, madres de prole femenina, que cuando encomian en las tertulias a sus niñas, llamándolas hermosas, virtuosas, hacendosas, amorosas, célebres, graciosas, inteligentes, sufridas, económicas, las confunden de una manera indirecta con las mercaderías o efectos averiados que es preciso encarecer para su venta? —¿Cómo sin temor de arrastrar con su enojo, (el enojo de las *cachacas),* osaría decirles que son mojigatas por capricho e interés? —¿Cómo sin miedo de quien sabe qué cosa, me aventuraría a decir a las *mamás* o sean las viejas, principio y fin de la familia, cabeza y pies de la casa, que promover en visita a los *cachacos* el capítulo de matrimonio, es fulminarles el *«vayase U.»* más expresivo, la cruz más aterrante para esos pobres diablos y que es la misma impropiedad que hablar de soga en la casa del ahorcado, de tuertos en la casa de un ciego, de deudas junto a un fallido? ¿Cómo, sin que me llevara la trampa, aseguraría en letras de molde que *algunas* consumen sin caridad a los hijos de Adán, *sin temor a la excepción de dolo,* y sin espanto del tiempo que viene, cuanto colorete y cascarilla se les llega a las manos? —¿Cómo les diría a las *viejas* y las mozas que un chicote de tabaco en la boca es un horrible anatema contra la cultura y la etiqueta y el agente más activo para asustar las caricias amorosas? —

¿Cómo podría decirles, sin que me molestaran, que vivir zampadas en San Carlos es publicar con tambores y cornetas que no tienen ocupaciones en su casa o que las desatienden por una piedad mal entendida y una *gasmoñería* bien clasificada? —¿Cómo tendría el enorme atrevimiento de asegurar (como algunas malas lenguas) que los plazos dilatorios en los *juicios amoriles,* son *interdictos* para convocar nuevos licitadores? (...) (Zafádola, 143-144).

Ante las estrategias pragmáticas para mantener la atención del lector y la popularización del periódico, como la interrelación entre implicaciones y disimulaciones narrativas, en este texto irónico se parodia la indecisión de un escritor que tiene la presión de un compromiso editorial, pero que vacila; ya no por el bloqueo mental que produce el miedo al no saber qué decir, cuyo típico producto es la página en blanco, sino por decidir el tema que debe desarrollar, porque la escritura posee consecuencias después de que la imprenta la ha entregado al público lector.

Así mediante un juego lúdico, el escritor, que firma con seudónimo, informa que no escribe porque duda sobre el tema que debe escribir; de ahí que, según él, decida no escribir sobre política o economía, ni sobre poesía, porque recela del público receptor que siempre se manifiesta como juez severo y crítico de las habilidades y de las intenciones de los literatos; situación que muestra la ampliación del horizonte de expectativas de las clases lectoras, las cuales accedían críticamente al sentido del texto valorándolo o rechazándolo, y con él, al escritor que lo había producido; ahora el texto se individualizaba y adquiría autonomía; de ahí que no fuera prudente escribir sobre un asunto que no se dominara o se tratara apropiadamente.

Sin embargo, negando que escriba, escribe sobre la vida social, empleando un «costumbrismo documental», caracterizado por la descripción detallada de aspectos directos y representativos de la vida cultural (véase: Asensio, 140). Disimula mediante la negación de no escribir sobre costumbres, que le atraigan el rencor masculino (aunque de ser atacado por ellos, se defendería), y produce una incisiva y mordaz crítica de las costumbres que mostraba el comportamiento social de las mujeres de clases acomodadas. De esta manera, el autor evita que un público receptor masculino lo juzgue y lo rechace; pero presenta un tema con el que se atrae adeptos entre los hombres, escritores y lectores; ya que proporciona una dimensión para que ellos estén de acuerdo con él.

El espacio social en que se desenvuelven las mujeres: el balcón y las ventanas, las tertulias, las visitas (siempre lugares internos, donde las mujeres estaban contenidas); ámbitos en donde demuestran su comportamiento: madres permisivas y comerciantes que publicitan a las hijas como mercancía; hijas gazmoñas y solapadas, casquivanas y superficiales, habladoras, ignorantes e ingratas, estorbo y tortura de los hombres, que a veces ni deleite visual causan; necesarias en la casa, obstáculo prescindible y bochornoso en sociedad; cuando jóvenes son necias, cuando viejas, obsoletas. Esta representación masculina sobre la condición de la mujer de la Nueva Granada expone la mentalidad dominante de esa sociedad que infravaloraba a la mujer social y humanamente adjudicándole un puesto relegado en el discurso ideológico sobre lo doméstico.

De ahí que, aunque alguna de las receptoras del texto reaccionara en contra, el escritor no temía repercusión correctiva grave por ausencia de poder; lo peor sería quedar soltero, que con lo descrito era una situación benéfica; por eso afirmó: «Yo, que me incendio, me inflamo, me ardo cuando miro de cerca sus caritas de cielo... ¡Yo escribir de costumbres!... ¡qué disparate! Ni por toda la gloria de Fígaro y Mesonero me entraría en ese horrible Leteo, y esto que sólo lo he meditado por el aspecto mujeril, que cuando más y peor me echarán *nones y nones*, dejándome célibe por toda mi pícara vida; (...) Suscribiéndome de UU. afectuoso amigo y servidor. *Zafádola* (144). Este autor como escritor costumbrista, cuyos modelos reconocidos son Larra y Mesonero Romanos, mediante la pintura de algunos tipos sociales femeninos intenta censurar los defectos individuales para corregirlos; así vapulea mediante la sátira los valores de determinados componentes del sector femenino, que por la forma de expresión, incluye a todas las mujeres de las clases representadas, provocando su ira abiertamente; pero era consciente de que no habría defensor o indignación dentro del grupo de nuevos intelectuales, de los cuales él era un miembro. El contenido de su texto contribuía a estructurar la figuración o concepto de la mujer en esa sociedad al ofrecer una imagen frívola y alienante de influencia nociva, digno blanco de crítica y control.

Este texto explicita la manera en que el proceso de escritura no constituye una actividad inerte ni pasiva en la que sólo se pone por escrito lo previamente observado o, en el mejor de los casos, comprobado en la realidad social. La escritura no es la mera trascripción de una situación realizada y concluida; cuando el lector interpreta y entiende la propuesta textual, queda insertado en un discurso de género que crea pautas de representación imaginaria que repercuten posteriormente en la actuación social y fomentan una determinada reacción motivada por las estrategias textuales que modelizan el comportamiento de los seres en la sociedad.

Los redactores que después serían los intelectuales constructores de la nación, se hallan dentro de un sistema ideológico estructurado por normas que todavía no han cambiando; es un sistema hegemónico, donde existen puestos establecidos, considerados inmodificables; de ahí que en la escritura todavía se presenten fuertemente los rasgos misóginos que son característicos de la cultura española transmitidos y reforzados durante los siglos coloniales.

Ambiente sociocultural en el que se comienza a construir una literatura nacional, donde la prensa tendrá un papel preponderante. *El Albor Literario*, como se ve, persigue llenar un vacío y satisfacer las demandas culturales de las reducidas capas letradas de la Nueva Granada; así da cabida total en sus páginas, por primera vez, a todo tema que se considere literario en el momento, entre ellos el artículo costumbrista, tipo de texto que pretende «más que narrar, describir con amenidad, minuciosidad y colorido escenas o tipos populares y característicos de una época de cambios y trasformaciones sociales rápidas» (Forneas Fernández, 300).

2. 1. 4 *El Duende* (1846-1849)

La publicación del semanario *El Duende*, que apareció el 3 de mayo de 1846 en Bogotá, dos meses antes que *El Albor Literario*, señala un momento importante de la historia literaria colombiana, porque en sus páginas se divulgan numerosos relatos de construcción imaginaria, dando así vuelo a la fantasía y, a la vez, apertura a nuevas formas de narrar; todo lo cual prepararía el camino a nuevos escritores para que a finales de la década del cincuenta divulgaran sus creaciones en las páginas de *La Biblioteca de Señoritas* y *El Mosaico*.

El texto que anunciaba el lanzamiento del nuevo periódico indicaba claramente el tipo de publicación que los lectores iban a recibir:

PROSPECTO

Un periódico sin prospecto sería como una casa sin puerta, o una misa sin introito; así como un prospecto sin periódico sería como una obertura sin ópera, o como un prólogo sin libro o una cabeza sin cuerpo. Justeza es, pues, someternos a la ley universal y dejar a un lado la necia pretensión de singularizarnos, pues sabido es que, tanto en el mundo físico, como en el moral, político y literario y como en todos los mundos posibles, que todos son uno solo, el que quiere hacerse singular, se hace ridículo; o (para no usar palabras de dos acepciones) se convierte en el mingo y hazmerreír de la sociedad. Esto es tanto más corriente cuanto más débil, pobre y menguado es quien tal cosa intenta: y como nosotros nos consideramos tales, salvo la opinión de personas más respetables y de sesudos lectores, la cual respetamos siempre, siempre, como si fuese la propia nuestra, queremos seguir el uso dominante, y dejarnos llevar por la corriente *prospectiva*, más bien que *retrospectiva*, como decía no sé quien.

Es un principio inconcuso de moral universal y aún de teología dogmática que en todas las cosas el *por qué* es lo más esencial; para nosotros es tal vez más esencial el *conqué*; pero para dar gusto a todos y dárnoslo a nosotros mismos, vamos a indicar *por qué, para qué* y *con qué* se publica este periódico. En primer lugar se publica *porque* nos ha dado la gana de publicarlo: nos ha entrado la comezón, como decía el chapetón Larra. Se publica *para* hablar en él de todo lo que nos venga a mientes, porque somos granadinos, ciudadanos de la Nueva Granada aficionados a meter nuestra cucharada en algunas cuestiones; tal cual amantes de la literatura, de las artes (liberales que no de las mezquinas, serviles, ni bolivianas) y por esto queremos abrirnos un campo, aunque estrecho, para echar a volar lo que se nos ocurra sobre todas estas cosas, si tales pueden llamarse. El *con qué* se publica... será no sólo el papel, los tipos y la tinta, sino el medio real con que cada hijo de vecino quiera contribuir. Por lo pronto contamos con cinco amigos que se nos han suscrito para leerlo de sobremesa [ilegible]. Y de manera que si El Duende sale de la tienda del Sr. Vélez con diez personas que lo compren, podemos contar de seguro con 50 suscriptores, calculando a cinco por ejemplar. Y serían 200 si hubiéramos tenido la monstruosa ocurrencia de suponer que lo comprasen 40 personas. ¡Ojalá que la cuenta nos resultase al revés; es decir que cada suscriptor tomase cinco subscripciones! Entonces ¡qué cosas no diríamos de este *público benévolo*!

Para prevenir la pregunta que algún lector curioso pudiera hacer acerca del nombre de este pobre aventurero, diremos que los periódicos se han dividido y dividen en varias clases, según sus nombres, y estos indican ordinariamente el carácter del papel (a lo menos el que sus editores creen que tiene): sus conjugaciones principales son las siguientes: a la primera pertenecen las Banderas, Pendones Pabellones, y demás de esta familia que indica un partido que se levanta; esta es una clase exaltada, por lo regular incendiaria; a la segunda pertenecen los Observadores y todos los acabados en *or*: Pensadores, Investigadores, &c.: estos la echan de filosóficos, imparciales, juiciosos. A la tercera, los Correos, Postas, Mercurios, Vapores, Heraldos y demás afanosos y noticieros. A la cuarta, los Iris, Esperanzas, Auroras, Olivas, Coronas, Ecos, Misceláneas, &c. &c.: ésta es la especie romántica y sentimental, que en todo ha de haber. A la quinta, los Republicanos, Patriotas, Imparciales, Nacionales, &c. A la sexta, las Gacetas, que es un género especial. A la séptima pertenecen los Globos, Cóndores, Águilas, Faros, Atalayas, Vigías, Soles, Cometas, y todos los que se remontan para observar desde una región elevada lo que pasa en el suelo. Finalmente en la octava se colocan los Siglos, Épocas, Tiempos, Días, Noches, Tardes, y demás de este jaez. Escogiendo entre estos diversos géneros, el mejor partido que hemos podido tomar es el de enrolarnos en la séptima clase, es decir, en la de los volátiles; pero no queriendo ser tan frágiles como un globo, ni tan carnívoros como un ave de rapiña, ni tan inmóviles como un faro en la mitad del océano ni tan tenebrosos como la noche; nos hemos vuelto *Duendes*. De este modo conseguimos remontarnos (siempre es algo estar encima), verlo u olerlo todo, introducirnos en lo más recóndito, no para maldecir ni calumniar ni herir reputaciones, sino para aclarar estos misterios de Bogotá tan misteriosos, estos ocultos manejos, estas intrigas y estas etcéteras. El Duende, pues, está dispuesto a tirar piedras, a perseguir a las cocineras, a las beatas y a los muchachos; y aunque él en su calidad de Duende, y de duende granadino; es *independiente*, porque el mismo Dios lo dejó entre cielo y tierra, cuando en su terrible cólera, lo arrojó a puntillazos del cielo por alzado, conciente en someterse voluntariamente al imperio de la ley, único que reconoce en este mundo terrenal, y a responder ante ella de las pedradas que tire, advirtiendo que su intención no es descalabrar, ni hacer tuerto a nadie, que hartos descalabros y tuertos tenemos. Éste es El Duende. Por lo demás dirigirse al Sr. Antonio Vélez. [*El Duende. Periódico político, moral, literario, mercantil, artístico y noticioso* (mayo 3, 1846): i-ii].

En este texto inicial se observa confianza en la capacidad de escribir textos literarios merecedores del respeto de lectores inquisitivos. Los editores del periódico presentan en forma bromista y juguetona con juegos de imaginación y lenguaje el propósito de la publicación: hablar de «todos los mundos posibles», presentarlos con situaciones ficticias y juegos de palabras teñidos de ironía y agudezas, fingiendo tener la capacidad de traspasar espacios «para aclarar estos misterios de Bogotá». Explicitaban abiertamente la mayor libertad que existía en la época, ya no sólo para crear textos literarios sino «para hablar (...) de todo lo que nos venga a mientes», únicamente «*porque* nos ha dado la gana (...) nos ha entrado la comezón».

Desde este inicio, *El Duende* representa ya una novedad en el panorama publicístico colombiano porque establece una forma de periodismo más ligera; no obstante, inspirada por un profundo espíritu crítico que permitía e impulsaba la creación de diferentes tipos de textos de ficción. Es un periódico dedicado a romper —a través de la sátira, la ironía, la agudeza y el humor— muchos de los esquemas de pensamiento tradicional arraigados en la sociedad de la época[75].

A diferencia de los prospectos que presentaban o anticipaban otros periódicos, siempre serios y pedagógicos, el que se reprodujo como anuncio de *El Duende* se destaca por la manera ingeniosa y chispeante del discurso. La apertura del texto ofrece una serie de recursos expresivos: comparaciones, expoliciones, equívocos, antanaclasis, definiciones, ironía, que muestran la intención lúdica del periódico e invitan a reflexionar sobre la habilidad verbal de los editores. Uno de los varios ejemplos que se encuentran únicamente en el primer párrafo permite observar el manejo del lenguaje de sus autores: el

---

[75] Esfuerzos que produjeron buenos resultados, como se puede observar en el siguiente comentario: «No ha tanto tiempo que en Bogotá se creía que ningún papel gracioso, satírico o chocarrero podía ser escrito sino por el doctor Merizalde; que sólo el Sr. Pombo escribía bien el castellano; que sólo cierto individuo hacía buenos versos; y así. Hoy estas creencias han dejado de ser de fe: desde que Mr. Agalla dio a luz sus cubiletes, se vio que aquí no podía monopolizarse el ramo jocoso o del chiste; y en cuanto a los demás, hemos visto en un corto intervalo desaparecer el privilegio exclusivo que unos pocos poseían de publicar sus pensamientos y los ajenos» [El Duende. (ag. 30, 1846): iv-v].

vocablo *prospectiva*[76], obviamente es un políptoton del título «Prospecto», pero a la misma vez es un equívoco que se basa en la ambigüedad y en la polisemia para mostrar un juego de humor y de ironía. Estas técnicas escriturales hacen ostensibles rasgos esenciales del ingenio verbal de los autores del texto, que permitía que los lectores atentos asociaran más de un marco de referencia al mismo tiempo; pero a la vez, la sutiliza con que estructuraban estos procedimientos narrativos producía el humor en los receptores de los textos. La presentación estructural de este texto, que anunciaba la publicación periódica, permitía augurar una acogida favorable a las futuras emisiones.

Al adoptar el título de *El Duende*, los redactores estaban decididos a ser espectadores y observadores indiscretos de la vida social; ya que como *duendes* tenían posibilidades de llegar a todos los ámbitos, incluso a los más escondidos. Por esta razón, bosquejaron el plan de su publicación de acuerdo a su calidad: «remontarnos (siempre es algo estar encima), verlo u olerlo todo, introducirnos en lo más recóndito, no para maldecir ni calumniar ni herir reputaciones, sino para aclarar»; además, dado que eran *independientes* (no se asociaban su escritura a ningún partido), estaban «dispuestos a tirar piedras, a perseguir a las cocineras, a las beatas y a los muchachos»; es decir, manifestaban que en los aspectos principales seguirían el género satírico-polémico, que criticaba humorísticamente la situación social; corriente tan empleada ya desde los tiempos coloniales, por escritores como: Cristóbal de Llerena, Mateo Rosas de Oquendo, Juan Rodríguez Freile, Juan del Valle Caviedes, Esteban de Terralla y Landa, y Francisco Javier Eugenio de Santa Cruz y Espejo, entre muchos otros (véase: J. Johnson, 1993), y aprovechada también en la Nueva Granada en las publicaciones periódicas de las primeras décadas del XIX, como en *La Bagatela* (1811-1812) de Antonio Nariño, o por el reconocido Larra, mencionado en el «Prospecto».

Con la designación que adoptaron: *duende*[77], aparte de ampararse en la naturaleza fabulosa y traviesa de ese ser con figura antropomorfa (véase: Revilla 1990, 130), seguían una tradición ya establecida, en la que se empleaba la palabra «*duende*» en títulos de panfletos satíricos, de composiciones literarias y de diarios[78]. Del mismo modo, declaraban su posición ideológica: res-

---

[76] «Prospectiva: conjunto de análisis y estudios realizados con el fin de explorar o predecir el futuro, en una determinada materia (DRAE: p. 1191,3).

[77] «Seres fantásticos, creados por la fantasía popular, que los supone enanos, de forma y estatura cambiantes, intermedios entre el espíritu y el hombre, que ronda de noche por las casas, las calles y las ruinas, para torturar a los mortales. Como los gnomos, se dedican a trabajos misteriosos» (Pérez-Rioja 1997, 182).

[78] Algunos de los periódicos que habían llevado esa denominación fueron: *El Duende de Santiago* (Chile, 1818), *El Duende* (Santo Domingo, 1821), *El Duende Republicano* (Lima, 1827), *El Duende de Cuzco* (1830-1831), *El Duende* (Ciudad de México, 1832). Mientras que en España, *Duende crítico de palacio* (1735-1736) fue una serie semanal de poemas satíricos dirigida contra varios ministros de Felipe III y *El Duende especulativo* (jun.-sept., 1761) fue un periódico muy difundido. También se publicaron: *El Duende de Madrid; discursos periódicos que se repartirán al público por mano de D. Benito* (Madrid, 1787), *El Duende político* (Cádiz, 1811); *El Duende satírico del día* (1828), periódico fundado por Larra; *La bruja, el duende y la Inquisición: poema romántico-burlesco, y otras composiciones satíricas* (Madrid, 1837); además de diversas comedias, sainetes y poemas satíricos que en el título ostentaban la palabra «duende».

petaban determinados asuntos humanos, pero rechazaban tanto lo servil como lo bolivariano, además no querían ver con cuestiones divinas, de las que Dios los había alejado por indisciplinados y provocadores. La utilización de un recurso de tanta eficacia como la fantasía y el estilo satírico anticipaban que la calificación de *moral* que se le había dado al periódico en el título se debía a la intención declarada de efectuar la crítica de la sociedad y sus costumbres a partir de una rigurosa observación de la realidad. Además, pensaban prestar escasa atención a las discusiones y problemas políticos e intentaban evitar controversias innecesarias; intenciones que lograron poner en práctica con excelentes resultados para la literatura durante los dos primeros trimestres; pero debido a ataques políticos y personales contra los editores, el plan de la publicación se desvió.[79]

La característica esencial del «Prospecto», antes destacado, es su modernidad; ésta se observa en la siguiente aseveración: «pues sabido es que, tanto en el mundo físico, como en el moral, político y literario y como en todos *los mundos posibles*, que todos son uno solo» [énfasis agregado]. Aquí, se alude al conjunto de mundos posibles[80], cuya teoría han discutido entre otros: U. Eco (1979, 172-176), Albadalejo Mayordomo (1986, 93-152), L. Dolezel (1989, 229), Martínez-Bonati (1992, 113-128), Iser (1993) y Pozuelo Yvancos (1993, 133-150). Es decir, se pueden imaginar otros mundos en donde pueden suceder otros tipos de acontecimientos como: duendes curiosos, caballos voladores, objetos con conciencia, etc.

Es decir, para el autor del «Prospecto» existía una conciencia de la posibilidad de existencia de los distintos mundos imaginados, mundos posibles vs. el mundo objetivo y real; consideraciones que ya habían empezado a circular en Europa desde el siglo XVIII, para las relaciones entre la literatura y la realidad, pero que únicamente hasta el siglo XX comenzaron a ser seriamente estudiadas como parte de las teorías contemporáneas de la ficción, puesto que hablan de la distinción y la relación entre los mundos dados y los mundos po-

---

[79] Desde el número 29, El Duende recibió fuertes ataques del escritor guatemalteco Antonio José de Irisarri, quien fue calificado por Amilcar Echeverría como: «fue un hombre de cultura plena, pero inmaduro afectivamente. Por esos sus reacciones no fueron las de un frustrado que se defiende negativamente a base de inhibiciones. (...). No, él se quedó anclado en la fase siempre primaria de cólera y agresión. Su obra es la de un gran tímido sanguíneo. Su expresión es de desahogo, de resentimiento de inventiva, de ateísmo. Su pluma como la Marcial, fue mojada en todas las fuentes de pasión oscura, menos en tinta inofensiva. /// «Así pasó su existencia —nos relata otro de sus biógrafos— esgrimiendo la que habría de ser su arma favorita, su pluma, afilada como una espada, aguda como un estilete, sarcástica, agresiva, mordaz»» (Irisarri 1960, xxvii-xxviii). Ante las constantes agresiones lanzadas por Irisarri, El Duende respondió con gracia durante dos trimestres; pero, esto hizo que el plan inicial de la publicación se desviara de sus intenciones de no polemizar con nadie.

[80] «[E]l *corpus* teórico de los mundos ficcionales y el concepto de mundo posible intervino desde muy pronto en los debates de la semántica funcional y de la lógica analítica para la problemática discutida luego por Frege y continuadores. Aunque hay acuerdos de situar como punto de partida más importante las teorías Meinong, investigaciones últimas del propio L. Doležel (...) reclaman la importancia para una poética occidental de los planteamientos de Leibnitz y de un grupo de autores suizos del siglo XVIII, entre los que destacan Bodmer y sobre todo Breitinger» (Pozuelo Yvancos 1993, 134).

sibles. Por estas razones, era concebible que el mundo del *duende* pudiera existir paralelo al mundo externo en el que se producía el momento de la escritura de los textos; y que con sus habilidades sobrenaturales, pudiera ser indagador y crítico indiscreto de la vida social «para aclarar estos misterios de Bogotá tan misteriosos, estos ocultos manejos, estas intrigas y estas etcéteras»; es decir, se autonombraba guardián de los ideales, de las normas y de la verdad; de los valores morales y de los estéticos; de ahí que debiera gozar de poderes extraordinarios para realizar la labor que se había adjudicado: censurar para corregir ridiculizando las fallas y los problemas de la sociedad para que al atraer sobre ellos el desprecio y la irrisión se modificara la situación, puesto que la costumbre o el mal uso o comprensión de ellas, las convertía en aberraciones de lo que debía ser deseable dentro de la sociedad de la nueva nación.

Como técnica, el «Prospecto» presentaba los hechos en términos simples, apelando al sentido común, a la razón y a la lógica, pero los juegos lingüísticos revelan la manipulación intencionada de los recursos propios del idioma, lo cual destaca el ingenio detrás de su composición, causando que al descifrarse y entenderse el mensaje, produjera humor. La modernidad que se anticipaba desde el «Prospecto» se manifestó en diversos relatos, algunos de los que serán objeto de estudio posteriormente.

Otro dato importante también se señala en el programa que presenta el periódico: los editores, «amantes de la literatura» eran lectores del «chapetón Larra», de ahí que quisieran abrirse «un campo, aunque estrecho, para echar a *volar* lo que se nos ocurra sobre todas estas cosas» [énfasis agregado]. Con estas menciones, los escritores cimentaron aún más los lazos no sólo con la tradición satírico-polémica que había tenido tanto auge en España, de la cual Mariano José de Larra había sido uno de sus grandes exponentes y quien en 1828, a los 19 años de edad, había lanzado un periódico personal titulado *El Duende satírico del día* (véase: Escobar 1973, 79-128), sino también con los sistemas de mundos que forman parte del conjunto referencial expresado por los textos y que son pertinentes a una consideración global del fenómeno literario.

En emisiones posteriores se ofrecieron más datos sobre las intenciones que se perseguía con la publicación. En el N° 13, bajo el título: «A un cofrade», los escritores de *El Duende* decidieron explicar su posición y ser más específicos sobre sus fines, debido a ataques que habían recibido por no tomar partido político públicamente, ya que los lectores, además de otros periodistas consideraban que en el título: *El Duende. Periódico político, moral, literario, mercantil, artístico y noticioso*, se pregonaba tal fin:

> ¿No puede haber periódicos puramente literarios, o científicos, noticiosos o mercantiles, en los que se toca de las cosas públicas sea tan sólo por soltar una broma, o darle a alguno una pasada de clarinete?
> Tenga presentes dos cosas Ñor «Atalaya»: 1ª que los títulos que encabezan nuestro pobre periódico son la primera: sátira contra los perio-

distas fanfarrones que ofrecen este mundo y el otro y nada cumplen; y 2ª: que con el estilo nadie puede disfrazarse como U. malamente lo dice, antes por el contrario, el estilo casi siempre descubre al escritor. El estilo no es ni puede ser jamás, una máscara para encubrir nada, porque, como dijo no sé quién en no sé dónde, *el estilo es el hombre*; y espera el Duende probarle a su cofrade popayanejo esta verdad cuando le toque analizarlo a él. Conque para que vea [13 (jul. 19, 1846): i].

Gracias a esas acusaciones, los escritores abiertamente explicaron, qué ellos eran periodistas literarios, dedicados a criticar satirizando, para lo que empleaban un método atractivo y poco convencional; no escondían lo que pretendían, ni detrás del periódico existía un escritor político oculto o enmascarado como se los había acusado. Esta situación había surgido por el enigma que habían creado para preservar la identidad de los editores que escribían bajo el seudónimo «duende». Éstos eran buenos estrategas, seleccionaban y organizaban los materiales narrativos que se publicaban en el periódico sin decir quiénes eran los autores, firmando siempre: El Duende; de esta forma, además de mantener interesados a los curiosos lectores, quienes querían poder reaccionar positiva o negativamente ante el autor de los textos que recibían[81], no sólo habían aumentado el número de suscriptores, situación que les había permitido doblar el número de páginas de cada emisión; de las 4 iniciales, ahora cada edición presentaba 8, y muy pocas veces 10.

Esto se observa en el N° 14, lanzado al iniciar el 2° trimestre como publicación; asimismo se hace evidente el grado de comunicación que habían alcanzado con los lectores y la conciencia que poseían los editores de su diferencia con los otros periódicos:

---

81   Desde muy temprano, comenzaron las indagaciones de los lectores: «— Son tantos y tan diferentes los padres que se le suponen al *Duende* (como si un *Duende* pudiera tener padres) que ya nadie sabe a qué atenerse. Unos dicen que es parte del autor de *Mojica*, como si el autor de *Mojica* fuera mujer, o, caso de serlo, hubiera parido alguna vez; sabido es que el señor doctor A. A. es hombre, y es soltero, y a más, honrado. Otros dicen que es el autor del *Gallardete*; pero declaramos que el *Duende* nada tiene de coronel, ni de artillero, ni de ingeniero, ni de químico (...) Otros dicen que es el autor de *La Píldora*; pero igualmente declaramos que nuestro hijo nada tiene de *dracmático*, ni de boticario, ¡Jesús! ¡Jesús! Tampoco ha sido, ni es candidato, ni presidente de ninguna cosa, ni de nada, ni ha estado en Europa» [«Canastilla». (mayo 24, 1846): iv.].
En el N° 14 se lee: «En este Bogotá todo lo averiguan. Todo lo quieren saber y escudriñar; y casi siempre lo consiguen; y si no lo consiguen, lo suponen, que es lo mismo. El Duende, a pesar de su invulnerable cualidad de Duende, no ha podido sustraerse a esta general pesquisa, a esta infalible ley de la averiguación; y, por supuesto, lo han descubierto, ya saben quién es. ¡Toma! ¿Había de completar un trimestre el periodiquillo, sin que le quitasen la careta? ¡Imposible! (...) se me ha ocurrido un medio excelente para que las cosas sigan como hasta aquí, y no me vea yo obligado a renunciar el portafolio duendil; pero para que esto pueda verificarse necesito del favor del público: suplico, pues encarecidamente (este es el medio) a las diez mil y tantas personas que ya me conocen, que me guarden el secreto, que no le digan a nadie que yo soy El Duende. [«Ya me conocen». (Bogotá) 14 (jul. 20, 1846): v-vii].
Una refutación sobre el ser editor se publicó en «Canastilla» [19 (ag. 23, 1846): v]. Véanse también: los artículos de Emiro Kastos Bag (seudónimo de Juan de Dios Restrepo). «Protestas. I» [30 (nov. 8, 1846): 3-4]; de P. V. «Protestas. II» [(nov. 8, 1846): 4-5]; y de Kaleidoskopos. «Protestas. III» [(nov. 8, 1846): 5-7] y José María Domínguez. «Remitido. Carta» [(nov. 8, 1846): 8], con cartas negando ser El Duende.

El *Duende*, pues, Illmo Sr. público, a fuer de Duende, es decir, de no parecerse a nadie, como decía el boga de don P. Crespo, continuará la carrera que ha emprendido hasta que se canse y se pare en algún punto; y esto último se conocerá en que no volverá a salir ni a sol ni a sombra. (...).

Cuando he dicho que el Duende no se parece a *nadie* he querido hablar de los periódicos o papeles que se publican en esta tierra; porque, en efecto, él solo se ocupa de divertirse, de corregir humildemente ciertos usos y costumbres que en su pobre concepto no le parecen regulares, de pasar el tiempo inocentemente en cosas que no afectan la reputación de nadie, que no podrán clasificarse como apasionados desahogos de la oposición, ni como rastreras adulaciones y zahumerios de los allegados al poder. Diga francamente el lector si este papel no es único y singular en su género; si no es una publicación excepcional en este país. Muy *sui generis* como dijo un estudiante.

Así es, y así continuará siendo; si Dios le da vida y salud, que lo que es la licencia está comprendida en las otras dos, y así sería un pleonasmo agregarla. Pero la alabanza propia se ha criticado hasta en las fábulas, y no diré más sobre este punto por no parecer jactancioso. Sólo agregaré que el Duende continuará riendo de lo que le parezca digno de risa, dando cuenta al público de aquellas mil pequeñeces en que por lo regular no se hace alto, y que sin embargo tienen algún interés: pequeñeces de que se ocupan relativamente los periódicos de otros países. (...). Además, como ha aumentado su extensión (...) el Duende tiene el placer de anunciar a su público que cuenta para ello con el auxilio y ayuda de varios amigos suyos inteligentes en estas materias, (...) algunos de los cuales nombraremos, no obstante el temor de que se ofendan. (...). Cuenta, pues, con la amistosa bondad y generosa cooperación de los señores Guarín, Ortúas, Croos, Quevedo, Price, Caicedo Rojas, Figueroas, Velascos, Santander, Londoño, U. González, Maldonado, Castro, Mottis, Pradel, F. García, Groot, Domínguez, Espinoza, Tatis, Mansera, Goñí, don Fausto, Ruedas, Valentín, Álvarez, Baldomero, Cordoveses, Mera, Anacleto, Pepe González, Caballero, y otros muchos genios que honran nuestro país y el extranjero.

Dedicará igualmente una parte de sus columnas a las inserciones de artículos ajenos que traten de las materias que forman el programa del Duende, prefiriendo los escritos nacionales y españoles. [«Prospecto». (jul. 20, 1846): ii-iii].

Ahora, calificado por los hermanos Ángel y Rufino José Cuervo como: «[E]l periódico jocoso y satírico llamado *El Duende*, que merece especial recordación por algunos artículos escritos con chispa y cierta gracia local» (1946. II: 98); según los historiadores del periodismo colombiano, fue «[R]edactado por José Caicedo Rojas y Domingo A. Maldonado» (Cacua Prada 1983, 59); escritores que no gastaron energía, incluso hasta en los números finales de la publicación, para disuadir a los lectores sobre la autoría que tenían en el periódico[82]. Para evitar ser identificados, nombraban a todos los escritores que tenían algún negocio en la casa editorial donde se imprimía el periódico, señalándolos ya como colaboradores o rechazando que lo fueran. Enfatizaban la duda y creaban más curiosidad al publicar cartas ficticias emitidas ya por Maldonado o por Caicedo Rojas denegando la calidad de editores de *El Duende*[83]. Situación que contribuyó a sostener la lealtad de los lectores, incluso en los momentos de polémica más álgidos con Irisarri, cuando se desvió la publicación para responder a los ácidos ataques que el guatemalteco le dirigía desde el periódico que él editaba. Al celebrar el primer año de vida, se observa el efecto que había causado la constante defensa tanto en lectores como en editores:

> Resta sólo advertir a algunos descontentos, que no es posible estar de buen humor a todas horas: que los duendes también tienen sus ratos de *spleen*: que si quieren *sales* y más *sales*, ocurran a Zipaquirá; porque *El Duende* tiene que ser desabrido la mayor parte del año; que el que apetezca chistes lea la Gaceta; y por último, que *El Duende* no ha ofrecido ser siempre gracioso y picante; ahí está el Ají para el que quiera picarse. Conque, amado lector, pasarlo bien y encomendarse a Dios y a las ánimas, porque los tiempos están climatéricos y caliginosos [«Prefacio». (mayo 2, 1847): ii].

En 90 números, *El Duende* reprodujo 476 textos, entre los que se en-

---

[82] En el «Prospecto» que se publicó para el tercer trimestre explicitaron: «8ª Que aunque vean en la imprenta a los Sres. Ulpiano González, Lorenzo María Lleras, Domingo Maldonado, Pedro Madrid, José Caicedo Rojas, José María Saiz, Vicente Lombana, Bernardo Alcázar, Antonio Castro, Telésforo Rendón, Florentino González, Venancio Restrepo, R. E. Santander, Manuel Pardo, Antonio J. Irisarri, J. F. Merizalde, y otros, no les achaquen el Duende, pues estos Sres. van a la imprenta a negocios muy ajenos del Duende, tales como *El Salvá reformado* del Sr. González, la *Gaceta* del Sr. Maldonado, el *Constitucional* del Sr. Caicedo, la *Historia Crítica* del Sr. Irisarri, *Nuestras Costas incultas* del Sr. Madrid &c, &c» [El Duende. «Prospecto». (oct. 18, 1846): 3].

Muchos números después se volvió a afirmar: «La voz pública ha señalado alternativamente como Editores del Duende a los señores Dr. Cuervo, Dr. Lombana, Dr. Santander, Domingo Maldonado, Ulpiano González, Pepe Caicedo, Pepe Groot, Andrés Auza, General Acevedo, Andrés Aguilar, Gregorio Piedrahita, José María Sais, Dr. Juan Francisco Ortiz, Dr. Merizalde, Dr. Pepe Domínguez &c. —Y nosotros o YO, el verdadero *Duende*, creo firmemente que no soy ninguno de ellos. [«Canastilla». (oct. 24, 1847): v].

[83] Maldonado escribió el siguiente mensaje para rechazar ser El Duende: «Por dos veces ha aparecido mi nombre en el periódico que U. redacta; la primera exhibiéndome como colaborador; y la segunda como uno de tantos Cirineos (según la expresión de U.) Que le ayudan a cargar *su cruz* /// Ésta me da motivo para dirigir a U. la presente queja. Yo no soy colaborador, ni Cirineo: no lo primero, por muchas razones siendo la principal la de que yo no he quedado con nadie de *colaborar*, ni nadie me ha invitado a hacerlo: no lo segundo, Porque la fama de Cirineo del *Duende* sólo me viene a mí de la opinión de tres o cuatro amigos, a quienes se les antoja creer que yo soy capaz de escribir como U.; (...). si suelo ir tal cual sábado donde el Señor Cualla, es a buscarlo a U., es decir, al *Duende*, por tener el gusto de leerlo a la hora del té (o para no mentir, a la hora del chocolate); y no aguardar a que me lo lleven el domingo a las 10. /// Conque puesto que no soy cola

cuentran: 49 poesías[84], tres novelas: «El mendigo negro» de Paul Feval, traducida del francés[85]; «Guatimozín», último emperador de Méjico. Capítulo VII. Novela histórica por la señora Gómez de Avellaneda» [40: vi-ix]; y «De tejas arriba», obra de Mesonero Romanos[86]; además, se difundieron 36 relatos[87] de distintos tipos: cartas ficticias, autobiografías ficticias, cuentos, anécdotas, sátiras, relatos de viajes ficticios, artículos irónicos y diálogos; así como: diversos ensayos sociales, crítica teatral y política, textos de esparcimiento (adivinanzas, chistes), avisos y traducciones.

---

borador ni merezco el cargo de *Cirineo*, espero que U. obrará con justicia manifestándolo así en su próximo número; pues ya estoy reparando que en algunos semblantes se pinta el disgusto al verme, y no falta quien me mire de un modo muy significativo &. &. /// Por último, si lo que quiere U. es que no visitemos al Sr. Cualla para que no vayamos descubrirlo a U., a la menor insinuación suya dejaré yo de hacerlo; pues hasta allá llega mi condescendencia. /// Quiera U. aceptar los sentimientos de admiración con que soy de U. atento servidor que desea conocerlo. /// D. A. Maldonado» [«Carta» 28 (oct. 25, 1846): 6]. Asimismo, José Caicedo Rojas, empleando el seudónimo «Damon», después de criticar la publicación se ofreció de colaborador para mejorarlo [véase: Damon». «Comunicados». (mzo. 7, 1847): vii-viii].

84 Poemas publicados: «A la señorita Ramona Furnier» 5: viii. «A ti» 8: v. «El Duende en un convento». 13: i-iv. «La duda» 20: viii. «El resentimiento» 21: iii-iv. «En el álbum de una novia, el día de su beneficio, o lo que es lo mismo, el de su cumpleaños» 25: viii. «La propuesta» 28: 7-8. «Orden del día» 28: 8. «Poema fujitivo» 28: 8. «Contestación de don Rufo a su amigo Pascual el chirriador» 36: 3-4. «La súplica» 37: 2. «El aniversario» 40: iv. «Epigramas» 41: vii-viii. «El azahar» 48: vii. «Al jazmín» 48: vii-viii. «El esclavo» 49: iii-iv. «La mariposa» 50: viii. «La ausencia» 51: vii-viii. «A un lirio» 52: vii-viii. «Tus ojos y tu sonrisa» 54: vi. «Fábula. Los viejos casados» 55: iv. «Daca la barca perro perro» 57: v-vi. «Adivinanza» 60: iii. «Epigrama» 60: iii. «Epigrama» 61: iv. «La hambre. Letrilla» 64: vii. «Los paraísos de Sempronio. Letrilla» 66: vii-viii. «A los señores José María Torres Caicedo y L. Fernández» 67: i-ii. «El cementerio clásico» 67: iii-iv. «Al Sr. J. M. S.» 69: v. «De un castellano viejo a una dama nueva» 69: viii. «Fábula. El murciélago, y los ratones» 70: vii. «De los letrados» 71: iii. «Epigrama» 75: vii. «Mal haya cuando estudie» (1849) 4: 1-2. «Al maestro Pirriquio» 4: 6-7. «El retrato de Emilia» 5: 1. «La viuda» 6: 1-2. «El jornalero. Canción popular» 7: 1-2. «La vieja engalanada» 8: 1. «La mano-manía» 8: 6. «La desigualdad» 10: 1. «Lo que es la fortuna» 10: 1. «Letrilla» 10: 4. «El beso» 11: 2. «Don Zacarías Garduñas» 12: 1. «Amor» 12: 1-2. «Mi amor» 12: 2. «El lazo de amor» 12: 2-3. «Profecías del año 1849» 12: 5-6.

85 Difundida en los números: 55: vi-viii; 56: vi-viii; 57: vi-viii; 58: vi-viii; 59: vi-viii; 60: v-viii; 61: v-viii; 62: vii-viii.

86 Reproducida en secciones: I. Madre Claudia» 50: iii-v; «La buhardillas» 51: i-iii; «Drama de vecindad» 52: i-iii; «Peripecia» 53: i-iv.

87 Los relatos fueron: «Carta de mi tía» 1: iii-iv. «Carta a mi tía» 2: ii-iv. «Carta 2 a la mi tía la Bruja» 4: iii-iv. «Historia de unas tarjetas referida por una de ellas» 5: iii-iv. «A la Bruja» 5: vi. «El Duende en un cuartel» 6: i-ii. «Traslación de domicilio» 6: i-ii. «El Corpus» 7: i-iii. «Descripción graciosa de puro necia» 8: ii-iii. «De médico, poeta y loco cada cual tiene su poco» 9: i-iii; 11 (jul. 5, 1846): i-iii; 12 (jul. 12, 1846): i-iii. «Una cara como muchas (historieta)» 9: iii-v. «Carta de un estudiante al objeto de su amor» 10: ii-iii. «Un simón por un timón» 11: iii-iv. «Mi mujer y mi cuñada» 12: iii-v. «Una carta como algunas» 15: iii-vi. «Jesús! qué afanes!» 16: i-iii. «Carta de Nieves a Bárbara» 16: iii-v. «Una vuelta por la plaza de toros» 17: iv. «La tijera» 17: vii-viii. «El Duende en un garito» 18: v-ix. «El Duende en un baile» 19: i-ii; 20: i-iv; 22: i-v. «Nada o El Duende y su cajista» 22: v-vi. «Las visitas» 26: i-v; 28: 1-3. «No la encuentro» 26: v-vii; 27: 3-6. «Aminta. Leyenda romántica» 27: 6-7. «Algo de lo de allá y de lo de acá» 29: 1-4. «Un paseo al Salto» 31: 1-3; 32: 1-3; 33: 1-4; 35: 1-6. «Mi tío» 36: 1-3. «¡¡¡Murió!!!» 63: v-vi. «Carta de Ermencia a Teodora» 63: vii. «Un literato y un capitalista» 75: vii. «Frai Jerundio y su lego. En una casa de locos» 77: v-vi; 77: vii-viii. «Recuerdos de viaje» 3: 2-4; 4: 3-5; 5: 1-3; 6: 2-3; 7: 2-5; 8: 2-4; 9: 2-5; 10: 1-4; 11: 2-4; 12: 3-5. «El tío Juan Lanas» 2: 1-4. «La beata» 2: 2-4. «Una función» 5: 3-8.

El 26 de julio de 1846, publicaron un artículo sobre el desarrollo de la prensa en la Nueva Granada, mencionando los títulos de los periódicos de la capital: *La Gaceta*, *El Constitucional de Cundinamarca*, *El Día*, *Libertad y Orden*, *Nosotros*, *La Noche*, *La Verdad y la Razón*. Sobre *El Duende* escriben calificándose:

> El Duende (perdonen los Sres. que quedan atrás) es un papelito así... así... gracioso a ratos, simplecito con frecuencia, tonto algunas veces, insustancial otras, pero... no es tan malo del todo: tiene pocas pretensiones; si hace reír, él no lo intenta; si es mordaz es contra su voluntad; no la echa de político ni de orador, ni de diplomático, ni falta magistralmente, ni aborda cuestiones de tres palos... Es opinión general que no dice muchas cosas buenas, ni tampoco muchos disparates; pero que es un poco atrevido. ...es un pobrecito... El tiempo dirá lo demás. Redactan este papel los Sres. Pío Trujillo, Fernando Prieto, Manuel Collantes, N. Susunga y Juan de Dios Sánchez, que es el editor responsable [«Los 16 periódicos». (jul. 26, 1846): vi-vii].

Texto autocalificativo, que señala la diferencia que sabían que poseían con respecto a la prensa existente en ese momento; además, se burlan de los lectores al mencionar nombres inexistentes de los editores y redactores responsables. Números más adelante, bajo el subtítulo: «La prensa de la capital» afirman: «Ocho periódicos se publican actualmente en la capital, los cuales reunidos dan 96 páginas como las del *Duende*; que repartidas en los 6 días de la semana (porque la semana periodística no tiene menos que seis días) tocan a cada uno 16 páginas (...)» [«Canastilla». (ag. 30, 1846): vi]. Datos con los que constatan la fuerza que iba tomando la difusión de la prensa en suelo colombiano.

El humor que animaba la escritura del periódico se muestra en una carta que Damon, seudónimo de José Caicedo Rojas, le dirige al Duende, otro seudónimo de Caicedo Rojas, donde califica nuevamente la publicación:

> El Duende tiene con frecuencia un color tan local y gira dentro de un círculo tan reducido, que, con excepción de algunos buenos artículos y de pequeñas noticias que es probable llamen la atención en algunas provincias, el resto puede asegurarse que no tienen interés sino para los habitantes de la capital y sus alrededores. Puede decirse que es un periódico de familia, que así puede llamarse el que está sólo circunscrito a los límites de una sola población; y esto como UU, saben muy bien le quita parte de la popularidad que pudiera tener (...) [Damon = Caicedo Rojas. «Comunicados». (mzo. 7, 1847): vii-viii].

Como se ofrece como colaborador para participar en el periódico, inmediatamente se inserta la respuesta de aceptación:

Venga U. en horabuena: tiene U. franca la puerta para introducir en el periódico, no sólo lo de ajeno bolsillo, sino lo del suyo propio. Reciba U. mis cordiales agradecimientos por la importante cooperación que tan espontáneamente me ofrece. / Excuse U. mi silencio en cuanto a lo que me dice sobre la marcha y el carácter del *Duende*; (...) Baste saber que es el fruto del ocio y del entretenimiento; y que yo más he aspirado a reírme a costillas de otros, que a hacer reír a otros con mis majaderías. — Cuando uno no escribe por especulación no está obligado a dar siempre sin interrupción, cosas que valgan la plata. Por último, U. quizá sabrá lo que es dar un periódico por tercera mano, y las mil dificultades que tocan para hacerlo aparecer sin falta, cada ocho días, bien corregido, bien pulido, bien divertido, &

Su apasionado compatriota. El Duende.

Con este desdoblamiento y conversación entre Damon y El Duende, se observa que al editor le importan poco los comentarios sobre el periódico; los oye, los publica, los inventa, los confirma; pero como tiene el plan de distraer y hacer reír, por lo general no le afectan las críticas que reciba. Desde la fundación de la publicación ha querido distraer al lector mostrando lo risible de cualquier situación, especialmente si es de aspectos de la vida cotidiana, en particular de la capital. Aunque en todos los números han existido noticias breves de otras latitudes y ha habido variedad de contenido, para ser fiel con lectores, el Duende, como redactor y narrador ha permanecido constante. Como uno de sus objetivos ha sido «reírme a costillas de otros», en los diversos números ha presentado textos donde el humor es evidente; como se observa en fragmentos del siguiente:

DESCRIPCIÓN GRACIOSA DE PURO NECIA

No han visto ustedes, señores, un hombre más particular que Fulano, pues siempre está de buen humor cuando está alegre; cuando nació no tenían sus padres con qué criarle y mantenerle, pero después que estuvieron en la abundancia no le faltaron bienes; no ha habido hombre más bien criado desde la cuna, pues jamás se cubre la cabeza hasta que se pone el sombrero; siempre lo veréis afable y dulce, porque jamás se pone colérico si no es que se enfade, y en esto es idéntico a su difunto padre; no bebe más que un dedo de vino cuando bebe en cuba; y regularmente cuando come en casa de sus vecinos va él en persona; (...) Nunca estuvo apesadumbrado, sino cuando tenía alguna pena, y no habría hombre semejante si fuese solo en el mundo: cuando escribe en verso dicen que no es en prosa: explica muy bien la física y la moral y sostiene que un jumento es un asno, y que todo mal de ojos es nocivo a la vista: todos aplauden su talento y el que lo oye no es sordo; (...) Escoge de dos cosas la mejor, cuando grita abre la boca, nadie le halla en la ciudad cuando está en el campo, y dice que ninguno es capaz de disparar una pistola sin pólvora; cuando no duerme siempre está en vela, y sea en tiempo de guerra, sea en tiempo de paz, si no viaja por mar se va por tierra; se deja ver de cualquiera cuando le mira, y cuando ha estado en campaña ha sido siempre el vencedor, si ha sido suya la victoria; pero dice que el día que llegue a morir será el último de su vida, y probablemente irá al cielo si llega a entrar en el purgatorio. (Plagiado) [Anónimo. (jun 14, 1846): ii-iii].

Este texto es una copia fiel de principio a fin de uno presentado y recopilado por Juan de la Granja (1835, 89-91); de ahí que la admisión de plagio no sea un juego; sin embargo sí lo es; porque esta copia admitida es un reflejo del original, el cual de la Granja recopiló sin dar crédito al verdadero autor. El texto, apropiación de un discurso ajeno, ubicado dentro del contexto del periódico *El Duende* se ajusta perfectamente al propósito de ser «fruto del ocio y del entretenimiento», interpretación que le corresponde efectual al lector según sus experiencias.

Uno de los originales textos de ficción que se publicó en el número 5, es una autobiografía *ab initio* de una tarjeta de presentación[88], o como se la conocía antes, una tarjeta de visita, objeto inanimado que lentamente adquiere conciencia de que tiene existencia y poco a poco adquiere discernimiento sobre hechos y situaciones en que se ve involucrada. En esta ficción, la libertad de la creación imaginativa permite aceptar ese «mundo posible» y seguir esa vida. El texto del relato dice:

HISTORIA DE UNAS TARJETAS, REFERIDA
POR UNA DE ELLAS

A nosotras nos hicieron en París, en casa de un francés regordete, pero como tenemos dos partes, es decir, la sustancial o pastosa, y la de grabado, que realmente es más sustancial que la primera, diremos que el francés hizo el cartón, que consideraremos como el cuerpo, y otro francés de pelo colorado puso el nombre del señor Federico Chupeda, que será lo que consideraremos como el alma. La primera operación no es tan limpia que podamos describirla a nuestros lectores; baste que a fuerza de apretones, de vueltas, de sobijos y pulimentos en el cartón salieron mis rectángulos, paralelípedos o paralelípedos tan blancos como la nieve, tan tersos como el cristal y tan brillantes como la porcelana. Se nos empacó en grandes cajas del mismo cartón y se nos envió al grabador que nos compró como si fuésemos negras, siendo así que éramos tan blancas. Éramos como doscientas hermanas condenadas a aguantar el apretón para ponernos encima a Dn. Federico y volvernos una misma cosa con él identificándonos con su persona. Cuando llegamos a casa del grabador se nos dejó descansar por algunos días, pero después se nos sometió al

---

88 Véase una versión inicial de este estudio en Rodríguez-Arenas (2006b: 101-119).

duro poder de unas prensas que nos dejaba estampado a Dn. Federico con todas sus letras, y nos hacía sus fieles representantes en cualquier parte en que nos hallásemos; por manera que Dn. Federico es francés y es granadino, a saber, el Federico Chupeda de carne y hueso, como cualquier animal, es granadino, y el Federico Chupeda de cartón es francés. Casadas de este modo tan estrechamente con este señor, y llevando por divisa su nombre, nos fuimos con él para Bogotá: embarcónos en un cofre forrado de cuero negro, y no volvimos a ver la luz hasta Santamarta, donde a Dios gracias, ni nos registraron, ni cobraron derechos por nosotras. Hicimos un viaje feliz hasta la capital, sin avería, sin mojarnos, sin sufrir las picaduras de los mosquitos; pero en compensación nos ahogábamos de calor dentro del cofre. Nuestro dueño y señor puso parte de nosotras dentro de su toilette y parte en su pupitre y cada vez que salía de casa se metía diez o doce en una linda carterilla de concha nácar y nos llevaba en el bolsillo del frac. Cuando entraba a una casa y no encontraba a los señores de ella, o no estaba de humor de subir a hacer visita, dejaba una de nosotras al criado, o donde primero le ocurría. ¡Cruel separación! Entonces fue cuando comenzamos a dispersarnos como judíos por todas las casas y a vernos aisladas; bien es verdad que solía suceder que hubiésemos tres o cuatro en una misma casa, pues en el transcurso de algunos meses hacia Dn. Federico varias visitas en ella. De aquel tiempo data nuestro conocimiento del mundo; desde entonces comenzamos a ver gente, a presenciar intrigas, a ser testigos de enredos y devaneos, en fin a abrir los ojos sobre cosas que no sabíamos. La primera amistad que yo tuve fue con los señores Manuel Rodríguez, Silverio Casas, Crisóstomo García, W. Turner, Ambrosio Pérez, Amalia de Fonteclara, Clara Fonseca y otros varios individuos de ambos sexos, es decir con sus representantes, que eran otras tantas tarjetas que estaban confusamente mezcladas y prendidas en el marco dorado de un espejo. A mí me había tocado una de las esquinas del dichoso espejo, en donde se me había colocado para tapar un roto, o desportillado de la luna; desde allí me divertí en observar a mis compañeras de infortunio, tan distintas entre sí, tan feas, o tan bonitas, según el gusto de sus respectivos dueños. Unas eran blancas como el ampo de la nieve, otras azules, otras coloradas, otras verdes, y en fin de tan diversos colores que parecíamos una caja de obleas; cuáles con dibujos y estampados en que se representaban festones, guirnaldas, coronas, cupidos, palomas, corazones, fechas, cadenas y hasta emblemas de comercio y de artes; cuáles con dorados en que había mariposas y ninfas, cuáles con letras góticas, arábigas o hebreas; cuáles manuscritas ¡qué diversidad de letras! Y ¡qué letras tan feas! Cuáles con caracteres sencillos y candorosos como sus dueños. En fin, en cada tarjeta estaba pintado su dueño. Del espejo en donde habíamos presenciado las coqueterías de una joven que tenía pretensiones de bella, las muecas que hacía estudiando las posiciones románticas, la sonrisa picante, la mirada lánguida; desde ese espejo donde habíamos presenciado los misterios ocultos a las miradas profanas, los apretones del *corset* (porque la niña se vestía en la sala principal) el arrebolado del rostro con blanco y carmín, la iluminación de los labios la colocación de los falsos rizos, la inspección de ajena dentadura, &.ª, desde ese espejo pacienzudo y discreto, pasamos a una canastilla de paja, en donde, como en un nido de pájaros, se nos expuso sobre una mesa para que nos examinasen los curiosos. Afortunadamente, aunque yo había caído debajo de mis compañeras, en una de las revoluciones que un muchacho que estaba de visita había causado en la canasta volteándola y derramándonos sobre la mesa, me tocó quedar encima y pude continuar observando lo que pasaba. Vez hubo de acercarse a la mesa la joven con un galán, y con pretexto de admirar las figuras de porcelana de Sévres, la decía éste al oído: «ídolo mío, al menos si U. No me ama, no haga alarde de ello delante de Eugenio; pero acabemos de una vez, y oiga yo mi sentencia aunque me cueste la vida. — Y cree U. posible que U. ni a ningún hombre... —¡por Dios, Carlota, no me haga U. penar más: esta noche a las once estaré bajo su ventana y entonces. —¡Bueno! Pero apártase U.: nos oyen; no faltaré...». // Escenas como ésta se repetían todos los días con todos los jóvenes que visitaban la casa, y nosotras aguantando el gorro. Por último la familia se fue al campo: la casa quedó por del rey, es decir en poder de los muchachos. ¡Aquí fue Troya! Yo vi salir seis de mis compañeras de entre su linda cárcel para ser ajusticiadas por esos pedazos de gente. Unas tijeras más cortantes que las de la parca convirtieron a Dn. Crisóstomo García en fichas de lotería, y al señor Turner en golosa: otros fueron quemados en la vela como herejes: otras fueron a parar a un aljibe, donde si no morían ahogadas, morían deshechas como lazarinas; y otras fueron convertidas en devanadores. Tocóme al fin mi turno. ¡Oh desventura! ¡Oh condición miserable! Primero fui a la cocina anduve sobre los fogones, el gato me arañó mi luciente tez, dormí largo tiempo en un canasto de costura de una criada, con varias otras chucherías, y salí de allí, olorosa a albahaca, por ser agujereada con un alfiler. Sobre mí, o mejor dicho, sobre Dn. Federico, escribieron los muchachos sus nombres y los ajenos, hicieron garabatos fantásticos, firmas y dibujos espantables. Para colmo de mi desdicha me vi manchada con moras, enmelotada con dulce, pringada con manteca, emporcada con tizne, y en últimas me arrojaron a una canal maestra donde me encontré con doña Amalia de Fonteclara, que ya antes había sido condenada a aquel confinamiento gatuno. Allí lamentándonos de nuestra suerte, hubimos de sufrir que las arañas y otros insectos se apoderasen de nosotras hasta que llegó el invierno y el primer aguacero nos arrojó al patio, de donde fui recogida por un pordiosero y llevada en su mochila a su miserable albergue. Por fortuna, en tan triste situación, vivo tranquila y libre de sustos. Esta ha sido mi vejez, y en ella he querido escribir mi vida y aventuras, para lo cual el cielo me ha deparado entre las curiosidades del anciano pordiosero, un mal lápiz y algunos pedazos de papel mugriento y raído. // Esta habrá sido, poco más o menos la suerte de otras gemelas que nacieron a un tiempo conmigo, hijas de un mismo padre y esclavas de un mismo señor [*El Duende. Periódico político, moral, literario, mercantil, artístico y noticioso* (mayo 31, 1846): iii-v].

Como se observa, es el relato que una usada, deslucida, ajada y vetusta tarjeta de vista o presentación efectúa sobre la manera en que comenzó a tener existencia y nació para la vida, el lugar donde de tan memorable suceso ocurrió y los que involucrados en él; cómo fue el transcurso de su vida; las relaciones que estableció, los cambios de estado que sufrió, las causas que permitieron esa suerte y cómo después de pasado el tiempo y diversos percances y accidentes envejeció, se llenó de arrugas, perdió la salud quedando rota, desteñida, manchada y viscosa; hasta que en su miseria y abandono un pordiosero la salva y la protege dándole refugio. Esta situación le trae paz y seguridad en sus últimos días; por eso, puede dedicarse a hacer memoria, a reflexionar y a escribir sobre lo visto y lo vivido.

Este texto es una ficción que parodia el género autobiográfico. La historia narra la existencia de una tarjeta de visita relatada por ella misma[89]. Este objeto manufacturado por los humanos, posee una dualidad: el material o cuerpo, que fue ensamblado en Europa, y el nombre o alma que es neogranadino/ colombiano. Al autopresentarse como poseedora de alma, esta tarjeta indica que está animada por un espíritu de vida, que la dota de conciencia, esencia y existencia, pero debido a su esencia y finalidad no alcanza a proporcionarle movimiento propio.

El nombre de pila que recibió y que le han plasmado en su superficie y que llevar «por divisa», es: Federico Chupeda, el de un sujeto pensante. Con las características que recibe al ser su representante, deja de ser un simple objeto y adquiere algunos de los rasgos distintivos de ese ser humano: percibe, piensa, siente y hasta llega a escribir. Este fenómeno de humanización se presenta progresivamente en ella; surge con el paso del tiempo y es producto de un proceso constitutivo que resulta en el logro de una identidad.

Al adquirir alma, cuando recibe el nombre (que para los egipcios era el reflejo del alma humana), comienza para la tarjeta la adquisición de una capacidad cognitiva; de esta manera entra en la primera etapa de su existencia: su tierna infancia y experimenta sensaciones y emociones. Al tiempo que esto

---

89 José María Vergara y Vergara dejó en sus escritos notas sobre este uso muy común durante el siglo XIX: «Encima de la brillante superficie de la mesa hay una bandeja de plata alemana llena de tarjetas (...). Las tarjetas por sí solas constituyen una voz del lenguaje de las casas. Las hay de todas formas. Unas son tan delgadas y lustrosas y transparentes que uno adivina cuan grueso es su dueño Raimundo del Valle, cuyo nombre está allí en gran letra inglesa. Otras, aspirando al renombre de buen tono, son grandes y duras como una tabla, y en la mitad, en letra sumamente pequeña, dice: José Córdoba. Otras tienen medios relieves blancos; otras el letrero en blanco, en letras góticas, en donde se lee por milagro el nombre de su dueña: Susana Perdomo. Hay una imitando viruta de carpintero, en que se lee el nombre y se adivina el carácter de su dueño Hámulo Hocancio R.» (1885, 397).

sucede, la llevan en un viaje de regreso al lugar de origen de quien le dio principio y razón de ser: su dueño.

Cuando llega a su destino-origen, empieza la segunda etapa, que en un ser humano correspondería a los años de la niñez; en su transcurso descubre la función que el lenguaje (el nombre plasmado en ella) ejerce: empieza a tener memoria; actividad que luego, y gracias al recuerdo, comenzará a transmitir sus experiencias desde la subjetividad; de esta manera se permitirá recontar lo vivido y experimentado. Durante esta época, ella y sus hermanas son cuidadas y protegidas con esmero, mostradas con respeto y tratadas con deferencia.

Pronto esta etapa pasa y llega el momento en que debe aprender a vivir sola y a sufrir, porque es separada del grupo familiar y depositada entre extraños en una casa. En este momento comienza a ejercer la función para la cual fue creada: la de ser representante del humano que le dio su esencia. Con esta dolorosa separación de lo conocido, se origina en ella la capacidad de formar abstracciones y adquiere habilidades deductivas; su aprendizaje con el conocimiento del mundo se inicia. Esta etapa correspondería a la adolescencia en los humanos. Así comienza a internalizar creencias, valores, juicios, opiniones; a la vez que construye experiencias propias al socializar con otros individuos de su clase.

Este periodo transcurre en el marco dorado de un espejo; superficie que con todo su simbolismo, ayuda a la tarjeta a solidificar su identidad; ya que comienza a diferenciarse más de las otras tarjetas y a volverse más reflexiva. Descubre el conocimiento escondido de otros seres como ella: ve las diferencias de clase y de color, de forma y de apariencia. A través de estas disparidades, entiende más a los humanos, a los que todas ellas representan; observa su candor o su impostura; su valor o su intrascendencia; ve surgir ilusiones y pasiones y descubre la probidad y el engaño. A la vez, adquiere más información que almacena en su memoria. El aprendizaje, que le proporcionan todos estos atributos, la ayuda a solidificar su identidad y la prepara para lo que deberá soportar y superar.

La siguiente etapa, la de la vida adulta, la debe vivir en «una canastilla de paja» o nido, lugar donde la colocan; esta fase la debe pasar en compañía de otras tarjetas; ahora ya ha perdido mucho de su brillo inicial, ya no llama la atención tanto como antes; incluso pasa olvidada por temporadas, cuando cae debajo de otras cuando mueven la cesta; no obstante tiene suerte al ser ubicada por otro lapso de tiempo en la superficie; así puede seguir con su formación; aunque siempre existe para ella una amenaza constante. Al observar a los humanos, aprende sobre importantes emociones que construyen el repertorio de autorrepresentaciones individuales con las cuales puede juzgar las situaciones que presencia y que debe tolerar aunque la fastidien; de ahí que lo visto la haga decir: «y nosotras aguantando el gorro».

Como todo ser que percibe, las adversidades también la alcanzan: ve cómo sus compañeras terminan sus existencias de la misma forma en que los humanos sufren los suplicios que los ultiman: acaban quemadas, ahogadas, enfermas o deformes. De ahí que con el tiempo, la tarjeta sufra un descenso de posición; de objeto preciado pasa a ser una simple y vulgar curiosidad depositada en el canasto de costura de una criada. Como sucede con todo lo superfluo y sin valor, continúa descendiendo y debe padecer quemaduras, arañazos y punzadas; aflicciones con las que terminan definitivamente su lustre y su belleza. Posteriormente debe resignarse a sobrellevar: «garabatos fantásticos, firmas y dibujos espantables»; además de ser bañada en diversas sustancias ajenas a ella que la manchan y la ensucian; con lo cual queda llena de cicatrices, fea y desfigurada. De esta forma, cuando ya ha descendido de clase, ahora lo hace de condición y la desechan por inútil y deslucida y la envían a una muerte segura. No obstante, la compañía de «Amalia de Fonteclara» le hace un poco más llevadera esa vida de penalidades a que ha sido condenada.

El agua que debe terminar con su existencia, la saca a un lugar visible, donde irónicamente un humano tan miserable y desventurado como ella, la recoge salvándola de la extinción definitiva y la lleva a su albergue, acogiéndola como un tesoro y proporcionándole seguridad y paz durante su vejez. Con la protección, la desgracia se convierte en ventura; ya que, adquiere la capacidad de poder utilizar un lápiz para plasmar sus reflexiones. La lenta transformación que ha sufrido, la ha humanizado en parte, permitiéndole emplear otros objetos para poder alcanzar la inmortalidad que surge de la escritura y de la interpretación que produce la lectura.

Unas consideraciones de Umberto Eco sirven para comprender el proceso que se efectúa para que el lector acepte lo relatado:

> Hay mundos posibles que resultan inverosímiles y poco creíbles desde el punto de nuestra experiencia actual, por ejemplo los mundos en que los animales hablan. De todas maneras, puedo concebir mundos de este tipo con un reajuste flexible de la experiencia del mundo en el que vivo: [...]. Este tipo de cooperación requiere flexibilidad y superficialidad [...]. Para poder aceptar que un lobo hable a una niña, concibo un mundo pequeño, local y no homogéneo. Actúo como un observador présbite, capaz de aislar formas macroscópicas, pero incapaz de analizar sus detalles. Puedo hacerlo porque estoy acostumbrado a hacer lo mismo en el mundo de mi experiencia actual. [...] De la misma manera puedo concebir mundos que —con una investigación más severa— parecerían increíbles e inverosímiles. [...] Hay mundos inconcebibles —posibles o imposibles— más allá de nuestra capacidad de concepción, porque sus presuntos individuos y propiedades violan nuestras costumbres lógicas y epistemológicas. [...] En casos de este tipo se requiere del Lector Modelo que despliegue una flexibilidad y una superficialidad exageradamente generosas,

ya que se le obliga a dar por descontado algo que no se puede ni siquiera concebir. La diferencia entre aceptar un mundo como mencionado y aceptarlo como concebible puede ayudar quizá a trazar las fronteras entre *romance* y *novel, fantasy* y realismo (Eco 1992, 228-229).

Partiendo de estas ideas, se observa que en la historia ofrecida en *El Duende* se manifiesta de forma evidente una creación de la fantasía. Por medio de ésta, la existencia representada define o determina a un ente, que se vale de la memoria para autoconstruirse, delimitarse y dar a conocer su realidad vivida (véase Abbagnano 1997, 485).

La tarjeta posee habilidades cognitivas y perceptuales, pero carece de las motoras; de ahí que sean los seres humanos los que causen los azares que cambian su existencia. Aunque puede adaptarse a nuevas situaciones, el tiempo y las vicisitudes que la llevan al final de su realidad, producen en ella una etapa interpretativa tanto de su existencia como de la de los humanos.

Este tipo de texto presupone que el lector realice un ejercicio intelectual sobre esa vida relatada, que adopte una perspectiva sobre lo representado, y que al comprender las claves del texto y las referencias sociales lo tome como un producto literario. Como relato, este recuento de una vida que existe sólo en la fantasía, amplía el espacio alcanzado por la narrativa de ficción en el temprano siglo XIX; ámbito que comienza a desarrollarse en el debate-juego con el límite fronterizo de un género testimonial de veracidad como el de la autobiografía, en el que se manifiestan variadas cuestiones como: la pugna entre ficción/verdad, los problemas de referencialidad, la imposibilidad de recrear objetivamente el pasado, el problema del sujeto representado y la narrativa como constitución del mundo (véase: Loureiro 1991, 3):

> [L]a autobiografía pasa así de centrarse en los «hechos» del pasado a la «elaboración» que hace el escritor de esos hechos en el presente de la escritura: la memoria ya no sería un mecanismo de mera grabación de recuerdos sino en elemento activo que reelabora los hechos, que da «forma» a una vida que sin ese proceso activo de la memoria carecería de sentido (Loureiro 1991, 3).

Este recuento autobiográfico, que sucede en un mundo ficcional no verosímil, representa actos y acontecimientos que no pueden verificarse, pero que tienen una dimensión referencial basada en la realidad humana: la manera en que las tarjetas de visita se empleaban y posteriormente se descartaban; lo que permite que los hechos relatados se entiendan y puedan seguirse sin mayor dificultad.

Como Eakin afirmó: «la verdad autobiográfica no es fija, sino que es un contenido que evoluciona dentro de un intrincado proceso de autodescubrimiento y autocreación, y aún más el «yo» que es el centro de la narración autobiográfica es necesariamente una estructura fictiva» (véase: Eakin 1985, 3).

Características, éstas que cumple el relato de la tarjeta; narración que se centra en un «yo» de cartón y tinta para deleitar con los acontecimientos del mundo que percibe y que representa a través de un lenguaje que marca en su propia naturaleza las coordenadas del mundo al que pertenece, en el que se orientan, regulan y transforman los modos de correspondencia entre los sujetos humanos y los de papel.

La tarjeta no puede movilizarse de un lugar a otro, debe esperar a que los humanos lo hagan por ella; sin embargo, tiene una conciencia que la deja percibir el mundo y reaccionar ante él, conciencia que es tan poderosa que la capacita para mover un lápiz y de esta forma expresar sus recuerdos en el papel mediante la escritura. Además, al tener una definida identidad: «Federico Chupeda», es una tarjeta masculina; por lo cual no es extraño que haya pasado parte de su edad madura junto a la tarjeta de doña Amalia de Fonteclara, con la que convive por un tiempo, situación que lo ayuda a soportar las inclemencias y las desgracias que lo acosan.

Con textos reconocidos como copia, como repetición, y con escritos originales como la «Historia de unas tarjetas, referida por una de ellas» se estructuraron las páginas de *El Duende*, espacio periodístico que dio un fuerte impulso a la ficción colombiana en la primera mitrad del siglo XIX, al crear un ambiente para la imaginación y la fantasía, permitiendo la creación de textos originales e innovativos de diferentes géneros ficcionales que esperan estudios, que ayuden a difundir de una vez por todas la valiosa narrativa que ha permanecido oculta.

2. 1. 5 *El Museo* (1849)

Este periódico de 25 cms. de alto por 17.5 cms. de ancho se lanzó al público el 1° de abril de 1849, teniendo entre sus editores a José Caicedo Rojas (véase: Cacua Prada 1983, 96); poseía un formato de 16 páginas por edición. Cesó de emitirse tres meses después, el 1° de julio, después de publicar 80 páginas en cinco números. En el texto introductorio, los Editores definieron y expresaron su proyecto:

A NUESTROS LECTORES

> Un periódico literario. (...). ...¡Un periódico literario donde no hay literatos ni literatura! en un país eminentemente político, dado a las cuestiones graves; (...). Si la experiencia es la maestra en todos los negocios humanos, debemos augurar muy mal éxito para nuestra humilde, o más bien, osada empresa. (...). Bien lo sabemos: bien experimentado tenemos por desgracia que los esfuerzos que más de una vez se han hecho en esta

capital para fundar y sostener periódicos consagrados exclusivamente a la literatura en sus diferentes ramos, lejos de ser fructuosos, no han tenido otro resultado que la aparición momentánea de meteoros literarios que, apenas ensayaban iluminar nuestro horizonte, se apagaban en las tinieblas de la ignorancia o de la indiferencia, sin quedar vestigio alguno de su pálida luz. (...) ¡¡Pero... ello ha de ser!! tarde o temprano ha de formarse el gusto por esta clase de lectura; tarde o temprano han de generalizarse estas producciones, vistas hoy con estólida indiferencia en nuestra propia tierra. (...) Henos aquí a nosotros repitiendo el eco de esa voz que ya han dado en otras épocas, aunque en vano, algunos jóvenes, a quienes desde luego cedemos gustosos la palma de la primacía. Henos aquí dispuestos a arrostrar todos los obstáculos, a hacer frente a todos los escollos (...). Como no nos falten los recursos intelectuales las fuerzas de la voluntad y del ánimo no fallarán. Favorézcanos la juventud con su indulgencia y ayuda y nuestro MUSEO, pobre y exiguo hoy, podrá ostentar con el tiempo raras preciosidades, y ser la admiración y la gloria de la América. / (...) Por ahora nos contentaremos con publicar 16 páginas del tamaño de las presentes, una o dos veces al mes. En ellas se verán aquellas producciones nacionales, en prosa o en verso, que podamos haber a las manos; de resto insertaremos algunas traducciones, y artículos tomados de periódicos extranjeros. Ya se deja ver, pues, que serán recibidas con placer y gratitud, y colocadas de preferencia en nuestro MUSEO, las producciones que quieran enviarnos nuestros compatriotas, sobre materias que son objeto de esta publicación. Si así fuere, nuestro reconocimiento será eterno, y nuestro periódico alcanzará el mérito que hoy no tiene [LL. EE. (abr. 1°, 1849): 1-4].

Acababa de pasar el enfrentamiento abierto entre los recién fundados partidos políticos de liberales y conservadores, sucedido el 7 de marzo de 1849, que dio el triunfo al partido liberal, llevando a la presidencia al General José Hilario López. El ambiente social era difícil; como decían los editores, únicamente unos «calaveras ciegos» podrían emprender tal empresa cultural, cuya mayor intención era: «*ayudar a abrir el camino*; contribuir por nuestra parte al abono y preparación del terreno donde ha de cosecharse más adelante una abundante mies» (p. 3) literaria. Porque reconocían que les faltaba «constancia, espíritu emprendedor, un poco de audacia, mientras que nos sobra modestia y pereza, desconfianza y negligencia» (p. 3). De ahí que animaran a la juventud, porque tenían conciencia de que «este bello país será algún día rico de gloria literaria» (p. 3). Con esta esperanza, deseaban que la fundación de esta nueva publicación periódica impulsara las letras nacionales.

La recepción que tuvo el primer número de la publicación al parecer fue de positivo agrado; ya que en el primer artículo del segundo número, los editores informaron:

El favor que muchas personas han dispensado a nuestro primer número, nos mueve a dirigirnos otra vez a nuestros lectores para decirles dos palabras más. / Desde luego, no vemos en este favor acaso inmerecido, un motivo para envanecernos, sino un muy poderoso para alegrarnos y para fundar halagüeñas esperanzas, pues en tan benévola acogida hemos creído hallar únicamente el deseo y buena disposición que hay en el público, y sobre todo en los jóvenes para fomentar y proteger esta clase de empresas; sin averiguar quienes son sus autores (...). / Ya habrán visto nuestros lectores que las pretensiones personales de los Editores de *El Museo* son (...): que ellos sólo tratan de fundar un periódico que pueda llegar a ser algo con el tiempo. (...) Creemos que nunca se hará demasiado para inculcar en la generación que se levanta la idea de esta necesidad urgente: los buenos estudios literarios [LL. EE. «El Museo» (abr. 15, 1849): 17-18].

En ese mismo artículo, los Editores hicieron una labor de mercadeo de su producto, recordándole a los lectores la calidad del periódico que ellos suministraban: «no hemos ahorrado costo ni esfuerzo para presentarnos al público» y las razones para ofrecerlo «con decoro y decencia exteriores». Lo habían hecho porque: «el público es siempre digno de respeto»; ya que como Editores tenían conciencia de que sin el apoyo del público no había posibilidad de que la empresa tuviera éxito.

En los pocos números que alcanzaron a editar publicaron una variedad de textos literarios; entre los que se encuentran: poesías[90], relatos[91], ensayos [92] y artículos diversos[93]. La intención de la publicación era abiertamente didáctica; hecho que se observa tanto por los comentarios, como los destacados anteriormente, y por el texto que comenzaron a publicar desde el número 2: «Mal uso de algunas palabras», denominado «artículo de fondo», que se continuó hasta el número 4 y que fue interrumpido, al parecer por pedido del público, que reclamaba variedad. Como no estaban dispuestos a desviarse de las metas establecidas, remplazaron el tema en la emisión número 5 con un artículo, tomado del *Manual de Literatura* de Gil y Zárate, que se había pu-

---

90 «Meditación». I.1: 8-9; «Eva». I.1: 9; «La esperanza». I.1: 9-10; «A la luna». I.1: 10; «Una lágrima». I.1: 10-11; «A Lucio». I.3: 42; «A Emilio».I.2: 23-24 (Yarilpa, seudónimo de José Caicedo Rojas); «El mayor pesar».I.4: 60; «En vísperas del combate». I.4: 61 (José E. Caro); «La buena vieja». I.4: 61 (Beranger, trad. de José E. Caro); «El misionero». I.5: 73-74 (E. S.).

91 «La doncella de la posada». I.3: 44-46. (Anónimo); trad. del inglés); «Mis recuerdos de Tibacuí». I.4: 53-56 (J. A. de G., iniciales de Josefa Acevedo de Gómez).

92 «A nuestros lectores». I.1: 1-4 (LL. EE.); «Llanto i melancolía». I.1: 4-6; «Las novelas». I.1: 6-8; «Fragmentos sobre la historia de las Bellas Artes». I.1: 11-15; I.2: 27-29; I.3: 46-47; «Mal uso de algunas palabras». I.2: 18-21; I.3: 33-37; I.4: 49-53; «Amor de madre». I.2: 21-23; «Poesía cristiana». I.2: 29-31; I.3: 42-44; «Crónica- Teatro». I.2: 31-32; «El tiple». I.3: 37-41; «Documentos para la historia». I.4: 56-58; «Crónica: Sociedad Lírica» I.4: 61-64. (Anónimo); «Yarilpa». I.2: 23 (LL. EE.); «La vida literaria». I.2: 24-27 (Ramón de Navarrete).

93 «Una visita a la tumba de Bethoven». I.1: 15-16; «Escuela de dibujo». I.2: 32; «Crónica». I.3: 47-48; «Esperanzas». I.4: 58-60; «Crónica». I.4: 61-64; «El Museo». I.5: 65-71; «El estudiante». I.5: 71-73; «Instrucción». I.5: 74-76; «Baños fríos». I.5: 76-77; «El alumbrado eléctrico». I.5: 77; «Crónica». I.5: 78-80; «El Museo». I.2: 17-18; «El Museo». I.3: 33 (LL. EE.).

blicado en 1842. En este sentido trataban de emplear textos relativamente recientes para extraer artículos; sin embargo, la selección efectuada y publicada de ese libro: «Las diferencias esenciales entre Clasicismo y Romanticismo», indica que entre los intelectuales neogranadinos todavía había resistencia al Movimiento Romántico, a pesar de que en Europa ya se había comenzado a dar paso al Realismo.

Para el primer número, o bien por falta de materiales o bien por preferencia al tema, seleccionaron y transcribieron el texto «Novelas», que se había publicado en *La Estrella Nacional*, agregándole un párrafo introductorio y otro de conclusión:

> Queremos dar una muestra de lo que hace catorce años se escribía en uno de los periódicos literarios que por primera vez se publicaban en esta capital. Prescindiendo del mérito intrínseco de este pequeño artículo, creemos que será visto con interés, por cuanto las excelentes ideas son todavía aplicables, con corta diferencia, a nuestra sociedad actual, cuyo gusto particularmente en las señoras, se ha viciado con la lectura de malas novelas. Quizá logremos con esta inserción convertir aunque sea un alma descarriada y dirigirla por el verdadero camino, con lo cual algo habremos ganado. // (...) Mucho habrá que decir acerca de la moderna escuela a cuya cabeza están Eugenio Sue, Victor Hugo, Alejandro Dumas, y otros cuyas obras han hecho una completa revolución en este género. Sus novelas en extremo interesantes son una especie de grandes melodramas que llaman la atención del literato, del filósofo y del ciudadano; preciso es estudiar todas sus fases, pues las tienen también social y humanitaria. Su lectura es de moda actualmente, mas diremos. Es un furor que ha hecho olvidar las demás novelas. ¿Será conveniente su lectura? Esta es una cuestión muy vaga comprendida en esta otra general. ¿Conviene leer novelas? ...No hay duda que las novelas distraen y pulen el gusto y las costumbres; pero siempre diremos nosotros que su lectura disipa el ánimo, estraga la sensibilidad, excita las pasiones, y ejerce malas influencias sobre las personas muy impresionables, en especial sobre las mujeres [Anónimo. (abr. 1º, 1849): 6-8].

Sorprende, e incluso escandaliza, el hecho de que la mujer haya estado tan limitada y haya sido censurada porque no hacía o porque lo hacía. Sin embargo, fueron muchos los factores que incidieron para que esto aconteciera; una de las muchas razones históricas fue el papel que tuvo la novela en Europa, lugar mental de modelización para la literatura neogranadina. Con este género de escritura se enseñó a los jóvenes a soñar y a desear otra realidad distinta a la que les era impuesta, lo que llevó a erosionar la estructura patriarcal basada en la autoridad del padre y la sumisión de los elementos más débiles: los jóvenes y las mujeres. Gradualmente, como se observó en el estudio del ensayo «Novelas», la novela abrió el camino para el desprestigio del matrimonio, al mostrarlo como una institución basada en intereses económicos y no en el amor; exhibiendo así las miserias y mezquindades que escondía; pero que todos los lectores entendían. A pesar de que en el siglo XVIII, había pocas personas que supieran leer, padres y educadores consideraron que este tipo de lectura era nociva para la educación y la preservación de la sociedad, de ahí que la prohibieran, considerando que los jóvenes y las mujeres eran materia moldeable y destruible. Los intelectuales hicieran eco del efecto nocivo que se percibía en la novela y consideraron que era necesario educar a las mujeres, así fuera manteniéndolas alejadas de la lectura, pero convirtiéndolas en buenas esposas y madres. A ellas no había que aburrirlas con el estudio, pero había que enfatizarles los preceptos morales para conservar la sociedad establecida; mensajes que emitieron Fenelon y Rousseau; pero que se aceptó y se difundió con vigor en diferentes ámbitos, durante los siglos XVIII y XIX (véase: Freixa, 2000).

Políticamente el país se estaba estructurando; sin embargo, la situación de educación limitada y precaria de las mujeres no había mejorado y la censura continuaba. Excepto que ahora había entrado en el panorama literario un nuevo género de escritor con una nueva producción novelística: la novela de folletín, creando una nueva época de difusión y diversificación del libro y del material impreso. Fenómeno editorial, comercial y cultural que estaba puesto en un nuevo mercado de consumo, donde el lector tenía incidencia sobre la escritura; situación que había dado un gran impulso a la novela como género y al periódico como un medio de difusión de la literatura.

Los editores reconocían el efecto que la nueva forma de escritura había producido en los lectores, quienes ahora leían con pasión a escritores que hacía poco no se mencionaban como Alexander Dumas y Eugène Sue, de éste último preferían la novela: *Les Mysteres de Paris* (9 de junio de 1842-15 de octubre de 1843). La cuantiosa publicación e inmensa difusión que recibió esta obra tanto en Francia como mediante las traducciones a otros idiomas hizo de la estructura de la novela una forma popular que se emuló en los distintos países y de la posición del autor francés una manera de ser para los escritores que lo seguían como un modelo.

Con un énfasis en el suspenso y el melodrama, basándose en un trasfondo histórico, con bastante diálogo y acción, desarrollando un argumento, algunas veces con un final no deseado, pero manteniendo el orden en el mundo al llegar a la conclusión, *Les Mysteres de Paris* presenta a los criminales y a los habitantes de los bajos fondos como protagonistas.

Bajo este influjo, en Bogotá se había escrito el año anterior (1848), *El Mudo*, cuyo autor, Eladio Vergara y Vergara, ofreció su historia en 696 páginas divididas en 112 capítulos, distribuidos en tres libros; así, buscó a través de la literatura una manera que le permitiera efectivamente incidir sobre la formación de lo que él consideraba debía ser la nación neogranadina. Representó una construcción de la identidad de la futura nación a través de mostrar una imagen de Bogotá y su gente.

Esta situación de influjo de este tipo de escritura era la que el Editor de *El Museo* comentaba; sin embargo el tratamiento de las clases bajas de la sociedad, la serie de crímenes, la variedad sucesiva de escenas con la presentación de numerosos personajes en situaciones extravagantes y en ambientes sórdidos ofrecían un cuadro de vida nada moralizante, que según el Editor si no iba a ser seguido e imitado, por lo menos sería aceptado, lo cual iba a convertirse en un grave mal social; adverso influjo que afectaría especialmente a las mujeres.

No obstante esta posición contra la fragilidad mental de la mujer, en el número 2 se hace un anuncio:

YARILPA

> Este nombre indio dado por Vargas Tejada a una de sus creaciones, es el seudónimo que ha adoptado una señorita paisana y amiga nuestra para ponerlo a pie de sus escritos, la mayor parte de los cuales son poesías fugitivas inéditas, o granos de arena como ella las llama graciosamente (...). / Si las poesías de YARILPA no son una grande adquisición para nuestro MUSEO (dispénsenos esta franqueza nuestra joven amiga) no son tampoco indignas de ver la luz pública en cualquier periódico acreditado; antes por el contrario, si se atiende a sus circunstancias, a la necesidad de alentar el talento oculto, las producciones de la juventud y señaladamente del sexo delicado, ellas deben considerarse como un adorno de no poco precio en nuestro periódico. / (...) Imploraremos en nombre de ésta, la indulgencia de los inteligentes por las faltas que inevitablemente deben afear sus versos [LL. EE. (abr. 15, 1849): 23].

Para los lectores del momento esta noticia debió haber sido muy llamativa; en las páginas de la prensa se abría el espacio para la publicación de textos escritos por mujeres. El clima cultural había cambiado con la libertad de imprenta y las nuevas circunstancias sociales, políticas y culturales que se habían vivido y se continuaban viviendo en la Nueva Granada desde hacía casi cuatro décadas; sin embargo, con los diversos periódicos que se habían publicado durante ese tiempo, la voz de la mujer era inexistente en ese medio, o si su producción escritural se había publicado, las autoras se habían ocultado detrás del anonimato total o se habían amparado con seudónimos, porque había incompatibilidad entre ser escritora y ser mujer; ya que no se veía bien que la mujer dejara el plano privado doméstico, que debía ocupar, para entrar en el público, el de la cultura; de ahí que para evitar el rechazo social, la discriminación y los ataques muchas veces directos emplearan estos subterfugios o prefirieran no exponerse para no recibir la desaprobación tanto pública como privada y no hubieran escrito y menos publicado sus textos.

Obviamente, como la mujer carecía de educación; ya que la poca que podía recibir se resumía en aprender a leer, a escribir y a hacerse hábil en «labores propias de su sexo», como bordar, tocar instrumentos y aprender a manejar una casa; los Editores advirtieron a Yarilpa que sus textos «no son una grande adquisición para nuestro MUSEO»; además pidieron disculpas a «los inteligentes» por los defectos que iban a encontrar, porque su autora era un sujeto dotado de una instrucción con problemas dentro de la cultura esencialmente masculina.

Toda esta situación no fue nada más que un subterfugio del Editor principal: José Caicedo Rojas, para llenar las páginas de la publicación y darles variedad; lo mismo que para atraer a las neogranadinas como lectoras de la publicación; ya que «Yarilpa» fue uno de los varios seudónimos con los que escribió en las páginas de los periódicos colombianos. Sin embargo, en el número siguiente, en la sección: «Nuevas publicaciones» del artículo: «Crónica» se informa:

> Ya otros periódicos se han ocupado en hablar del excelente *Tratado de economía doméstica* que acaba de publicar la señora Josefa Acevedo de Gómez: nosotros no haremos más que corroborar lo que ya se ha dicho en su elogio, añadiendo que el mérito de esta obrita se aumenta al considerar que la señora Acevedo, además de ser una madre de familia instruida, predica sus máximas con el ejemplo aún más que con la pluma; y que ha adquirido un gran caudal de experiencia visitando el país modelo en esta materia, la Inglaterra [(mayo 1°, 1849): 48].

En realidad, éste era el segundo libro que publicaba Josefa Acevedo de Gómez, quien había ingresado a la esfera de la escritura pública en 1844 (véase: Rodríguez-Arenas 2006a. 3-9). Estas obras dedicadas a las mujeres, la dieron a conocer como pedagoga y moralista no sólo en Colombia, sino también en Perú y Ecuador. Además de estos temas, su escritura abarcó otros campos: biografía, historia, poesía, teatro, narrativa y ensayo (véase: Rodríguez-Arenas 1991, 109-132).

Esta escritora fue hija de José Acevedo y Gómez, uno de los próceres de la Independencia, impulsor de la Junta que organizó el gobierno del pueblo en 1810, quien pasó a la historia como «El Tribuno del Pueblo» y participó en La Tertulia de los sabios o del Observatorio Astronómico. Además, fue esposa de Diego Fernando Gómez, Magistrado de la Corte de Justicia, Diputado al Congreso, Senador de la Nueva Granada, Gobernador de la Provincia del Socorro (véanse: Scarpetta y Vergara, 1879. 181-182), y hermana de Pedro Acevedo Tejada, quien fue uno de los fundadores de *La Miscelánea* (1825). Su vida privada giró en torno o al lado de reconocidos hombres públicos, para los que la escritura y el periodismo eran parte de lo cotidiano.

Como lo afirmé en otra ocasión: «Las primeras mujeres que la historia nombra como las pioneras en las contiendas literarias decimonónicas colombianas están ligadas directa o indirectamente a la expansión del periodismo» (Rodríguez-Arenas 1991, 78).

Ahora, la novedad que se encuentra en *El Museo* es el hecho de que en el número 4, como texto narrativo de fondo se publica un escrito de Josefa Acevedo de Gómez en el lugar que en los números anteriores se había destinado para obras de escritores europeos. En esa emisión se divulgó «Mis recuerdos de Tibacui» [(jun. 1°, 1849): 53-56].

La escritora, autora de obras de carácter moral y pedagógico, consideradas en la época como una de las formas más efectivas para modelar las costumbres y los sentimientos de las lectoras, había publicado: *Ensayo sobre los deberes de los casados* (1844), y el mencionado *Tratado sobre economía doméstica para el uso de las madres de familia* (1848), cuya intención en la escritura, hasta ese entonces, había sido motivada tanto por el deseo de ayudar a sus compatriotas, como por las penurias económicas, como lo explicó ella misma: «Debo advertir que no es el deseo de adquirir reputación literaria el que me ha puesto la pluma en la mano. Una voluntad decidida por comunicar a las damas lo que me parece útil, y la necesidad de aumentar en lo posible los medios de subsistencia, son las causas únicas que me han determinado a escribir» (1848, ii).

Afortunadamente para la literatura colombiana, este objetivo cambió, gracias a un caso fortuito que ocurrió a pocos meses de publicado el segundo libro; situación que impulsó a Josefa Acevedo a escribir otro tipo de prosa, con la que deseaba reaccionar contra el estilo y los temas satírico-burlescos de los textos que en enero de ese año 1849, Joaquín Pablo Posada y Germán Gutiérrez de Piñeres, cartageneros, habían comenzado a difundir a través del periódico *El Alacrán*[94]. La intención de esos periodistas fue lo que la llevó a desarrollar la narrativa de ficción, contribuyendo a solidificar la literatura y animando con su ejemplo a las mujeres para que realizaran este tipo de escritura; de ahí que afirmara en la «Introducción y dedicatoria» que escribió para *Cuadros de la vida privada de algunos granadinos*: «escribir y publicar lo bueno que sé de las gentes (...) formar una interesante y verídica relación de hechos honrosos y nobles que hicieron conocer que nuestra sociedad no está exclusivamente plagada de víboras y "alacranes"» (Acevedo de Gómez 1861, viii).

* * *

Durante las seis décadas transcurridas desde la publicación del *Papel Periódico de la Ciudad Santafé de Bogotá* (1792), hasta la emisión de *El Museo* (1849), la prensa y el surgimiento de la literatura estuvieron íntimamente interrelacionadas. La libertad de imprenta dictada por ley a partir de 1811, a

---

[94] Los periodistas presentaron el periódico en la siguiente forma: «EL ALACRÁN, reptil rabioso / que hiere sin piedad, sin compasión, / animal iracundo y venenoso, / que clava indiferente su aguijón. // Estaba entre los tipos escondido, / emponzoñando su punzón fatal. / Mas, ¡ay! que de la imprenta se ha salido / Y lo da Pancho Pardo por un real (en Cacua Prada 1983, 59).

pesar de las conmociones políticas que se vivieron hasta 1819, lentamente fue creando un espacio para la libertad de expresión y para el público lector, lo que dio paso a la creación literaria. En las páginas de las empresas periodísticas que se realizaron, fugaces la mayoría de ellas, se observan las expectativas de los intelectuales, las prioridades que los movían y que los impulsaban a generar un contenido con el que los Editores querían convencer al público receptor sobre la calidad de las intenciones que resultarían en beneficio de la comunidad, primando así el didactismo y la información de los avances culturales europeos.

Gradualmente la prensa empezó a especializarse, llegando a crear casi un oficio de tiempo completo para los periodistas; aunque todos ellos combinaban esta actividad con la política. La ocupación era todavía gravosa por los ataques personales que recibían; por lo cual muchos de ellos preferían mantenerse en el anonimato. También gracias a la difusión constante, comenzaron a aumentar los periódicos y el quehacer literario se convirtió en una actividad popular y efectiva. De esta manera, los periódicos empezaron a tener determinadas secciones que eran constantes o a privilegiar específicos tipos de textos que se consideraban centrales; del mismo modo, hicieron una mejor selección de las colaboraciones que aceptaban publicar.

Mientras que en *El Papel Periódico de la Ciudad Santafé de Bogotá*, en medio de las noticias locales y extranjeras y los textos didácticos y moralizantes, se publicaron versos y muestras de la literatura producida por los socios de la Tertulia Eutropélica; se necesitaron más de 30 años para que los periódicos literarios comenzaran a ser una necesidad social. *La Miscelánea* originó esta nueva función del periodismo, que ahora promovía junto con la elevación cultural de la futura nación, el desarrollo de una literatura propia. La inquietud literaria de los intelectuales permitió que en las publicaciones de prensa se plasmaran al lado de poesías, ensayos, artículos literarios y críticos y traducciones de diverso tipo, distintos géneros de prosa de ficción original neogranadina; muy tímidamente en *La Miscelánea*, con más seguridad en *La Estrella Nacional* y *El Albor Literario* y, ya, vigorosamente en diversos géneros en *El Duende*.

Asimismo, la producción escritural de las mujeres se halla representada en el *Papel Periódico de la Ciudad Santafé de Bogotá* desde la época colonial, con la muestra de la dama perteneciente a la Tertulia Eutropélica; pero se necesitó el paso de más de medio siglo, para que en *El Museo* se considerara válido e indispensable el otorgar un espacio para esta escritura y dar el debido reconocimiento público a su autora. La instrucción que recibieron algunas mujeres, les permitió publicar libros, hacerse conocidas, y así, de esta manera, poder tener acceso a la difusión de sus textos a través de la prensa, como fue el caso de Josefa Acevedo de Gómez.

3. Algunas formas narrativas existentes en las publicaciones periódicas

Las historias de la literatura y la crítica colombiana no han estudiado hasta ahora cuáles fueron las causas que permitieron el surgimiento de la prosa de ficción y sus tempranas manifestaciones durante la primera parte del siglo XIX en el país. Existen libros y artículos como los de Laverde Amaya (1894), Arango Ferrer (1940), Gómez Restrepo (1945), Luque Valderrama (1954), Curcio Altamar (1957), McGrady (1966), Cristina (1974), Williams (1991), Pineda Botero (1999) que estudian la novela dentro de determinados movimientos literarios; otros como: Otero Muñoz (1930), Duffey (1956); Maya (1965), Reyes (1988), Cristina (1992) que estudian el costumbrismo en su forma más amplia. Pero ninguno, incluso Jiménez (1992), cuya obra analiza la crítica literaria en Colombia, indagan la manera en que surgió la ficción, ni mucho menos investigan las manifestaciones de diversos géneros de ficción en la primera mitad del siglo XIX.

Al investigar los primeros periódicos literarios: *La Miscelánea* (1825-1826), *La Estrella Nacional* (1836) y *El Albor Literario* (1846), se observa que en ellos no se encuentra ninguna novela original, así sea breve, publicada. Esta carencia, hace mirar otros periódicos que no son considerados literarios como: *El Reconciliador Bogotano* (1827), *El Cachaco de Bogotá* (1833), *El Corsario* (1839), *El Cóndor* (1841), *El Día* (1840-1851), *El Duende* (1846-1849), *El Neogranadino* (1848-1853). En todas estas publicaciones se puede observar cómo fue surgiendo en esos tempranos años la prosa de ficción; además, se comprueba que la novela no fue la primera manifestación fictiva que se produjo.

En esos tempranos periódicos se encuentra el surgimiento de diferentes tipos de textos de ficción que convivían simultáneamente empleando técnicas e intercambiando funciones; escritos que posteriormente contribuyeron a la solidificación del género novelístico. Esos textos están compuestos por estructuras simples con determinadas estrategias narrativas, que a la vez que revelan el cambio en la forma de pensar durante esos años, muestran la influencia de la oralidad aún prevalente en el área. Diversos tipos de escritura del momento tienden a desarrollar varias líneas argumentales al mismo tiempo, mientras incorporan términos y tópicos del periodismo, o técnicas de la poesía o de la cultura popular produciendo rasgos que se han desechado por considerárselos como propios del costumbrismo o del ensayo, relegando estos escritos al olvido, cuando en ellos se halla ya no sólo el germen sino las técnicas narrativas que se fueron aplicando y que harían eclosión en la prosa de ficción en décadas posteriores.

En la trayectoria que conduce a la novela, se encuentran formas narrativas simples que a medida que van evolucionando, incluyen técnicas escriturales que luego serán empleadas en el género novelístico. Las que interesan para este estudio son: la anécdota, forma de composición que viene desde la edad clásica; pero que en la época que interesa aquí muestra aspectos que van surgiendo en los cambios sociales y culturales de esos años. La fábula y el apólogo, tipos de composición asociados y confundidos entre sí que durante el Renacimiento alcanzaron a tomar rasgos diferenciadores, pero que pasado el tiempo volvieron a confundirse, llegando a privilegiarse su escritura durante el siglo XVIII (La Fontaine, Iriarte, Samaniego), con una función critica, a menudo, satirizaba las circunstancias sociales y políticas del día.

El cuento como género, inexistente en las dos primeras décadas del siglo XIX, pronto comenzó a demostrar una intensidad narrativa que se desarrolló en diversos subgéneros mucho más sofisticados que incluían complicada estructura temática e intensidad expresiva; el de la carta ficticia merece un estudio aparte; ya que, este tipo de escrito anticipa técnicas que serán incorporadas con gran fuerza a la novela y al cuento ya decantado. Estos tipos de escritura deben analizarse para poder ofrecer una visión más clara de la labor literaria que efectuaron los escritores decimonónicos colombianos.

3. 1 La fábula - el apólogo

Ésta es una de las formas simples que se cultivan asiduamente en la primera mitad del siglo XIX en Colombia. Como forma de ficción se ha empleado desde tiempos remotos entrando a la literatura moderna por dos fuentes: la hindú (*El pañcatantra*), difundida por la cultura árabe de la España medieval y la greco-latina (Esopo, en prosa; y Fedro, en verso)[95], sobre las que influyó la fábula mesopotámica.

Es «un género popular y tradicional, esencialmente «abierto», que vive

---

95   La obra de Rodríguez Adrados (1979, 1985) proporciona las bases de esta primera parte de la clasificación del género.

en infinitas variantes»» (Rodríguez Adrados. I: 1979:11); en sus orígenes ofrece ficciones sobre animales, temas que dominan, o plantas, o se relatan actos de dioses u hombres con características de mitos o anécdotas, o bien de relatos, que terminan en una frase punzante y aleccionadora. Se centra en el dominio de lo cómico, lo satírico, etc., su carácter normalmente es fictivo, simbólico, evaluativo; pero puede tratar también situaciones históricas. Se trata generalmente de un suceso único localizado en el pasado, algunas veces no muy remoto.

En latín «fabula» puede significar cualquier narración o relato: Livio, Horacio, Séneca; también significa conversación: Tácito; pero muy frecuentemente, se refiere al mito y a cualquier relato fabuloso o poético. Al pasar al español, el cultismo *fábula* significa cualquier relato o leyenda fictício o mentiroso; únicamente cuando se dice fábula esópica, de La Fontaine, etc., se precisa el significado. En latín se creó el término técnico *apólogus* para intentar precisar el género, pero no prosperó (véase: Rodríguez Adrados 1999, 4). De esta manera lo emplearon Platón y Aristóteles para el relato que Odiseo cuenta a Alcínoo y a los feacios sobre sus navegaciones[96]. (Como en las páginas de la prensa neogranadina del siglo XIX las dos clasificaciones se emplean indistintamente, incluso en la misma composición; aquí, siguiendo a Rodríguez Adrados, estudiaremos este tipo de composición sin intentar diferenciarla).

En la antigüedad, la fábula no se distinguía claramente de otros géneros; tampoco existía la distinción entre fábulas animalísticas y no animalísticas de varios tipos. Sin embargo, se implicaban dos concepciones distintas: a) unidas a géneros de tipo realista y satírico, y b) unida a géneros míticos, lo que insiste en su carácter fictivo.

Los retóricos son los primeros que teorizan sobre la fábula y tratan de definirla. Aristóteles es el primero que se ocupa del género: (*Retórica* II: 20). La ubica dentro de los argumentos retóricos, como un instrumento de persuasión; pero la limita a lo ficticio, lo animal y lo impresivo: algo sucede como consecuencia de haber pretendido ir contra la naturaleza. No obstante, deja de lado aspectos que ya se hallaban presentes en el género: la comicidad, la crítica, las características de la acción.

---

[96] Aunque existen divisiones, clasificaciones y diferenciaciones sobre la fábula y el apólogo, los críticos no se ponen de acuerdo en la delimitación de las características de estas dos denominaciones. Unos consideran el apólogo en el Renacimiento: «La innovación cuatrocentista consiste en un cambio de énfasis, los relatos apológicos se van asociando progresivamente con la presencia de personajes mitológicos y las personificaciones, lo que delata la nueva dimensión que adquiere el apólogo; a la vez, la preferencia por este tipo de personajes es consecuencia de un propósito deliberado de elevar el género, de hacerlo más culto» (Baranda, 7). Mientras que la fábula se asoció «a la ficción inverosímil» (Baranda, 2). Otra definición aporta: «Apólogo: Término de origen griego (apo-lo-gos: relato) con que se denomina una narración breve de carácter didáctico-moral, que, junto con la fábula, fue muy cultivada en la Edad Media. Aunque los límites entre fábula y apólogo no están bien definidos (algunos autores los identifican), se advierten diferencias en cuanto a estructura (el apólogo consta de presentación, cuerpo del relato y moraleja; en la fábula no figura esta conclusión aleccionadora), forma literaria (el apólogo se escribe en prosa, la fábula preferentemente en verso) y tono: reflexivo y serio en el primero, más desenvuelto y proclive al humor en la segunda» (Estébanez-Calderón, 49).

Posteriormente, los tratadistas de *progymnasmata*, como Isidro, Teón y Aftonio no exigen que la fábula sea de animales, pero insisten en su carácter ficticio. Gelio agrega el rasgo festivo y delectable del género nuevamente. Más tarde, Fedro pone de relieve un rasgo importante: su índole crítica; especialmente la crítica encubierta.

La estructura del género, bien en prosa o en verso, de animales, plantas, seres humanos, dioses u objetos, es muy precisa; pero en las fábulas de todos los tiempos existen variaciones; su configuración posee los siguientes aspectos, algunas veces sobreentendidos, unidos o ausentes:

- **a)** Primer término= *promitio*: un hecho central. Esopo se burla de los obreros de un astillero y éstos le preguntan la causa.
- **b)** Transición: Esopo cuenta una fábula.
- **c)** Segundo término: fábula.
    - 1) Situación, se da un enfrentamiento o *agón*.
    - 2) Acción = diálogo.
- **d)** Se regresa al primer término: palabras de Esopo a los obreros.
- **e)** Conclusión (ausente en algunas muestras del género). En ciertas fábulas a la conclusión sigue un *epimitio*: se da la aplicación de la fábula a la realidad. Puede ser de tipo *representativo* (explica cómo «son» o «no son» las cosas) o *impresivo* (trata de influir sobre la conducta de alguien o desaconsejar tal conducta).

Las fábulas antiguas son coherentes; están dominadas por el tema del enfrentamiento de entidades (animales, seres vivos, dioses, hombres, etc.), que poseen naturaleza constante. La fuerza y el ingenio son los factores que se imponen: el vencedor se vanagloria o escarnece, el vencido se lamenta; la crítica es la fuerza central de la fábula.

En la época arcaica, siglo VIII al VI a. C. se halla la fábula como obra literaria propia de la poesía yámbica y simposiaca: la que nace y se canta en la fiesta, incluido el banquete. Esta fiesta está caracterizada por la sátira y el escarnio, las representaciones agonales y miméticas (con o sin animales), de tipo «cómico» y elementos orgiástico, eróticos y críticos. Esta poesía presenta la fábula como un ejemplo que el poeta dirige a alguien (en estilo directo) para ilustrarle la realidad o para sugerirle un comportamiento, siempre con una visión crítica. No es poesía narrativa sino lírica, donde un yo se dirige a un tú; el poeta habla por sí mismo (Hesíodo); de esta forma pasa a los prosistas de los siglos V y IV a. C.; aparece en ellos siempre como narrada por alguien a otro en una determinada situación y a modo de ejemplo, crítica, etc., combinando una serie de motivos diversos; procedentes de la observación directa; ya de una temática muy extendida de símiles, presagios, máximas, creencias, etc., ya de representaciones miméticas.

En esta etapa, el género apenas es separable del mito, la anécdota y el proverbio. Después de Hesíodo y Arquíloco en las colecciones de fábulas, la anécdota es rara y el mito queda restringido a unos temas muy concretos y limitados, mientras que el proverbio o se incluye en la fábula o sigue un destino diferente. Hasta el símil es difícilmente separable de la fábula, situación que llega hasta el siglo V a. C. Esta falta de distinción de géneros produce una deficiencia de vocabulario adecuado para distinguirlos; de ahí que ciertas fórmulas iniciales y finales que luego son frecuentes en la fábula se dan ya en épocas anteriores en todo el complejo fábula-anécdota-mito-símil; además, su difusión es oral y tradicional.

La fábula pasa a la literatura cuando se usa en el contexto de los géneros literarios como ilustración dentro de los mismos; primero, en la redacción de trímetros yámbicos y posteriormente en la redacción en prosa con la escuela socrática (Aristófanes, Platón, Jenofonte, Antístenes, Aristóteles). Tiene lugar dentro del diálogo o momentos dialógicos dentro de otros géneros. Los socráticos no sólo usaron la fábula sino que la hicieron objeto de estudio (Aristóteles). Siglos después, un discípulo de Aristóteles, Demetrio de Falero fue el autor de la primera colección de fábulas en prosa, recogidas de la literatura anterior y presentadas sueltas sin su entorno (no existen el *promitio* (presentación), el prólogo, el *epimitio*; que parecer son adiciones posteriores).

En el siglo III a. C., los cínicos se apoderan del género respetando muchos de sus elementos y su tradición, pero agregándole una serie de componentes propios, regresándola al verso y empleándola para el proselitismo de escuela. En su versión moralizante y religiosa, estrato menos profundo, se vuelve a la prosa y posteriormente de ésta se difunde bien en prosa, bien en verso. Ahora es cuando la fábula se emplea en la enseñanza en general.

La fábula pasa así de ser un género anticortés (raíz popular), una contrapartida de los valores tradicionales cultivada en ciertas fiestas que permitían la libertad de palabra y el escarnio, a ser adoptada por los géneros literarios y a ser usada por las nuevas filosofías que buscaban construir una nueva sociedad sobre la base de la verdad y la naturaleza: la socrática, la cínica y la estoica.

A la fábula cínica, estoica y moralizante sucedió en la Edad Media europea una fábula cristiana en la que algunos aspectos más antiguos de este tipo de escritura se reproducen: el uso de la fábula como ejemplo en debates como los del *Libro del Buen Amor*; el desarrollo de una épica fabulística burlesca como las del *Roman de Renard*; la fábula como expresión de realismo y sátira, como crítica de la nobleza y sus ideales; la creación de una novela realista a partir del *Lazarillo* como paralelo a la biografía de tipo cínico. Así, la fábula sin perder su carácter lúdico, popular y crítico se convierte en un factor literario y educativo importante. En la Europa medieval, la fábula siguió narrándose como ejemplo y florecieron las colecciones; pero desde el siglo IX se crearon fábulas poéticas aisladas, ampliadas y con rasgos de originalidad.

Luego, en los siglos XI y XII florece la epopeya animal con materiales fabulísticos varios y al parecer con el modelo composicional de la fábula india.

Como género se vuelve original al insertar la fábula en los problemas vivos de la sociedad medieval, ejerciendo una función crítica sobre el clero y los estamentos superiores; se da así un renacimiento del género que mantiene su continuidad realística, popular y crítica, pero dentro de las nuevas circunstancias sociales y creencias. La fábula que en la India había criticado a los reyes y los ascetas, en Grecia a los poderosos y a los falsos sabios, en Roma a los tiranos, critica ahora al clero corrompido, a los falsos doctos, a los nobles (véase: Rodríguez Adrados 1979, 1985).

El género, pasó al siglo XVIII con gran fuerza[97]. En Francia más de un centenar de fabulistas prosperaron, a tal punto que la fábula llegó a ser muy estimada; tanto que se leyó en la Academia Francesa (Saillard 1912, 30). El interés surgió también en el mundo germano, después de la difusión de la labor de La Fontaine y La Motte, donde más de cincuenta fabulistas publicaron sus obras entre 1740 y 1800. Lo mismo sucedió en Inglaterra después de la segunda mitad del siglo XVII, pero el empleo que hicieron del género los políticos y los satiristas, tal vez impidió su florecimiento (Noel 1975, 3).

Durante el siglo XVIII, surgieron tendencias que explican el vuelo que la fábula tomó. Uno de esos aspectos fue el creciente interés social por la educación. La opinión general consideraba la instrucción moral obligación pedagógica esencial y esperaba que la literatura sirviera estos fines. Incluso llegó a dictaminarse que si la fábula o cualquier otro texto literario no impartía una lección moral fuerte, no debía considerarse literatura.

Las escuelas protestantes guiadas por el intento de ruptura con las instituciones anteriores inculcaban la piedad; mientras que la educación católica guiada por las comunidades religiosas (entre ellas, la de los jesuitas que había sido elogiada por Francis Bacon como la mejor que existía) impartían la gramática latina y la retórica ignorando las corrientes innovadoras científicas que estaban redefiniendo el mundo. Bajo estas circunstancias en los países europeos, surgieron movimientos de rechazo hacia la educación institucionalizada. Se oyeron las voces de John Locke, *Some Thoughts Concerning Education* (1693), Rousseau, *Émile* (1762) demandando el empleo de tutores privados. Como resultado, la educación llegó a ser frecuentemente un asunto familiar. De esta manera, las fábulas que habían sido desde mucho antes una herramienta educativa, ahora se dirigían a ayudar a los padres a educar a sus hijos.

El clérigo francés Fénelon también recomendó el uso de la fábula y compuso un volumen destinado a instruir a su pupilo, el duque de Burgundy; pero fue traducido y se empleó en diversas partes. Como educador desaprobaba la literatura en sí o como entretenimiento, especialmente para las mujeres, arguyendo que introducía nociones que alejaban de la realidad y la virtud. Por la misma razón rechazaba que se les enseñara a ellas los lenguajes español e italiano, ya que el saberlos permitiría el acceso a libros peligrosos.

---

[97] Los datos de esta sección provienen de la obra de Noel (1975).

En ese mismo siglo surgió una fuerte controversia sobre la mecanización de los animales, ya originada en Descartes. Jean de La Fontaine rechazó con vigor la máquina cartesiana de las bestias; declarando que los animales no sólo poseían alma sino también pensaban; aunque el reflexionar no estaba dentro de sus capacidades. El pensamiento de los animales estaba limitado a la situación inmediata. De esta manera, la capacidad mental entre los humanos y los animales difería en profundidad únicamente. Esta defensa surgió de una preocupación general por la espiritualidad, en contra del creciente materialismo de la época.

Durante el siglo XVIII, la fábula se vio como un género literario, útil para educar o como una herramienta pedagógica con el atractivo inherente de la literatura; y puesto que la moral didáctica se esperaba de toda literatura, la diferencia entre estas dos posiciones era casi nula. La fábula social o revolucionaria llegó casi al final del siglo y representó una extensión de la fábula didáctica original.

Aunque, Rousseau a pesar de todo, «veía en el mundo de la fábula, y no sin cierta razón, [como] una escuela de cinismo y una pesimista apología de las artimañas que demostraba una y otra vez una poco edificante ley del más fuerte» (Bernat Vistarini y Sajó, 4).

Mientras tanto en España debe esperarse hasta la década del ochenta del mismo siglo para que el género tome fuerza y se difunda con las obras de Iriarte y Samaniego, a quienes los franceses, ingleses y germanos rechazan contribución de importancia al género; ya que no hubo ningún aporte teórico español ni evolución y desarrollo del género como en los otros países (véase: Noel 1975, 140-144).

Félix María Samaniego publicó la primera parte de *Fábulas en verso castellano* (1781), pero únicamente en la reedición de 1784, incluyó una sección de fábulas originales. Destinó este trabajo para una audiencia juvenil, especialmente para los estudiantes del Real Seminario de Vergara en el que la Real Sociedad Bascongada intentaba poner en práctica nuevos programas educativos, proclamando la claridad y la simplicidad para el género. Empleó en su escritura una variedad de metros, a los que consideraba como una herramienta mnemotécnica, además de que eran útiles para ejercitar el oído.

Este literato imitó los apólogos de Fedro, La Fontaine y John Gay (todos seguidores de Esopo) (véase: Bosch y Cere 1969, 11-15); escribió sobre lo que sabía era la intencionalidad de la fábula: «Que en estos versos trato / de daros un asunto / que instruya deleitando / los perros y los lobos / los ratones y gatos, / las zorras y las monas, / los ciervos y caballos / os han de hablar en verso; / pero con juicio tanto / que sus máximas sean / los consejos más sanos» [*El Censor* XCII.V (1786)]. Para él, no todos los motivos narrativos ni los personajes-valor moral le llamaban la tención por igual; le interesaba lo ideológico de estas composiciones, en especial la aplicación de la moraleja a situaciones específicas; además según el momento la misma fábula podría tener una aplicación diferente y con ello una moraleja distinta (véase: Palacios Fernández 1999, 96).

Samaniego dedicó su tercer libro de fábulas a Tomás de Iriarte, quien publicó *Fábulas literarias* en 1782. Como fabulista era mucho más ambicioso que el primero, ya que desde el principio creó fábulas originales y las relacionó con la literatura, al ofrecer con ellas consejo a futuros escritores para prevenir sobre posibles errores. Hecho que se observa en una de sus más conocidas fábulas: «El Burro Flautista». «Esta fabulilla, / salga bien o mal, / me ha ocurrido ahora por casualidad. // Cerca de unos prados / que hay en mi lugar, / pasaba un borrico / por casualidad.// Una flauta en ellos / halló, que un zagal / se dejó olvidada / por casualidad. // Acercóse a olerla el dicho animal, / y dio un resoplido / por casualidad. / / En la flauta el aire / se hubo de colar, /y sonó la flauta / por casualidad. // «¡Oh!», dijo el borrico, / «¡¡qué bien sé tocar! / ¡y dirán que es mala la música asnal!» / Sin regla del arte, / borriquitos hay / que una vez aciertan / por casualidad».

Iriarte compuso sus textos con una variedad de 40 formas métricas, que indexó al final del volumen. Tanto los principios literarios como los ejemplos métricos derivaban de fuentes neoclásicas. De esta manera, transformó la tradicional didáctica moral de la fábula en una didáctica estética o literaria. «El calificativo de *literarias* obedecía a su voluntad de renovar la naturaleza de unas fábulas que perseguían la estética más que la moral y que a su vez eran completamente originales» (Ozaeta,177).

Iriarte insistió en sus *Fabulas* el deseo de utilizar un estilo sencillo y familiar y se jactaba del mérito de ser claro y exacto, aunque ese género, fácil en apariencia fuera muy diferente de la poesía hueca que abundaba; además, insistía en la unión de lo útil y lo agradable (véase: Bravo-Villasante 1980, 22-27).

En España, «El siglo XIX es muy rico en fabulistas, que cultivan el género en sus vertientes más diversas. Hasta el momento se han mencionado sobre todo fábulas de contenido moral, y literario. Pues bien; en este siglo surge un abanico de fabulistas, cuya obra reviste además otra naturaleza, bien sea mitológica, política o social, y hasta militar, que viene a reflejar el momento histórico en que aquéllos se hallaban inmersos» (Ozaeta, 182).

Ahora, la fábula como género no demandaba demasiado. Las simplicidad y la brevedad eran sus virtudes primordiales; no pedía sutilezas o profundidad filosófica, tampoco lirismo poético. Pero estas cualidades fueron a menudo criticadas porque menoscababan el propósito básico y el estilo de esta manifestación escritural.

Como se ve, el género se difunde por Hispanoamérica cargado de una sólida historia; de esta manera aparece en los periódicos neogranadinos de la primera mitad del siglo XIX. Una interesante colección de ellas se publica en *El Reconciliador Bogotano*, periódico de tres folios a doble columna, que surgió el domingo 6 de mayo de 1827 en la capital y alcanzó el número 12, el día 22 de julio del mismo año. Se publicó en la Imprenta de Salazar, por V. Martínez.

En el número 2 aparece el primer texto

APÓLOGO

Habiéndose presentado al parlamento de Francia por el ministro de hacienda un proyecto de ley sobre contribuciones, uno de los periodistas de la oposición anunció: que habiendo ido el ministro N. al corral donde tenía gallinas, las congregó y las hizo saber que iba a explorar su voluntad sobre cuál era la salsa con que ellas querían ser guisadas. Las gallinas alborotadas contestaron, que ellas no querían ser guisadas. El ministro entonces las llamó al orden, por cuanto se salían de la cuestión que estaba reducida, no a preguntarlas si querían morir, sino con cuál salsa les acomodaba ser condimentadas.

Todos los ciudadanos tenemos que pagar necesariamente contribuciones para los gastos públicos: lo que deseamos es que condimenten la ley con una salsa con que nos haga menos amarga la exacción. Por ejemplo, una moderada alcabala, las mesadas eclesiásticas y alguna otra contribución indirecta. Mientras que nos cobran estos impuestos, y el Estado va desahogándose, que se continúe en buena hora el catastro de las contribuciones directas [Anónimo. (mayo 13, 1827): 3].

Esta composición está textualmente encabezada por el título, designación que marca lo escrito en forma evidente, permitiendo reconocer el texto como un universo cerrado. El título señala una superestructura que configura constructivamente lo escrito. De esta forma, guía al receptor para interpretar lo que lee u oye de acuerdo a su competencia textual. Este «saber» textual permite reconocer una especial tipología literario-textual: el apólogo o fábula, forma de escritura que le ofrece una serie de pautas para su decodificación y comprensión.

Este universo textual explicita una intención previa que le es inherente. Abre planteando una situación: el anuncio de un ministro francés sobre las contribuciones conque gravaban a los ciudadanos; inmediatamente se produce un enfrentamiento que se explicita mediante un parlamento enunciado por un periodista, el cual presenta una fábula o historia mixta; es decir, en lo relatado se da la presencia y la interacción de seres humanos y animales.

La intervención de este hombre que recoge, redacta o comenta información para un medio de comunicación tiene por objeto rebajar mediante la sátira a la persona encargada del ministerio al ponerla a dialogar con las gallinas de un corral; ya que la gallina tiene una asociación simbólica diferente a la del gallo (emblema del escudo nacional francés y símbolo de la inteligencia venida de Dios). Los europeos la consideran un ave ignorante y tonta. Del mismo modo se representa en la teoría de Jung, para quien las gallinas en los sueños simbolizan un grupo intelectualmente pobre, altamente susceptible de ser manipulado por influencias externas. A menudo sienten pánico de nada, sugiriendo la desasosegada confusión en los procesos mentales de la gente tonta (véase: Biedermann 1994, 171).

No obstante, el alboroto que forman las aves, ellas se dan cuenta de que lo que les dice es que van a morir; anuncio que las lleva a la agitación. El ministro parece ser más lento que las gallinas, porque corta tajantemente el desorden y la confusión que se ha producido en el gallinero para que no se salieran de la cuestión: informar sobre la salsa para que las adobaran; lo que significaba proporcionarles un final irónico por la placentera disposición del ánimo para gozar con la selección de la preferencia propia por un aderezo conque al morir otros gustosamente las iban a saborear y digerir.

A pesar de la asociación simbólica negativa, la gallina por su paciente cloquear figuró a la Gramática en la representación alegórica de las «Siete artes liberales»; porque como tal requiere gran paciencia. Del mismo modo, en algunas regiones se le concede el papel de psicopompo: «portadora de almas, para llevarlas al más allá» (Chevalier y Gheerbrand 1988, 520). Funciones que realmente posee en este texto: el anunciar a los ciudadanos la manera en que iban a sufrir un nuevo paso de la guadaña gubernamental para llevarlos a la boca del infierno, que era el erario público, para que aceptaran con paciencia nuevos impuestos.

Esta interpretación está reconfirmada por la conclusión que ofrece el apólogo; cierre que se expresa por medio de un *epimitio* de tipo *representativo* al aplicarse la fábula a la realidad y explicar cómo «son» las cosas. La moraleja que ofrece el texto indica que la concusión impuesta debería llegar disfrazada para que no fuera tan penosa.

Este apólogo es un texto político; ya que es una construcción lingüística fundamentalmente orientada al receptor; como texto se ocupa de cuestiones de interés para los ciudadanos con el objetivo de ayudar a que los receptores tomen decisiones sobre determinadas situaciones de orden público que tienen que ver con el gobierno del lugar. Como tal es un texto normativo, ya que ayuda a que la comunidad acepte situaciones que requiere el fisco para que la sociedad organizada institucionalmente funcione en forma adecuada y cumpla los propósitos para la que fue organizada.

En el número 5 del periódico se encuentra otro texto de este tipo:

APÓLOGO
LOS OJOS, LA LENGUA, LAS MANOS Y EL CORAZÓN

En un tiempo en que todo es extraordinario, no debe sorprendernos oír un diálogo entre personajes que no han quedado ociosos, y que pueden decirnos algo.

Los ojos.— Nada se nos ha escapado: búrlense ahora de nuestra perspicacia. Nosotros dirigimos la legua y las manos, movemos el corazón; en fin, dígase cuanto se quiera. Nosotros estamos en todo.

La lengua. —Alto allá, mis amigos. No hay que envanecerse... No siempre ven Vds. de un mismo modo. —¡Cuántas veces parecen como que ven, otras hacen la vista gorda, ora ven lo que quieren, ora están claros y sin vista. Así va ello. —Yo no necesito de Vds. para maldita la cosa: soy libre con Vds. y sin Vds., y esto me basta.

Las manos. —Nosotros también lo somos, y satisfechas de no turbar el reposo de nadie, como Vds. lo hacen. Por el contrario, nos empleamos siempre en levantar lo que Vds. han destruido.

La lengua. —¡¡¡Bravísimo!!! —De todo sacamos en limpio que de nada sirven los ojos, si no han de evitar siempre el mal como lo vemos suceder todos los días; y que aunque todo se volviese ojos, todo se reduciría a mirar, como hoy se miran los unos a los otros. Las manos aguardan a prestar sus servicios al *«consumatum»* y no pocas veces juegan a dos ases, por lo que se besan algunas que merecían ser cortadas.

Los ojos. —Nosotros prevemos aunque con el sentimiento de que generalmente ayudasen Vds. si quisieran ser menos difíciles, no cargaríamos con el egoísmo de otros.

La lengua. —¡Chintón, que no saben lo que dicen! Jamás han alcanzado Vds. más allá de las narices y aún cuando así fuese, son unos mudos espectadores que no valen un pito. En la oscuridad inútiles, en la claridad cortos, por querer ver mucho, ciegos— ¿qué pueden hacer Vds? Esa tan decantada previsión encalla fácilmente, y de nada les sirve estar viendo a lo alto, si no se libertan del abismo abierto a sus pies. ¿De qué le sirvieron a Argos sus cien ojos, si se ha quedado pavo y granizato por ribete? Desengáñense Vds., hay lances en que debieran cegar antes que propalar que han previsto muchas cosas, pues que todo se reduce a que han previsto, y con prever no come nadie, y con prever nos quedamos como el gallo de Morón, sin plumas y cacareando.

Las manos. —Otro tanto no podrá decir de las que las manejamos por excelencia...

La lengua. —¡Callen Vds. voto a brios! Por cierto que ha ganado mucho el mundo con sus rasgos: si siempre las emplearán bien, muy santo y muy bueno, ¿y adónde está eso? Las palabras, a lo menos, se las lleva el aire, pero las letras no se borran tan aina. Por mucha libertad que yo haya tenido, jamás he perjudicado la millonésima parte que Vds., y eso habiéndoseles restringido tanto. ¡Buen modo de levantar lo que otros han destruido! Esas plumas de buitre, ese licor ponzoñoso ha inoculado la infección más terrible: y fuera mejor que Vds. pensasen en el oprobio que han dado con su ligereza y mala fe, y se encerrasen en un círculo de donde no saliesen sino bienes de que hoy tanto se necesita, ¿Dé qué utilidad me es, llamar a la concordia, si Vds. vuelven a dar palos de ciego con más furia todavía?

EL CORAZÓN.— Señores, yo no había tomado aún la palabra, esperando que Vds. pudiesen reconciliarse por sí solos; mas ya veo que por no haberme oído, están en continúa guerra. Yo concedo que cada uno de Vds. tendrá sus defectos, pero jamás convendré en que si se hubieran penetrado de sus deberes, fuese el desorden su resultado. ¿Habría yo estado tan afligido, y aún inconsolable si Vds. hubieran sabido entenderse? ¿Si las necesidades que *los ojos* penetraron, *la lengua* hubiese propuesto los medios de satisfacerlas, y ejecutándolo *las manos*, me habría visto abandonado tan cruelmente? Convénzanse Vds. de ello, si se me presta la cooperación correspondiente, el imperio del MAL desaparecerá para siempre; la amable VIRTUD, seguida de sus divinos atributos, vendrá a anidarse en mi seno, y este asilo será el más seguro, así como el más poderoso que pueda imaginarse. ¿Quién sería capaz de profanarlo, hallándose colocadas a esa elevación centinelas tan sagaces, resonando incesantemente un clarín más noble que el de la Fama, y con una cadena de manos sagradas que la Unión entrelázase? Acuérdense Vds. que es un deber tener la lengua en el corazón, y no éste en aquélla.

Fueron tan convincentes estas razones del *corazón*, que al momento estrecharon *ojos*, *lengua*, y *manos* el pacto más solemne, jurándose una ley inviolable: en seguida la *lengua* hizo el panegírico de la VERDAD, delante del templo de la CONCORDIA. [Anónimo. *El Reconciliador Bogotano* (jun. 3, 1827): 3-4.

En este texto se ofrece un intercambio de posiciones entre un grupo de órganos que son parte de una unidad. Cada uno interactúa en un momento específico para obtener una posición de control y una situación de poder sobre los otros. Cada uno posee intereses y habilidades diferentes; pero en su intento de situarse sobre los otros, dejan de lado el entendimiento y llegan al punto de quedar en conflicto y así aislarse y eliminarse dejando de actuar en solidaridad, causando un mal mucho mayor. La idiosincrasia de cada uno le impide ver la necesidad que tiene de los otros para funcionar, lo cual también entorpece que haya un consenso para solucionar el problema a que se enfrentan; por esta razón, el miembro vital e imprescindible, que había estado atento pero esperando para ver los resultados, debe intervenir como árbitro para recordar que todos ellos cubren las más diversas funciones de protección, participación y ejecución indispensables para la subsistencia y el apoyo general. Argumento que justifica la reacción que todos los interlocutores experimentan para vencer el mal, alcanzar la concordia y llegar a la virtud.

Este diálogo es un género literario en donde se simula una discusión estructurada entre cuatro personajes que intercambian ideas tratando de convencer a los otros de su valor y de su potestad; al exponer diversas facetas de la situación cada uno impulsa el dogmatismo mostrando la terquedad que posee; pero la acertada intervención del corazón evita la solemnidad de las exposiciones convencionales que se producían.

De esta manera, el apólogo se apropia de un medio de expresión bastante común de las obras didácticas y se convierte en un vehículo eficaz para divulgar ideas; que tenían por trasfondo la situación política que vivía la Colombia bolivariana y el peligro de que las partes de la entidad territorial dejaran de trabajar por el bien común, movidas por el deseo de detentar el poder. De esta manera, se propone la divulgación de un sentimiento de unidad y el llamado a la fraternidad emanado desde el centro. La voz que ofrece la situación de cierre señala que todos han llegado a la verdad mediante la decisión y el raciocinio.

Como forma literaria este texto se aleja de la estructura tradicional de las fábulas y se apoya en el prestigio del diálogo para transmitir su mensaje. En este proceso, que ya se había presentado en los siglos XIV y XV, se amplía el campo semántico de la forma de escritura, uniendo la literatura y la política en un texto inventado para servir de modelo para la actuación social.

Otros textos que pertenecen a este género en la misma publicación son: «La Mecha y la Cosiata» (fábula primera), «Las ranas y los niños (fábula segunda), «El petimetre y la beata» (fábula tercera), «El médico y el niño» (fábula cuarta); textos que llevan por título «apólogos colombianos. Ensayos políticos» y se hallan en verso. La primera de ellas, expresa una situación política candente en la época:

LA MECHA Y LA COSIATA (*).
APÓLOGOS COLOMBIANOS
ENSAYOS POLÍTICOS
FÁBULA PRIMERA

> Inclinóse, al fin, la *Mecha*,
> (Pues en esto para todo)
> Reflexionando, en el modo
> Que en la *Cosiata* observó:
> De oprobios lluvia desecha
> Fue su arrebato al instante;
> Desde insulsa a petulante,
> Nada, nada reservó.
> Osadilla,
> Cosiatilla,
> ¿Con quién vas a competir?
> Deja luego,
> Deja un juego
> Que no puedes repetir.

La *Mecha* tronaba,
Y al punto callaba,
Todo era correr, y pararse, y andar;
Su propio deseo,
Con tanto meneo,
No pudo ella nunca un momento llenar.
La *Cosiata* picaruela
Con callos en los oídos
Hacía que los sonidos,
Fuesen a la tapia a dar;
Y la regañona abuela
Se convenció en el momento,
Que reprender era cuento
A la que quiso imitar;
Pues no hay cosa,
Por odiosa
Que no llegue el hombre a hacer;
Ni hay ya gente,
Que inocente
No procure parecer.

******

Políticos censores, que inflexibles
Os mostráis luego al punto
Contra la indiscreción, ¿porqué insensibles
Al extraño conjunto
Seréis de vaciedad, de inconstancia?
¿Pudierais sin jactancia
Llamarnos imparciales
No indagando la fuente de los males?
El que ofrece en precepto la censura
Dé primero el ejemplo de cordura. E. L.

(*) Dos plantas, de las cuales la primera
es perenne, y crece bajo todas latitudes
de nuestro territorio— y la segunda es annua,
y prefiere las partes litorales.—-Flor Polit.
[E. L.(Bogotá) 9 (jul. 1°, 1827): 4].

Para entender el significado de esta fábula, debe prestarse atención a los hechos políticos que sucedían en la Gran Colombia durante la época de publicación de la composición poética. Las constantes demandas de Bolívar para realizar la marcha contra el Perú (1823-1824):16000 hombres, pertrechos y dinero, las órdenes emanadas de él de reforzar el respeto estricto del Congreso para llevar a cabo sus proyectos, las continuas quejas de que Santander y el gobierno gran colombiano no estaban a la altura de su misión, pusieron las relaciones entre Bolívar y Santander; ya de por sí tirantes, en malos términos. A esto se unieron los constantes ataques venezolanos contra el gobierno central de la Gran Colombia, el desacato abierto de Páez contra órdenes de Bolívar transmitidas por Santander y la revolución que pasó a la historia como «La Cosiata», movimiento que estalló en Valencia, Venezuela el 30 de abril de 1826; pero que se venía gestando desde mucho tiempo atrás (véase: Rojas Paúl, 199). La denominación: *Cosiata*, al parecer surgió de un actor cómico en la ciudad de Valencia y pasó a Caracas donde comenzó a emplearse. Significó: «la cosa innominada», «la cosa embrollada que no tenía nombre», de ahí la derivación «cosiata», que se hizo de uso común y que marcó los sucesos de una época (véase: Soriano, 872-876).

Esta designación señala en la historia venezolana las ostensibles tensiones entre los notables de Caracas y su Municipalidad con el gobierno central de Bogotá por su sentimiento de rechazo al desplazamiento de la capital a una ciudad distante; por la desvinculación de la nueva voluntad nacional por no haber participado en el Congreso Constituyente de Cúcuta, puesto que durante su convocatoria y periodo de sesiones, Caracas había estado bajo el poder español. Como resultado, Caracas rechazó la Constitución, demostrando profundas tendencias federalistas que se oponían a los designios de Bolívar.

Además, Páez, en su calidad de comandante general del departamento de Venezuela, había tenido violentas fricciones en 1824 con la Municipalidad de Puerto Cabello al ordenar un reclutamiento despótico para cumplir con la disposición del gobierno central a fin de enviar refuerzos a Bolívar en el sur. Para realizarlo mandó a los batallones Anzoátegui y Apure a prender a cuanto hombre encontrara sin distingos de edad, raza o clase. Junto con esto, sostenía difíciles relaciones con el intendente, general Juan de Escalona y con la Municipalidad de Caracas por las medidas extraordinarias que había tomado contra el proceso judicial de los implicados en el levantamiento realista en Petare (1822).

Por todos estos hechos, el intendente Escalona acusó a Páez ante el Ejecutivo y la Municipalidad de Caracas lo hizo ante el Congreso de Bogotá. El Ejecutivo cesó a Páez de su cargo y lo sustituyó por el ex-intendente Escalona. Esto creó más enojo porque Escalona era mal visto en Valencia; así se ocasionó la reacción de la Municipalidad de Valencia que el 27 de abril de 1826 manifestó su desagrado por la separación de Páez de la Comandancia general. Tres días después en medio de gran tensión, esta Municipalidad desconoció el gobierno constitucional de Bogotá y restituyó a Páez en el mando militar, organizándose oficialmente «La Cosiata».

A continuación se fueron sumando numerosas Municipalidades, incluso la de Caracas (que había denunciado a Páez) al descontento general contra la unión territorial creada por Bolívar y los decretos impartidos desde Bogotá para ejecutar los designios de El Libertador. El 8 de julio, Santander, en nombre del Ejecutivo, declaró a Páez en rebeldía. La tendencia federal buscada en el pasado por las élites venezolanas hizo irrupción en Puerto Cabello el 8 de agosto; la secundó Caracas el 26 del mismo mes; Valencia la ratificó el 5 de octubre pidiendo un gobierno federal similar al de Estados Unidos.

Hacia finales de octubre, Caracas había sacado provecho de la confusa situación, en toda la «Antigua Venezuela»[98], hervidero de opiniones y movimientos; además era vigilada de cerca por Páez y sus leales. Los días 2 y 3 de noviembre se produjo una reunión masiva de notables en la iglesia de San Francisco de Caracas, la cual culminó el día 7 clamando la convocatoria de un Congreso constituyente para diciembre de ese mismo año.

Entre el 28 de octubre y el 7 de noviembre se dio el periodo culminate de «La Cosiata». 1) Regresó Antonio Leocadio Guzmán del Perú con noticias alarmantes causadas por las recomendaciones de Bolívar de adoptar la Constitución Bolivariana. 2) Se concretó la toma de conciencia de la inexistencia del gobierno constitucional de la Gran Colombia. 3) Se reconoció a Páez en el poder. 4) Surgió la necesidad de buscar una fórmula venezolana de convivencia política.

No obstante, estas decisiones, para el 20 de noviembre comenzaron las oposiciones: la guarnición de Puerto Cabello se sublevó contra Páez. Rafael Urdaneta, gobernador intendente del departamento del Zulia abortó la rebelión de Páez en ese lugar. Angostura se pronunció por la Constitución y por Bolívar. Éste con su presencia y al mando de las tropas leales llegó a Maracaibo el 16 de diciembre. El 1º de enero de 1827, en virtud de las facultades extraordinarias de que se hallaba investido, El Libertador dictó un decreto de amnistía para todos los comprometidos en el movimiento de «La Cosiata» advirtiendo que a partir de esa fecha todo acto de hostilidad contra él, como Presidente de la República, sería considerado un delito de Estado. Entró el 10 de enero a Caracas acompañado por Páez, cuyo poder había reconocido (véanse: Maduro, 193-206 y Soriano 1997, 872-876).

La denominación de «La Cosiata» para «aquella cosa innominada» y «enmarañada», cuyo objetivo final se deseaba e intuía, aunque nadie se atrevía abiertamente a confesar: la separación de Venezuela originando la disolución de la Gran Colombia bolivariana, es el referente de la fábula publicada en *El Reconciliador Bogotano* el 1º de julio de 1827.

Como texto literario es un apólogo de tema político-social, que dentro de

---

98 Creada en 1777 con las provincias de Caracas, Cumaná, Guayana, Maracaibo, Margarita y Trinidad. Esta denominación difiere de la República Federal (creada en 1811 con las nuevas provincias de Caracas, Cumaná, Barcelona, Barinas, Margarita, Mérida y Trujillo; faltaba incorporar Maracaibo y Guayana aún leales a España). El Departamento de Venezuela, creado por ley del 2 de octubre de 1821, se diferenciaba de los departamentos de Orinco y Zulia.

las características de sentido moralizante forma parte de una campaña política que espera tener una repercusión inmediata en ese ambiente candente del momento, creado por la inminente disolución de la Colombia de Bolívar y acrecentada por la presencia de El Libertador durante esos días en el Congreso de Bogotá.

La fábula presenta dos personajes: La *Mecha*: «perenne, y crece bajo todas latitudes de nuestro territorio» y La *Cosiata*: «es annua, y prefiere las partes litorales». La primera, «regañona abuela» se enfada violentamente por las acciones que considera que injustamente ha hecho La Cosiata: vergüenza y deshonor ha causado con palabras; sus actos, impulsivos, enardecidos e inflamantes; muchos de ellos insubstanciales, vacíos e insulsos, producto de la arrogancia, el desprecio y la altanería. La malcriadez va al extremo de hacer y decir de todo sin límites.

Al saber lo ocurrido históricamente, La *Mecha* hace referencia a miembros no involucrados en los inicios en los acontecimientos provocados por La *Cosiata*. En el lenguaje bogotano, «mecha» significa: «sufrir o sobrellevar resignado una reprimenda, contrariedad o peligro» (Cuervo, 411). Es decir, habla de la República establecida por Bolívar. En este momento la fábula claramente social expresa una disensión ideológica entre los dos personajes. El primero: mesurado y civil; el otro: irreflexivo, altivo e incivil.

Intentando alcanzar la cordura mediante la reconvención y el ejemplo, La *Mecha* apacigua, aconseja, disimula, disculpa, se enoja, desafía, pero todo es inútil. La *Cosiata* infatuada, no respeta la edad ni la autoridad, produciendo agitación, desasosiego y conmoción interna. Pero con su manera de obrar hábil y con intención encubierta, engaña y simula maliciosamente, sin oír razones; tal fue la actitud que La *Mecha* observando lo obtenido por la otra, decidió seguir los mismos pasos, buscando las mismas concesiones, con lo que se creó la confusión.

Esta composición es literalmente una lectura de los sucesos del momento. En casi todas las páginas de *El Regenerador Bogotano* se habla de los sucesos del 30 de abril pasado, de los levantamientos en distintas regiones de Venezuela, de las explosiones verbales en el Congreso entre opositores de Bolívar, amigos de la escisión territorial, enemigos de los militares, etc. Era tan candente la situación política que pronto se prendió la mecha de la insurrección y se esparció con rapidez como en un polvorín. De esta forma se ha vista la situación:

> [E]l país estaba fundamentalmente dividido entre los separatistas venezolanos, los partidarios de Santander, y los defensores de una dictadura bolivariana, para no mencionar las diversas corrientes de matiz. Cada una de las principales fracciones tenía sus propios ideales y aspiraciones; ello bastaba para dificultar cualquier conciliación entre ellas, y la posibilidad de encontrar una solución que satisficiera a todos podía descon-

tarse desde el comienzo. En última instancia, Bolívar tenía que escoger entre Páez y Santander, y el drama de los seis meses siguientes se centró sobre su grado de comprensión de este hecho y sobre el proceso a través del cual El Libertador tomó su decisión (Bushnell 1985, 398).

Como composición, «La Mecha y la Cosiata» posee todos los aspectos de la estructura de una fábula. *Promitio* = La manera en que La Mecha reacciona perpleja por los actos de La Cosiata. *La transición* = la descripción de los hechos de la Cosiata: oprobios, arrebato, petulancia. En el cuerpo de la *fábula* se presenta un lado del diálogo que emite La Mecha para conciliar y calmar a La Cosiata. Enseguida se regresa al *promitio* con el furor de reacción de La Mecha y la desobediencia total de la Cosiata. Sigue la *conclusión*: La Mecha cansada imita a La Cosiata, tratando de obtener los mismos resultados. Finalmente la composición cierra con un *epimitio impresivo*: la aplicación de la fábula a la realidad histórica desaconsejando y fustigando la conducta de los políticos.

Otra fábula de las presentadas en esa colección de *El Reconciliador Bogotano* es:

EL PETIMETRE Y LA BEATA
APÓLOGOS COLOMBIANOS
ENSAYOS POLÍTICOS
FÁBULA TERCERA

***

Un lindo Petimetre
Que en París raya hiciera,
Pensó allá en su caletre,
Después que el traje mágico luciera,
Cumplir una bravata
A costa de una tímida Beata

La encuentra, desde luego,
Primera reverencia,
Mirar, lleno de fuego,
Saltos, brincos, apuros, impaciencia,
La mano siempre al pelo,
La sonrisa y la voz de caramelo.

Al cabo de mil vueltas,
De mudar veinte sillas,
Y de dos mil revueltas,
Blandiendo el mondadientes, y en puntillas,
Con femenil acento
Expresar pudo así su sentimiento.
Beata melindrosa,

¿Qué vestidura extraña
La talla más garbosa
Nos oculta? ¿Cuál es, dinos, la maña
¿Que borra esa correa?
¿Qué libro es ese que jamás yo lea:?

  ¡Oh fanatismo odioso,
Que la misma belleza
Te hace más orgulloso,
Y en quien nunca el filósofo tropieza,
Deja a la patria mía,
Siquiera respirar un solo día!

La Beata, que atenta,
La farsa contemplaba,
Al oír lo que cuenta
El nuevo original que la ocupaba,
Mirando al infelice,
¿A quien tengo el honor de hablar? le dice-
—A un hombre solamente-
¿De quién ha recibido
Su misión?- ¡Pobre Gente
Que la superstición ha embrutecido!
—¿Quiere Usted ilustrarme?-
—¡Siempre míseros seres han de hablarme!

Oiga usted, señor mío,
Cuando vestí este sayo
No atendí al desvarío
De mi pobre magín, ni el duro ensayo
Que mi vida devota
Hubiera de sufrir en su derrota.

Pero más tolerante
Que el señor ilustrado,
Ni atacó petulante
Su pensar libertino, ni el dictado
Con que a todos regala
De brillante cultura haciendo gala.

¡Políticos actores!
Que os burláis de lo añejo,
Y el plan de novadores

> Queréis introducirnos, el consejo
> De la virtud sencilla,
> No dudéis que os vendrá como perilla.
>
> Sabed que la inconstancia
> Fue la tumba horrorosa
> Del libre, y la ganancia
> De la raza enemiga más odiosa:
> Un pueblo es admirable
> Si el trono de la LEY es inmutable.
> Anónimo. 11 (jul. 15, 1827): 4.

La fábula expone, mediante un enunciador que relata empleando la tercera persona, dos personajes opuestos y ya estereotipados en la cultura desde el siglo XVIII: un petimetre y una beata.

El primero, exhibía modales alambicados tanto en manera como en lenguaje, cuyas conversaciones se limitaban a la moda y a las trivialidades; pero que deseaba un puesto en la alta sociedad; actuaciones que eran rezagos del antiguo régimen. Mientras que la imagen de la beata, provenía de las mujeres que en siglos anteriores vestían hábito religioso; pero vivían fuera de los conventos, muchas en sus propias casas, ocupándose en rezar y hacer obras de caridad y siguiendo en su vida o un modelo de santidad o, según el vulgo, se escondían detrás de esas acciones para llevar una vida poco santa o desviada hacia las práctica y creencias sobrenaturales; situación ambigua que el modo racional de entender el mundo en el siglo XVIII encontraba extraña y, por tanto, se rechazaba.

En la composición se representa a un joven agraciado y muy a la moda que se había distinguido en París, quien se acerca a una bella joven beata para burlarse de ella mostrándose arrogante y vano. Dos mundos opuestos se enfrentan: el público y lucido del hombre y el privado y nada ilustrado de la mujer. Este es el *promitio* de la fábula.

Al verla, el hombre se deshace en manerismos y venias, se muestra halagador y pareciera que empieza a cortejarla; todo para mostrar su apariencia, su vestuario, su distinción y su elegancia. Estos versos funcionan como la *transición* del tema en esta composición; ación que lentamente entra a la narración de la fábula, mediante la ridiculización de las acciones del joven.

La tercera estrofa explicita ya el *enfrentamiento* entre los representados, que realiza el petimetre mediante el inicio del diálogo colmado de insultos velados en alabanzas; puesto que detrás del elogio está la injuria al atribuir en la joven el empleo de prendas de vestido para ocultar deformidades del cuerpo; además la acusa de estar ocupada en lecturas insulsas y casquivanas en las que él nunca perderá el tiempo. La percepción masculina confronta y vitupera los signos exteriores de la espiritualidad femenina.

Ante lo representado, la voz del emisor deja oír su crítica contra ese proceder ofensivo, calificándolo de «fanático» e intolerante, «orgulloso» y arrogante, porque con sus palabras el petimetre no respeta aspectos de la vida cotidiana que considera contrarios a la lógica y a la razón y propios de pueblos incivilizados, indicando que rechaza el comportamiento de la vida de estas mujeres en esa sociedad. Acciones y dichos que desaprueba el enunciador explicitando que cada pueblo vive su vida según sus costumbres y sus leyes.

La siguiente estrofa da paso al parlamento y a la reacción de la joven, quien cortesmente trata al hombre, pero considera infeliz y desafortunado lo que le dice. A cada pregunta de ella, él responde con insolencia y desdén. Finalmente, ella lo confronta directamente diciéndole que su vida tenía un propósito: el ideal de perfección religiosa, ni en ella estaba el desvarío ni el deseo de fallar en su propósito; pero en medio de su pobreza, ignorancia y debilidad, tenía más capacidad para soportar las diferencias y era menos engreída y fatua que él que creía que todo lo sabía. De esta manera, se muestra una mujer muy inteligente y observadora de su medio, que sabe defenderse de un ataque masculino lanzado con malicia.

Las dos últimas estrofas presentan, en la voz del emisor principal, la conclusión del texto donde se aplica la fábula a la realidad; es el *epimitio* de tipo representativo, porque critica la posición del grupo de élites *novatoras* [99] que creían que con criticar y rechazar todo lo que venía del pasado, podrían remodelar la vida cotidiana y cambiar el orden vigente: los actos, las normas y las formas de percibir el mundo. Sin embargo, en la fábula chocan y se destruyen estos postulados, por la falsedad e impostura del petimetre que se estrella contra la prudencia y naturaleza sencilla de la beata, que poseía valor y estimación por lo que ella era y podía hacer. Incluso en los márgenes del sistema cultural y social de la época, donde se ubicaba la forma de vida de estas mujeres, no todo cambio era necesario o positivo.

En estas fábulas existen temas nuevos destinados a criticar, corrigiendo las instituciones y comportamientos sociales, eliminando los abusos y politizando a las masas de receptores que se alcanzaban por medio de la prensa. En ellas se desarrollan temas y situaciones conocidos que reflejan la escena política y social contemporánea de forma nueva y amena

Al lado de estas composiciones originales, en los periódicos se halla otro tipo de fábula; uno de los textos que pertenecen a este grupo se encuentra en el texto publicado en 1842:

LA CARAMBOLA

Pasando por un pueblo un maragato,
llevaba sobre un mulo atado un gato,
al que un chico, mostrando disimulo,
le asió la cola por detrás del mulo.
Herido el gato, al parecer sensible

---

99 Sector social que utilizó los postulados de la Ilustración «para construir un lente que le permitió percibir la realidad natural y humana de aquel entonces desde determinados ángulos y ciertas prerrogativas» (Peralta, 31).

pególe al macho un arañazo horrible;
y herido entonces el sensible macho
pegó una coz y derribó al muchacho.
Es el mundo a mi ver una cadena,
Do rodando la bola
El mal que hacemos en cabeza ajena
Refluye en nuestro mal por carambola.
Anónimo. «Fábula».140 (oct. 23, 1842): 619.

Esta fábula rimada que aparece como anónima, es la fábula XIII de la colección de 54 textos que componen la obra: *Fábulas morales y políticas* (1842) de Ramón de Campoamor, que a su vez la tomó o de Esopo o de Fedro (véase: Ozaeta, 185). Sin importar si el texto no es original, la estructura narrativa que transmite, la presenta un enunciador que emplea la tercera persona, ofreciendo un supuesto imaginario que ilustra la exposición de un suceso con el objetivo de agradar y enseñar. En ella, se representan un par de seres humanos y un par de animales. En la apertura se informa al receptor la situación para que pueda comprender lo relatado: Un muchacho oriundo de Maragatería, comarca de Castilla y León va con dos animales. Luego se explicita el cuerpo de la fábula: el mozo sufre la reacción de lo hecho por un chico al gato (le haló la cola); el animal reacciona hiriendo a la bestia sobre la que lo llevaba, haciéndolo dar una coz terrible al joven. Finaliza con una moraleja y así se cierra el texto. Esta breve composición tiene una estructura muy básica: inicio, desarrollo de la narrativa y clausura. Ahora el tema es la representación de una realidad de sucesos desencadenados que ocasionan un daño inesperado, que aplicado a cualquier sociedad tenía gran validez.

Otra variedad de fábula, se presenta en *El Duende*, cinco años más tarde:

FÁBULA. LOS VIEJOS CASADOS

    Una vieja de ochenta,
Y un viejo de cien años,
Para aumentar el mundo
Sus bodas concertaron.
    Como dos armazones
De fragmentos humanos,
Se presentan aquellos
Novios apolillados.
    A las nupciales fiestas,
Como era de contado,
Vino el Dios Himeneo
Con su cirio en la mano.
    Vino la madre Venus
Sus toallas preparando;

Y su hijo también vino
Y sus arpones trajo.
    Cercáronse del lecho,
Cuando ya se acostaron
Aquellos esqueletos
En forma de casados.
    Y al verlos tan endebles,
Tan viejos, tan cascados,
Unos y otros se miran
Los dioses soberanos.
    Apartáronse al punto
Himeneo cabizbajo.
Avergonzada Venus,
Y Cupido llorando.
    El caso es fabuloso;
Mas si en verdad hablamos,
¿Cuántos viejos y viejas
Habremos retratado?
Anónimo. (mayo 15, 1847): iv.

La fábula, también presentada anónimamente, es un texto de Manuel Navarrete (1823, 195), religioso mexicano, cuyo nombre completo era: Fray José Manuel Martínez de Navarrete. La estructura de la fábula desarrolla una ficción satírica con presencia de seres humanos y dioses mitológicos. La apertura prepara al lector para una situación que se muestra como aberrante, porque dos personas de edad avanzada contraen nupcias «para aumentar el mundo». Es una crítica contra el amor de una pareja de ancianos, situación que hasta los dioses repudian con abatimiento, vergüenza y llanto por que la consideran ofensiva y despreciable. El propósito es efectuar el escarnio público hacia una situación considerada contra natura; porque el anciano ya no tiene una función social pública; debe ser marginado y limitado. La fábula expresa abiertos prejuicios contra la vida sexual en la vejez, porque tenía y la creencia arraigada de que el matrimonio debía tener como fin único la procreación; dejando de lado, por la edad, la comunicación de sentimientos y afectos, e incluso, de satisfacción de necesidades económicas. Como conclusión, la composición explicita una moraleja que habla de la realidad de lo representado, donde no hay procreación, belleza ni juventud; así se transmite una ideología normativa de repudio contra decisiones de los ancianos.

Como se observa, entre textos originales y textos copiados de autores europeos e hispanoamericanos, la fábula es uno de las formas menores de escritura que se encuentra en los periódicos colombianos del temprano siglo XIX, y que se va adaptando a las circunstancias socioculturales de la época, siempre con intenciones didácticas y moralizantes. Estos textos muestran el hábito de narrar historias que ha poseído la humanidad y, en su aparente sencillez, desarrollan una serie de estrategias narrativas con las que exponen objetivos didácticos, políticos, patrióticos o socioculturales, protagonizados por seres animados e inanimados, que, a su vez, denuncian una realidad hostil o desventajosa, cuya lección por lo general se aplica al mundo real.

La fábula como forma narrativa se amolda con facilidad a diferentes propósitos: al disimular el significado evidente para aquellos lectores del momento histórico que tenían la habilidad para entender el contenido, como sucede con la colección de apólogos colombianos. En ellos, el paso del tiempo dificulta el entendimiento de lo emitido, restringiendo así el placer de la lectura del texto; lo cual impulsa al receptor a descifrar el sentido para dilucidar lo que los autores quisieron transmitir. Sin embargo, en ellos se hallan, además de diferentes estructuras narrativas, un tono didáctico que emplea el humor, abriendo posibilidades para que este tipo de composición se relacione con otras formas de escritura y se vayan fusionando los géneros.

3. 2 LA ANÉCDOTA

Otra de las formas simples de ficción escriturales que se encuentran en los tempranos periódicos del siglo XIX colombianos es la anécdota. Como representación narrativa, su nombre viene del griego: ανεχδοτοσ *(anékdotos)* «inédito», derivado de εκδιδοναι «publicar» (Corominas y Pascual, I: 265). Es, en su presentación, un pequeño relato de un suceso poco conocido, que posee una estructuración en donde se evidencian aspectos funcionales y genéricos, como también fuertes interrelaciones entre la narrativa misma y la vida social y cultural del momento en que se difunde. El español lo tomó quizá del francés, «donde ya corría desde finales del siglo XVII» (Corominas y Pascual, I: 265); afirmando de esta manera que para finales del siglo XVIII, el vocablo ya se empleaba en español.

Como forma de escritura ha recibido relativamente poca atención de los estudiosos de la literatura[100]. Sin embargo, en Colombia esta manifestación literaria importante para explicitar el desarrollo de la ficción ha permanecido casi olvidada[101]; a pesar de que se halla en cada uno de los periódicos del siglo XIX.

Sobre este tipo narrativo, para el francés se informa:

> El término *anécdota* entra en los diccionarios a finales del siglo XVII. (...) Está registrado en el *Dictionnaire universel* de Furetière en 1690; y en la primera edición del *Dictionaire du l'Académie* en 1694, registro diferido con respecto a sus primeras apariciones, bajo la forma adjetival, en Guez de Balzac hacia 1654 (Hadjadj, 5).[102]

---

100 Destaca la colección de ensayos: *L'Anecdote. Actes du Colloque de Clermont-Ferrand* (1990).
101 Véase una versión inicial de este texto en: Rodríguez-Arenas (2004).
102 Todas las traducciones son nuestras.

Igualmente, Hadjaj indica que el término *Anécdota* en el francés contemporáneo aparece disociado en sus significados en los grandes diccionarios:

Anécdota 1. Particularidad histórica (secreta). Puede ser literaria.
Anécdota 2: Breve hecho curioso.
Anécdota 3: narración rápida de un hecho insignificante. Se la asocia con el cuento, la fábula, la historia, la historieta, el relato
Anécdota 4: Detalle sin alcance general. Puede tener un significado peyorativo (véase: 8-9).

De todo esto, Madelénat concreta que:

La anécdota es un relato de un breve hecho curioso poco conocido, relativo y variable, que implica la concatenación de un objeto y de una acción en una intriga mínima, en un «biografema» aislado de la totalidad vital y seleccionado (lo concreto de los hechos aunque arbitrario se aísla del tejido de la existencia y se subordina a un fin, implícito explícito: el conocimiento psicológico) (59).

Mientras que literariamente se la define como:

1) La anécdota lo mismo que las historietas, cuentecillos, chistes, etc., constituye un recurso importante de comunicación y entretenimiento con el que los seres humanos se divierten en sus ratos de ocio, en reuniones de familiares y amigos. (...) La anécdota sirve además para caracterizar a un personaje, una profesión e incluso una ideología por lo que constituye un recurso utilizado frecuentemente en la obra de ficción novelesca o dramática, como en el ensayo» (Estébanez Calderón 37).

2) Un relato breve de un incidente interesante o entretenido y a menudo humorístico. Sin tener la complejidad del cuento, la anécdota simplemente refiere un episodio particular u acontecimiento que trata de mostrar algo concreto. Puesto que la anécdota se supone que es verdad, el incidente que se describe y lo que se quiere mostrar son típicamente más importantes que la forma misma de narrarla; es decir, su estilo. Las anécdotas frecuentemente representan un suceso en la vida de una persona específica que muestra un rasgo de carácter (Murfin y Ray 19).

Estas explicaciones y precisiones concuerdan en la novedad y la brevedad, la calidad de infrecuente e interesante, aunque insignificante de lo relatado; cuyo propósito, además de distraer o divertir, pretende llevar a concluir algo específico o pertinente sobre un suceso o un rasgo de alguien.

Durante las tempranas décadas del siglo XIX en los periódicos colombianos se hallan publicadas diversas anécdotas reales, históricas o ficticias, cuyos temas hacen referencia a hechos del momento o con las cuales sus autores o transcriptores desean ilustrar, calificar, comentar positiva o negativamente, moralizar bien sobre situaciones sociales, políticas o culturales, bien sobre actuaciones personales o particularidades de conducta de alguien; además, las atribuciones que en ellas se efectúan son o bien anónimas y generales o de personajes europeos; pues rara vez se nombra a alguien del área. La falta de identificación o la vaguedad de representación de los individuos en la anécdota y la óptica con que se los representa produce la certeza de que muchos de esos sujetos no han existido o que su concretización a través de la escritura es producto de la finalidad del mensaje que se emite.

Esos periódicos, producto de los medios de comunicación de masas de la época, presentan características negativas para el receptor de hoy, por la distancia temporal que lo separa del objeto de lectura; lejanía que hace ininteligibles aspectos de la composición de los textos o de la cultura que los trasciende; situaciones que llevan al lector a asimilar diversos fenómenos en uno o a considerar que las mismas reglas se aplican a la comprensión de todos los textos.

Del mismo modo, los intereses de los lectores del siglo XIX y los del presente son diversos. Para los primeros, interesaban más los contenidos y sus significados que la forma; ya que en el pasado el relatar algo tenía siempre un propósito por lo general didáctico, rezago de la influencia del siglo XVIII. Para ellos importaba la motivación que el autor ponía en sus personajes, la expresión de la personalidad, las discusiones y las reflexiones sobre los modos de comportarse y la ética y la ideología que se representaba en esas declaraciones. Mientras que en el presente importa *el cómo se cuenta un relato*; producto del acercamiento moderno en la investigación literaria del arte de contar historias.

Teniendo esto en cuenta, interesan para nuestro propósito las anécdotas que poseen un sesgo ficticio que no produce conflictos lógicos o de conocimiento, bien porque ellas hayan sido imaginadas y permiten posibilidades de representación y juego o bien porque en ellas lo relatado está próximo a la esfera de las casualidades y de la inverosimilitud y por tanto proporciona los elementos de una buena historia digna de ser contada. Así, estos textos explicitan circunstancias que pueden sintetizarse en unos pocos principios básicos, que las señalan como formas elementales de discurrir sobre el mundo. La manera de presentar el mensaje no impide que en ellas empiece a destacarse el empleo de estrategias narrativas que se encuentran en las diversas manifestaciones de ficción del periodo.

La anécdota puede expresarse en unas pocas oraciones o en una historia desarrollada en formas diferentes: un dicho, una broma, un suceso, una conseja, una biografía, un cuento oral que da origen a una obra literaria, o es posible que sea una historia no confiable; además, puede contener un dato insignificante o tener mayor importancia histórica (véase: Neklioudova 2). También puede involucrar una cita o algo dicho con humor, una descripción de una situación memorable (véase: Taylor, 223). Del mismo modo, el relato de la anécdota deja vislumbrar una costumbre o una creencia, generalmente relatada por algún testigo presencial de la situación mencionada (véase: Evans, 1).

Su referente se halla entre los límites de la historia y la ficción, los de la literatura oral y la escrita; entre los de la pedagogía y el humor, la subversión y la conformidad. Como forma narrativa tiene un fuerte efecto mnemotécnico que permite su reproducción, lo cual puede ser resultado de su estructura narrativa, que es un mecanismo que se usa para mejorar la función de la memoria (véase: Hendrix, 18).

Se considera que el antecedente directo de la anécdota como género se halla en el apotegma, palabra con la que los clásicos griegos y latinos se referían a una breve historia que mostraba a los personajes en una determinada situación, cuya narración concluía con un dicho agudo e ingenioso. La característica más importante de esta narración era la calidad de la persona que la emitía (véanse: López Torrijo y Portela Carreiro,132).

En la primera mitad del siglo XIX en Colombia, los escritores exploraron esta forma narrativa, en su variante histórica, que tradicionalmente alababa las instituciones civiles y gubernamentales. De ahí que, este tipo de relato entre sus diversas funciones permitiera interpretar la vida civil y política; y a la vez ayude a explicitar con gracia y humor aspectos reales o históricos para hacerlos más aceptables o comprensibles.

Asimismo, como forma de escritura, la anécdota preserva y transmite estilos de vida para generaciones futuras; a la vez que es una fuente de novedad y subversión disfrazada que penetra tanto la historia como la literatura. Como elemento importante, el contexto de difusión sea textual, situacional o social tiene un papel predominante, puesto que los narradores, lo relatado y la audiencia del momento de emisión se relacionan como componentes de un continuo único.

Una parte importante para esta interrelación son los contextos de situación: las realidades y circunstancias que rodean la enunciación de los textos; y los datos comunes al emisor y al receptor sobre la situación espacio-temporal; es decir, el entorno físico inmediato que constituyen el ámbito cultural y sicológico de los directamente involucrados (Alcaraz Varó y Martínez Linares 1997, 145). Los contextos son agentes mediatizantes que relacionan el texto al mundo de los narradores y al mismo tiempo proporcionan claves para la interpretación de los símbolos, ideas, creencias y conocimientos. Desde esta perspectiva, el proceso de comunicación que sucede entre la voz narrativa y su audiencia es crucial. Este transcurso destaca los elementos que emplean los participantes en un acto narrativo para adaptar una historia del hecho que la hace surgir y para hacer que la audiencia sea receptiva a ella. Así se muestra la dinámica de la tradición tanto como los recursos metacomunicativos que se ponen en juego.

Algunos han definido la anécdota como parte de un tipo de narrativa relacionada con el chiste (Aarne-Thompson 1987, 254), mientras que otros la ubican con los «memorates»: término propuesto por el folclorista suizo von Sydow, para clasificar los relatos de experiencias y recuerdos personales (Dance, 359) y las crónicas (Gwyndaf 1984). Del mismo modo se la relaciona con las facecias: relato breve y gracioso para amenizar el discurso (Chevalier, 55-66). También se habla de la función que tiene el emplear este género de narrativa, entre ellas: ilustrar algún aspecto de la personalidad del protagonista para la comunidad que lo conoce o destacar un aspecto relevante de una situación para ofrecer un modo normativo de conducta (Stahl 1975). Pero, contenga el tema que sea, debe poder contar un hecho completo de manera verosímil, si no está basada en la realidad histórica; además debe transmitir una verdad interna y simbólica.

Sin importar cómo se las clasifique, las anécdotas son historias breves, presumiblemente verídicas, generalmente centradas en un episodio singular y en una escena única, con elementos breves más o menos independientes que pueden identificarse fácilmente como partes separadas dentro de un discurso más amplio, y frecuentemente, están conectadas con algún incidente que se considera digno de contarse; narra pequeños acontecimientos bien de un comportamiento o de una situación.

De acuerdo a Bauman, las anécdotas «tienden a ser fuertemente dialógicas en construcción, a menudo terminan con un dicho significativo, una gracia, una ocurrencia o una afirmación presentada en discurso directo. Es decir, con un parlamento citado que marca este tipo de narración» (1986, 55). Sin embargo, una de sus características importantes es que carecen de una fórmula de apertura.

Ahora, la anécdota, como forma narrativa, aparece en los periódicos colombianos de la primera parte del siglo XIX en diversas manifestaciones; tal vez una de las preferidas sea la forma muy corta; ya que se encuentra en la gran mayoría de las publicaciones periódicas. En los siguientes textos publicados entre 1825 y 1842 se observan algunas de las particularidades de este género: además de distraer e informar, la función de algunas de ellas es poner el centro de interés en formas de la vida cotidiana que conllevan un sistema de valores, porque se consideraba que la vida del pasado podía educar ilustrando sobre situaciones que atañían al lector al hacerlo reflexionar sobre aspectos que llegaban a juzgarse comunes en la vida social.

Algunas de estas narraciones sucintas presentan alternativas filosóficas interesantes que marcan un contraste con los valores que se querían instaurar o promover. De esta manera, se ponía al alcance de los seres sin historia institucional y con una existencia finita, una conexión con el infinito. Así se forjaba la imaginación, no sólo porque estos textos se leían en voz alta; sino porque se transmitían en forma oral a quienes no supieran leer o tuvieran acceso a los impresos, creando en los receptores el deseo de recibir más historias. Éste era un procedimiento para desarrollar la fantasía en los receptores, quienes después irían a buscar motivos y técnicas similares en otros relatos.

La selección de anécdotas destacadas, además de poseer como características la brevedad, determinan un intento de desarrollar la imaginación de los lectores proporcionándoles contextos situacionales que pudieran identificar o con los que se pudieran relacionar. Ésta era una manera de suministrar modos realistas de ficción por medio de historias muy concisas que presentaban patrones de invención, los cuales, a su vez, proporcionaban modelos o prototipos de ordenación de los sentimientos, de las aspiraciones y de las formas de conducta del ser en la sociedad.

Algunos de los textos que aparecen en los periódicos neogranadinos son:

ANÉCDOTAS

1) Una esposa fue a buscar a su marido, que hacía dos días estaba jugando. «Dejadme, le dijo, puede que pasado mañana vaya a veros». El desgraciado fue antes de lo que había ofrecido, y hallando a su esposa acostada dando de mamar a su hijo más pequeño, le gritó con fiereza: «levantaos, señora, la cama en que estáis ya no os pertenece». [Anónimo. El Día (sept. 20, 1840): 20].

2) No pudiendo cierto hombre corregirse en su desenfrenada pasión al juego, resolvió matarse, y hallándose cazando en una montaña, puso su caballo entre dos precipicios. Gritáronle que iba a perecer; mas él contestó: «es preciso hacer algo por mis hijos» y verificó el suicidio. [Anónimo. El Día (sept. 20, 1840): 20].

3) Jugaba un sujeto, que se decía caballero a carta cabal, y sorprendido en una trampa, los jugadores indignados lo arrojaron por la ventana del piso alto en que estaban. Levantado el mal jugador dirigióse a un amigo a pedirle consejo sobre lo que en semejante caso debería hacer. Mi amigo, le dijo el consultado, un consejo no más se me ocurre, y es que en lo sucesivo no juguéis sino en el piso bajo. [Anónimo. El Día (dic. 25, 1842): 657].

4) Un gascón que había perdido al juego su dinero, dormía con el tahúr que se lo había ganado; y deslizando muy quedito la mano para tomar el bolsillo del compañero, fue sorprendido por éste, que le preguntó ¿qué era aquello? Nada, respondió el gascón, era que buscaba el desquite. [Anónimo. El Día (dic. 25, 1842): 657].

Estos cuatro textos tienen como función específica edificar sobre una situación social reconocible culturalmente: el juego patológico, considerado un acto impulsivo, que se convierte en necesidad prioritaria, estigmatizante y que ha sido una de las plagas más antiguas de la humanidad por su gran poder destructivo.[103]

---

103 En el siglo XIX, el escritor ruso Fiodor Dostoyevsky agobiado por esta adicción de la que nunca pudo liberarse totalmente, trató el tema del juego en su obra *El jugador*, que posteriormente bajo los estudios que Freud llevó a cabo en 1828, se convirtió en un rico y preciso tratado de la psicopatología del juego. Véase: Freud (1973).

Augusto Le Moyne plasmó con las siguientes palabras, esta actividad en las distintas capas de la sociedad colombiana de la época:

> A partir, pues, de la caída de la tarde, la vida de Bogotá desaparecía de las calles para el resto del día ya que no había en la ciudad ni un café ni un restaurante, ni establecimiento de recreo o pasatiempo que pudiera atraer a la gente fuera de sus casas como en las grandes ciudades de Europa; pero en muchas casas había reuniones de familia y de amigos, que se caracterizaban por su absoluta sencillez; mientras la gente joven, a la luz de una o dos velas, improvisaba algún baile con acompañamiento de guitarra o arpa, las personas de edad, hombres y mujeres charlaban y fumaban o jugaban a las cartas, juegos de azar en que los aficionados arriesgaban a veces sumas enormes» (129-130).

Mientras que en los días de fiesta tanto en la capital como en otras poblaciones, las plazas de las iglesias se convertían:

> [E]n un verdadero campo de feria, donde al aire libre o bajo tiendas se instalan puestos (...) Juegos de dados y mesas de monte y de ruleta. Estos juegos atraen a muchas gentes, pues la afición al juego está muy extendida en el país, entre personas de todas las clases sociales; (...) me apenó muchas veces ver a familias burguesas honorables y hasta señores que ocupaban los puestos más elevados en la administración o en el ejército, pasarse toda la noche sin experimentar la menor vergüenza, alrededor de la mesa de juego, jugándose los cuartos con palurdos, negros o mulatos de la más baja estofa (142).

Como se advierte, en la Nueva Granada, todas las clases sociales y todas las edades jugaban, gastaban el tiempo y apostaban muchas veces hasta lo necesario. El azar en el juego es una diversión cuando existe el control; ya que de esta manera se produce el gozo en el acto en sí. Sin embargo en las anécdotas anteriores deja de ser placentero porque destaca el descontrol que lleva a la persona a perder su libertad de decisión.

Le Moyne señala varias clases de juegos: cartas, dados, monte y ruleta; juegos de azar efectuados pública y privadamente, todos ellos potencialmente adictivos, que llevan al ser humano de jugador social a jugador patológico, enfermedad causada por las constantes pérdidas de control que, cuando el déficit empieza a ser excesivo, arrastra a seguir jugando para alcanzar las ganancias, que a su vez actúan como estimulantes para recuperar lo perdido. Así, se crea el problema: surge la dependencia y se consolida mediante el grupo de mecanismos derivados de la propia dependencia, que afectan la mente, la conducta y el organismo, constituyendo las acciones realizadas un círculo vicioso.

Las anécdotas 1 y 2 muestran el extremo compulsivo y patológico al que se puede llegar por la adicción. Cada una de ellas expone aspectos de la etapa de compulsión que permite que el jugador desarrolle actitudes sobre su adicción. En 1), el jugador no escucha razones, aumenta el tiempo que le dedica al juego, se endeuda incluso hasta llegar a extremos para conseguir más dinero. En el momento en que aparece representado en esta anécdota, ya se ha producido un derrumbamiento psicológico en su relación consigo mismo, con la familia y con la sociedad. Su adicción ha causado un desequilibrio en su conducta; ya posee total indiferencia a las consecuencias; ha dejado de ser dueño de sí mismo.

Mientras que en 2): se presenta la crisis definitiva que lleva al implicado a extremos totales de autodestrucción, frustración y culpabilidad que no puede resolver. De esta manera, se ve consumido por los sentimientos de baja autoestima, que lo conducen a la culpabilidad; sabe que lo que hace se le ha convertido en un vicio incontrolable; se siente mal por el abandono de todo, de todos y de su propia vida; viéndose incapacitado para tomar una solución positiva, se decide por el autocastigo final y total: la muerte.

En las dos anécdotas siguientes, los personajes representados forman parte de la misma situación; se hallan dominados por un fuerte y abrumador impulso de jugar; compulsión que persiste y progresa en intensidad y urgencia, consumiendo cada vez más tiempo, energía y recursos emocionales y materiales. Finalmente, invade, socava y, a menudo, destruye todo lo que es significativo en sus vidas.

En la anécdota 3), el personaje ya se halla en la etapa de alienación de la familia y de los amigos, bajo esta presión y la falta de dinero, racionaliza su conducta como reacción negativa de los otros hacia él. La dependencia patológica que lo acucia no le permite ver que hace mucho tiempo que dejó de ser «caballero a carta cabal» como pregona; sus actos ya inciden negativamente en la sociedad y ha dejado de ser considerado *Señor* porque ha perdido la dignidad; ya su personalidad está marcada y controlada por el fracaso crónico y progresivo para resistir los impulsos a jugar. Empujado bien por el anhelo de poder proporcionado por el dinero o bien por el apremio incontrolable de jugar se ha convertido en un tahúr, juega con trampas, hace profesión de ello y ya ha dejado de lado cualquier interés relacionado con el decoro y el honor. Al ser descubierto haciendo trampa y ser castigado con violencia, él piensa únicamente en el resarcimiento de aquello que cree una afrenta a su honor de «caballero»; en su mente, los valores se han alterado tangiblemente, produciéndose una interferencia con el funcionamiento normal de su vida en sociedad.

En esta anécdota se presenta una ironía entre lo dicho y lo hecho por el «sujeto». Lo dicho posee una significación que tiene la impresión de constatar simplemente un hecho: la dignidad que se supone caracteriza todos sus actos. No obstante, sus acciones desmienten lo que presupone el contenido de las palabras. A pesar de esto, cegado por su dependencia física o psíquica al juego e incapaz de valorar su conducta, reacciona con vehemencia ante «semejante» atropello que han cometido contra él; desafuero que ofende su honor de «caballero».

La concepción del honor en este sujeto es puramente individual; para él, ese estado moral se desprende de la imagen que tiene de sí mismo, representación que lo lleva a rechazar la actuación de los otros contra su supuesto prestigio y su rango. Siente la afrenta antes de pensar los hechos; para él no existe más que una sola noción de honor, la suya; de ahí que busque consejo para su «caso».

El amigo, conciente de la causa y de la reacción que produjeron los acontecimientos, en contacto con la realidad y sabiendo que la conducta del indagador no iba a cambiar en un futuro próximo, sabiamente le sugirió una solución: jugar en la planta baja, porque el honor que entraría en juego en lo sucesivo sería el de los otros participantes en las sesiones de entretenimiento; ya que, al conocerse la calidad de tahúr del sujeto, el sentimiento personal que se manifestaría sería el que tarde o temprano éste fuera juzgado por los demás, continuara siendo rechazado y siguiera recibiendo su merecido castigo.

La anécdota 4) presenta la confirmación del mismo tipo de conducta adictiva, que no puede descansar en paz, si no recupera el dinero que ha perdido y con él, posiblemente el poder y el prestigio que proporciona. Además, la inconciencia del que intenta robar lo que ha perdido expone una alteración cognitiva que erosiona su racionalidad y lo lleva a sumir una conducta de riesgo al evaluar la situación de una manera sesgada. Ambos buscan estimulación mediante la adquisición o la recuperación y rechazan velada o abiertamente la condición de tahúr. En el taimado intento de apoderarse de lo jugado y disipado y en la protección de lo alcanzado se manifiesta la picardía de los dos jugadores; sólo el más astuto gana.

No debe olvidarse que durante la Colonia y el siglo XIX, el juego patológico era uno de los males endémicos de la sociedad; tanto por la destrucción y corrupción que traía consigo, como por la pérdida de seres productivos para la sociedad. En la emisión 126 del Periódico *El Día*, del mismo año 1842, se presenta un artículo crítico que analiza el aniquilamiento social que producía la adicción al juego cuando daba vuelo a los instintos produciéndose una perversión específica que era resultado de la ausencia de freno; así se convertía el juego en una idea fija que llevaba a la evasión de la obligación y a la obsesión.

La intención de los editores al insertar estas anécdotas y el significado que ellas adquirían en la mente de los lectores puede explicarse parcialmente por el momento histórico en que esas breves historias se publicaron y se difundieron; también como por las convenciones lingüísticas que las caracterizan. Cada uno de esos textos al ser difundido en la prensa no tiene el apoyo de quien lo originó; de esa manera, la intención del autor y el significado del texto ya no coinciden; lo que tiene valor es la interpretación que se le da al texto.

ANÉCDOTA

5) Viajando dos literatos hacia una de las principales ciudades de Europa; «¡no es dolorosísimo» dijo el uno, «que un solo poema en que me elogian no se venda!». —«Mucho más lo es» respondió su compañero de viaje, «que se hayan vendido tan bien dos obritas en que me hacen pedazos, poníendome a los pies de los caballos».

*** ¡¡Cuantos hay entre nosotros que desean con ansia los papeles en que se vulnera el honor del ciudadano, y que miran con desprecio los que contiene cosas verdaderamente útiles o hacen el elogio de la virtud!! (*La Miscelánea* 1825, 7-8).

Esta anécdota presenta otro problema que aquejaba a la sociedad durante el siglo XIX: la difusión de calumnias y la avidez con que se obtenían este tipo de escritos. Durante la época, los pasquines: escritos anónimos con los que se censuraba, satirizaba o difamaba al gobierno, a una autoridad o a una persona cualquiera se fijaban en lugres públicos y eran la orden del día; además,

existían periódicos satíricos que divulgaban artículos en contra de instituciones e individuos.

Le Moyne habla sobre esta situación en el temprano siglo XIX:

> [T]odos los domingos se publicaban varias hojitas efímeras llamadas **papeluchos**; estas hojas ya estuvieran escritas en tono serio o burlesco, género éste que gusta mucho en Colombia, no contenían más que críticas de los actos del gobierno o sólo servían para mantener polémicas entre algunos individuos que casi siempre excedían en sus ataques contra las personas, los límites de lo que se puede llamar libertad de prensa.
> Entre esos libelos algunos tenían un carácter todavía más desagradable, se los denominaba **ensaladillas**[104] y eran sátiras en verso y manuscritas, que gentes mal intencionadas, pero en ocasiones ilustradas, amparadas siempre en el anonimato, hacían circular de vez en cuando clandestinamente. En esas sátiras sus autores se esforzaban no sólo en censurar con acritud los defectos y las debilidades de sus conciudadanos sino en divulgar todas las intrigas galantes y devaneos del día. Estas pérfidas producciones literarias, a pesar de ser el terror de las familias pasaban

---

104 Este es el caso de Francisco Javier Caro; Agregado al cargo de Oficial Mayor de la Secretaría del Virreinato de Santafé de Bogotá, nacido en Cádiz, España (1750) y muerto en Santafé (1826). Fue abuelo de José Eusebio Caro (considerado el poeta romántico más importante de Colombia e ideólogo del Partido Conservador Colombiano) y bisabuelo de Miguel Antonio Caro (Presidente de la República y renombrado filólogo y humanista). Desde el 20 de julio de 1810, cuando estalló la Independencia hasta su muerte, Caro se dedicó a escribir sobre lo que veía, conservando para la historia una ensaladilla o serie numerosa de textos poéticos que reunió en los últimos años de su vida bajo el título: «Nueva Relación y Curioso Romance». En este conjunto de más de 60 poesías sardónicas e hirientes pintó y caricaturizó en versos cargados de hiel unas veces o de crueles sarcasmos otras a escritores, intelectuales y militares criollos y españoles que participaron en las guerras de Independencia contra España. Caro no reparó en requilorios, estaba dispuesto a burlarse de todo y a ridiculizar con furor a los criollos sin importar su posición o a vengarse con saña de los españoles que se oponían al gobierno monárquico. Tomaba los defectos físicos y los manchones morales de sus víctimas, verdaderos o inventados, abultándolos de tal modo que desfiguraba a quien tenía la mala fortuna de caer bajo su restallante fusta.

de mano en mano, precisamente por el temor que inspiraban y también por la esperanza que cada cual alentaba de verse excluido a expensas del vecino (Le Moyne 135-136).

Estos pasquines y diarios diseminaban injurias. La proliferación de informaciones falsificadas, nunca de primera mano, se ideaba con astucia. En estos textos, las mentiras se mezclaban con las indiscreciones, los chantajes con las difamaciones, y la prensa se convirtió, como describió Le Moyne en un terreno donde muchas veces se excedían los límites. De ahí que el comentario que acompaña a la anécdota 5) sea relevante para el proyecto cultural que se intentaba implementar en el territorio.

ANÉCDOTAS

6) Preparando Guillermo de Nassau, príncipe de Oranje, una expedición militar muy importante; «confiadme vuestro designio» le dice un oficial. «¿Serás capaz de guardar bien el secreto?» le dijo el príncipe. «Sí mi general». ¿Pues yo también, respondió Guillermo.

*** Ojalá que esta respuesta sencilla y expresiva se haga un proverbio entre nosotros, y sirva para eludir las cuestiones indiscretas de tanto curioso impertinente, que con gran detrimento de la moral y del reposo de las familias se ocupa en averiguar lo que no debiera, sin ser después tan discreto como Guillermo (*La Miscelánea* 1825, 27).

7) Iba para el palacio el abogado general Talero, y resistiéndose el caballo a seguir, espoleábalo él, y el animal reculaba. Bautrau que estaba presente, dijo: «¡Ea! Haga ver U. que es el más sabio de los dos». Molestado de esto el abogado, Bautrau replicó: «No, no es a U. a quien lo digo, es al caballo».

8) Vanagloriábase un necio delante de Rivarol de que sabía cuatro lenguas. «Yo te felicito, le dijo él, pues que por cuatro palabras tenéis una idea».

9) Representábase el *Don Giovani* de Mozart, y un joven impertinente púsose a entonar un aria de la pieza, tan alto que incomodaba a todos los vecinos. Un aficionado no pudiendo aguantar más, empezó a decir enojado: «¡qué animal! ¡qué bruto!» Conmigo es esto, dijo el impertinente. «No, le replicó el otro, es con este Rosini que no me deja oírte».

10) Luis 14º decía al duque de Vivonne: «no te parece singular este M. de Schomberg que habiendo nacido en Alemania se ha hecho naturalizar en Holanda, en Inglaterra, en Portugal, y en Francia». No, señor: dijo el duque, es simplemente un hombre que ensaya todos los estados para vivir. [Anónimo. *El Día* (dic. 25, 1842): 657].

Estas cinco anécdotas hablan de personajes determinados, representantes de grupos socio-culturales específicos: un oficial, un militar, un políglota, un músico y un noble; protagonistas, todos ellos, al parecer de origen europeo y de clases privilegiadas. Ellas alaban a un personaje por unas virtudes o rasgos de personalidad que sirven como modelo en una sociedad estratificada, donde las personas se ven en la necesidad de forjarse una identidad y mantenerla para asegurarse un puesto más o menos privilegiado. Temáticamente estos textos ofrecen una crítica de la historia supuestamente «oficial» e indican aspectos «secretos» del comportamiento de miembros de las clases altas. Para la mayoría de la población, que no podía identificarse con la historia del estado-nación que se estaba erigiendo, porque estaban desligados de la vida política, era atrayente el desarrollo de esta clase de narrativa que ofrecía una perspectiva informal de sucesos particulares de personajes históricos. Al mismo tiempo, los nobles, los altos militares y los poderosos poseían tradiciones y explicitaban riqueza que el pueblo no poseía; al mostrarlos en un acto ridículo o degradante se descubría un mundo en transición que observaba y examinaba los valores de las castas dirigentes.

En esta situación, las anécdotas realizaban un papel doble: ayudaban a explicar acontecimientos atribuidos a las inclinaciones personales de los miembros de clases altas y, al mismo tiempo, constituían una crónica de la vida social que de otra forma no hubiera tenido su propia historia. Opuestas a la historia oficial, las anécdotas revelan un comportamiento que normalmente no habría llegado al público. Este conocimiento secreto que se divulga se basa en estereotipos públicos y, por tanto, refleja una creencia comúnmente compartida de que los algunos sucesos históricos importantes derivan de ocurrencias diarias insignificantes.

Las cinco anécdotas muestran una cercana conexión del emisor con la opinión pública, en el hecho de ser una historia «informal» que señala rasgos destacables de la imagen que proyecta un determinado grupo social para el resto de la población; comportamiento que si era positivo debía encomiarse, de lo contrario, debía evadirse. La formación del nuevo estado aceptaba normas europeas procedentes de Francia; no obstante lo positivo de la adaptación, había conductas modelizantes y otras que no lo eran; estas últimas se explicitaban porque no se correspondían con los valores que se pretendían para la nación. La curiosidad, la indiscreción, la terquedad, la necedad, la impertinencia y la falta de patriotismo no eran principios dignos de imitar, de ahí posiblemente la brevedad y la intencionalidad de la narrativa: «a buen entendedor con pocas palabras basta».

El propósito normativo de la publicación de las anécdotas destaca la persuasión que los editores del periódico empleaban para modelar conductas y aumentar o disminuir la admiración por lo extranjero; esta función señala la manera como se impulsaban paradigmas culturales mediante la difusión de algunos de sus rasgos a través de la prensa; de esa manera, las anécdotas se constituían en comentarios escritos en los márgenes de historia pública, porque atribuían o restaban importancia a características personales de gente acreditada, mediante una crítica entre irónica y satírica de las inclinaciones, actuaciones y virtudes o vicios público y privados de miembros de las clases altas.

En este tipo de historia no oficial se entremezclaba la sicología de la historia con el pensamiento moralista de la tradición secular, que consideraba los impulsos naturales como los ejes del acontecer. Este conocimiento proporcionaba autoridad al receptor de las anécdotas porque se convertía en juez de lo relatado, con lo que adoptaba una posición de poder. De esta manera, las clases intercambiaban imaginariamente papeles y funciones.

En la prensa se observa un cambio en la estructura de las anécdotas entre 1825 y 1842. En el primer texto, la voz que presenta la anécdota expresa un comentario abierto contra la curiosidad, la impertinencia y la indiscreción; mientras que en los textos posteriores el comentario desaparece. No obstante, todas las anécdotas cierran con un dicho tajante, que corta toda posibilidad de réplica o de insistencia por parte del interlocutor. Lo categórico del tono del personaje representado que lo emite no pide ni permite respuesta. De alguna forma, lo dogmático de lo emitido, dentro del marco de la narración, prescinde del sujeto criticado al desestabilizarlo momentáneamente. Asimismo, esa contundencia guía la conducta que se espera que el receptor manifieste ante lo relatado.

ANÉCDOTA

11) En el año de 1835, cuando la Cámara de Provincia y el gobernador reformaron el hospital de esta ciudad, quitáronle a los padres de San Juan de Dios la administración de las rentas y asistencia de los pobres enfermos, entregándolo todo al *brazo secular*, variaron hasta el nombre del establecimiento, y en lugar de llamarle Hospital de San Juan de Dios, como el fundador quiso que se llamase, le dieron el nombre de *Hospital de caridad*, lo que es un verdadero pleonasmo, porque todos los hospitales son de caridad. Para que fuese conocido con este nuevo nombre, y no se volviese a mentar a San Juan de Dios, se mandó a hacer una gran tabla, y en ella se puso en letras muy gordas *Hospital de caridad*; esta tabla se colocó sobre la puerta de la calle, y pasando por ella una señora, le llamó la atención el gran letrero, y después de haberlo leído, dijo: *¿Con que en este establecimiento la caridad se ha bajado de la puerta?* y un enfermo que la oyó, le contestó: *y no ha vuelto a entrar*. El Día (ag. 1°, 1841): 262.

La estructura de la anécdota es diferente a las anteriores; ahora se ubica históricamente mediante una fecha precisa el suceso; luego se relata la causa que lo origina: la resolución del gobierno, dando como resultado la pérdida de poder eclesiástico para dirigir la entidad hospitalaria y ayudar a los enfermos, cuya dirección y sostenimiento había estado bajo el patronato del arzobispado de Bogotá desde su fundación en 1723, y su primera casa había recibido el nombre de Hospital de San Pedro.

Para 1630, se entregó la administración a la Orden de los Hospitalarios de San Juan de Dios, quienes para 1653, ya habían conseguido el permiso para convertirlo en hospital universitario; así «el 18 de diciembre de 1653, el Colegio Mayor de Nuestra Señora del Rosario obtuvo el privilegio de la enseñanza de la medicina en el Nuevo Reino de Granada. (...) Los hermanos hospitalarios de San Juan de Dios estuvieron al frente de la Institución hasta el año de 1835, cuando los conventos de estos religiosos fueron clausurados por el Congreso (...) (De Francisco Zea 1999b, 435). Esa situación se había producido desde que Simón Bolívar en 1828 había dictado un decreto reglamentando las funciones de los síndicos de los hospitales, especialmente los de San Juan de Dios (véase De Francisco 1999a).

Durante esa fecha hasta 1834, se prohibió la admisión a pobres considerados viciosos, como alcohólicos y prostitutas, y a cualquier esclavo, por pedido del Presidente de la Cámara, doctor José Félix Merizalde (véase De Francisco 1999b, 442). Para 1834, la Cámara de la Provincia de Bogotá decretó: «Que los religiosos de San Juan de Dios no son dueños y señores de los hospitales y sus rentas y limosnas, sino unos asistentes de los hospitales y de sus pobres». El 5 de mayo de 1835 declaró que el Hospital de San Juan de Dios de esta ciudad hace parte de su patrimonio como una obra de beneficencia fundada por el primer Arzobispo fray Juan de los Barrios» (Forero, 2004). En esas leyes, la Institución recibió el nombre de Hospital de Caridad. Decretos que Joaquín Acosta y Lorenzo María Lleras sancionaron el 5 de octubre de 1835 como Presidente y Secretario de la Cámara.

Este es el trasfondo histórico que desarrolla ingeniosamente la primera parte del cuerpo de la anécdota, jugando con el significado del nombre de la institución. Juego no tan inocente porque evidencia la posición de un sector social que va en contra de las decisiones del «brazo secular». Como apenas han transcurrido seis años de haberse efectuado el cambio, el propósito de esta anécdota es volver a recordar los hechos del pasado; es decir, tiene la función de rememorar un aspecto histórico, al hacer referencia a algo real que afecta a un grupo de la comunidad que lo condena; de ahí que la fuerza narrativa se fortalezca al hacer mención del medio que se empleó para denominar la Institución desde esa fecha: «se mandó a hacer una gran tabla, y en ella se puso en letras muy gordas *Hospital de caridad*; esta tabla se colocó sobre la puerta de la calle»; hecho que los lectores inmediatamente reconocerían porque lo habían visto. Esta es una manera de mantener viva la memoria social.

Como ya se ha planteado la tensión existente entre posiciones y actuaciones de grupos de la comunidad, para hacer más inclusiva la sociedad, se presentan los parlamentos en diálogo de una señora y de un enfermo que resuelven la tensión narrativa mediante apuntes irónicos repentinos e inesperados que invitan a sacar conclusiones. El efecto de la ironía surge de la actitud incisiva e ingeniosa que se percibe en las palabras de la susodicha señora y en la rápida y aguda respuesta del enfermo residente en la institución, que da testimonio claro y efectivo del estado de la situación. En el manejo narrativo de los aspectos de estructuración de esta anécdota se observa la manera en que una situación social se literaturiza.

Otro texto publicado meses después en el mismo periódico *El Día* dice:

ANÉCDOTA

12) En cierto pueblo que nombrar no quiero
Acostumbraba con ansia codiciosa
Para vender lo inútil el pulpero
Obligar que le lleven otra cosa;
Quisiera por ejemplo un parroquiano
Solo arroz que necesita:
Si me compra otoba hermano,
Llevará el arroz que solicita:
De esta manera el vendedor injusto
Sale de lo que no le demandara,
Y obliga al comprador contra su gusto
A tomar lo que no necesitara.
¿No parece lector, una injusticia
La violencia de aquella pulpería?
Pues acá no señor, disque es justicia
Como copiada de la gran Turquía:
O me compra y trae U. señor empleado
En cada mes que le hago la forzosa
Un medio pliego de papel sellado
O su deuda será hasta litigiosa.
Anónimo. *El Día* (dic. 29, 1842): 662.

Ahora la anécdota se presenta en verso; el emisor convierte este suceso de explotación y arbitrariedad que se manifiesta en diversos niveles de la vida cotidiana de un modo ingenioso; lo informa para que se haga del conocimiento colectivo. Lo emitido se origina de una oposición ideológica que rechaza al abusivo explotador al denunciarlo públicamente para evitar el panegírico que pueda crearse de él al no conocerse su despotismo. Esta anécdota singulariza la conexión de esta forma de escritura tanto con el espacio público como con la historia pública. Lo relatado o lo que se informa es verídico, no necesariamente con los mismos productos, sino con actores reconocidos públicamente y en situaciones similares aceptadas por los receptores. Del mismo modo, se ajusta a las conveniencias sociales o normas aceptadas comúnmente sobre lo que debe o no debe hacer una persona para convivir en sociedad o ser bien considerada, independientemente de la moral abstracta o del derecho.

El anonimato del pulpero y de los empleados gubernamentales que explotan a la comunidad hace de la anécdota una forma de escritura que al denunciar busca la compensación social mediante la imposición de pautas morales. No obstante, la censura que demanda es peligrosa, no tanto para el lector como para el denunciante, porque con la acusación se expone al resentimiento del acusado. Al hacer uso de este mecanismo de la anécdota y violar la privacidad de la persona pública al descubrir sus actos, el emisor llega muy cerca de la «verdad» y puede ser castigado por esto. De ese modo, se convierte en testigo, juez y acusador de los secretos de los servidores públicos. Así, la anécdota se transforma en una especie de historia de la memoria, que preserva los actos privados de diversas personas. En este sentido, como forma de escritura, imita la estrategia de la historia pública al plasmar y preservar fragmentos de información.

La tensión que se produce en lo relatado se manifiesta mediante un diálogo entre dos interlocutores, intercambio comunicativo que abre y cierra otra voz que emplea la rima y el ritmo para atraer la atención al tema y causar un efecto sobre el receptor. Esta característica ubica la anécdota en el límite entre los géneros orales y escritos. El proceso de plasmar detalles indiscretos de situaciones y actuaciones concretas es uno de los principales objetivos de este tipo de texto, que lo ubica en contacto directo con fenómenos sociales como el chisme y todas sus variaciones que se manifestaban en la vida social. En esta anécdota se ponen en juego la insignificancia personal del acusado con la importancia que se otorga a sí mismo el abusador, denunciando un rasgo de su personalidad, presunción que emplea para atropellar a la comunidad. La denuncia crea curiosidad en el receptor por saber la identidad del inculpado. Al plasmar esta situación, la anécdota preserva la memoria de aspectos que de otra manera no habrían entrado en la historia oficial.

Este tipo de narrativa casi marginal refleja un modelo diferente de conciencia social e histórica que prevalecía en las diferentes capas de la comunidad. Cuando el autor de la anécdota era del lugar y contemporáneo al momento de publicación, indicaba la historia de un grupo informal que se reconocía y se identificaba por un conocimiento compartido; de esta suerte, los escritores empleaban un acercamiento sicológico a los actos relatados al buscar una actitud común hacia el sujeto de la representación.

Esta situación destaca dos aspectos importantes de la anécdota: como forma narrativa tiene la función de comentar los acontecimientos públicos cotidianos, algunas veces instigando a las autoridades a solucionar las situaciones, como parecer ser el caso de este texto; del mismo modo, la identidad histórica de los individuos es menos importante que el estereotipo que se va creando socialmente con su actuación.

Con este texto se ve una variación en la elaboración de la anécdota como género; ahora se comparan dos hechos siempre siguiendo los parámetros que se tenían en las versiones más breves. El primero procedente de un lugar desconocido, el segundo ubicado en el presente y en el medio social en el que se difunde la anécdota. Del mismo modo, la expresión que cierra contundentemente las manifestaciones más cortas de esta forma de escritura, ahora se halla en la mitad del texto, presentada en dos partes: una pregunta retórica que no pide respuesta oral sino mental y una conclusión-juicio sobre la situación de abuso que se denuncia.

Otras anécdotas encontradas en el Periódico *El Duende* años más tarde, dejan ver cómo el género va desarrollándose en textos con otros aspectos que continúan atrayendo la atención de los lectores:

ANÉCDOTA

13) —¿A Cómo vende su azúcar amigo?
—Muy barato. A diez centavos la libra.
—Es muy caro. No me conviene el precio. Más bien beberé el café sin azúcar, y para endulzarme besaré antes a mi mujer.
—Adiós.
—Adiós. Cuando se canse de esa especie de dulce vuelva por acá.
El hombre de los besos volvió al día siguiente (Del Liberal).
Editores. *El Duende. Periódico de buen humor, dedicado a los cachacos de ambos sexos* (sept. 6, 1846): iv-vii.

De esta manera, se observa la variación de función de lo relatado que ahora puede servir de base para otras formas narrativas, pero que en el proceso de transición pierden su propia cualidad para asimilarse y finalmente perderse dentro de otros géneros. En la anécdota 13), cuyo tópico es la necesidad imprescindible del dinero en la sociedad, lo relatado carece de la voz del emisor general que han poseídos cada uno de los textos anteriores. Ahora, se incorpora el diálogo, dejando que sean los protagonistas de los hechos, quienes hablen. Se presenta un juego de circunstancias, que indagan e informan; pero que no se ponen de acuerdo porque uno no convence y el otro no comparte o acepta la posición anterior; no realizándose los actos de compra y de venta. Al no estar convencido, el comprador opone un razonamiento carente de apoyo dentro de la situación social que se plantea; por esa razón, el vendedor prevé lo que sucederá y anticipa el regreso del cliente para obtener el producto; porque lo que éste siente por la esposa, no compensa la falta que sufre el gusto al carecer de azúcar para endulzar los alimentos. De ahí que tenga que regresar y deba pagar el precio que el ventero desea por el producto.

Esta conversación escrita presentada sin ostentación destaca un mensaje didáctico que tiene importancia en cuanto muestra un efecto de libertad y de realidad. No importa que los personajes sean ficticios; la situación representada hace referencia a un hecho conocido: los artículos de primera necesidad son parte de un intercambio recíproco de los productos del trabajo, los cuales se facilitan mediante el dinero. Sin la intervención de la moneda, ninguna mercancía puede llegar al consumidor. En consecuencia, la mercadería, en este caso el azúcar, debe venderse por dinero, y esto quiere decir que existe una demanda forzosa de efectivo, y que el uso de plata en la sociedad sea indispensable. Cuanto más necesaria sea la mercancía o el producto, tanto más esencial es el dinero. En una colectividad que vive de la división del trabajo, la gran mayoría está sujeta incondicionalmente a esa obligación económica de vender y comprar los frutos de su trabajo a cambio de caudal. El dinero es la condición fundamental de la división del trabajo desde el momento en que la comunidad se ha ampliado en la nueva época, en forma tal, que excluye el comercio de trueque, como indica lo relatado en el diálogo. Las circunstancias socioculturales del siglo continúan cambiando e incidiendo en la sociedad.

Esta anécdota manifiesta otras variaciones en su estructura, aunque los protagonistas representen un quehacer cotidiano del pueblo, la forma de escritura se muestra práctica para englobar y comprender en sí misma el nacimiento de una nueva era, donde se descubre el desequilibrio de la lucha del hombre dentro de los cambios sociales y de las actitudes y sentimientos que derivan del proceso. Del mismo modo, ya no existe el tajante dicho gracioso o irónico que cierra el texto; ahora el humor deriva de palabras y acciones de los implicados. En el intercambio se produce el desarrollo de la novedad de lo relatado y se demuestran las implicaciones histórico políticas en las vidas personales.

Asimismo, las anécdotas siguientes muestran la complejidad que esta forma de escritura llegó a alcanzar durante la primera mitad del siglo XIX en Colombia:

ANÉCDOTA

14) Sabrá el lector que en la ciudad de Santafé, sea la de América meridional o septentrional quiso una catire S. sobornar a un oficial para que se fugase un preso autor de fechorías de la más alta importancia. El oficial (para ser más conciso) quiso desenredar el ovillo y resultó que un Sr. Dr. E. era el apoderado para llevar al cabo la fuga del preso. Hubo prisiones, averiguaciones y toda aquella caterva de simulacros para dejar al fin papando moscas al pueblo. El resultado de los simulacros fue al fin llamar al Dr. E. para tomarle su consentimiento donde quería ir desterrado, *ne forte tumultus fieret in populo*. Se habla en esta lengua muerta para que no lo entienda el enfermo. Sabrá éste que en la mismísima ciudad había un virrey a quien se la había confiado un joven de alta prosapia, por muy amigo de las hijas de la alegría, por lo que se le había desterrado de su patria la España. Como la América no había curado el mal al cautivo de Cupido, enredóse éste con una peliforra, lo que llegó a oídos del virrey. Éste llamó a su palacio a un alcalde y a presencia del enamorado joven ordenó que éste entregase a su adorada para que fuese conducida a un destierro. En

el camino tuvieron una conferencia un juez y el infortunado joven. Entre otras cosas le dijo éste: recuerde U. que soy de palacio y procure que el destierro sea cerca de la ciudad; pero si lejos, más desórdenes me hace cometer por visitar a la que nunca abandonaré. El destierro se convino fuese en Usme ofreciéndose el amante a dar la noticia al virrey de modo que él quedase satisfecho. En efecto, al día siguiente presentáronse ante él y dirigiéndole la palabra el virrey al joven incorregible le dijo: ¿Entregasteis al Sr. alcalde a la compañera de tus crímenes para que los espiase en su destierro? —Sí Sr. respondió el españolito; ella fue desterrada a los Usmes. El virrey que no había oído tal nombre, le repuso: ¿Dónde quedan los Usmes? —Señor, muchísimo más allá de los Tunjuelos. Con tal respuesta quedó el virrey satisfecho de que justicia se había hecho. Anónimo. *El Día* (sept. 26, 1841): 304.

Esta anécdota abre con una apelación clara del narrador al receptor, con la intención de llamar su atención o ponerlo sobre aviso sobre lo relatado. De esta manera, convierte al lector en un personaje activo de la narración, cuyo desarrollo, lleno de detalles, extiende el hecho, dentro de un espacio y tiempos específicos, caracterizando personalidades e individuos; en este caso, la conducta censurable de un individuo, dándole connotaciones de ficción. Hay un desvío consciente de la estructura de la anécdota tradicional. Después del llamado al lector, se presenta la información sobre un caso de soborno de una mujer, que se empleó como cortina de humo para engañar y evitar que el pueblo se amotinara, creándose un escándalo de envergadura, por las preferencias que el gobierno del virrey le daba a sus pares los nobles. Luego se expone la manera en que se efectuó otro engaño, esta vez, a la misma autoridad que había fraguado el artificio inicial. Argucia que expone mediante los detalles particulares de la región, el desconocimiento de los regentes sobre el área que gobernaban; porque Usme y Tunjuelito son terrenos colindantes que quedaban a pocos quilómetros de lo que entonces era Santafé de Bogotá. Para 1841, fecha de publicación de la anécdota, todos los lectores sabían la posición geográfica de los lugares y entendían la ironía de la respuesta y de las acciones de los jóvenes. Personajes anónimos ubicados en una época de aventuras de capa y espada, amoríos y engaños que seguían causando fascinación en pleno siglo XIX.[105]

El siguiente texto ofrece tanto una situación narrativa como un caso lingüístico que atraen la atención del lector:

ANÉCDOTA

15) *El holandés conjugador*. Dos caballeros ingleses se hallaban en una ocasión en un café de París, donde observaron un hombre corpulento y de extraña

---

[105] Para la segunda parte del siglo, José Manuel Marroquín, asocia una situación similar a la conducta del Virrey Solís, sin citar ninguna prueba; pero la crónica santafereña, dada al chisme y a la invención, acogió las palabras del que posteriormente sería Presidente de la República y convirtió al virrey en un don Juan, difundiendo la leyenda de amores secretos, puertas falsas, decepciones galantes, prisiones burladas que llevarían a la Mari-

apariencia, que no manifestaba ser natural del país, y que miraba en rededor de sí cada objeto con cierto aire que le daba la gravedad de una estatua. Poco tiempo después que entraron los ingleses dijo el uno al otro que una celebrada enana acababa de llegar a París. En esto el susodicho grave personaje abrió su boca y habló: «yo llego», dijo, «tú llegas. Él llega, nosotros llegamos, vosotros llegáis, ellos llegan». El inglés cuya indicación parecía haber sugerido este misterioso razonamiento, se dirigió al extranjero y le preguntó: «Me habló U. Sr.?». «Yo hablo», replicó el extranjero, «tú hablas, él habla, nosotros hablamos, vosotros habláis, ellos hablan». «Cómo es esto», dijo el inglés, «¿Trata U. de insultarme?». El otro replicó: «Yo insulto, tú insultas, él insulta, nosotros insultamos, vosotros insultáis, ellos insultan». «Esto es ya demasiado, dijo el inglés, U. me dará satisfacción: si con toda su grosería tiene un poco de espíritu, véngase conmigo». A este desafío replicó el imperturbable extranjero: «Yo vengo, tú vienes, él viene, nosotros venimos, vosotros venís, ellos vienen»; e inmediatamente se levantó con gran frialdad y siguió a su desafiador. En aquellos días cuando cada caballero cargaba una espada, los desafíos se despachaban sobre la marcha. Se fueron a una callejuela vecina y desenvainando su arma el inglés dijo a su antagonista: «ahora, señor, es preciso que U. se bata conmigo». «Yo me bato» replicó el otro sacando su espada, «tú te bates, él se bate, nosotros nos batimos» aquí dio él una estocada, «vosotros os batís, ellos se baten» y aquí desarmó a su contario. «Muy bien», dijo el inglés, «U. tiene el campo por suyo, y espero que estará satisfecho». Yo estoy satisfecho» dijo el original envainando su espada, «tú estás satisfecho, él está satisfecho, nosotros estamos satisfechos, vosotros estáis satisfechos, ellos están satisfechos». «Me alegro mucho de que todos estén satisfechos» dijo el inglés, «pero suplico a U. me deje de atormentar de una manera tan extraña, y me diga cuál es el objeto que se propone en hacerlo, si es que tiene alguno». El grave caballero ahora por la primera vez vino a ser inteligible. «Yo soy un holandés» dijo, «y estoy aprendiendo su lengua de U. hallo gran dificultad para recomendar a la memoria todas las particularidades de los verbos, y mi maestro me ha aconsejado, que para fijarme bien en ellas, conjugue todos los verbos ingleses que oiga pronunciar. Al oír el inglés esta explicación no pudo dejar de reírse a carcajadas, y convidó al holandés conjugador a comer con él. «Yo comeré» dijo, «tú comerás, él comerá, nosotros comeremos, vosotros comeréis, ellos comerán, todos nosotros comeremos juntos». [Anónimo. *El Día* (dic. 12, 1841): 373].

El emisor ubica físicamente el relato y los personajes participantes, todos ellos forasteros: dos ingleses y un holandés. El desarrollo de la narración se

---

chuela al destierro en las selvas de Usme, por ser causante de un amor tempestuoso con el virrey. El mandatario incapaz de olvidarla habría fundado la hacienda «Las Manas» en un terreno contiguo para poder seguir con su compañía. Datos que han sido refutados como falaces (véase: Mantilla 1991); pero que han entrado en el imaginario popular y se repiten como verdades (véanse: las informaciones de la Alcaldía Mayor de Bogotá y las de la Alcaldía Menor de Usme).

basa en las palabras de uno y en la reacción de otro, que lleva a un duelo, acto que se consideraba como la manera de solucionar ofensas de honor entre caballeros, que se empleó desde el medioevo hasta el siglo XIX en diversos países del mundo.

Efectuado el desafío, el inglés sale derrotado pero pide explicación de la confusa conducta del vencedor. Al recibir la explicación, sabe que no era ofensa lo pronunciado, sino constancia de un decidido estudiante de lenguas para controlar el nuevo idioma; además, exhibe la dimensión interactiva del lenguaje, en donde el acto de decir algo (acto locucionario), causa una reacción (acto perlocucionario), a pesar de que esas palabras poseen un significado y una referencia sólo para uno de los implicados (acto ilocucionario). Las palabras producen significados y refieren a hechos y situaciones, al mismo tiempo que producen acciones socialmente relevantes; es decir producen, como en la anécdota, resultados extralingüísticos, con consecuencias sociales. El mensaje que se desprende es la precaución que se debe tener al hablar. Ahora, el humor se desarrolla mediante la expectativa y la sorpresa de lo que se profiere; ininteligibilidad que al ser aclarada en su simpleza produce comicidad y señala cómo aspectos sencillos entre culturas pueden volverse montañas insalvables que son capaces de llevar a la destrucción por falta de comprensión.

Este innovador e ingenioso tema que posee el texto ilustra mediante su desarrollo la aplicación de lo que pretende el personaje, para lo cual incorpora rasgos sintácticos, que en su contextualización semantizan lo relatado. En esta anécdota como en la anterior no existe un dicho tajante final que cierre el texto resolviendo la paradoja. Sin embargo, la estructura se ha hecho más compleja y más desarrollada en ambos textos, haciendo más evidente las características de ficcionalización de lo relatado; asimismo, la tensión demora en resolverse y la casualidad cobra importancia.

El siguiente texto lleva el hecho a la ficción y desarrolla completamente lo relatado acercando su estructura a otro género:

ANÉCDOTA

16) En una pequeña villa de Dinamarca vivía, hace muchísimos años, un herrero que sabía su profesión muy bien; pero fuerte genio hacía que los vecinos le temieran; sin embargo, siendo él el único herrero en el pueblo, lo trataban bien para que no se fuera. Un día estaba este mismo herrero con uno de sus conocidos en una posada y ambos habían bebido mucho (de paso vaya el consejo de no beber más de lo prudente) entraron en una disputa, se acaloraron, y arrastrado por el fuerte genio mató el herrero a su oponente, con el martillo que tenía a su lado. Lo prendieron, le hicieron causa criminal y lo condenaron a muerte, como era de justicia.

Pero ahora se reunieron todos los vecinos del pueblo, y dijeron entre sí: ¡cómo puede ser, que maten a nuestro herrero! Hagamos al juez petición de perdonarle la vida.

Una comisión fue despachada al juez el cual, habiendo oído la petición, dijo: imposible, señores, yo mismo siento con toda el alma esta desgracia, porque el herrero me hará mucha falta, pero la justicia exige: sangre por sangre.

Entonces, contestó la comisión: Sr. Juez, no hay otro herrero en el pueblo, y por esta razón no puede ser que lo ejecuten; pero tenemos aquí dos panaderos, el uno está muy viejo ya, y ha vivido lo suficiente. Ahórquenlo y la justicia estará satisfecha.

Y muy contento el juez, de tan buen arreglo, mandó libertar al herrero, prender al panadero y ahorcarlo: para castigar el asesinato perpetrado, y para que sirviese de advertencia a otros que tuvieran malas intenciones. [Anónimo. *El Duende. Periódico de buen humor, dedicado a los cachacos de ambos sexos* (jul. 25, 1847): viii.

La anécdota 16) narrativamente es más compleja que todas las ejemplificadas anteriormente; es una historieta breve que se origina de un hecho histórico: gracias a la división del trabajo, se producen artículos y se necesita quién realice las ocupaciones que no se conocen y que son necesarias para la subsistencia diaria; esta cadena de intercambio emancipa de las exigencias inmediatas de la vida, así se puede dedicar más tiempo, más provisiones y más trabajo, al incremento o perfeccionamiento del oficio o actividad que cada uno ejerce. Sin la división del trabajo no se puede alcanzar el nivel de desarrollo de una sociedad. La mayoría de la población debe su existencia inmediatamente a la división del trabajo.

En esta circunstancia, el herrero ejerce un oficio indispensable para que el resto de la comunidad funcione; el producto de su trabajo no es un bien de consumo, no produce cosas que él utiliza para su satisfacción inmediata, sino artefactos o reparaciones que él mismo y los demás pueden utilizar sólo de modo limitado y como medio de intercambio. Para la comunidad, el resultado del trabajo del herrero es una necesidad imperiosa, así su presencia se hace incondicional. Esta necesidad se convierte en regla sin excepción para los residentes. Por eso, ante la decisión de la justicia de castigar el delito cometido, los vecinos del pueblo se organizan de inmediato cuando la posibilidad de la ausencia del herrero se hace evidente y proponen una solución al dilema obstaculizando ya no sólo la justicia, sino mostrando la irracionalidad a que los conduce la imposibilidad de remplazar o de suplir el producto del trabajo de un miembro de la comunidad.

El valor del producto del trabajo del herrero adquiere dimensiones insospechadas; vale más que la vida de un ser humano. En esta sociedad se realiza una transacción, cuyo precio: «sangre por sangre» se calcula con toda precisión; no obstante, el valor de la vida humana se degrada a tal punto, que el precio lo determinan la demanda y la oferta de lo que produce la labor del herrero. Para pagar ese precio se devalúa la vida del anciano panadero a semejante punto que carece de toda realidad; su existencia se convierte sencillamente en una quimera, y como tal es intercambiable y desechable.

Esta sociedad está formada por un grupo de individuos abandonados a sus propios deseos y necesidades, quienes moldean una entidad incontrovertible, cerrada, presentándose a sí mismos como seres justos y concilian una solución que está por encima de las leyes sociales naturales. La resolución de la anécdota indica el estado de desequilibrio que puede alcanzar una sociedad en la que no existe cosa más real que la actividad económica, tanto la del individuo como la del Estado. A través de la ironía del final, se señala claramente la dirección que se está tomando socialmente, cuando el precio que se le otorga al producto del trabajo de un sector de la sociedad adquiere más valor que la vida humana.

En este relato se procede a hacer una reformulación de los parámetros de la anécdota ya manifestados, en términos de coherencia estructural. Ahora se dota el relato con principio, medio y fin y se le otorga significación y humor en medio de lo absurdo de las decisiones relatadas. Como anécdota, esta historieta depende para su aceptación de su estructura formal, lo que en ningún modo contradice su dependencia de una verdad verificable basada en estructuras profundas históricas, sociales y sicológicas.

Como forma de narración, la anécdota encierra un residuo de la tradición oral. Para que un hecho se convierta en anécdota, alguien tiene que relatar un suceso basado en un acaecimiento verídico o no; hacerlo en forma rápida y cerrar dejando al receptor encargado de sacar conclusiones mayores de la verdad que se transmite. Como la historia, este género se encarga de preservar para el futuro lo narrado mientras lo juzga velada y silenciosamente. Al dejar en libertad al receptor para sacar sus propias conclusiones pone en juego la autodeterminación sicológica de los lectores-receptores; de esta manera, se manifiesta como un método empírico que funciona en las comunidades a través del tiempo.

Esto último lo hace al crear una ilusión de espontaneidad, de simplicidad y hasta de ingenuidad, cuando el género no posee ninguna de estas características; porque no hay nada menos espontáneo que una anécdota ingeniosamente preparada y que obtenga el resultado que se esperaba de ella. El cuidadoso y calculado escogimiento de la palabra justa, el empleo de técnicas de expresión, la enunciación disfrazada bajo la máscara de una alegoría, la verdad representada, la brevedad, un sutil sentido de ritmo, un salto no esperado de lo mayor a lo menor, la fingida ausencia de dirección, el lento desarrollo que está estructurado para destacar el sorpresivo final: rápido y fuerte, algunas veces como una coda; el humor empleado como un medio para llegar a un fin, el ingenio, la agudeza, la malicia, la ironía, el impedir que el receptor evada el contenido del mensaje y eluda así la realidad, el lograr que éste entienda los absurdos abismales de la existencia manipulada forman la complicada configuración de una anécdota.

Este género se emplea en los periódicos colombianos de la primera parte del siglo XIX de manera pedagógica; pretende guiar conductas y activar conciencias. Con el tiempo, la estructura se va complicando y expandiendo hasta llegar a hacerse estructuralmente semejante al cuento breve. De esta manera, esta forma de escritura transmigra ya no sólo en el tiempo y de región a región, sino de un género a otro, enfocando la luz de su denuncia en el Otro; su estructura crea al Otro y muestra los absurdos de su conducta. Como género narrativo fue un instrumento poderoso que sirvió para presentar fundamentalmente un lugar donde se debatían y se confrontaban las subjetividades; donde se denunciaban y se juzgaban las conductas y sus resultados.

3.3 La carta ficticia[106]

En los tempranos textos narrativos que se hallan en los periódicos del siglo XIX se observa otro género breve de ficción: la carta ficticia. Esta forma narrativa muestra cómo sus autores consideraban que la acción social no era una tarea menos urgente para el artista que la expresión individual. En esa sociedad, la lectura era una acción limitada; pocos la podían ejercer y algunos lo hacían para beneficio de un grupo; era una actividad en la que generalmente los lectores principales no eran lectores corrientes, estaban calificados para descifrar tanto el contexto como el intertexto de lo escrito. Muchos de los textos conservaban una marcada deuda con la tradición, de ahí que como estrategia textual se estableciera un diálogo intertextual con la tradición literaria culta, la cual era considerada como el paradigma con el que se medían o cotejaban estos escritos; es decir, en la instancia de enunciación se marcaba de alguna forma la presencia de las *autoridades* acreditadas o elevadas por el poder o se indicaba el apoyo en ellas para legitimizar lo emitido. Del mismo modo, aunque en menor medida que en los siglos precedentes, cuando se entraba en polémica con esa autoridad se hacía dentro de la cultura de la risa, la parodia, la ironía o la sátira. Estrategias provenientes de Europa que al ser empleadas en esas tempranas décadas del siglo comenzaron a marcar los textos con leves divergencias que señalaban los cambios culturales que se estaban implementando.

Una de las características que manifiestan los tempranos textos periodísticos literarios es la recreación combinatoria de recepciones internas, que se proyectaban sobre un fondo de actividad lectora. En el discurso textual se reproducía el proceso de recepción representando la manera en que el receptor de uno de los mensajes emitidos reaccionaba ante lo leído; así se mos-

---

106 Véase una versión inicial de este texto en: Rodríguez-Arenas (2002a).

traba el juego de apropiación e intercambio que lo escrito debía provocar. Este juego semiótico seguramente contribuía a la producción de otros sentidos plurales no previstos inicialmente para el texto. No obstante, estos escritos, construidos con una intencionalidad muy específica, buscaban la eficacia persuasiva como principio estructurante para crear o para modificar una situación sociocultural concreta.

Entre las formas discursivas instituidas se encontraba la carta. La característica fácilmente aceptada por todos los que discuten la forma de la carta, es que esta forma es escrita, directamente por su autor o dictada por él a otra persona o amanuense; no necesita tener un destinatario ni ser enviada para pertenecer a esta forma de clasificación de la escritura. En definitiva, es un objeto enviado de una persona que conlleva un mensaje (Showalter, Jr, 1986, 113-130). De la misma manera, la carta tiene un(a) autor(a) conocido(a) o fácil de identificar por la persona o la colectividad que la recibe y lo contrario.

Ordinariamente está escrita más o menos directamente con material proveniente de la experiencia, de los deseos o de las aspiraciones de su autor. El «yo» que se representa en su discurso corresponde a su autor directamente, como el diario o la autobiografía. Como en esos géneros, el «yo» se expresa en las cercanías del momento de la escritura y sobre sus inmediatas circunstancias; asimismo, como en el diario y en la autobiografía el «yo» es de alguna manera una fabricación o ficción de su autor; es decir, este «yo» no es idéntico a su autor; escribe sólo lo que le interesa, selecciona de los hechos y los modifica para transmitir el mensaje que desea o lograr el efecto que espera.

La carta (algunas veces secciones determinadas) ordinariamente está(n) fechada(s) o puede(n) fecharse al tener en cuenta su texto y su contexto. La fecha no sólo es parte del cuerpo de la carta (lo que permite que el destinatario o el lector pueda comparar los datos de la misiva con el conocimiento relevante que posee. Las cartas sin importar que tengan los dos mismos destinatarios recíprocos, siempre transmiten información discontinua, fragmentada y multidireccional, porque las circunstancias de sus receptores varían día a día. Además, es difícil saber hasta qué punto una carta depende de otras para su legibilidad y para la transmisión de su información; ya que por lo general, las cartas y sus fechas forman unidades independientes (véanse: Altman 1986, Porter 1986 y Showalter Jr. 1986).

Asimismo, la carta es y ha sido una de las manifestaciones de la comunicación escrita que se ha empleado con más frecuencia. Es una «conversación» retardada, entre dos personas reales o fingidas, el que escribe y el que recibe; quienes a su vez alternan estos papeles al intercambiar correspondencia entre sí; puesto que, el *yo* que escribe una carta usualmente espera una contestación. Como características especiales, la carta está marcada por la ausencia de uno de los interlocutores, por el presente de la escritura y el pasado de la lectura; lo mismo que por una situación de deixis especial: el yo-aquíahora del escritor, y el tú-allá-entonces del lector. Las cartas, además de proporcionar información de manera personal y a veces confidencial sobre acontecimientos individuales o familiares y de revelar aspectos de la personalidad de los autores, permanecen, están ahí, dispuestas a volver a comunicar lo que su contenido encierra. (Véanse: Ayuso de Vicente 1990, 56; Álvarez 1997a, 11-24; Pagés-Rangel 1997).

Además, por ser la carta una expresión personal y por tanto un documento revelador de los pensamientos y sentimientos de quien la escribe, estuvo sujeta hasta principios del siglo XVII a las reglas del decoro y de la retórica que se habían impuesto sobre ellas desde el tiempo de los clásicos; posteriormente entre los siglos XVII y XVIII, se convirtió en una forma que permitía que el lector tuviera acceso directo al carácter individual del escritor y a su particular manera de percibir el mundo. Esta característica permitió que la carta comenzara a desempeñar un papel más fuerte dentro de la ficción. Así, los escritores de ficción emplearon las misivas de la misma manera en que se usaban en la vida real, para contar lo que le había sucedido a alguien o para descubrir la verdad acerca de los actos y de los sentimientos de algún individuo, (quien los manifestaba con sus propias palabras; lo que le proporcionó un aire de autenticidad a la carta ficticia), aumentando la percepción de que como forma de escritura era una expresión sincera y franca de puntos de vista individuales. De ahí que, al final del siglo XVIII, se alcanzara una gran ventaja al comprenderse el potencial de la misiva como vehículo para transmitir expresiones políticas, culturales y literarias (véase: Howland 1991, 15-36). Por eso, como forma de interacción social, la carta, real o ficticia, es y ha sido un procedimiento eficaz para la didáctica, la polémica, la crítica social o como una forma de diversión.

Numerosas cartas ficticias se encuentran en las publicaciones periódicas colombianas desde la segunda década del siglo XIX. Un ejemplo de ellas son las misivas que se hallan en *La Miscelánea,* entre noviembre y diciembre de 1825, en las que se observan algunas de las características que esta forma de escritura adquirió en ese momento histórico.

En la correspondencia, el hijo muy alegre por el título de doctor en jurisprudencia que ha recibido, por fin tiene tiempo para escribirle efusivamente a su padre informándole con mucha locuacidad sobre la feliz culminación de su carrera. En el texto de la carta se manifiesta la vehemencia que posee el joven, lector asiduo de textos ingleses, franceses y de periódicos de diferentes países —sus fuentes de autoridad—, por compartir con su progenitor el conocimiento que ha adquirido con su estudio. La carta que inicia el supuesto intercambio epistolar expresa la erudición del recién graduado:

CORRESPONDENCIA ENTRE UN DOCTORCITO FLAMANTE Y SU PADRE

Querido padre mío: Es con mucho placer que yo escribo a V. por esta mala, después de tantos días que no nos entretenemos por letras. Mi palabra de honor, yo he tenido una grande envidia de escribir, pero las ocupaciones que han pesado sobre mí, a la ocasión de graduarme, han sido la causa de mi silencio. Mi contracción al estudio ha sido extrema, porque yo debía aprender por corazón el discurso que yo debía tener en la Universidad, y en el que yo debía hacer parada de mis progresos. Yo ejercí cuanto pude mi memoria y mi espíritu por no jugar un mal papel, y perder mi reputación sin retorno, y para mostrar que yo había sido alerta en el estudio. Pero como la aplicación sea la que fuere, ella no es bastante sin el intercurso de los sabios, yo me he procurado algunos entretenimientos solo a solo, con hombres remarcables, tanto por su saber que por su elocuencia y buen lenguaje, en suerte que pudiese yo poner al día en la Universidad, sino un jefe de obra de citaciones, y de que el estudio de la jurisprudencia es árido a hacer morir de tristeza, yo me amparé de cuantos libros pude, y produje un discurso que afectó a los oyentes por su mucha erudición y selección de términos y frases, a lo que yo tengo. Esta fue una idea muy feliz. Tengo que los conocedores me sabrían grado mucho. Por fin padre mio yo estoy doctor y enrolado entre los que tienen borlas entre los bonetes y mucetas al rededor de sus cuellos. La razón jefe porque ello me hace placer es porque mejoraré mis finanzas, podré bastar por mí mismo a mi entretenimiento y seré menos a cargo de V.; esto es, si en recibiéndome de abogado no me nombran *Charge d'affaires* de los pobres porque si esto viene, restaré como ellos sobre el enlozado. Sea lo que fuese, haré a V. parte de mi buena o mala suerte, y soy y seré siempre su muy amado y obediente hijo– [Anónimo. *La Miscelánea* (nov. 27, 1825): 42-43].[107]

---

107 Limpia la carta de las estructuras creadas debería más o menos decir lo siguiente: «Querido padre mío: Es con mucho placer que yo escribo a V. por este correo, después de tantos días que no hemos conversado por carta. Mi palabra de honor, yo he tenido unas ganas locas de escribir, pero las ocupaciones que han pesado sobre mí, por motivo de graduarme, han sido la causa de mi silencio. Mi dedicación al estudio ha sido extrema, porque yo debía aprender de memoria el discurso que debía pronunciar en la Universidad, y en el que debía hacer alarde de mis progresos. Yo ejercí cuanto pude mi memoria y mi espíritu por no hacer un mal papel, y perder mi reputación para siempre, y para mostrar que yo había estado alerta en el estudio. Pero como la dedicación no es suficiente si no existen las relaciones sociales con los sabios, he conseguido tener conversaciones a solas con hombres notables, tanto por su saber como por su elocuencia y buen lenguaje, de suerte que pudiese yo usar ese día en la Universidad, citas de obras maestras; porque el estudio de la jurisprudencia es tan árido que hace morir de tristeza, yo me apoyé en cuantos libros pude, y produje un discurso que conmovió a los oyentes por su mucha erudición y selección de términos y frases. Esta fue una idea muy feliz. Sé que los conocedores me creerían muy sabio. Por fin padre mio, soy doctor y estoy inscrito entre ellos. La razón principal por la que esto me causa placer es porque mejoraré mis finanzas, podré bastarme por mí mismo y seré menos carga para V.; esto es, si al recibirme de abogado no me nombran *Encargado de negocios* de los pobres, porque si esto sucede, quedaré como ellos sin nada. Como sea, le informaré de mi buena o mala suerte, y soy y seré siempre su muy amado y obediente hijo».

Al comprenderse el contenido de la carta, firmada únicamente con la inicial «F», y al leer la apertura de la misiva que le envía el padre:

> Querido hijo: He recibido una carta tuya, y a pesar del trabajo que me costó desentrañarle el sentido me ha causado mucho gusto, pues creo verdaderamente que tu jurisprudencia será mejor que tu lenguaje, porque no es raro hoy en día hallar entre nosotros, hombres que saben de todo menos su idioma... [Anónimo. *La Miscelánea* (nov. 27, 1825): 43].

Se entiende la motivación que impulsa la publicación y difusión de este texto en *La Miscelánea*, cuyos redactores habían afirmado en el prólogo con el que presentaron la publicación: «Combatiremos los principios que no creamos en armonía con las instituciones que nos rigen, o con las que reclaman el bien del mayor número» (sept. 18, 1825: 1). Para ellos, la representación exagerada de una realidad cotidiana además de servir para efectuar una crítica social, era útil para prevenir el caos futuro.

Contextualizando este texto en el momento histórico y el medio en que se emitió, se pueden establecer correlaciones que señalan algunas de las intenciones éticas que subyacen en la escritura. El mundo ficcional representado se transmite por medio de cartas; de esta manera, las estrategias textuales mimetizan las empleadas en el género epistolar (comunicación diferida privada); pero al incorporar la epistolaridad a la ficción, la primera sufre modificaciones que conducen a un fin específico. Por eso, aunque el texto finja tener un destinatario privado definido (el padre), al estar publicado en el periódico, el receptor del mensaje está conformado por un público más amplio (los lectores y receptores de *La Miscelánea*).

Del mismo modo, el presentar al padre como lector específico, que efectúa la reconstrucción de los significados de la carta del hijo, es un juego semiótico que produce y guía internamente el resultado que debe darse con los lectores sociales externos al texto; juego que explicita la intencionalidad del escrito: cuidar el idioma por ser un bien colectivo.

El mundo ficcional representado en estas cartas es uno posible en el que se forman predicados denotativos provenientes de entidades no existentes en el mundo real, pero sí en el mundo definido por la referencia; como tal, para ser verosímil emplea características distintivas del género epistolar: proporcionar información personal y a veces confidencial, tener acceso directo al carácter del emisor, etc. De esta forma, las existencias ficcionales que se establecen en ese mundo están subordinadas a la actividad de desciframiento del lector Modelo, que el texto y su actividad lectora van simultánea e independientemente concibiendo (véase: Eco 1981, 79-88). Este mundo ficcional no es un «estado de cosas» reales, sino una estructura cultural resultante de una producción semiótica; es decir es un constructo de una actividad textual que el lector Modelo actualiza (véase: Eco 1992, 216-218).

Además, la carta del *doctorcito flamante* es una parodia, entendiendo que parodia:

> [E]n su «transcontextualización» irónica e inversión es una repetición con una diferencia. Una distancia crítica se halla implicada entre el texto del trasfondo que se parodia y el nuevo; distancia que generalmente está señalada por la ironía que puede ser juguetona o denigrante, puede ser críticamente constructiva o destructiva. El placer de la ironía que se halla en la parodia no proviene particularmente del humor sino del grado de compromiso del lector en el movimiento intertextual que se produce entre la complicidad y la distancia (Hutcheon 1986, 32).

En la misiva al repetirse abundantemente los mismos fenómenos lingüísticos: galicismos, anglicismos, neologismos y barbarismos, se ironiza ridiculizando el deterioro que sufre el lenguaje durante la época, producto de la desacertada interpretación y el desconocimiento que algunos hacen de las lenguas extranjeras. Es decir, se juzgan con desdén las deficiencias pedagógicas existentes al presentar como emisor de la carta a un recién graduado en jurisprudencia; a la vez que se hace burla de la avidez con que las nuevas generaciones reciben lo proveniente de otros ámbitos, únicamente por la novedad de ser extranjero y estar escrito y difundido en papeles del dominio público, sin reflexionar o cuestionar la validez de su aceptación o de su uso. La distancia permite asumir la existencia de una carta escrita por un doctor en leyes recién graduado, quien como estudioso conocedor del idioma y observador de las reglas léxicas y sintácticas del español, comunica a su padre tanto las buenas nuevas como las dificultades para alcanzar el honor.

Al parodiarse este texto con el escrito del *doctorcito flamante* se imita el tipo discursivo: la carta, pero se marca la diferencia mediante el deslucido discurso y la falta en éste del arma fundamental que debe poseer un abogado: el idioma. Para un receptor desconocedor de los otros idiomas involucrados es difícil entender la intertextualidad lingüística que ofrece la supuesta misiva; de ahí que en realidad el receptor deseado para este texto sea un lector culto poseedor de una competencia semiótica que le permita descifrar el mensaje y la intencionalidad inferida en la estructura que encierra la parodia.

En el pasado europeo, los primeros periódicos habían sido cartas manuscritas expuestas públicamente que no sólo contenían noticias sino que a veces contaban un relato sobre un suceso y que se colocaban en una pared para que los lectores, a quienes se les cobraba una suma, se acercaran a leer (Beebee 1999, 78). Ahora, pasada la censura impuesta por la monarquía española y la represión de la época del terror, con la que España intentó recuperar el territorio de la Nueva Granada después de la Independencia, al desarrollarse la imprenta y hacerse notorios sus beneficios, se observa que los editores y redactores de *La Miscelánea* trataban de preservar para el público receptor el sentimiento de estar leyendo u oyendo la correspondencia privada entre dos miembros de una familia.

La primera de las misivas de *La Miscelánea* revela la intimidad de uno de los emisores, el hijo, quien ofrece un texto que recontextualiza y sintetiza en un breve espacio expresiones que en su respectivo contexto lingüístico comunicarían sin complicación el mensaje, pero que al ser reunidas abruptamente en un espacio tan corto reinvierten las convenciones lingüísticas originales produciendo un texto nuevo singularizado por la ironía.

Como parodia, esta carta ficticia es un texto sofisticado, ya que tanto al nivel social de la escritura como de la lectura se exige la superimposición estructural de otros textos que incorporen conocimientos de los distintos idiomas implicados: español, inglés y francés. De esta manera, el lector social puede construir el significado del texto, al interpretar las estructuras tergiversadas, mal traducidas o simplemente cambiadas que se reproducen. El conocimiento básico de los tres idiomas es el contexto del trasfondo que debe poseer el lector. Si existen carencias en este contexto, la carta se puede descifrar sólo parcialmente.

Además, si el lector social real no puede reconocer o identificar cada una de las transgresiones que el texto presenta, simplemente lo naturaliza y lo adapta, aceptándolo como una ficción peculiar que se emite. Pero al hacer esto, elimina una parte significante de la forma y del contenido de la carta; de ahí que, la identidad estructural de la misiva del *doctorcito flamante* como parodia dependa de la manera en que las estrategias textuales codificadas coincidan con la decodificación que de ellas se haga.

Igualmente, la parodia funciona en este texto como una forma de autorreflexividad, como la manera de señalar la destrucción que sufría el lenguaje; pero a la vez, como el modo más efectivo para ironizar sobre la situación cultural que se visualizaba en el futuro, de seguir la mezcla indiscriminada de aceptaciones y préstamos de otros idiomas, cuando el oficial se metamorfoseaba con todas esas otras manifestaciones foráneas a él.

Asimismo, al emplearse la estrategia textual de producir emisores y receptores internos de los textos, se destacaba otra reacción cultural que los lectores sociales podrían deducir: el potencial que tenían de convertirse en sujetos productores de textos; obviamente, evitando los errores demostrados por el supuesto *doctorcito flamante*. Así, la crítica de la carta-respuesta del padre ficticio originaba la censura, pero a la vez suscitaba la posibilidad de mejoramiento cultural al impedir el posible caos lingüístico que se destacaba mediante la ironía.

Otra forma de expresión que tomó la carta ficticia se halla en el periódico *El Duende*[108], en el número 2, se encuentra un relato que narra su protagonista: el Duende, sobre cómo fue su vida durante el día de su lanzamiento como publicación periódica, existencia que vive y narra un ejemplar de la

---

108 El Duende es un «espíritu travieso que se aparece fugazmente» [Corominas 1976, 222], «que se entremezcla en los asuntos humanos, ejerciendo poderes superiores, aunque por lo general en cuestiones de relevancia episódica» [Revilla 1990, 130]; es un «Ser fantástico de los cuentos al que se atribuye algunas veces formas de un hombrecillo viejo y otras de un niño, el cual con sus travesuras, unas veces ayuda a los hombres y otras les hace jugarretas (enano, geniecillo, gnomo, trasgo)» [Moliner 1982, 1043].

primera edición, desde el momento en que sale de la imprenta, hacia las diez de la mañana, hasta que después de pasar de mano en mano termina por la noche ajado y en deplorable estado en el Coliseo[109], teatro principal de la capital, en poder de uno de los miembros de la orquesta que formaba parte de la función dramática ofrecida en esa fecha.

CARTA A MI TÍA, MI RESPETADA TÍA LA BRUJA[110]

No sabe U. en la que me he metido, tía de mi alma; o diré mejor, sí lo sabía U. y no me desanimó como debiera. Estoy lo que se llama sofocado; pero... U. como bruja que es, y bruja vieja, ¿no está impuesta de lo que ya me ha pasado? Y bien, aunque todo lo sepa, voy a referirle mis aventuras en la primera salida que hice; porque no esperaré que yo pueda ir a verla quien sabe hasta cuando, pues el señor Cualla me tiene en prensa y dice que no me dejará salir sino los domingos, como si yo fuera colegial o algo peor. Pues bien: salí de la imprenta como a las diez del día, y sépase que madrugué, pues la *mamá* no había salido todavía; llegué donde el señor Vélez, quien me colocó junto a otros compañeros que refunfuñaron al verme, y un momento después oí una voz de muchacho que decía: «mi amo Fulano que le mande todos los papeles que hayan salido». Ya se figurará U. que el corazón (no sé si los duendes podremos decir que tenemos corazón) me dio un salto al oír esa palabra *todos*, pues era claro y patente que ella me comprendía a mí también; y en efecto Dn Antonio fue cogiendo de uno en uno repitiendo sus nombres, hasta que llegó a mí, diciendo: *el duende* a cuya voz el muchacho abrió tantos ojazos. Ahí van, dile a tu amo que valen tanto, que ojalá lo diviertan: que la *Gaceta* no ha venido, pero que en su lugar le mando *la libertad y el orden*. No había partido el muchacho cuando entró un negro a preguntar si había salido «el papel del amo Alfonso», y se le satisfizo al momento; y un señor

---

109 «El directo antecesor de nuestro actual Teatro Colón fue el Coliseo, construido por los señores José Tomás Ramírez y José Dionisio del Villar en las postrimerías de la Colonia. [...] Siguiendo los planos del Teatro de la Cruz de Madrid, se dio comienzo a la construcción dirigida por el arquitecto español Domingo Esquiaqui. No concluía aún la obra y apenas entoldado el corral, se hicieron las primeras representaciones en 1792» (Fundación Misión Colombia 1989, XIX-II: 43).

110 6. «*La Bruja* se tituló un periódico pequeño, tamaño libro, dos coles, que empezó el 21 de mayo, en Bogotá. La subscripción anual costaba 20 reales se recibían en la tienda del señor A. Vélez o en la Imprenta de Espinosa. El impresor: J. Ayarza» (Cacua Prada 1983, 51). La Bruja que aparece mencionada en *El Duende* puede aludir a la publicación que se iba a lanzar o ser un personaje creado. «Precedentes, acaso, de las *lamias* griegas y de las *striges*, *sagas* y *arpías* romanas, las brujas son —en la exaltada imaginación popular— hechiceras que realizan acciones extraordinarias merced a su pacto con el diablo. La creencia en las brujas dominó en Europa —sobre todo en Alemania, Francia, Italia y España— desde el siglo XIII hasta el XVII, aunque se ha prolongado hasta nuestros días entre las capas sociales más incultas. Hallamos alusiones literarias a las brujas en Cervantes (*Coloquio de los perros*); Juan de la Cueva (*El infamador*); Timoneda (*Cornelia*); Ruiz de Alarcón (*La prueba de las promesas* y *La cueva de Salamanca*); Calderón (*La dama duende*); María de Zayas (*La inocencia castigada*) y en otros autores españoles de los siglos de oro; en la literatura extranjera recordemos tan sólo, como ejemplos típicos, a Goethe (La célebre noche de Walpurgis, en el *Fausto* y a Merimée» (Pérez-Rioja 1997, 99).

después pidió *el Día*, y otro el *Libertad y orden*, y otro *el Día y Libertad y orden*, y otro su subscripción; y otro (un caballero, en la extensión de la palabra) pidió todos los papeles y ahí fui también enrolado. (Paréntesis: esta voz *todos* me suena tan bien, me entusiasma de tal suerte que no sé que me sucedería si en mi segunda salida todos dijesen *todos*).

Pues tía, en resumidas cuentas, como nadie sabía que había salido, pues no anuncié mi *función* o mi *beneficio*, pocos, muy pocos me conocieron. Yo esperaba contraer muchas relaciones aquel día: sin embargo, en mi segunda salida será otra cosa.

Ahora vamos a lo que vi en esta santa ciudad. Pero ¡imposible que alcance una carta de a pliego para tantas cosas! Fui en manos de un presbítero por toda la calle real y vi caras nuevas, cuerpos nuevos, es decir, nuevos para mí, no por sus fechas: vi en tres esquinas, cuerdas colgadas como para maroma (luego me dijo un estudiante que aquí se ponían los tres únicos faroles que alumbran a los cuarenta y tanto mil habitantes; y suspiré diciendo: así habían de colgar a todos los *faroles*): vi montoncitos de gente, en los cuales algunos de los que los formaban, leían como predicando, o *Libertad y orden*, o *Día* (¡nada de *Duende*!): vi en la plaza la grande obra municipal que no querían que nos hicieran: vi el mono de la pila, testigo eterno de las transacciones mercantiles concernientes al estómago; confidente de bostezos y miserias, de citas y contrabandos y reventas, así como de grandes paradas, vísperas, procesiones, toros y numerosos fusilamientos. En fin, hablarle a U. de este sujeto histórico sería nunca acabar. Viéndolo estaba yo cuando se acercaron a mi presbítero, dos militares, un abogado (de pobres, se entiende) y un comerciante, que por distintos caminos llegaron, con otros cuyas profesiones no adiviné, que es mucho decir; y uno le preguntó ¿Qué lees, hombre? —Hombre, el *Duende*. —¿El Duende? —Sí. —¿Y qué dice? preguntó otro. —Dice... —Presta hombre. ¡Hombre! ¡un duende tangible! ¡Un duende en los tiempos de ahora, en el siglo XIX, siglo de *polka e individualismo y positivismo*! ¡un duende!... Miedo me estaban dando ya tantas exclamaciones, y afortunadamente mi presbítero me abandonó a uno de los militares, quien mirándome de arriba a abajo como que me cogía cariño, pues se sonreía y me volvía a ver con más atención. En seguida un doctor de cara amarga y largo levitón se acercó a mi dueño y después de una seca cortesía se empinó para verme y dijo: «ya lo vi, ese es aquel vejete que ha venido del Ecuador, y si no es él, es el Dr. M... (no recuerdo las demás letras), y si no es el mismo de los cubiletes, o si no...» Calla Malhadado adivinador, le hubiera yo gritado si dado me hubiera sido el hablar; yo no soy ese, ni aquel, ni esotro; soy... un duende, y nada más. Por poco me hace aquel maldito figurón renegar de este mundo exótico, exiguo, exigente y execrable.

Réstame sólo decirle que llegué tan manoseado a un puesto de guardia, que no me habría reconocido ni U. misma. Sin embargo, por allá cuando la noche se iba adelantando, alguno a quien no tuve tiempo de conocer, me cogió furtivamente y me guardó en un bolsillo, circunstancia que (aunque chupé mi buen susto por creer que era que me ponían preso) me proporcionó la fortuna de ir al Coliseo, en donde mi nuevo poseedor me sacaba para verme en los intermedios. ¡Qué bonito es esto! decía yo; ¡si lo habrá visto mi tía! En efecto, el alumbrado, las señoritas, los señores, la música, todo me tenía encantado; pero lo que más me sorprendió fue que cuando yo creía en vista del numerosos personal de lo que llaman orquesta, que me iba a atolondrar el ruido de los instrumentos, tan sólo percibí el sonido de tres o cuatro, pues los demás aunque estaban en manos (o bocas) de vivos, que tenían por delante sus respectivos papeles no sonaban. Ya se ve, lo harán por consideraciones al auditorio, y dirán que con el elefante, como llamo yo ese violín grandote, con los platillos y la tambora hay y sobra. De lo que es drama nada puedo decirle porque nada vi ni oí, a causa de que mi señor me metía en el bolsillo al alzarse el telón. No quisiera acabar sin comunicarle cosas de Congreso, gran suaré (soirée dicen los franceses) &a. &a.; pero, ya es demasiado larga mi carta y sólo le adelantaré que probablemente le pongo el veto a alguno de sus preceptos. La suerte quiera que U. sane pronto de la coja para que pueda venir en mi auxilio.

Su respetuoso sobrino. [El Duende. *El Duende* (mayo 10, 1846): ii-iv].

En esta carta-cuento, durante el trayecto del día se observan las cambiantes emociones que el Duende, como ejemplar del periódico, sufre a medida que transcurren a su alrededor los acontecimientos diarios; emociones que le permiten adaptarse a las contingencias ambientales que irrumpen su existencia durante ese lapso de tiempo; especialmente porque como recién nacido, desconocedor y desconocido carecía de estatus social y por tanto de poder.

Dentro del marco general del periódico *El Duende*, la intención de esta carta ficticia es captar la atención del lector para atraerlo a la lectura del periódico al crear un escenario ilusorio, cuyo propósito es entretener al hablar de algo imaginario: los sentimientos y las emociones que experimenta el Duende como periódico y los azares y las contingencias de las cosas y los seres humanos que se representan. En este sentido como bien lo afirma Umberto Eco:

> Para poder diseñar un mundo narrativo en el que muchas cosas deben darse por descontadas y muchas otras deben aceptarse aunque sean poco creíbles, un texto parece decirle a su Lector Modelo: «Fíate de mí. No seas demasiado sutil y toma lo que te digo como si fuera verdadero». En este sentido un texto narrativo tiene una naturaleza performativa. «Un estado de cosas posible no actualizado se convierte en un existente narrativo al legitimarse en un acto lingüístico literario emitido felizmente [Dolezel

1989: 237]. Esta legitimación adopta normalmente la forma de una invitación a cooperar con la construcción de un mundo *concebible* al precio de una cierta flexibilidad o superficialidad (Eco 1992, 228).El metagénero epistolar, escogido por el escritor como marco de su relato, tiene otras funciones: además de recrear un mundo posible en el que la conciencia de un Duende pueda percibir el mundo exterior y reaccionar a él a través de un ejemplar del periódico, la modalidad comunicativa de la carta permite decir lo que de otra forma no se diría o no se podría decir; en otras palabras, faculta al Duende a recrear la vida efímera que tuvo como ejemplar del periódico: le permite recontar su breve autobiografía y con ella, las emociones que tuvo durante ese día tan importante, para buscar la solidaridad y la comprensión tanto de la destinataria ficticia, la Bruja, como la del lector extratextual.[111]

Expuesto a un medio desconocido y al no haberse anunciado su publicación, las relaciones sociales en que se ve involucrado, le producen: ansiedad, insatisfacción, ira y angustia; estas dos últimas le permiten transformar las relaciones problemáticas y redefinir las conflictivas provocadas por la persistencia, la equivocación y la mala intención de los que movidos por la curiosidad hacen enojosas afirmaciones o quieren reforzar una creencia falsa tratando de hacerla pasar por verdadera. Sin embargo en la escritura de esta carta-cuento, sobre todo lo que le ocurre dentro de ese lapso de tiempo, se observa la expresión de gran optimismo y creciente confianza por lo que parece positivo para la vida del periódico.

La estrategia narrativa más evidente para comunicar el mensaje es el haber escogido el género autobiográfico, para aplicarlo a la conciencia de un duende, ser sobrenatural, transmutado en un número del primer ejemplar de un periódico; de esta manera, se amplían los límites de la ficcionalidad al jugar con las fronteras de la ficción/verdad, que se sitúan en el testimonio de un «yo» fantástico, que ha adquirido forma corpórea transitoria para expresar las emociones e impresiones de haber podido existir en el mundo de los seres humanos; y a la vez que se define por las palabras y las acciones de los hombres que lo observan, él delimita y defiende la verdad sobre sí mismo.

Como relato, esta carta amplía el espacio alcanzado por la narrativa de ficción en ese momento del siglo XIX; ámbito que comienza a desarrollarse en el debate-juego con el límite fronterizo de un género testimonial de veracidad como el de la autobiografía, en el que se manifiestan variadas cuestiones como: la pugna entre ficción/verdad, los problemas de referencialidad, la imposibilidad de recrear objetivamente el pasado, el problema del sujeto representado, la narrativa como constitución del mundo (véase: Loureiro 1991, 3):

> [L]a autobiografía pasa así de centrarse en los «hechos» del pasado a la «elaboración» que hace el escritor de esos hechos en el presente de la

---

111 El contenido de la carta, como recreación de ese mundo, como discurso ficcional producto de la fantasía y de la imaginación presenta una serie de actos de habla simulados, que pretenden además de ser asertivos, ser descriptivos; pero por su calidad de imaginarios, su emisor no está comprometido con la verdad o la validez de lo que dice (véase: Searle 1996, 18).

escritura: la memoria ya no sería un mecanismo de mera grabación de recuerdos sino en elemento activo que reelabora los hechos, que da «forma» a una vida que sin ese proceso activo de la memoria carecería de sentido (Loureiro 1991, 3).

Dentro del mundo fantástico del duende, la corporeidad que alcanza a través del ejemplar del periódico le permite vivir toda una existencia en el transcurso de un día; de ahí que pueda interiorizar las experiencias e intente darles sentido para transmitirle sus vivencias a otro ser quimérico, la bruja. Irónicamente, estos seres productos del exaltado imaginario popular realizan por medio del género epistolar los actos cultos de escribir y leer, extraordinarios para las mismas capas sociales que concretizan a esos seres con su creencia. Pero más irónico aún, es que los seres imaginarios comuniquen mensajes a los humanos sobre hechos que los pueden elevar de la ignorancia y la incuria a la educación y a la civilización.

El acto comunicativo que se representa en esta carta autobiográfica es una autoexibición de una individualidad, a la vez que una autojustificación de una existencia; sin embargo los términos de la identidad que se ofrecen son muy esquemáticos y difíciles de precisar mediante las emociones experimentadas que se representan; de ahí que se necesite del concurso de las voces humanas recontadas, tanto internas como externas al texto, para adquirir un poco de precisión sobre lo que es y será el *Duende*; ya que a pesar de haber sido definido como un ser volátil, en ese primer día de su existencia todavía no ha podido ascender, se halla reducido, impedido y controlado por limitantes formas corpóreas; no obstante, ya empieza a mostrar sus dotes de observación y causticidad con las que percibe los misterios y manejos de la Bogotá de la época.

La intimidad de la carta y la interpretación y organización de la autobiografía se aúnan en el texto de *El duende* para producir una ficción que simula representar aspectos de intimidad y espontaneidad. La confluencia de estos tres discursos implica prácticas sociales conocidas y una tradición genérica ya empleada en el siglo XVI en la primera muestra de la literatura picaresca: el *Lazarillo de Tormes*, epístola que es una confesión autojustificadora ante un narratario superior que adopta la forma autobiográfica. De la misma manera que *Lazarillo* origina e impulsa una forma de escritura ficticia: la novela picaresca, la carta-cuento de *El duende* gana espacio para la ficción en un horizonte de posibilidades no infinito como el que ofrecía hasta ese momento la literatura colombiana del siglo XIX. Obviamente, el duende bogotano no es un granuja bajo y desvergonzado como el español, pero posee rasgos traviesos, burlones e irónicos. E igual que cuando la picaresca surge en el momento de la expansión del libro como objeto comercial, esta carta-cuento se origina en los años en que en Colombia alcanza gran impulso otra empresa comercial: la prensa.

Ahora, para el lector, ser social extratextual de la época, posiblemente fue fácil recibir el relato que se le ofrecía y que presentaba la posibilidad de que existiera un espíritu travieso que expresara emociones y situaciones a través de una conciencia, que se podía instalar en objetos concretos, si lo aceptó como proveniente del género epistolar; ya que el texto fingía ser la segunda carta de una secuencia interaccional producida por un intercambio epistolar entre los dos sujetos de la comunicación: el duende y la bruja. Secuencia que constituía el contexto comunicativo, contado con agudeza, concisión y acierto para mostrar estratos más profundos en los que se manifestaban las intenciones de los redactores del periódico: esta correspondencia fungía como instrumento de propaganda para atraer con un programa calculado y planeado al lector social; puesto que quedaba atrapado en la red que se le había tendido, que tenía por objeto además de mantenerlo en suspenso, captarlo como receptor-comprador-consumidor del periódico.

La constatación del carácter mixto de esta carta en que un «yo» propone una historia en el acto mismo de su configuración textual se da al comprobar que existe un sujeto que se ofrece como enunciación, como sujeto del enunciado y como referente en simultaneidad. Este fenómeno sólo puede realizarse dentro de la ficción; ya que, la «verdad» que se cuenta es únicamente verosimilitud que sucede gracias a la conexión de los tres géneros: el epistolar, el autobiográfico y el relato ficticio. El compartir estas formas discursivas en el relato a la vez que ofrece un continuo juego de estrategias textuales que se trasvasan de unas prácticas a las otras, señala una ironización continua por la que la construcción escritural puede concebirse y entenderse dentro del horizonte de expectativas de los receptores.

La carta se escribe sin saber cuál será su futuro destino; ya que, el receptor posterior del texto puede asignarle un destino diferente al que le preveía su autor. Como la carta, siempre va dirigida a alguien, en una fecha determinada, tiene una intención precisa: seducir, engañar, preguntar, responder o continuar informando sobre un tema que ya se ha comenzado (véanse: Altman 1986, y Showalter Jr. 1986). Ésta es la situación que hace llamativa la siguiente carta ficticia:

CARTA DE NIEVES A BÁRBARA
Bogotá 31 de julio de 1846

Mi querida amiga:
No puedo conformarme con vivir tan lejos de ti: me haces una falta horrorosa. ¡Tú en Santa Bárbara y yo en Las Nieves! ¡Jesús! Y con estos malditos páramos de San Juan; y tener que pasar por la calle real o dar un largo rodeo; y este cuartel de caballería: ¡ay! si de noche no puede uno atravesar ese puente de San Francisco; ¡sin que le tiemblen las carnes! Yo soy tan miedosa para salir de noche, que a cada instante me parece que agarran por detrás. ¿Cómo ería que antes, cuando había en nuestro

Bogotá, por las noches, nazareno, caballo herrado, luz de San Victorino, ánimas y otras apariciones como esas, se atrevían las señoras a salir de sus casas? Tal vez sería porque tales visiones no atacaban a los individuos de nuestro sexo; pero ¿yo? ¡Ave-María! De figurármelo tirito. Con que una vez que venía yo con mamá Servanda desde las Cruces viejas, como a las nueve de la noche, oímos de golpe el campanazo del *pecado mortal*, y del susto nos acurrucamos en el hueco de una puerta, aguantando el resuello y con los ojos cerrados, hasta que pasó un señor de botas, con farol, y nos vinimos detrasito de él más muertas que vivas, hasta la Catedral, por donde ya veíamos siquiera otros bultos que no tocaban campana, ni llevaban linterna con corazón, ni pedían con aquella fúnebre y penetrante voz del pecado mortal; (bultos veniales seguramente, porque no nos asustaban ni nos pedían nada) ¿qué hubiera sido de nostras si se nos hubiera aparecido el descabezado o algún o algún otro de esos espantos de entonces? Gracias Dios, querida Bárbara, ya ni siquiera pecado mortal hay por las noches en Bogotá; a lo menos yo no lo he vuelto a oír ni su campanada, ni su voz. Tal vez se habrá hecho invisible; pero, a así no espantará a los tímidos como yo.

Y bien: ve a donde he ido a parar, y Comencé lamentándome de hallarnos tan apartadas, y no poder vernos con la frecuencia de antes, y sin sentirlo fui a dar con el hombre del corazón en la linterna.

No hay remedio, amiga mía; tenemos que hacer de cuenta que vivimos diez leguas de distancia: tenemos que escribirnos; porque vernos no nos será muy fácil.

Pero en una carta, en dos, en ciento, no pueden decirse cuanto en una hora se comunican dos mujeres, dos amigas ¡imposible!— Tengo que contarte tantas cosas, que sería necesario para. Decírtelo todo, escribirte a mañana y tarde. Mis vecinas, tan sólo mis vecinas, me darían materia para una semana, es decir; para diez y seis cartas. ¡Qué gentes, Dios mío! Me tienen harta a préstamos: han lucido en las fiestas con mis camisones, mis pañuelones y hasta con mi gorra y mis zapatos. La noche de los juegos pensé ir a la Huerta de Jaime (¡tal vez te hubiera hallado allí) pero las vecinas se fueron desde las seis, y lo que no llevaron encima lo dejaron encerrado, y por supuesto, no tuve ni sombrero, ni pañuelón, ni nada con qué ir.— Ya sabes que ellos son cinco y yo soy una no más, y tengo que vestirlas a todas. —De veinte pares de naguas que tengo, no cuento con unas: ¡yo no sé cómo pueden hacer esto!— Y luego todo lo devuelven después de tres reclamos por lo menos manchado, arrugado, roto.— Buen cuidado tengo ya de no mostrarles lo que compro, pues habían dado en no dejarme estrenar nada: apenas veían algo nuevo en casa, allá te va el recadito que mi señorita Fulana, que dispense su mercé las molestias, que *para eso son vecinas*, que no le diga su mercé que no, que si le empriesta el chalé (o lo que fuera) que mercó hoy onde la señua Grotoa... Hoy mismo me han

mandado mi pañuelo rosado de gaza con dos manchones de manteca (cenarían en algún toldo) y mi jipijapa con la cinta verde horriblemente desteñida (les cogería alguno de estos páramos).
Ve pues si estaré aburrida. Siquiera cuando vivías por acá tú me librabas de algunos petardos de estos con tus salidas y disculpas, cuando menos menos, compensabas con tus chistes y cuentos los malos ratos que me dan estas *señoras de gorra*, mis muy queridas vecinas.
En mal día te estoy escribiendo: es viernes. He interrumpido esta carta diez veces. Servanda entra cada media hora, ahogándose, sudando, con mil quejas y rezongos, de mal humor, brava, como nunca la he visto. ¿Sabes por qué? Por que no encuentra los repollos, ni la mantequilla, ni la turma[112] de año, y no se cuántas cosas más en la plazuela de San Francisco: ha ido tres veces y se ha vuelto sin consuelo, y ahora acaba de entrar después de ir hasta San Agustín. ¡Si la oyeras! está de lo chistoso. ¡Pobres criadas!— «Mi señorita: ya no puedo más; tengo rajadas las patas de caminar.— ¿Ha visto sumerced qué ocurrencia? se han llevado todas las turmas a San Agustín y ni allá ni acá se encuentra la mantequilla, ni los repollos... ¡ay mi señorita! quien sabe a dónde habrán llevado a vender todo eso: ¿habrá también mercado en San Victorino? Pues no comerá su merced mantequilla, ni repollos, ni ensaladas, ni... principios: ¡ahora me acuerdo que no he comprado nada para principios! ¡ni para dulce!... Yo por sumerced no me afano, pues es considerada y se conforma con lo que hay; ¡pero, mi amo!... y si se les antoja venir a comer a las señoras de enfrente!— Ya son las 12... ¡Ja, ja, ja! Si viera sumerced a las señoras que están haciendo mercado!... coloradas, ¡qué! moradas como una tuna, sudando, fatigadas y casi llorando de rabia; busca por aquí. Pregunta por allí, salta por acá, tropieza por acullá; y nada que encuentran!— Oírlas unas con otras... esto sí que es divertido— ¿Has comprado manteca? Nada: si no encuentro a mi marchante! —Y tú ¿has encontrado lechugas?— No: en San Agustín lo que hay son plátanos. Aquí lo que compré regular fue la carne; pero no me animo a ir hasta San Agustín porque dicen que está todo revuelto con el muladar, y una nube de moscos... —De veras: no vas; se te revolvería el alma. —Y seguirá esto así? Por supuesto como a los ricos no les va ni les viene nada en ello: mandan a sus criados a hacer el mercado y aun que lo pongan en Monserrate ¡qué con eso! Pero nosotras ¡ay!... ¡Maldito!... ¡Calla!... Mi señorita, qué lamentos, qué quejas, que reniegos; y con razón...».
Dirás, querida Bárbara, que soy una vagamunda porque me he puesto a relatarte en mi carta parte de los monólogos de Servanda, y tal vez lo merezco; porque, he visto, esto es reírse del mal del prójimo; pero, ya está escrito y peor sería borrarlo. —Además, porque no se han de ocupar las muchachas como nosotras de un asunto tan interesante? ¿Quién quita que tu y yo tengamos un día de estos que andar en esos afanes? —¡Ojalá

---

112 Turma: es el nombre corriente que se le da a la papa en el mismo periódico *El Duende*, en el artículo «Los precios corrientes en el mercado», en la edición del 8 de noviembre de 1846.

que si tal nos ha de suceder, ya se les haya ocurrido un medio que evite tantas molestias! Por ejemplo: que el viernes se ponga el mercado en la plaza *de Bolívar,* y el sábado se barre bien la plaza, y así todo se allana y no habrá tantas quejas, tantas maldiciones, como anunció el *Duende*. En los demás días poco importa que repartan el mercado, con tal que no se pongan los víveres en los muladares. Esto es lo que me ocurre y te comunico para que intrigues, como yo lo haré, a fin de que así suceda: ya ves que en ello se interesan muchas de nuestras buenas amigas. Sí, es necesario intrigar, y si no, las autoridades se quedarán esperando a que el señor *Delvalle* les ponga la cartilla, o les dé desde Antioquia su ilustrada opinión sobre lo que deben hacer en el asunto de mercados.

Réstame sólo decirte que Pacho pasa mucho por aquí, unas veces a pie y otras a caballo: sospecho que será por... No te pongas celosa; yo averiguaré y te daré noticias más exactas. Si fuere como lo pienso, cuanto te diré será: «tu Pacho un infame, dale calabazas».

¿Cuándo nos veremos?— Escríbeme pronto, hoy, mañana a más tardar.

Tu siempre afectuosa amiga— Nieves.

[Anónimo. *El Duende* (ag. 2, 1846): iii-v].

Este texto es la manifestación de la privacidad de un sujeto femenino que se comunica con otro al que estima; en este caso, según el título, parece ser correspondencia entre mujeres amigas. Situación que al estarles negada la presencia en la esfera de lo público, la carta, sería la única manera en que ellas tendrían acceso a la escritura; lo cual convertiría este medio en un lugar privilegiado y único para manifestar y consolidar la nueva posición que tienen dentro de la nueva nación. Desde esta perspectiva, su contenido mostraría la vida privada y sus antecedentes (véase: Ariès y Duby, 1990).

Una carta como el texto de Nieves a Bárbara tiene todas las características de ser carta privada, por tanto no escrita para su publicación; pero por las circunstancias de su difusión, debe prestarse atención a los rasgos que se hallan velados tanto en su contenido, como en el contexto sociocultural; porque a pesar de semejar ser personal y exclusiva es un texto literalmente ficticio, que al ser publicada en un periódico, ya ha pasado por un proceso de selección y de actividad lectora: autor - editor - lector del periódico. Además, este acto de comunicación escrito presenta únicamente dos de los componentes del triángulo requerido al mismo nivel: Nieves —> texto —> (Bárbara está ausente); pero en su lugar, se encuentran en un nivel muy diferente todos los lectores del periódico, incluyendo a los editores. A través de este proceso, el texto alcanza a transformar el horizonte de las experiencias en su diálogo entre el emisor y el receptor, y como texto de ficción se debe indagar su propósito y suplir con significados los silencios y los espacios del texto; proceso necesario para comprender los sentidos de lo escrito.

La misiva, al parecer, revela la intimidad de la autora, quien ofrece un texto que recontextualiza y sintetiza, en un breve espacio, expresiones que en su respectivo contexto lingüístico comunican sin complicación el mensaje. Desde la apertura de esta carta se observa el fuerte componente conativo o apelativo hacia el lector del texto, y su contenido se manifiesta como una crónica de sucesos diarios que vive Nieves. En el interior de la escritura, inmediatamente destacan tres características: la ausencia, la amistad y la subjetividad. Ésta última se observa en la necesidad que expresa Nieves de establecer el hilo perdido de la comunicación con Bárbara; lo que significa que gracias a esa conexión anterior muchos de los aspectos de coherencia suceden y llegan a tener sentido, porque son producidos por la presencia mental del otro y su relación con el emisor. Nieves no escribiría este tipo de carta a sus vecinas; puesto que, según el texto de la misiva, el trato y los valores entre ellas son distintos. Esto que constituye lo diferente es lo que es el tema del contenido de la carta.

El mundo ficticio de esta comunicación se apoya en dos tipos de destinatarios textuales [únicamente con el ánimo de distinguirlos]: la lectora interna = Bárbara y los lectores externos o destinatarios ajenos al texto mismo de la carta. Se sabe que cada autor de una carta es casi un sistema que posee en su interior la verdad sobre lo que escribe; ésta (en forma de mensaje pragmático en el texto) reside fuera del cuerpo textual, y es posible que cada uno de los receptores pueda examinarla.

Para comprender la verdad expresada en el texto, debe entenderse el referente que explicita; el cual, en esta carta es la Bogotá que hasta mediados del siglo XIX estaba dividida en barrios que coincidían todavía con la división eclesiástica. El Barrio principal era el de La Catedral que se subdividía en Catedral, El Palacio, El Príncipe y San Jorge (este Barrio estaba entre la actual Avenida Jiménez y calle 7ª por un lado y carreras 2^a y 13 por el otro). El Barrio de las Nieves se subdividía en los Barrios Oriental y Occidental (estaba localizado entre la Avenida Jiménez y la calle 24 y las carreras 3^a y 11); era el extremo norte de la ciudad. Además estaban los Barrios de Santa Bárbara (actuales calles 3^a y 7^a y carreras 3^a y 11) extremo sur de la ciudad y el Barrio de San Victorino (actuales calle 10^a y 16 y carreras 11 y 5^a).

Con esos parámetros geográficos se empieza a entender el contenido: Nieves, la autora de la carta, vive en el barrio de las Nieves, en el extremo norte de la Bogotá de entonces; mientras que Bárbara, receptora de la misma, reside en el barrio Santa Bárbara, el extremo sur de la ciudad; separado por el río San Agustín de los barrios de la Catedral y El Palacio, a los que servía de límite.

Burlonamente se da la coincidencia de nombres de autora y receptora con los de los barrios extremos de la ciudad en que residen.

El texto de la misiva habla de específicos lugares tanto del barrio como de la ciudad: la Calle Real (actual carrera séptima entre calles 11 y 16), el cuartel de caballería, el Puente de San Francisco (carrera séptima con calle 15), la Plazuela de San Francisco (carrera séptima y calles 15 y 16), San Agustín (carrera séptima con calle séptima); La Huerta de Jaime (carrera 15 y calles 10ª y 11).[113] Asimismo, se mencionan como marca de época las leyendas conocidas en ese momento: el nazareno, el caballo herrado, la luz de San Victorino[114], el descabezado, las ánimas y otras apariciones, el campanazo del pecado mortal, referentes que hacían aterrorizar a la gente del pueblo y cuyos relatos solían contarse por la noche a la luz de las velas o de las lámparas. También se alude a tradiciones y costumbres del momento: acurrucarse en los espacios de las puertas para ocultarse de lo que acechara; algunas personas caminaban por las noches llevando un farol; entre vecinos existía el préstamo de ropa; el viernes era el día del mercado; pero no hay un lugar fijo, ni se sabe cuáles son los productos diarios que venden

Nieves, estrategia narrativa, comunica mediante la experiencia; escribe lo que sabe: los defectos de la sociedad; como ente limitado no es objetiva en los juicios; además deja ver dos tipos de habla al plasmarlos: la propia y la de la criada Servanda, de la cual transcribe algunos monólogos. Por medio de la dualidad de sus palabras informa del problema de gobierno de la ciudad sobre la manera descuidada y desorganizada como se distribuían los productos necesarios para la comida. Hasta 1864, el mercado principal se efectuaba todos los viernes en la Plaza Mayor, hoy Plaza de Bolívar; no importaba donde hubiera un centro de mercado, era insalubre, como lo confirma la carta: «todo revuelto con el muladar, y una nube de moscos...». Después de los monólogos de Nieves-Servanda, la misiva concluye con una sugerencia para solucionar los problemas que ocasiona la distribución de productos o falta de ellos en el mercado; además sugiere alternativas de ubicación y días de operación. Asimismo, menciona que todo esto ya lo había anunciado el periódico *El Duende*.

El problema esencial, de los varios que se explicitan en la carta, es el de la distribución y venta del mercado; de los extremos de distancia, carencia, carestía e insalubridad que debe sortear la gente para conseguir los productos básicos necesarios para la alimentación.

> Las plazas de la ciudad sirvieron de escenario para los mercados organizados en primera instancia por los indios según la tradición muisca. A ellas concurrían una vez por semana vendedores que se agrupaban en la plaza de las Yerbas [San Francisco] los jueves y los viernes en la Plaza Mayor (Escovar, Mariño y Peña, 368).

Esta es una técnica de distracción, para engañar, divertir y atrapar a los lectores de todos los ámbitos. Los editores para no hacerse de enemigos, moralizando y criticando abiertamente al gobierno, emplean esta estrategia narrativa: la carta ficticia, inventada con el propósito de informar, criticar si-

---

113 Recibió el nombre porque los terrenos habían pertenecido a Juan Alonso Núñez de Jaime. Hoy lleva el nombre de Plaza de los Mártires.
114 La Luz de San Victorino: misteriosa aparición que causaba la muerte a quien la llamara por medio de un silbido.

tuaciones sociales, tanto de la gente como de la manera en que el gobierno fallaba en aspectos de la administración de la vida diaria; pero también proponía, en palabras de Nieves, alternativas y soluciones.

La representación exagerada o no de realidades cotidianas además de servir para efectuar una crítica social, es útil para contribuir a solucionar problemas corrientes. Ajustando este texto al momento histórico y al medio en que se emitió, se pueden establecer correlaciones que señalan algunas de las intenciones éticas que subyacen en la escritura. El mundo ficcional representado que se transmite por medio de una carta no es monológico; se vuelve dialógico al incluir otro punto de vista y expresarlo con la manera de hablar de la criada Servanda; de esta forma, las estrategias textuales mimetizan las empleadas en el género epistolar (comunicación diferida privada); pero al incorporar la epistolaridad a la ficción, la primera sufre modificaciones que conducen a un fin específico. Por eso, aunque el texto finja tener un destinatario privado definido (Bárbara), al estar publicado en el periódico, el receptor del mensaje está conformado por un público más amplio (los lectores y receptores del periódico *El Duende*.

Como se observa, la carta ficticia es una forma proteica que cristalizó las relaciones sociales de formas diversas. El primero de los textos ejemplificados la aprovechó para criticar una situación parodiándola; para esto se valió de las funciones establecidas que habían adquirido la misivas como medio de comunicación, proporcionándole al texto un poder discursivo socialmente valioso; ya que, al representar la potencial incoherencia lingüística que se avecinaba, la carta como forma de escritura se convertía en un elemento del proceso integral del cambio sociocultural buscado en el siglo XIX. La noticia que la misiva del *doctorcito flamante* transmitía era la desintegración del mundo lingüístico conocido; la evidencia que ofrecía la representación emitida en la carta y la función pública que se le adjudicaba a un texto que debía ser privado, señalaba el carácter ficcional del mismo.

Al desfigurarse mediante la parodia un texto familiar se produjo un tipo de emancipación que marcó la evolución o el cambio de la narrativa durante esa época. Una nueva forma surgió de la antigua sin destruir totalmente la original; lo que cambió fue la función: la carta pasó de factual a ficticia, colaborando de esta manera en la consolidación de la producción de prosa de ficción en Colombia.

Mientras que la carta-cuento del Duende al usar rudimentariamente la forma de una autobiografía de un «espíritu travieso que se aparece fugazmente» ofrece un texto de ficción imaginativo que reúne varias funciones sociales, entre ellas: proporcionar noticias sobre el nuevo periódico y permitir una latitud de expresión poco conocida hasta ese memento gracias a su estatus ficcional. Lo mismo sucede con la carta ficticia de Nieves a Bárbara, estrategia narrativa de diversión y de crítica que emplea la parodia y la persuasión para alcanzar sus propósitos. Esta evolución de la misiva ficticia explicita claramente tanto la importancia que los escritores otorgaban a la expresión individual, como la constante búsqueda y elaboración de técnicas y formas de escritura para poder expresarla; todo lo cual originó una revolución literaria.

La carta ficticia es uno de los diversos metagéneros narrativos que señala la manera como se fue consolidando la prosa de ficción en Colombia; tiene una importancia funcional como discurso en primera persona porque compite con los discursos fácticos del periódico, también en primera persona, porque además de ser una forma de expresión directa destinada a la diversión y a la distracción, evoca el mundo y sus problemas a través de personajes que emplean la técnica de la comunicación diferida para expresar distintos puntos de vista.

Esta práctica epistolar es una contribución a la representación narrativa y constituye una etapa de proximidad a la ficción; situación en que la carta interesa tanto por lo que dice como por lo que hace; por los efectos que persigue; en este caso, ser el simulacro de comunicación entre dos fantasías que literalmente hablan sin voz sobre un imaginario que se construye con propósitos determinados: trascender la inmediatez de la realidad, y mediante estilos diferentes, apoyar o refutar una postura para enseñar, convencer y distraer. Para esto, adopta diversos disfraces, como el presentado aquí en las cartas ficticias neogranadinas, el de la misiva familiar o de amistad, de estructura sencilla, natural y espontánea. De esta manera, la carta reclama un espacio propio en el desarrollo de la ficción, que la haga de fácil acceso y de rápida comprensión.

4. Conclusiones

La consolidación de la ficción neogranadina, está íntimamente enlazada a las transformaciones técnicas y formales de la prensa periódica, como a los cambios técnicos y estructurales que sufrieron los movimientos literarios en diversos países europeos y al deseo de adaptación y creación de aspectos propios para la formación y solidificación de una narrativa primero regional y luego nacional.

La publicación de textos literarios en los periódicos, significó el deseo de los intelectuales, tanto de desarrollar la literatura del área, como de incorporar a la cultura a un nuevo tipo de público, cuya tradición era predominantemente oral; pero que comenzaba a ingresar y a elevarse a estratos sociales que antes les estaban vedados, entrando así a formar parte de un nuevo mercado de consumo. Esta nueva forma de presentación permitió la expansión de la distribución de los textos y la penetración a ámbitos apartados, con mayor rapidez. Se escribía en Bogotá y muy poco tiempo después se originaban reacciones y respuestas desde Cali al Socorro, de Popayán a Cartagena.

Hacia 1792, el número de subscriptores y de lectores de *El Papel Periódico de Santafé de Bogotá* era bastante reducido. Posteriormente con los movimientos de Independencia se produjo la importación de prensas que quedaron en poder de hombres de negocios, de los letrados, de los políticos, quienes tenían en mente objetivos y públicos diferentes a los de finales del siglo XVIII o a los de la primera década del siglo XIX. Eso causó una nueva apertura a otros sectores de la vida política y social, una democratización hasta entonces desconocida y un acceso a capas de público marginadas en el pasado, que comenzaron a interesarse por los temas que se reproducían en las páginas de los diarios. Las publicaciones se fueron alejando lentamente de los temas científicos, económicos y posteriormente de los políticos, para dar paso a los periódicos completamente literarios ya en la década del treinta.

El proceso de crecimiento de la prensa produjo la demanda por la creación de un tipo de literatura que tendía en parte a satisfacer los gustos de los nuevos lectores. Pero, al mismo tiempo, como los redactores eran parte del nuevo público lector, ellos mismos contribuyeron a sentar los parámetros de lo que iba a escribirse y a publicarse; de esta manera, distintas formas narrativas empezaron a producirse constantemente en las páginas de los periódicos.

Algunas de estas formas narrativas experimentaron un gran auge desde épocas clásicas, gozando de una gran aceptación entre el público lector de las diferentes eras, ávido por descubrir en esos relatos lo otro, lo diferente, o tal vez por descubrirse a sí mismo en un proceso de conocimiento que surgía de la comparación. Las nuevas ideas sobre la narrativa que iban evolucionando desde la filosofía de la Ilustración influyeron en la percepción de la vida neogranadina; de esta manera, a medida que avanzaba el siglo, los escritores se mostraban más interesados en narrativizar lo propio. De ahí, que por medio de sus escritos reflexivos transmitieran no sólo técnicas e ideología, sino también su interpretación de lo que consideraban debía estructurar e incluir la ficción.

Además, para atraer y mantener la atención de los lectores comenzaron a difundir formas narrativas cortas con características tanto del momento en que se producían, como del público al que iban destinadas. Del mismo modo, la aparición de periódicos con textos con visible intención literaria empezó a dotar las narraciones de algunas particularidades originadas por el propósito comercial que tenía la distribución de los distintos diarios; ya que estos tendían, de manera casi exclusiva, a asegurar la fidelidad de los subscriptores, como fue el caso de *El Duende*.

Se estudiaron únicamente tres de los diversos tipos de narración breve que se hallan en las páginas de los periódicos literarios y no literarios de la época analizada, donde se encuentra un variado y heterogéneo corpus de relatos, en el que se explicita una diversidad de miradas, junto a representaciones narrativas que van complicándose y solidificándose con el tiempo. Se observa así que la mirada de estos escritores construye una ficción que se crea por superposición, adaptación, ensayo e innovación; pero que recoge fundamentalmente los rasgos más distintos de la prosa de ficción europea. Mediante la lectura y la divulgación pedagógica, la narrativa sedujo indudablemente a los escritores y ganó su puesto en la cultura neogranadina.

Con los aspectos destacados al efectuar la investigación, se puede deducir que la historia de la prosa de ficción del siglo XIX en Colombia apenas está comenzando a estudiarse. Para realizarla, se necesita hacer una lectura cuidadosa de cada uno de esos textos dentro de sus contextos históricos de producción para poder entender las intenciones, las influencias, las imitaciones y las diferencias técnicas y escriturales que en ellos confluyen. Al seguir de cerca el desarrollo de estas tres formas narrativas: la fábula, la anécdota y la carta ficticia, se advierte que la prosa de ficción fue evolucionando y se fue solidificando a medida que transcurrieron las décadas. Este desarrollo se debe a una mayor consolidación de la nación y a un proceso de identificación con la cultura, de lo que surge una imperiosa necesidad de poseer una literatura nacional que se diferencie y se posicione dentro de la cultura de Occidente.

Mientras los países europeos occidentales creaban e impulsaban diferentes escuelas y movimientos filosóficos y literarios, la Nueva Granada, con apenas un poco más de dos decenios de vida independiente, comenzaba a dar pasos seguros en esa dirección. El desarrollo literario negado por las leyes españolas coloniales, después de alcanzada la Independencia vaciló para comenzar; pero gradualmente en la década del veinte inició un serio replanteamiento intelectual que con variaciones, retrasos y avances adquirió impulso en la década del cuarenta explicitándose en diferentes formas narrativas que empezaron a producirse como expresiones de ficción; estrategias y manifestaciones que se incorporan al cuento y a la novela que se produjo al mismo tiempo.

Las otras formas narrativas que se encuentran en la páginas de la prensa neogranadina de la época muestran patrones más complejos de estructuración, cuyo desarrollo está imbricado en el momento sociocultural en que emergieron y se publicaron los textos, mostrándose como precursores de desarrollos intelectuales de gran importancia. Dependiendo de las circunstancias de su publicación y dentro de los límites de su producción, esos textos representan fragmentos sucesivos de conocimiento, de habilidad y de práctica de los escritores de la época. Considerando este contexto, se entiende por qué los estudiosos de la literatura han evadido su investigación e inclusión dentro de los cambiables parámetros canónicos de las letras de la época. Estos textos continúan como modalidades narrativas indeterminadas a consecuencia de los discursos engendrados en la modernidad que aunque abren nuevos caminos, eliminan espacios completos del quehacer intelectual, porque los consideran como parte de subgéneros escurridizos, porque ellos tienden a reflejar su propia estructura; imagen que ilustra tanto la naturaleza meditizada del lenguaje y de la opacidad de la narrativa que buscaba vincular al texto con los acontecimientos que lo generaban. Por esto no sorprende que estas formas evasivas contextuales, casi referenciales sean las que el cuento y la novela privilegien para construir algunas de sus más memorables ficciones.

Al conocer los datos aportados por las décadas iniciales en Colombia, se entiende la formación de las tertulias de la *Biblioteca de Señoritas*, de la cual surgió la de *El Mosaico*, los textos que esos escritores produjeron; el surgimiento de novelas como las ultra conocidas *Manuela* y *María*; textos que son únicamente eslabones en el desarrollo de la ficción y producto de ese progreso de las décadas anteriores.

Con las investigaciones efectuadas para este estudio y otros que se desarrollan, se llega a la conclusión de que la narrativa neogranadina es una de las más sólidas del siglo XIX en Hispanoamérica. Desafortunadamente el desinterés de los investigadores de la literatura colombiana ha relegado y casi olvidado la labor de los intelectuales del periodo, que contribuyeron a crear y a solidificar la literatura contemporánea de Colombia.

5. APÉNDICE

LA TERTULIA EUTROPÉLICA

Habiéndose formado, en cierta casa una junta de varios sujetos instruidos, de ambos sexos, bajo el amistoso pacto de concurrir todas las noches a pasar tres horas de honesto entretenimiento discurriendo sobre todo género de materias útiles y agradables; daremos después una exacta noticia de esta Asamblea del Buen Gusto, e igualmente iremos publicando (según la oportunidad que hubiere) algunos de aquellos rasgos prosaicos y poéticos más proporcionados para llenar el fin de cada número, con el objeto de que siempre terminen con variedad agradable, así como empezamos a ejecutarlo desde el presente.

Uno de los tertulianos parece que por desgracia de educación, o por moda, o bien fuese por debilidad de espíritu, no poseía aquel aire varonil digno de un verdadero hombre. A este caballero semidama se le hizo presente con mucha cortesía y urbanidad la obligación en que estaba constituido de satisfacer a la Tertulia acerca del respectivo asiento que debía (248) ocupar, pues sin este requisito tanto hombres como mujeres dudarían siempre el lugar que justamente le correspondía. Hablóse mucho sobre la materia; pero al fin, captando la venia de los demás, se levantó el Secretario de la Academia Eutropélica, y dirigiendo la palabra hacia el socio masculofemíneo lo puso en el empeño de dar una respuesta correspondiente a la reconvención que se le hizo en la substancia de éste.

EPIGRAMA

Cara de hombre te veo, Lino,
Con acciones de mujer
Acaba, dame a entender

Si acaso eres andrógino.
A definir yo no atino
(Por más que pongo atención)
Tu sexo; y en conclusión
Diré, sin sátira odiosa,
Que eres una quisicosa
Entre mujer y varón.
(*Papel Periódico de la Ciudad de Santafé
de Bogotá* 84 (247-248)

RESPUESTA DE LINO

Yo, señores, si he de hablar con la sinceridad digna de un hombre de bien, confieso desde luego que en este mismo punto he comenzado a desengañarme de ¡cuán afrentoso es para la nobleza de mi sexo el ridículo artificio de desfigurarlo con unas acciones, composturas, y movimientos tan impropios! Muchas razones que antes me parecían fundadas, ahora de repente conozco toda la debilidad y ridiculez en que consistía su apoyo. Por no molestar vuestras atenciones sólo expondré las siguientes, que ceñiré a un sencillo y lacónico discurso.

Como veía que casi todas las señoras mujeres (ahora conozco que a excepción de las que tienen juicio) se declaran finísimas apasionadas del primor, pulidez, melindre: en una palabra, de todas las acciones que van retocadas con un aire de molicie y afeminación; desde luego puse todo mi estudio en adquirirme por este medio un lugar muy distinguido en su trato y estimación. Veía que los Adonis y los Narcisos son los únicos entes que merecen su elogio, su atención y sus finezas. Que la aplicación al trabajo, la hombría de bien, la prudencia, la sabiduría, buena educación: en fin, que todas las ilustres cualidades de un ánimo noble y virtuoso, son para ellas lo mismo que nada, en comparación de los dengues, afectación y petrimetría de un hombre afeminado: y he aquí la razón de haber preferido este sistema; sin embargo de conocer que es el más indigno de una alma honrada, que sabe apreciar su existencia. ¿Cómo podré yo negar que un hombre afeminado para nada es útil a la sociedad? Él es un afrentoso individuo de la especie humana: un miserable fantasma de la república, un fenómeno de irrisión, y por decirlo de una vez, el objeto más despreciable que se puede presentar a los ojos de la Religión, La Filosofía, y la Naturaleza.

Tal confieso que he sido yo hasta este preciso punto en que vuestra discreción me ha hecho conocer mi errado (256) capricho por medio de una reprehensión tan suave y tan urbana. Pero ya desapareció el prestigio, ya se disipó la funesta nube de mi preocupación. Sí señores: ya voy a ser desde hoy un hombre verdaderamente tal: sabré apreciar todo el honor digno de mi sexo, conociendo que así lograré merecer vuestra estimación; y el lugar de socio masculino, conque me habéis honrado en esta tertulia.

Esta fue en sustancia la respuesta de Lino, la cual agradó mucho a los demás individuos de la Tertulia Eutropélica, cuyos aplausos resonaron inmediatamente en todo el círculo de la sala. [(*Papel Periódico de la Ciudad de Santafé de Bogotá* 85 (sept. 28, 1792): 255-256].

DE LA TERTULIA EUTROPÉLICA

Como algunas sesiones de esta amistosa asamblea son algo difusas según la naturaleza de los asuntos que alternativamente suelen elegirse para diversión de los concurrentes; sólo nos contraeremos por ahora a los rasgos pequeños, omitiendo los más extensos para insertarlos después en otros números.

A una de las damas académicas se le dio una noche por asunto el gracioso pasaje de un encuentro, o tropezón que aquella tarde habían tenido dos ciegos en la misma cuadra de la casa de la Tertulia. Debía reducir el chiste a un epigrama con toda la precisión que exige este género de poesía: y efectivamente lo hizo en el siguiente.

Al doblar por una esquina
Dos ciegos se atropellaron,
Y muy furiosos gritaron:
¿Qué no ve cómo camina? —
No señor, porque soy ciego,
Se dicen; y aquí los dos
Exclaman: ¡Líbrenos Dios
De otro abrazo! —¡fuego, fuego!

Habiéndose celebrado con mucha risa el pasaje de los ciegos, añadió el Secretario Eutropélico estas expresiones dignas de su prudencia: «Al menos, señores, ese par de ciegos tuvo la fortuna de conocer su enfermedad; pero ¡ay de aquéllos que chocando más fieramente unos con otros, sostiene cada uno su partido, tratándose recíprocamente de ciegos, sin que ninguno quiera confesar su ceguedad! ¡Bien haya Lino, que con su sinceridad verdaderamente heroica confesó de plan toda la ridiculez de su antiguo capricho de las damerías; y ya detestando para siempre el aire de Rosita que había adoptado; se ha adquirido la estimación de todos, en (256) virtud de la entereza varonil con que hoy se presenta en medio de la Sociedad! ¡He aquí un alma generosa, que en el mismo punto de conocer su error, lo abjura eternamente, temiendo ridiculizarse más, si hace empeño de sostenerlo como si fuese una virtud» [Papel Periódico de la Ciudad de Santafé de Bogotá 86: 255-256].

Biografías

Acevedo Tejada, Pedro (1799-1827).
«Hizo la primera campaña del Sur del la Nueva Granada, de 1812 a 1813. En 1820 Oficial Mayor de la Secretaría de Guerra y Marina. En el mismo año de 1820, ingresó a la Logia Libertad de Colombia N° 1 de Santafé de Bogotá. Estudió en el Colegio Mayor de Nuestra Señora del Rosario. Nació en Santafé de Bogotá el 19 de abril de 1799. Murió en la misma ciudad el 31 de marzo de 1827» (Rojas Pontón 1992, 52). «[F]ue nombrado, sin que a nadie causara extrañeza, Miembro de la Academia Nacional entre los hombres más eminentes de Colombia. Lo sorprendente es que habiendo entrado casi niño en la carrera de las armas, pasados los días de la dominación de Morillo oculto con su padre en las montañas de los Andaquíes, y consagrado luego tanto tiempo al servicio público, primero en el Estado Mayor de Cundinamarca y después en la Secretaría de Guerra, lo sorprendente, decimos, es que hubiera hallado modo de adquirir tan buenos conocimientos científicos y literarios. A él se debe la primera geografía de Colombia» (Cuervo y Cuervo 1947. I: 40-41). (También véase: Carnicelli 1970, I: 322, 333).

Aranzazu (y González), Juan de Dios (1798-1845).
«En su carácter de Presidente del Consejo de Estado, ejerció el poder ejecutivo como Presidente de la República de la

Nueva Granada del 5 de junio de 1841 al 19 de octubre del mismo año, al ausentarse de la ciudad el Presidente titular Pedro Alcántara Herrán. Fue Diputado a la Convención de Ocaña, Diputado al Congreso Constituyente en Santafé de Bogotá. Ministro de Hacienda durante la administración de Francisco de Paula Santander. Ingresó a la Logia Libertad de Colombia N° 1 en Santafé de Bogotá en el año de 1820» (Rojas Pontón 1992, 29-30); (también véase: Carnicelli 1970, I: 323, 333).

Aranzazu, primo hermano del poeta Gregorio Gutiérrez González, fue uno de los políticos antioqueños que apoyó a Santander. Fue congresista por el grupo santanderista desde 1823, y más tarde a nombre de los liberales. Participó en la Convención de Ocaña y en los infructuosos diálogos con José Antonio Páez para evitar la separación de Venezuela de la Gran Colombia. Apoyó en 1829 la rebelión del general José María Córdova y su célebre manifiesto contra la dictadura del Libertador. Fue gobernador de la provincia de Antioquia entre 1832 y 1836; Ministro de Hacienda, fundó en Medellín *La Miscelánea de Antioquia*, revista mensual de carácter científico y político que circuló entre 1834 y 1838. Fue profesor de Jurisprudencia en la Universidad Nacional. Murió en 1845.

Caicedo Rojas, José (Bogotá, 1816 -1898)
Escritor y periodista. Escribió poesía, novela, cuento, drama, ensayo literario y periodístico. Fue conocido en los periódicos del siglo XIX bajo los seudónimos: Buril, C., Celta, Damón, de Celte, El Juzgón Invisible, Gribaldi, Macías, Pirriquio, Veritas, Yarilpa, entre otros. Desde 1840 comenzó una activa labor en diversos periódicos como: *El Día* (fundador), y redactor de: *El Duende*, *El Trovador*, *El Museo* y *El Pasatiempo*; colaborador de *El Neo - Granadino*, en su primera época, de la *Biblioteca de Señoritas* y El Mosaico. Fue Representante por la provincia de Bogotá, nombrado Presidente de la Cámara (1850-1851). Oficial mayor de la Secretaría de Relaciones Exteriores (1860). Director de la Academia Colombiana de la Lengua.

Caro, José Eusebio (Ocaña, 1817-Santa Marta, 1853). Poeta, periodista y político santandereano. Estudió en el Colegio de San Bartolomé, donde también cursó jurisprudencia, aunque nunca llegó a doctorarse. Ocupó cargos subalternos en el Ministerio de Hacienda y en el Ministerio de Relaciones Exteriores. En 1840 luchó en favor del gobierno por dos años en la guerra civil que se desató en aquella época. Redactó su periódico *El Granadino*, de filiación conservadora, el cual sobrevivió hasta 1845; allí publicó artículos que desataron polémica en los círculos políticos por los ataques ideológicos que hacía a los liberales. En 1843 fue diputado al Congreso por el partido conservador. En 1848 fue Ministro encargado de Hacienda. Entre 1849 y 1851, publicó con Mariano Ospina Rodríguez el semanario *La Civilización*. Esta publicación se caracterizó por su oposición al gobierno de José Hilario López. Efectuó un ataque apasionado y desmedido contra el gobernador de Cundinamarca, que le ocasionó una condena a prisión; al enterarse huyó del país en 1850, a través de los Llanos Orientales. Una vez fuera, viajó a Nueva York, donde permaneció dos años. Fue uno de los ideólogos fundadores del partido conservador y sería reconocido como uno de los poetas importantes del siglo XIX (véase: Aguilera 1949).

Cuervo, Rufino José (1801-1853). «Este [[gran filólogo]] tenía 23 años cuando se inició en la Logia Fraternidad Bogotana N° 1 de Santafé de Bogotá. Fue Fiscal de la Corte suprema de Justicia del Distrito del Centro en Santafé de Bogotá en 1824. Rector de la Universidad Nacional. Fue del grupo masónico del general Francisco de Paula Santander. Ejerció la Presidencia de la República en representación del partido conservador en 1849. Nació en Tibiritá, Cundinamarca, el 28 de junio de 1801. Murió en Bogotá recibiendo los santos sacramentos, el 21 de noviembre de 1853» (Rojas Pontón 1992, 37-38). En esta cita se observa la equivocación que se sigue cometiendo al confundir a Rufino (José) Cuervo [padre] con Rufino José Cuervo (1844-1911), [hijo]. He agregado doble corchete cuadrado en la anterior cita para indicar un error. El padre no fue el filólogo, ni el hijo fue el redactor de *La Miscelánea* como se afirma en algunos lugares (véase: Sánchez López 1985, 205). Esta misma confusión se encuentra en el catálogo en línea de la Biblioteca Nacional de Colombia (véase: Carnicelli 1970, I: 323, 333).

Cuervo padre fue fundador y director d: *La Bandera Tricolor*, *El Eco del Tequendama* y *El Catolicismo*. Ocupó importantes cargos públicos: fue Fiscal de la Comisión de reparto de bienes nacionales, Jefe político del Cantón de Bogotá, Gobernador de Cundinamarca, Fiscal de la Alta Corte, Fiscal de la Corte de Justicia del Cauca, Juez de la sala de Apelación del centro, Prefecto de Bogotá, Rector de la Universidad Central, Diputado a la Cámara de Bogotá, Ministro Plenipotenciario de la Convención Diplomática de división y reconocimiento de los créditos colombianos, Director de crédito nacional, Ministro plenipotenciario en el Ecuador, Secretario de Hacienda Nacional y Magistrado de la Suprema Corte de Justicia. Fue Presidente designado; Vicepresidente en 1847, y reemplazó en cuatro ocasiones al General Mosquera, entre 1847 y 1849.

Fernández Madrid, José Luis Álvaro Alvino (Cartagena de Indias, 19 de febrero de 1789-Barres, cerca de Londres, Inglaterra, el 28 de junio de 1830). Estadista, presidente de la Primera República granadina, escritor, médico, científico y diplomático. Estudió en el Colegio Mayor de Nuestra Señora del Rosario. En el Colegio Mayor de la Orden de los Dominicos se graduó de doctor en derecho canónico y medicina. Participó en la Tertulia del Buen Gusto y publicó poemas en *El Alternativo del Redactor Americano*. También colaboró en el *Seminario del Nuevo Reino de Granada* donde publicó entre otros poemas: «Oda a la noche». Fundó con Manuel Rodríguez Torices *El Argos*, donde publicó poemas como: «A los libertadores de Venezuela de 1812» y «A la muerte del General Anastasio Girardot»; difundió también sus primeros artículos políticos. Ocupó la Presidencia de la República en el primer triunvirato que gobernó las Provincias Unidas en 1814-1815; y después en 1816, ante la renuncia del presidente Camilo Torres, fue nombrado su sucesor, con el encargo de negociar con el pacificador Pablo Morillo. Contrajo matrimonio en 1815 con Francisca Domínguez Roche; además fue un fecundo escritor; entre sus libros de versos están: *Poesías, Rosas, Elegías nacionales peruanas*. También se distinguió como dramaturgo, a través de sus obras *Atala* y *Guatimoc*. En la historia de las letras colombianas, se lo considera como uno de los fundadores del teatro nacional (véase: Martínez Silva, 1935).

Lastra, José Ángel (1799-1837). «Abogado, miembro de la Logia Libertad de Colombia N° 1 (Rojas Pontón 1992, 82). «A Lastra tocó vida más larga para lucir sus claros talentos y sólida y variada instrucción en diferentes cargos de importancia: Contador de diezmos, Oficial Mayor del Ministerio del Interior y Relaciones Exteriores, Senador por Bogotá. Pero fue en la magistratura especialmente donde hizo estimar su saber, integridad e independencia. Con su prematura muerte a los treinta y ocho años de edad (9 de septiembre de 1837) creció el aprecio de sus virtudes públicas» (Cuervo y Cuervo 1947. I: 41). (También véase: Carnicelli 1970, I: 333).

Ortiz Rojas, José Joaquín (Tunja, 1814-Bogotá, 1892). Escritor, pedagogo, periodista y parlamentario. Hermano de Juan Francisco Ortiz, sería denominado «El Quintana colombiano» (Gómez Restrepo IV: 16) y se lo reconocería como uno de los grandes líricos de la Nueva Granada (Ortega Torres 1935, 106). Sus primeros años transcurrieron durante la época del régimen del terror. Ortiz fue un gran admirador del Libertador. Sostuvo una polémica en defensa del tradicionalismo contra los radicales. Además, en el Congreso Nacional defendió el Concordato entre la Iglesia y el Estado, la religión en la educación cristiana y luchó contra los benthamistas y la masonería. Se casó en 1841 con doña Juliana Malo y Ortega, emparentada con el general Antonio Nariño (Ocampo López 1989). Autor de la primera novela del siglo XIX: «María Dolores o la historia de mi casamiento», redactada en Anapoima en 1836, año en que se publicó *La Estrella Nacional*.

Ortiz Rojas, Juan Francisco (Bogotá 1808-Buga, 1875). Hijo de José Joaquín Ortiz Nagle y de Isabel Rojas. Recibió su educación en los colegios de San Bartolomé y el Rosario. Ocupó el cargo de Secretario de Relaciones Exteriores en la que sería la última presidencia del General Santander (1833-1837). Era experto en las materias periodísticas, fundó en 1833 en Bogotá *La Cáscara Amarga*, semanario de tipo económico; en Cartagena en 1834 editó *El Lucero de Calamar*, periódico de oposición al mismo gobierno del que era parte. Entre ese año y 1836 publicó *La Rosa de la Montaña* y *La Palma de Oro* (Cacua Prada 1983, 41). Además redactó *El Tío Santiago* en 1848. Fue doctor y abogado de los tribunales de la Confederación. Ortiz trabajó al lado de su hermano José Joaquín Ortiz y con él dirigió el Colegio de Santo Tomás de Aquino. Fue cónsul de Colombia en Jamaica.

Pereira Gamba, Próspero (1825-1896). Escritor y poeta, (empleó los seudónimos El Marquetano, Lúpulo, P. P. G.). Hijo de Francisco Pereira, nacido en Cartago en 1789, y de María de la Paz Gamba. Contrajo matrimonio en Italia con la condesa Cecilia Eboli.

Pérez, Lázaro María (Cartagena 1822- Vichy, Francia, 1892). Escribió empleando los seudónimos: Cabrión, Tito Livio. Fue poeta, narrador y dramaturgo; militar y político. Llegó a Bogotá en 1846, donde prontamente comenzó a publicar sus textos poéticos en periódicos del lugar. Fundó La Liga Patriótica de Cartagena en 1850; también fue Secretario de la Cámara en 1854, en 1855, Secretario del Senado y Senador por Santa Marta en 1856. Director de la Imprenta Nacional en 1857; desde ese momento se dedica abiertamente al periodismo y a la literatura.

Pérez Manosalbas, Santiago (Zipaquirá, 1830 - París, 1900). Educador, periodista, escritor y político. Publicó un tomo de poesías líricas y el drama Jacobo Molai (1851); Gramática de la lengua castellana (1853), la leyenda *Leonor*, (1855), el drama *El Castillo de Berkley* (1856). Fue redactor en diversos periódicos, entre ellos: *El Tiempo* (1856)*, El Mensajero*, *La Defensa* (1880), *El Relator*, *La América* (Nueva York), donde criticó la Doctrina Monroe. Fundó un colegio y dirigió la Universidad Externado de Colombia (1891-1892) y fue Rector de la Universidad Nacional de Colombia. Hizo oposición al régimen de Tomás Cipriano de Mosquera (1867); Miembro de la Asamblea, Senador de la República, Presidente del Congreso Federal (1868), Embajador en Washington (1868 -1873). Fue Presidente de la República de 1874 a 1876. Durante este periodo se iniciaron las obras del Ferrocarril del Norte y la fundación de la Academia Colombiana de la Lengua. Director Supremo del Partido Liberal (1892), fue desterrado del país por Miguel Antonio Caro, Murió en el exilio sin poder regresar a la patria.

Pradilla, Antonio María (1822- 1878). Santandereano, perteneció al grupo liberal radical Gólgota. Fue Representante por la provincia de Bogotá, y Secretario de la Cámara de Representantes y uno de los firmantes de la Constitución de la República de Nueva Granada en 1853; Presidente del Estado soberano de Santander en 1860 y Ministro de Relaciones exteriores en 1864.

Rodríguez Torices, Manuel (Cartagena de Indias, 24 de mayo de 1788-Bogotá, el 5 de octubre de 1816. Prócer de la Independencia. En el Colegio Mayor de Nuestra Señora del Rosario recibió el título de doctor en Derecho. Participó en las tertulias literarias, y en especial en la del Buen Gusto, que dirigía en Santafé doña Manuela Sanz de Santamaría de Manrique. Colaboró con Francisco José de Caldas en la redacción del *Semanario del Nuevo Reino de Granada*; posteriormente fundó con José Fernández Madrid, *El Argos Americano*, que se publicaba en Cartagena de Indias; en este periódico publicó sus ideas federalistas, contrarias al centralismo del periódico *La Bagatela* de Antonio Nariño. Fue un personaje decisivo en la independencia de Cartagena. El 23 de septiembre de 1814, el Congreso de las Provincias Unidas encargó el ejercicio del poder ejecutivo a: Manuel Rodríguez Torices, presidente de Cartagena de Indias; Custodio García Rovira, gobernador del Socorro; y José Manuel Restrepo, secretario de Gobierno de Antioquia. A causa de la pacificación de Pablo Morillo, el Congreso de las Provincias Unidas tuvo que disolverse. Rodríguez Torices, acompañado de Camilo Torres, del sabio Caldas, del presidente José Fernández Madrid y de otros patriotas, tomó camino a Popayán. Allí Rodríguez Torices y sus compañeros de fuga fueron apresados y llevados a Bogotá, a pie desde Popayán. Rodríguez Torices fue sentenciado a la pena de muerte a la confiscación de todos sus bienes. El 5 de octubre de 1816, fue conducido al patíbulo junto con Camilo Torres. Ambos fueron ahorcados y despedazados luego para exhibir sus despojos en varios lugares. Las cabezas de ambos fueron exhibidas por 10 días a la entrada de la ciudad, en canastas de hierro, como escarmiento público. El 14 de octubre, cuando se permitió su sepultura por ser el día del natalicio del rey Fernando VII, Rodríguez Torices tenía apenas 28 años de edad (véase: Abello Palacio, 601-608).

Rojas Garrido, José María (1824-1883); empleó los seudónimos J. M. R. G., Efedepente, Indus, Onofre. Huilense, perteneció al grupo liberal draconiano y participó en la defensa del Presidente Tomás Cipriano de Mosquera cuando el grupo radical liberal Gólgota lo acusó. En 1851 fue Representante al Congreso y Encargado de Negocios en Venezuela en 1852. Gobernador de la provincia de Neiva (1855-1858); Diputado al

Congreso Nacional y a la Asamblea de Boyacá. Durante la revolución liberal de 1860 a 1861 fue Ayudante de Campo del general José Hilario López y bajo el gobierno provisional del general Mosquera, al constituirse los Estados Unidos de Colombia, ejerció como Secretario de Relaciones Exteriores. Fue Diputado por Antioquia en 1862, Representante plenipotenciario ante el gobierno venezolano en 1864. Presidente encargado de la República del 1°de abril al 20 de mayo de 1866. Además, fue reconocido orador, catedrático y periodista de pensamiento radical.

Santander, Rafael Eliseo (Bogotá 1809-1883). Empleó los seudónimos Oselie, S. A. [Santander Aldana]. Fue un narrador muy fuerte; sus textos se hallan en *El Mosaico* y en el *Papel Periódico Ilustrado*. Fue Magistrado de la Corte Suprema de Justicia, escritor y periodista.

Vélez Barrientos, Alejandro (1794-1841). «Ingresó a la Logia Libertad de Colombia N° 1 en el año de 1822. Fue diputado al «Congreso Admirable» reunido en Santafé de Bogotá el 15 de enero de 1830, Ministro de Relaciones exteriores de 1839 a 1840, durante la presidencia del masón y miembro de la Logia Libertad de Colombia, José Ignacio Márquez. Alejandro Vélez nació en Envigado, Antioquia, el 23 de noviembre de 1794. Murió en Bogotá el 19 de marzo de 1841» (Rojas Pontón 1992, 29). «[D]iscípulo de Caldas e ingeniero notable, prestó como tal servicios importantes a la independencia; hecho prisionero por los españoles y enrolado como soldado raso, descubrió Enrile sus talentos y le empleó en varios trabajos de planos y dibujos para enviar a España. Habiéndose fugado, volvió a defender la causa nacional, hasta que, viéndola triunfante, quiso dedicarse al comercio, y recorrió varios países de Europa. (...) luego fue nombrado sucesivamente cónsul y encargado de negocio en los Estados Unidos (...). Prestó el más decidido apoyo a la administración de Márquez, escribiendo con sus antiguos compañeros en *El argos* y otros periódicos» (Cuervo y Cuervo 1947. I: 41-42). (También véase: Carnicelli 1970, I: 323, 333).

****

Condesa de Genlis. Stéphanie-Felicité Ducrest de Saint-Aubin, Condesa de Genlis y Marquesa de Sillery (1746 - 1830). Conocida como Madame de Genlis, Preceptress Genlis, Condesa de Sillery, Madame de Sillery, Madame de Sillery-Genlis y Madame de Sillery-Brulart (antes Condesa de Genlis). Publicó bajo los nombres de Madame de Genlis y Madame de Sillery-Brulart. Fue educadora, escritora y novelista. A los seis años recibió el título de Señora Condesa de Lancy (Madame la Comtesse de Lancy). De aristocrática familia venida a menos, contrajo matrimonio a la edad de dieciséis años con Alexis Brulart, conde de Genlis in 1783. Algunos años más tarde, por influencias de su tía: Charlotte-Jeanne Béraud de la Haye de Riou, Marquesa de Montesson, quien había contraído matrimonio clandestinamente con Louis Philippe I, Duque de Orléans, Stéphanie entró al palacio real como dama de compañía de la nuera de su tía: Louise Marie Adélaïde de Bourbon-Penthièvre, Duquesa de Chartres, quien se había casado con el príncipe heredero Louis Philippe II, Duque de Chartres (1770). De quien Stéphanie pronto se convirtió en su amante. Inteligentemente comenzó a labrarse un puesto más sólido en la casa: fue institutriz de las hijas de la familia y poco después fue ascendida por el duque de Chartres a gobernadora de sus hijos varones en 1781, lo que llevó a la renuncia de todos los tutores y a un escándalo social. En 1779, publicó el primero de más de 80 libros que escribió. Entre los libros que difunden sus ideas sobre la educación y que escribió para beneficio de sus pupilos están: *Théâtre d'éducation* (4 vols., 1779-1780), una colección de comedias cortas para jóvenes. *Les Annales de la vertu* (2 vols., 1781) y *Adèle et Théodore* (3 vols., 1782). Charles Augustin Sainte-Beuve dijo que ella había anticipado muchos de los métodos modernos para la enseñanza. En 1789, Madame de Genlis se mostró favorable a la Revolución Francesa, pero la caída de los Girondinos (la burguesía más adinerada, que tenían ideas moderadas y proponía cambios que limitaran el poder real, sin quitarle totalmente el mando; pero limitando el derecho al voto para que no alcanzara a los ciudadanos más pobres) en 1793, la llevó a buscar refugio en Suiza junto con su pupila Mademoiselle d'Orléans. En ese año su esposo el Marqués de Sillery, del que había estado separada desde 1782, fue guillotinado; lo mismo le sucedió al Duque de Orléans. Una de sus hijas «adoptadas» (al parecer una de las hijas habidas de su relación con el duque de Chartres), Pamela, había contraído matrimonio con Lord Edward Fitzgerald en 1792. En 1794, Madame de Genlis se estableció en Berlín, pero fue expulsada por orden de Frederick William II de Prusia. Viajó a Hamburgo, donde se sostuvo por algunos años escribiendo y pintando. Después de la Revolución de Brumaire (1799) se le permitió regresar a Francia y fue recibida favorablemente por Napoleón Bonaparte, quien fascinado con ella, le otorgó un magnífica pensión, pero con la condición de que escribiera únicamente sobre temas morales y literarios. Durante este periodo escribió novelas históricas y su mejor novela: *Mademoiselle de Clermont* (1802). Madame de Genlis, a pesar de que había perdido su influencia sobre su antiguo pupilo, Louis Philippe, recibió de él una subvención. Su pensión gubernamental la descontinuó Louis XVIII; así ella tuvo que sostenerse con el producto de su escritura. Sus últimos años los pasó en controversias literarias, especialmente la surgida de su obra: *Diners du Baron d'Holbach* (1822), un volumen escrito con inteligencia y sarcasmo sobre la intolerancia, el fanatismo y las excentricidades de los «filósofos» de la Ilustración. Alcanzó a ver a su antiguo pupilo, Louis Philippe, sentado en el trono de Francia. Murió en diciembre de 1830. Muchas de sus obras fueron traducidas al inglés casi inmediatamente de que fueron escritas. En sus novelas, mostró una gran preocupación por la educación, especialmente de las jóvenes. Rechazó la pasión porque la consideraba una ilusión que destruía las vidas de las mujeres. Impulsó la razón y con ella, la educación femenina (véase: Naudin 1991y la *Encyclopædia Britannica* 11ª edición, ahora del dominio público).

Madame Cottin. Mme. Sophie Cottin (Tonneins, cerca de Clairac,1773-Paris, 1807). Se casa a los 17 años con Jean-Paul-Marie Cottin, banquero de Bordeaux, quedando viuda a los 23 años. Radicó en París. Victor Hugo dijo en 1817, que ella era la escritora más importante del periodo. Las cinco novelas que escribió (*Claire d'Albe* (1798), *Malvina* (1801), *Amélie Mansfield* (1802), *Mathilde* (1805) y *Elisabeth ou les exilés de Sibérie* (1806) son sentimentales; sus protagonistas poseen características similares; ellas son: jóvenes, románticas, atractivas, inteligentes, discretas, encantadoras, respetadas y virtuosas; como la propia autora, ellas prefieren una vida tranquila y retirada, la belleza de la naturaleza las atrae y son proclives a experimentar aguda tristeza y a encontrar solaz en la amistad y en la religión; no obstante todas estas características, ellas poseen voluntad decidida y personalidad fuerte; además son apasionadas e intrépidas. Aunque reciben apoyo y protección del padre respectivo, ningún personaje masculino se halla desarrollado con la profundidad y la textura de los femeninos. Las protagonistas son las que cambian el mundo para mejorarlo, buscando la armonía; sin embargo, la felicidad total sólo se alcanza en la otra vida (véase: Spencer 1991).

Radcliffe, Ann (Holborn-Londres, 1764-1823). Hija única de William Ward y Ann Oates. Su madre era prima de Sir Richard Jebb, médico de George III. Ann tenía relativamente buena educación. En 1787, contrajo matrimonio con William Radcliffe, graduado en leyes en Oxford, quien llegó a ser parte editor y dueño de *The English Chronicle*. Ann comenzó a escribir para ocupar su tiempo, publicó seis novelas, la última: *Gaston de Blondeville* (1826), fue publicada póstumamente en 1772. Ganó dinero en su corta carrera de escritora. Cultivó el género de lo que hoy se llama «novela gótica» y proporcionó una diferenciación entre el uso del terror y el horror como técnicas narrativas. Su ficción abunda en descripciones románticas de escenario y de terrores. En ellas, el espacio que ocupa la mujer está cargado de temores y perseguido y apoyado siempre por la sombra de una madre que pone a prueba las ideas patriarcales con la amenaza de un poder femenino no doméstico; el sufrimiento de las protagonistas es producto de la maldad de los hombres; pero al final siempre prima la justicia y los malvados son vencidos (véanse: Haggerty 1994 y Sanders 1994: 342-343). Como sus novelas, su vida estuvo envuelta en el misterio. Se decía que para 1797, sufría de depresión. Hacia el final de su existencia se rumoreaba que estaba enferma mentalmente debido a sus fantasías góticas y que la habían recluido en un asilo en Derbyshire. No se sabe cuál fue la realidad.

6. BIBLIOGRAFÍA

Aarne, Anti and Stith Thompson. *The Types of the Folktale. A Clasification and Bibliography*. F. Communication 184. Helsinki: Academia Scientiarum Fennica, 1961; 1987.

Abbagnano, Nicola. *Diccionario de filosofía*. 1961. Santafé de Bogotá: Fondo de Cultura Económica, 1997.

Abbatista, Guido. «Tiempo y espacio». *Diccionario histórico de la Ilustración*. Vincenzo Ferrone y Daniel Roche (eds.). Madrid: Alianza Editorial, 1998. 136-148.

Academia Colombiana de Historia. *La patria boba*. Bogotá: Imprenta Nacional, 1902.

Acevedo de Gómez, Josefa. «Mis recuerdos de Tibacui. (Fragmentos de un diario)». *El Museo* (Bogotá) I.4 (jun. 1°, 1849): 53-56. [Formado: J. A. de G.].

_____. *Cuadros de la vida privada de algunos granadinos; copiados al natural para instrucción i divertimiento de los curiosos*; obra póstuma. Bogotá: Imprenta de *El Mosaico*, 1861.

_____. *Tratado sobre economía doméstica para el uso de las madres de familia*. Bogotá: Imprenta de José A. Cualla, 1848. 87p.

Acosta de Samper, Soledad. *Biografía del general Joaquín Acosta: Prócer de la Independencia, historiador, geógrafo, hombre científico y filántropo*. Bogotá: Librería Colombiana Camacho Roldán y Tamayo, 1901.

Acuña de Moreno, Julia Isabel. *Albores de la educación femenina en la Nueva Granada*. Bogotá: Colegio Departamental de la Merced, 1989.

Aguilar Piñal, Francisco. «El mundo del libro en el siglo XVIII». *Varia bibliográphica: homenaje a José Simón Díaz*. Reichenberger, Kurt y Roswitha Reichenberger (eds.) Kassel: Reichenberger, 1988. 25-33.

Albadalejo Mayordomo, Tomás. *Teoría de los mundos posibles y macroestructura narrativa. Análisis de las novelas cortas de Clarín*. Alicante: Universidad de Alicante, 1986.

Alcaraz Varó, Enrique y María Antonia Martínez Linares. *Diccionario de lingüística moderna*. Barcelona: Editorial Ariel S. A., 1992.

Altman, Janet Gurkin. «The Letter Book as a Literary Institution: 1539-1789». *Yale French Studies* 71 (1986): 17-62.

Álvarez, Miriam. *Tipos de escritos I: Narración y descripción*. MadridL Arco/Libros, S. L., 1996.

_____. *Tipos de escritos II: Exposición y argumentación*. Madrid: Arco/Libros, S. L., 1997a.

_____. *Tipos de escritos III: Epistolar, administrativo y jurídico*. Madrid: Arco/Libros, S. L., 1997b.

Álvarez Barrientos, Joaquín, François López, e Inmaculada Urzainqui. *La República de las letras en la España del siglo XVIII*. Madris: Consejo Superior de Investigaciones científicas, 1995.

Anderson, Benedict. *Imagined Communities. Reflections on the Origin of Spread of Nationalism*. London: Verso, 1989.

Andueza Palacio, R. *Documentos para los anales de Venezuela desde el moviemiento separatista de la Unión Colombiana hasta nuestros días*. IV. Caracas: Imprenta y Litografía del Gobierno Nacional, 1890.

Anónimo. «Al Albor» *El Día* (Bogotá) 370 (jul. 26, 1846): 4.

Anónimo. «Amantes orijinales. Carta de una muchacha de la ciudad a una del campo». *El Día* (Bogotá) 253 (nov. 24, 1844): 2-3.

Anónimo. «Anécdota». *El Día* (Bogotá) 59 (ag. 1°, 1841): 262.

Anónimo. Anécdota». *El Día* (Bogotá) 69 (sept. 26, 1841): 304.

Anónimo. «Anécdota». *El Día* (Bogotá) 84 (dic. 12, 1841): 373.

Anónimo. «Anécdota». *El Día* (Bogotá) 150 (dic. 29, 1842): 662.

Anónimo. «Anécdota». *La Miscelánea* (Bogotá) 2 (25 de septiembre de 1825): 7.

Anónimo. «Anécdota dolorosa». *El Día* (Bogotá) 35 (abr. 4, 1841): 152.

Anónimo. «Anécdotas». *El Día* (Bogotá) 149 (dic. 25, 1842): 657.

Anónimo. «Apólogo». *El Reconciliador Bogotano* (Bogotá) 2 (mayo 13, 1827): [3].

Anónimo. «A un cofrade». *El Duende. Periódico político, moral, literario, mercantil, artístico y noticioso* (Bogotá) 13 (jul. 19, 1846): i.

Anónimo. «Carta de Nieves a Bárbara». *El Duende. Periódico de buen humor, dedicado a los cachacos de ambos sexos* (Bogotá) 16 (ag. 2, 1846): iii-v.

Anónimo. «Correspondencia entre un doctorcito flamante y su padre: El hijo al padre». *La Miscelánea* (Bogotá) 11 (nov. 27, 1825): 42-43.

«Respuesta». *La Miscelánea* (Bogotá) 11 (nov. 27, 1825): 43-44.

Anónimo. «Crónica». *El Museo* (Bogotá) I.3 (mayo 1°, 1849): 47-48.

Anónimo. «Descripción graciosa de puro necia». *El Duende. Periódico político, moral, literario, mercantil, artístico y noticioso* (Bogotá) 8 (jun 14, 1846): ii-iii.

Anónimo. «El Día». *El Cóndor. Periódico Semanal, Político i Literario* (Bogotá) 5 (abr. 8, 1841): 19-20. [art. de José Joaquín Ortiz respondiendo a crítica sobre María Dolores].

Anónimo. «El mundo está perdido». *La Miscelánea* (Bogotá) 14 (dic. 18, 1825): 54.

Anónimo. «El petimetre i la beata. Apólogos colombianos. Ensayos políticos. Fábula tercera». *El Reconciliador Bogotano* (Bogotá) 11 (jul. 15, 1827): 4.

Anónimo «Fábula». *El Día* (Bogotá) 140 (oct. 23, 1842): 619.

Anónimo. «Godos». *La Miscelánea* (Bogotá) 18 (ene. 15, 1826): 74-73 (sic).

Anónimo. «Historia de unas tarjetas referida por una de ellas». *El Duende. Periódico político, moral, literario, mercantil, artístico y noticioso* (Bogotá) 5 (mayo 31, 1846): iii-v.

Anónimo. «Ilusiones». *El Cachaco de Bogotá* (Bogotá) 10 (jul. 28, 1833): 39.

Anónimo. «La mecha i la cosiata. Apólogos colombianos. Ensayos políticos. Fábula primera». *El Reconciliador Bogotano* (Bogotá) 9 (jul. 1°, 1827): 4.

Anónimo. «La novelas». *El Museo* (Bogotá) I.1 (abr. 1°, 1849): 6-8.

Anónimo. «Lectura». *La Estrella Nacional* (Bogotá) 4 (ene. 20, 1836): 3.

Anónimo. «Literatura». *La Miscelánea* (Bogotá) 3 (oct. 2, 1825): 12.

Anónimo. «Los ojos, la lengua, las manos y el corazón». *El Reconciliador Bogotano* (Bogotá) 5 (jun. 3, 1827): 3-4.

Anónimo. «Novelas». *La Estrella Nacional*. (Bogotá) 1 (ene. 1°, 1836): 1-2.

Anónimo. «Padrón general de la Ciudad de Santafé de Bogotá, conforme al estado en que se hallába á fines del año de 1800». *Correo Curioso, Erudito, Económico y Mercantil* (Santafé de Bogotá) 5 (mzo. 17, 1801): 1.

Anónimo «Pasión al juego». *El Día* (Bogotá) 5 (sept. 20, 1840): 20.

Anónimo. «Pensamientos sueltos sobre los periódicos». *La Miscelánea* (Bogotá) 23 (feb. 19, 1826): 98.

Anónimo. «Periódicos». *La Miscelánea* (Bogotá) 13 (dic. 11, 1825): 52.

Anónimo. «¿Qué quiere decir cachaco?». *El cachaco de Bogotá* 11 (ag. 1°, 1833): 43.

Anónimo. «Revista cronológica del año 1825». *La Miscelánea* (Bogotá) 16 (ene. 1, 1826): 61-63.

Anónimo. «Sociedades secretas». *La Miscelánea* (Bogotá) 29 (abril 2, 1826): 119-121.

Antolínez Camargo, Rafael. *El Papel Periódico de Santafé de Bogotá, 1791-1797. Vehículo de las luces y la contrarrevolución*. Bogotá: Banco Popular - Colcultura, 1991.

Arac, Jonathan. «What is the History of Literature?». *The Uses of Literature*. Durham: Duke University Press, 1995. 23-33.

Arango Ferrer, Javier. *Dos horas de literatura colombiana*. Bogotá: Instituto Colombiano de Cultura, 1978.

_____. *La literatura de Colombia. Las literaturas americanas*. III. Buenos Aires: Imprenta y Casa Editora Coni, 1940.

Arasse. Daniel. «Imágenes y símbolos». *Diccionario histórico de la Ilustración*. Vincenzo Ferrone y Daniel Roche (eds.). Madrid: Alianza Editorial, 1998. 164-170.

Arciniegas, Germán, ed. *El libro de Santa Fe, los cuadros de costumbres, las crónicas, las leyendas bogotanas, de hace un siglo*. Bogotá: Librería Colombiana - Ediciones Colombia, 1929.

Ariès, Philippe y Georges Duby. (Eds.). *Historia de la vida privada. Sociedad burguesa: aspectos concretos de la vida privada*. Trad. Francisco Pérez Gutiérrez y Beatriz García. 8. Madrid: Taurus, 1990.

Arrom, José Juan. *Esquema generacional de las letras hispanoamericanas*. Bogotá: Instituto Caro y Cuervo, 1977.

Arteaga Hernández, Manuel y Jaime Arteaga Carvajal. *Historia política de Colombia*. Bogotá: Planeta Colombiana Editorial S. A., 1999.

Asensio, Eugenio. *Itinerario del entremés*. 2ª ed. Madrid: Gredos, 1971.

Ayala Poveda, Fernando. *Manual de Literatura colombiana*. Bogotá: Educar Editores, 1984. Nueva edición: Bogotá: Panamericana Editores, 2002.

Ayuso de Vicente, María Victoria, Consuelo García Gallarín y Sagrario Solano Santos. *Diccionario de términos literarios*. Madrid: Editorial AKAL S. A., 1990.

Baranda, Consolación. «El apólogo y el estatuto de la ficción en el Renacimiento». *Studia Aurea* 1 (2007): 1-22. http://www.studia-aurea.com/articulo.php?id=45

Baudillard, Jean. *Simulacra and Simulation*. 1981. Ann Arbor: The University of Michigan Press, 1996.

Bauman, Richard. *Story, Performance, and Event; Contextual Studies in Oral Narrative*. Cambridge: Cambridge University Press, 1986.

Bayona Posada, Nicolás. *El alma de Bogotá*. 1938. 2ª ed. Bogotá: Villegas Editores, 1988.

Beebee, Thomas O. *Epistolary Fiction in Europe. 1500-1800*. Cambridge: Cambridge University Press, 1999.

Benford, Robert D. y David A. Snow. «Framing Processes and Social Movements: An Overview and Assessment». *Annual Review of Sociology* 26 (2000): 611-639.

Bernat Vistarini, Antonio y Tomás Sajó. «Imago Veritatis. La circulación de la imagen simbólica entre fábula y emblema». Studia Aurea 1 (2007):32.
http://www.studiaaurea.com/articulo.php?id=46
Bobes Naves, María del Carmen. *El diálogo. Estudio pragmático, lingüístico y literario.* Madrid: Editorial Gredos, 1992.
Bosch, Rafael y Ronald Cere. *Los fabulistas y su sentido histórico.* New York: Colección Iberia, 1969.
Bordieu, Pierre. *Language and Symbolic Power.* Cambridge, Massachusetts: Harvard University Press, 1994.
Bravo-Villasante, Carmen. «Introducción». *Fábulas literarias.* Tomás de Iriarte. Madrid: E. M. E. S. A., 1980. 7-37.
Bremond, Claude. «El rol del influenciador». *Investigaciones retóricas II.* 1970. Buenos Aires: Editorial Tiempo Contemporáneo, 1974. 93-106.
Burstyn, Joan N. *Victorian Education and the Ideal of Womanhood.* New Brunswick, New Jersey: Rutgers University Press, 1984.
Bushnell, David. *El régimen de Santander en la Gran Colombia.* (1954). 3ª ed. Bogotá: El Áncora Editores, 1985.
Caballero, José María. «Días de la Independencia». *La patria Boba.* Bogotá: Imprenta Nacional, 1902. 73-273.
Cacua Prada, Antonio. *Historia del periodismo colombiano.* 2ª ed. Bogotá: Ediciones Sua, 1983.
_____. *Historia de la educación en Colombia.* Santafé de Bogotá: Academia Colombiana de Historia, 1997.
Caicedo Rojas, José. «A Emilio». *El Museo* (Bogotá) I.2 (abr. 15, 1849): 23-24. [Firmado: Yarilpa]
_____. «Comunicados». *El Duende. Periódico de buen humor, dedicado a los cachacos de ambos sexos* (Bogotá) 46 (mzo. 7, 1847): vii-viii. [Firmado: Damon].
_____. «La prensa». *El Albor Literario, periódico científico, literario i noticioso* (Bogotá) 1 (1846): 113-118. [Firmado: Damon].
Camacho Guizado, Eduardo. «La literatura colombiana entre 1820 y 1900». *Nueva Historia de Colombia.* Bogotá: Planeta Colombiana Editorial S. A., 1989. 321-359.
_____. *Sobre literatura colombiana e hispanoamericana.* Bogotá: Instituto Colombiano de Cultura, Subdirección de Comunicaciones Culturales, División de Publicaciones, 1978.
Camacho Roldán, Salvador. *Escritos varios de Salvador Camacho Roldán.* Bogotá: Librería Colombiana, 1893.
Campoamor, Ramón de. «Fábula. La carambola». *El Día* (Bogotá) 140 (oct. 23, 1842): 619. [Aparece como anónimo].
Cárdenas Ruano, Federico. *Fábula, apólogo, parábola: Concepto y diferencia. Ensayo histórico crítico-preceptivo.* San Salvador, El Salvador: Imprenta Nacional, 1981.

Carnicelli, Américo. *Historia de la masonería colombiana. 1833-1940*. 2 Vols. Bogotá: Talleres de la Cooperativa Nacional de Artes Gráficas, 1975.

Caro, Helena. «Gregorio Gutiérrez González». Bogotá: Biblioteca Luis Angel Arango Digital, 2004. http://www.lablaa.org/blaa-virtual/biografias/gutigreg.htm

Castro Carvajal, Beatriz (Ed.). *Historia de la vida cotidiana en Colombia*. Santafé de Bogotá: Grupo Editorial Norma, 1996.

Chartier, Roger. «Print Culture». *The Culture of Print*. Princeton: Princeton University Press, 1989. 1-10.

Chevalier, Jean y Alain Gheerbrandt. *Diccionario de los símbolos*. Barcelona: Editorial Herder, 1988.

Chevalier, Maxime. *Cuento tradicional, cultura, literatura (siglos XVI - XIX)*. Salamanca: Universidad de Salamanca, 1999.

Childers, Joseph and Gary Hentz (eds.). *The Columbia Dictionary of Modern and Cultural Criticim*. New York: Columbia University Press, 1995.

Corominas, Joan. *Breve diccionario etimológico de la lengua castellana*. Madrid: Editorial Gredos, 1976.

Corominas, Joan y José A. Pascual. *Diccionario crítico etimológico castellano e hispánico*. I-Madrid: Gredos, 1991.

Cortázar, Roberto. *La novela en Colombia*. Bogotá: Imprenta Electrónica, 1908.

Crawford, Mary y Roger Chaffin. «The Reader's Construction of Meaning: Cognitive Research on Gender an Comprehension». *Gender and Reading. Essays on Readers, Texts, and Contexts*. Elizabeth A. Flynn, and Patrocinio P. Schweickart (eds). Baltimore and London: The John Hopkins University Press, 1986. 3-30.

Cristina, María Teresa. «Costumbrismo». *Gran enciclopedia de Colombia*. Vol. 4. Santafé de Bogotá: Círculo de Lectores, 1992. 101-110.

_____. «La novela colombiana del siglo XIX. Su contexto colectivo. Estudio de autores y análisis de obras». Universidad de los Andes, 1974. 98p. [ms. sin publicar].

Cuervo, Ángel y Rufino José Cuervo. *Vida de Rufino Cuervo y noticias de su época*. 2 vols. Paris: A Roger y F. Chernoviz, 1892.

Cuervo, Rufino José. *Apuntaciones críticas sobre el lenguaje bogotano*. 4ª ed. Chartres: Imprenta de Durand, 1885.

Culler, Jonathan D. *On Deconstruction. Theory and Criticism after Structuralism*. Ithaca: Cornell University Press, 1982.

Curcio Altamar, Antonio. *Evolución de la novela en Colombia*. (1957). Bogotá: Instituto Colombiano de Cultura, 1975.

Dance, Daryl Cumber. *From My People: 400 Years of African American Folklore*. New York: W. W. Norton & Company, 2002.

Daza, Juan Carlos. *Diccionario de la francmasonería*. Madrid: Ediciones AKAL, S. A., 1997.

De Francisco Zea, Adolfo. «El hospital San Juan de Dios de Bogotá». *Medicina* (Órgano Informativo de la Academia Nacional de Medicina de Colombia) 21.1.49 (mzo., 1999a): http://anm.encolombia.com/x-07hospi.htm

_____. «El hospital de San Juan de Dios y la medicina en Colombia a comienzos del siglo XIX». *Revista de Colombiana de Cardiología* 7.7 (dic., 1999b): 434-442.

De La Nuez, Sebastián. «Noticias biográficas y literarias sobre Iriarte». *Fábulas literarias*. Tomás de Iriarte. Madrid: Editora nacional, 1976. 9-61.

Delon, Michel. «Moral». *Diccionario histórico de la Ilustración*. Vincenzo Ferrone y Daniel Roche (eds.). Madrid: Alianza Editorial, 1998. 41-47.

Dellas, Marie y Eugene L. Gaier. «The Self and Adolescent Identity in Women: Options and Implications». *Adolescence* 10 (1974): 399-406.

Dentith, Simon. *Parody*. London and New York: Routledge, 2000.

Dery, David. «Agenda-Setting and Problem Definition«. *Policy Studies* 21.1 (2000): 37-47.

Díaz M., Myriam. «La prensa literaria en el siglo XIX». *Gran Enciclopedia de Colombia*. Vol. 5. Santafé de Bogotá: Círculo de Lectores, 1994. 193-204.

Dicaprio, Nicholas S. *Teorías de la personalidad*. 1989. 2ª ed.México D. F.: McGraw-Hill, 1999.

Dolezel, L. «Possible World in Literary Fictions». *Possible Worlds in Humanities, Arts and Sciences*. S. Allen, Ed. Berlin, New york: De Gruyter, 1989. 221-242.

Domínguez, José María. «Remitido. Carta». *El Duende. Periódico de buen humor, dedicado a los cachacos de ambos sexos* (Bogotá) 30 (nov. 8, 1846): 8.

Duane, William. «Viaje a la Gran Colombia en los años 1822-1823». *Bogotá en los viajeros extranjeros del siglo XIX*. Mario Germán Romero. Bogotá: Villegas Editores, 1990. 20-54.

Duarte French, Jaime. *Florentino González: Razón y sin razón de una lucha política*. Bogotá: Carlos Valencia Editores, 1982.

_____. *Poder y política. Colombia 1810-1827*. Bogotá: Carlos Valencia Editores, 1980.

Durandin, Guy. *La información, la desinformación y la realidad*. (1993). Barcelona: Ediciones Paidós, 1995.

E. L. «La mecha i la cosiata. Apólogos colombianos. Ensayos políticos. Fábula primera». *El Reconciliador Bogotano* (Bogotá) 9 (jul. 1°, 1827): 4.

Eakin, Paul John. *Fictions in Autobiography. Studies in the Art of Self-Invention*. Princeton: Princeton University Press, 1985.

Eco, Umberto. *Lector in fabula*. 1979. Barcelona: Editorial Lumen, 1981.

_____. *Los límites de la interpretación*. 1990. Barcelona: Editorial Lumen, 1992.

Editores. «Anécdota». *El Duende. Periódico de buen humor, dedicado a los cachacos de ambos sexos* (Bogotá) 21 (sept. 6, 1846): iv-vii.

Editores. «Al Albor». *El Día* (Bogotá) 370 (jul. 26, 1846): 4.

Editores. «Canastilla», «Crónica», «Teatro», «Remitidos». *El Duende. Periódico de buen humor, dedicado a los cachacos de ambos sexos* (Bogotá) 19 (ag. 23, 1846): v-viii.

_____. «Canastilla». *El Duende. Periódico de buen humor, dedicado a los cachacos de ambos sexos* (Bogotá) 20 (ag. 30, 1846): v-vi.

_____. «Canastilla: Gran descubrimiento». «Suscrición patriótica». «Revista arquitectónica de la ciudad». «Nuevo ministerio». «Dumas». «Polacos». «Teatro». *El Duende. Periódico político, moral, literario, mercantil, artístico y noticioso* (Bogotá) 4 (mayo 24, 1846): iv-vi.

_____. «Los 16 periódicos». *El Duende. Periódico de buen humor, dedicado a los cachacos de ambos sexos* (Bogotá) 15 (jul. 26, 1846): vi-vii.

_____. «Nuevo periódico». *El Duende. Periódico político, moral, literario, mercantil, artístico y noticioso* (Bogotá) 11 (jul. 5, 1846): iv.

El Albor Literario: Periódico Científico, Literario y Noticioso (Bogotá: Imprenta J. A. Cualla) (1846): 192p.

El Cachaco de Bogotá (Bogotá: Imprenta de A. Roderick) 1-58 (mayo 19, 1833-abr. 20, 1934):238p.

_____. «Ilusiones». *El Cachacho de Bogotá* 10 (jul. 28, 1833): 39.

_____. «Prospecto». *El Cachaco de Bogotá* 1 (mayo 19, 1833): 1.

_____. «¿Qué quiere decir cachaco?». *El Cachacho de Bogotá* 11 (ag. 1°, 1833): 43.

El Cóndor: Periódico semanal, político y literario (Bogotá: Imprenta de J. A. Cualla) 1-6 (mzo. 11-abr. 18, 1841): 26p.

El Corsario (Bogotá: Imp. por J. A. Cualla) 1.1 (oct. 17, 1839-1.6 (ene. 12, 1840): 24p.

El Día (Bogotá: Impreso por Valentín C. Martínez) 1.1-65.835 (ag. 23, 1840-jul. 15, 1851): [distinta paginación]

El Duende: Periódico Político, Moral, Literario, Mercantil, Artístico y Noticioso (Bogotá: Imprenta de J. A. Cualla) 1.1 (mayo 3, 1846)-1.78 (oct. 24, 1847); 1 (feb. 4, 1849)-12 (abr. 22, 1849): [distinta paginación]

El Duende. «Canastilla». *El Duende. Periódico de buen humor, dedicado a los cachacos de ambos sexos* (Bogotá) 78 (oct. 24, 1847): i-vi.

_____. «Canastilla. Continúa», «Orden del río», «Remitidos», «Advertencia». *El Duende. Periódico de buen humor, dedicado a los cachacos de ambos sexos* (Bogotá) 29 (nov. 1°, 1846): 6-8.

_____. «Carta a mi tía. Mi respetada tía La Bruja». *El Duende. Periódico político, moral, literario, mercantil, artístico y noticioso* (Bogotá) 2 (mayo 10, 1846): ii-iv.

_____. «El periodista de ahora». *El Duende. Periódico político, moral, literario, mercantil, artístico y noticioso* (Bogotá) 20 (ag. 30, 1846): iv-v.

_____. «Prefacio». *El Duende. Periódico de buen humor, dedicado a los cachacos de ambos sexos* (Bogotá) 53 (mayo 2, 1847): i-ii.

_____. «Prospecto». *El Duende. Periódico político, moral, literario, mercantil, artístico y noticioso* (Bogotá) 1 (mayo 3, 1846): i-ii.

_____. «Prospecto». *El Duende. Periódico político, moral, literario, mercantil, artístico y noticioso* (Bogotá) 14 (jul. 20, 1846): i-iv.

_____. «Prospecto». *El Duende. Periódico de buen humor, dedicado a los cachacos de ambos sexos* (Bogotá) 27 (oct. 18, 1846): 1-3.

_____. «Ya me conocen». *El Duende. Periódico de buen humor, dedicado a los cachacos de ambos sexos* (Bogotá) 14 (jul. 20, 1846): v-vii.

_____. «El periodista de ahora». *El Duende. Periódico de buen humor, dedicado a los cachacos de ambos sexos* (Bogotá) 20 (ag. 30, 1846): iv-v.

El Museo (Bogotá) 1-5 (abr. 1°-jul. 1, 1849): 80p.

El NeoGranadino (Bogotá: Imp. de Ancízar) 1.1-7.308 (ag. 4, 1848-abr. 27, 1854): [distinta paginación].

El Reconciliador Bogotano (Bogotá: Imprenta de Salazar, por V. Martínez) 1.1-13 (mayo 6-oct. 28, 1827): [sin paginación].

Escovar, Alberto, Margarita Mariño y César Peña. *Atlas histórico de Bogotá. 1538-1910*. Bogotá: Corporación La Candelaria - Editorial Planeta, 2004.

Estébanez Calderón, Demetrio. *Diccionario de términos literarios*. Madrid: Alianza Editorial, 1999.

Evans, George Ewart. «A note on the Anecdote». 2.9 *Lore and Language* (1978): 1-5.

Ezama Gil, Ángeles. *El cuento de la prensa y otros cuentos: aproximación al estudio del relato breve entre 1890 y 1900*. Zaragoza: Universidad de Zaragoza, 1992..

Ferrone, Vincenzo y Daniel Roche (eds.). *Diccionario histórico de la Ilustración*. Madrid: Alianza Editorial, 1998.

Forero Caballero, Hernando. «Hospital San Juan de Dios de Bogotá. Reseña Histórica». *Medicina* (Órgano Informativo de la Academia Nacional de Medicina de Colombia) 26.2.65 (jun., 2004): http://anm.encolombia.com/academ26265-historia2.htm

Forgas Berdet, Esther. «El diálogo referido y otras bases de tipologización de la fábula y el coloquio». *Revista Española de Lingüística* 22.2 (1992): 309-324.

Forneas Fernández, María Celia. «El artículo de costumbres: crónica, crítica, literatura y periodismo». *Estudios sobre el Mensaje Periodístico* 11 (2005): 293-308.

Foster, Shirley. *Victorian Women Fiction: Marriage, Freedom and the Individual.* London and Sidney: Croom Helm, 1986.

Foz y Foz, Pilar. *Mujer y educación en Colombia. Siglos XVI-XIX.* Santafé de Bogotá: Academia Colombiana de Historia, 1997.

Franco, Jean. *Historia de la literatura hispanoamericana.* 6ª ed. Trad. Carlos Pujol. Barcelona: Ariel, 1985.

Franco Rubio, Gloria A. «Hacia una re-construcción de la sociabilidad ilustrada: las Sociedades gaditanas de Amigos del País». *Cuadernos de Historia Moderna Anejos* 1 (2002):177-209

Freud, Sigmund. *Dostoyevsky y el parricido.* Madrid: Obras Completas Biblioteca Nueva, 1973. 3004-3016.

Fundación Misión Colombia. Historia de Bogotá. Siglo XIX. Tomo II. Bogotá: Salvat - Villegas Editores, 1989.

García Berrio, Antonio y Javier Huerta Calvo. *Los géneros literarios: sistema e historia.* Madrid: Cátedra, 1995.

Garrido, Margarita. «La vida cotidiana y pública en las ciudades coloniales». *Historia de la vida cotidiana en Colombia.* Beatriz Castro Carvajal (Ed.). Santafé de Bogotá: Grupo Editorial Norma, 1996. 131-158.

Garrido Domínguez, Antonio. *El texto narrativo.* Madrid: Editorial Síntesis, 1996.

Gerbi, Antonello. *La disputa del nuevo mundo.* 1955. México: Fondo de Cultura Económica, 1982.

Gere Mason, Amelia Ruth. *The Women of the French Salons.* New York: The Century Co., 1891.

Gilmore, Robert Louis. *El federalismo en Colombia, 1810-1858.* 2 vols. Santafé de Bogotá: Sociedad Santanderista de Colombia-Universidad Externado de Colombia, 1995.

Giner, Salvador, Emilio Lamo de Espinosa y Cristóbal Torres (eds.). *Diccionario de sociología.* Madrid: Alianza Editorial, 1998.

Gómez Restrepo, Antonio. *Historia de la literatura colombiana.* (1945). Vols. III, IV 4ª ed. Bogotá: Ministerio de Educación Nacional - Ediciones de la Revista Bolívar, 1957

_____. *Bogotá. La literatura colombiana a mediados del siglo XIX. Dos ensayos.* Bogotá: Talleres de Ediciones Colombia, 1926.

_____. «Literatura Colombiana». *Revue Hispanique* XLIII (1918): 155-56.

Gomis, Lorenzo. *El medio media: la función política de la prensa.* Barcelona: Editorial Mitre, 1987.

Goodman, Dena. «Sociabilidad». *Diccionario histórico de la Ilustración.* Vincenzo Ferrone y Daniel Roche (eds.). Madrid: Alianza Editorial, 1998. 215-220.

Granja, Juan de la. *Rasgos históricos de magnanimidad, valor, y nobleza: Anécdotas, sentencias y ejemplos raros de virtud. Dichos notables, cuentos, fábulas y ocurrencias graciosas, en prosa y en verso. Para el uso de las escuelas, y particularmente dedicados á la juventud que aprende el castellano, con cuyo objeto ha procurado el editor mezclar lo útil con lo dulce.* New York: Imprenta de Don Juan de la Granja, 1835.

Griffin, Dustin. *Satire. A critical reintroduction.* Lexington, Kentucky: The University Press of Kentucky, 1994.

Groot, José Manuel. *Historia eclesiástica y civil de Nueva Granada.* Tomada de la 2ª edición de don Medardo Rivas. Bogotá, 1889. III. Bogotá: Editorial A. B. C., 1953.

Guerra, Francois-Xavier. *Modernidad e independencias. Ensayos sobre las revoluciones hispánicas.* Madrid: Mapfre, 1992.

Guillén, José. «Introducción». *Epigramas de Marco Valerio Marcial.* 2ª ed. José Guillén:Texto, introducción y notas. Zaragoza: Institución «Fernando el Católico» (CSIC) - Excma. Diputación de Zaragoza, 2004. 1-64.

Gutiérrez Ramos, Jairo. *El Mayorazgo de Bogotá y el Marquesado de San Jorge. Riqueza, linaje y honor en Santa Fé, 1538-1824.* Santafé de Bogotá: Instituto Colombiano de Cultura Hispánica, 1998.

Habermas, Jürgen. *Historia y crítica de la opinión pública. La transformación estructural de la vida pública.* Barcelona: Ediciones G. Gili SA. De CV., 1994.

Hadjadj, Dany. «L'anecdote au péril des dictionnaires». *L'anecdote [actes du colloque de Clermont-Ferrand (1988).* Alain Montandon. Clermont-Ferrand, France: Association des publications de la Faculté des lettres et sciences humaines de Clermont-Ferrand, 1990. 1-20.

Haggerty, George E. «The Gotic Novel, 1764-1824». *The Columbia History of The British Novel.* John Richetti (ed.). New York: Columbia University, 1994. 220-246.

Haverkate, Henk (ed.). *La semiótica del diálogo.* Amsterdam: Rodopi, 1987. (Diálogos Hispánicos de Amsterdam N° 6).

Hendrix, Harald. «Historiographical Anecdotes as Depositories and Vehicles of Cultural Memory». *Genres as repository of Cultural Memory.* Gorp, Hendrik van (ed. and introd.). Amsterdam, Netherlands - Atlanta GA.: Rodopi, 2000. 17-25.

Henry, Laurie. *The Fiction Dicctionary.* Cincinnaty, Ohio: Story Press, 1995.

Hernández de Alba, Guillermo (comp.). *Documentos para la historia de la educación en Colombia. 1800-1806.* VI. Bogotá: Editorial Kelly,

_____. (comp.). *Documentos para la historia de la educación en Colombia. 1767-1776.* IV. Bogotá: Editorial Kelly, 1980.

Hernández de Alba, Gonzalo y Jaime García Maffla. «Literatura de la Ilustración». *Gran enciclopedia de Colombia.* 4. Santafé de Bogotá: Círculo de Lectores, 1992. 55-64.

Hirsch, E. D. «Objective Interpretation». *Validity in Interpretation*. New Haven: Yale University Press, 1976.

Holguín y Caro, Margarita. *Los Caros en Colombia. Su fe, su patriotismo, su amor*. Bogotá: Instituto Caro y Cuervo, 1953.

Holland, Norman. *5 Readers Reading*. New Haven and London: Yale University Press, 1975.

Holland, Norman y Leona F. Sherman. «Gothic Possibilities». *Gender and Reading. Essays on Readers, Texts, and Contexts*. Elizabeth A. Flynn, and Patrocinio P. Schweickart (eds). Baltimore and London: The John Hopkins University Press, 1986. 215-233.

Hollier, Denis (ed.). *A New History of French Literature*. Cambridge, Massachusetts, London, England: Harvard University Press, 1989.

Howland, John W. *The Letter Form and the French Enlightenment. The Epistolary Paradox*. New York: Peter Lang, 1991.

Hutcheon, Linda. *A Theory of Parody*. New York and London: Routledge, 1986.

Ibáñez, Pedro M. *Crónicas de Bogotá*. (1951). I-IV. 3ª ed. Bogotá: Academia de Historia de Bogotá, Tercer Mundo Editores, 1989.

Infantes, Víctor. «Iglesia y corte en dos diálogos renacentistas desconocidos». *Anuario de la Sociedad Española de Literatura General y Comparada, 1983-1984*. Madrid: Sociedad Española de Literatura General y Comparada, 1985. 55-68.

Irisarri, Antonio José de. *El Cristiano Errante (novela que tiene mucho de historia)*. 1847. Tomos I, II, III. Guatemala, C. A.: Editorial del Ministerio de Educación Pública «José de Pineda Ibarra» en la Ciudad de Guatemala, 1960.

Iser, Wofgang. *The Fictive and the Imaginary: Charting Literary Antrhopology*. 1991. Baltimore and London: The John Hopkins University Press, 1993.

Jauss, Hans Robert. *Toward an Aesthetic of Reception*. 1970. Brighton: Harvester Press, 1982. Originalmente en alemán: Suhrkamp Verlag, 1970.

Jiménez, Dolores. «La anécdota, un género breve: Chamfort». *Çédille. Revista de estudios franceses*, 3 (2007): 9-17.

Johnson, Allan G. *The Blackwell Dictionary of Sociology. A User's Guide to Sociological Language*. Cambridge, MA.: Blackwell, 1995.

Johnson, Julie Greer. *Satire in Colonial Spanish América: Turning the New World upside down*. Austin, Tx.: University of Texas Press, Austin, 1993.

Jolles, André. *Las formas simples*. Trad. Rosemarie Kempe Titze. Santiago de Chile: Editorial Universitaria, 1972.

Kaleidoskopos. «Protestas. III». *El Duende. Periódico de buen humor, dedicado a los cachacos de ambos sexos* (Bogotá) 30 (nov. 8, 1846): 5-7.

Kolodny, Annette. «A Map for Rereading: or, Gender and the Interpretation of Literary Texts». *New literary History* 11 (1980): 451-467.

König, Hans-Joachim. *En el camino hacia la nación. Nacionalismo en el proceso de formación del Estado y de la Nación de la Nueva Granada, 1750-1856*. 1988. Trad. del alemán Dagmar Kusche, Juan José de Narváez. Santafé de Bogotá: Banco de la República, 1994.

La Estrella Nacional (Bogotá: Imprenta de la Universidad por Nicolás Gómez) 1-12 (ene. 1°-abr. 17, 1836): [distinta paginación].

La Fave, Lawrence y Jay Haddad y William A. Maessen. «Superiority, enhanced, self-esteem and preceived incongruity humor theory. *Humor and Laughter. Theory, Research, and Applications*. Antony J. Chapman y Hugh C. Foot, (eds.). New Brunswick y London: Transaction Publishers, 1996. 63-92.

La Miscelanea (Bogotá: Impreso por F. M. Stokes) 1.1 (sept. 18, 1825)-3.39 (jun. 11, 1826): 158p.

Laverde Amaya, Isidoro. *Apuntes sobre bibliografía colombiana con muestras escogidas en prosa y en verso. Con un apéndice que contiene la lista de las escritoras colombianas, las piezas dramáticas, novelas, libros de historia y de viajes escritos por colombianos*. Bogotá: Librería Soldevilla y Curriols y Rafael Chávez, 1882: 208-213.

_____. *Bibliografía colombiana*. I. Bogotá: Imprenta y Librería de Medardo Rivas, 1895.

_____. «De las novelas colombianas». *Revista Literaria* (Bogotá) IV (1894): 68-82.

_____. *Fisonomías literarias de Colombia*. Curazao: Bethencourt e Hijos, 1890.

Laviña, Javier. «Ilustración y reacción en la Nueva Granada». *Anuario Colombiano de Historia Social y de la Cultura* (Bogotá) 16-17 (1988-1989): 79-93.

Lázaro Carreter, Fernando. *Diccionario de términos filológicos*. Madrid: Editorial Gredos, 1984.

Le Moyne, Agusto. *Viajes y estancias en la América del Sur. La Nueva Granada, Santiago de Cuba, Jamaica y el Istmo de Panamá*. Biblioteca Popular de Cultura Colombiana. Bogotá: Editorial Centro - Instituto Gráfico, 1945.

Levine, Jacob. Ed. *Motivation in humor*.New York: Atherton Press Inc., 1969.

Lewandowski, Theodor. *Diccionario de lingüística*. Madrid: Cátedra, 1995.

Lewis, Paul. *Comic effects. interdisciplinary approaches to humor in literature*. Albany: State University of New York, 1989.

Llano Isaza, Rodrigo. *Centralismo y federalismo*. Santafé de Bogotá: Banco de la República - El Áncora Editores, 1999.

LL. EE. «A nuestros lectores». *El Museo* (Bogotá) I.1 (abr. 1°, 1849): 1-4.

LL. EE. «El Museo». *El Museo* (Bogotá) I.2 (abr. 15, 1849): 17-18.

LL. EE. «Introducción». *El Albor Literario, periódico científico, literario i noticioso* (Bogotá) 1 (jul. 20, 1846): 1-2.

LL. EE. «Yarilpa». *El Museo* (Bogotá) I.2 (abr. 15, 1849): 23.
López Domínguez, Luis Horacio (comp.). *Obra educativa de Santander. 1827-1835*. II. Bogotá: Biblioteca de la Presidencia de la República, 1990.
López Eire, Antonio. *La retórica en la publicidad*. Madrid: Arco/Libros, S. L., 1998.
López Torrijo, Manuel y María Tecla Portela Carreiro. *La educación en la mentalidad popular*. Valencia: Universitat de Valencia, 1997.
Los Editores. «Aviso». *El Albor Literario, Periódico Científico, Literario i Noticioso* (Bogotá) 1 (1846): 112.
Los Editores. «Equivocaciones». *La Estrella Nacional* (Bogotá) 3 (ene. 14, 1836): 1.
Los Editores. «Prospecto». *La Miscelánea* (Bogotá) 1 (sept. 18, 1825): 1.
Los Editores. «Pensamientos sueltos sobre los periódicos»: *La Miscelánea* (Bogotá) 23 (feb. 19, 1826): 98.
Los Editores. «Periódicos». *La Miscelánea* (Bogotá) 13 (dic. 11, 1825): 52.
Los Editores. «Prospecto». *La Estrella Nacional*. (Bogotá) (1835): 1h.
Loureiro, Ángel G. «Problemas teóricos de la autobiografía». *La autobiografía y sus problemas teóricos. Estudio e investigación documental. Suplementos Anthropos. 29*. Barcelona: Editorial Anthropos. Promat, S. Coop. Ltda., 1991. 2-8.
Lozano, Jorge Tadeo y José Luis Azuola. *Correo Curioso, Erudito, Económico y Mercantil. 1801*. Facsimilar. Bogotá: Colcultura, 1993.
Lucena Salmoral, Manuel (Coord). *Historia de Iberoamérica* III: Historia Contemporánea. Madrid: Cátedra, 1988.
Luque Valderrama, Lucía. *La novela femenina en Colombia*. (Tesis para optar al grado de doctor en Filosofía, Letras y Pedagogía). Bogotá: Cooperativa de Artes Gráficas, 1954.
Lynch, John. *El siglo XVIII. Historia de España, XII*. Barcelona: Editorial Crítica, 1991.
_____. «La formación de los Estados nuevos». *Historia de Iberoamérica* III: Historia Contemporánea. Manuel Lucena Salmoral (Coord). Madrid: Cátedra, 1988. 131-248.
_____. *Las revoluciones hispanoamericanas, 1808-1826*. (1973). 3ª ed. Barcelona: Editorial Ariel S. A., 1983.
Maduro, José María. *Anales de Carabobo. Apuntes tomados de varios autores para servir de contingente a la historia de esta sección de la república*. I. Valencia: Imprenta de «El Diario». 1891.
Mantilla R. O.F.M., Luis Carlos. «Repaso de la historia. La conducta «disoluta» del virrey Solís». *Revista Credencial Historia* 20 (ag. 20, 1991): http://www.lablaa.org/blaavirtual/revistas/credencial/agosto1991/agosto3.htm
Marchese, Angelo y Joaquín Forradellas. *Diccionario de retórica, crítica y terminología literaria*. (1986). 4ª ed. Barcelona: Editorial Ariel S. A., 1994.

Martín Aguado, José a. y José I. Armentía Vizuete. *Tecnología de la información escrita*. Madrid: Editorial Síntesis, 1995.

Martínez, Juana. «El cuento hispanoamericano del siglo XIX». *Historia de la literatura hispanoamericana. II. Del neoclasicismo al modernismo*. Madrid: Cátedra, 1987. 229-243.

Martínez-Bonati, Félix. *La ficción narrativa (Su lógica y ontología)*. Murcia: Publicaciones de la Universidad, 1992.

Matos-Hurtado, Belisario. *Compendio de la historia de la literatura colombiana para el uso de los colegios y de las escuelas superiores de la república*. Bogotá: Editorial Marconi, 1925.

Maya, Rafael. *De perfil y de frente*. El costumbrismo en Colombia, una modalidad del pensamiento nacional. Cali: Editorial Norma, 1965.

Mayoral, José Antonio. *Figuras retóricas*. Madrid: Editorial Síntesis, 1994.

Maza, Sarah. «Womens' Voices in Literature and Art». *A New Literary History of French Literature*. Denis Hollier (ed.). Cambridge, Massachusetts, London, England: Harvard University Press, 1989. 623-627.

McFarlane, Anthony. *Colombia antes de la Independencia Economía, sociedad y política bajo el dominio Borbón*. Santafé de Bogotá: Banco de la República - El Áncora Editores, 1997.

McGrady, Donald. *La novela histórica en Colombia*. 1948. Bogotá: Editorial Kelly, 1962.

Melo, Jorge Orlando. «El periodismo colombiano antes de 1900: colecciones, microfilmaciones y digitalizaciones». World Library and Information Congress: 70th IFLA General Conference and Council. Buenos Aires, Argentina. 22-27. August 2004. http://www.ifla.org/IV/ifla70/papers/058s-Melo.pdf

Mellor, Anne K. «A Novel of their Own: Romantic Women's Fiction». *The Columbia History of The British Novel*. John Richetti (ed.). New York: Columbia University, 1994. 327-351.

Mogin-Martin, Roselyne. *La novela corta*. Madrid: Consejo Superior de Investigaciones Científicas, 2000.

Molina Petir, Cristina. *Dialéctica feminista de la Ilustración*. Barclona: Anthropos; Madrid: Comunidad de Madrid, Consejería de Educación, Dirección General de la Mujer, 1994.

Moliner, María. *Diccionario del uso del español*. Madrid: Gredos, 1981.

Moncada Roldán, Luz María (transcriptora). *Correspondencia recibida por Gregorio Gutiérrez González*. 184pp. biblioteca-virtual-antioquia.udea.edu.co/pdf/34/34_801909371.pdf

Montandon, Alain. *L'anecdote [actes du colloque de Clermont-Ferrand (1988)*. Clermont-Ferrand, France: Association des publications de la Faculte? des lettres et sciences humaines de Clermont-Ferrand, 1990.

Mosse, George L. *The image of man. The creation of modern masculinity*. New York, Oxford: Oxford University Press, 1996.

Motta Vargas, Ricardo. *Jeremías Bentham en el origen del conservatismo y liberalismo. La polémica del siglo XIX: utilitarismo inglés y catolicismo en la formación del bipartidismo colombiano*. Santafé de Bogotá: ECOE Ediciones, 1996.

Murfin, Ross, and Supryia M. Ray. *The Bedford Glossary of Critical and Literary Terms*. 2nd ed. Boston: Bedford-St. Martin's, 2003.

Mutis, José Celestino. *Mutis y la Expedición Botánica*. Bogotá: El Áncora Editores, 1983.

Múnera, Alfonso. *El fracaso de la nación*. Santafé de Bogotá: Banco de la República - El Áncora Editores, 1998.

Naudin, Marie. «Stéphanie-Félicité, Comptesse de Genlis (1746-1830)». *French Women Writers*. Eva Martin Sartori & Dorothy Wynne Zimmerman, (eds.). Lincoln y Londres: University of Nebraska Press, 1994. 178-185.

Nariño, Antonio. *La Bagatela. (1811-1812). Edición facsimilar*. Bogotá: Talleres de la Litografía Venegas, 1966.

Navarrete, Manuel. *Entretenimientos poéticos*. México: Imprenta de Valdés, 1823.

_____. «Fábula. Los viejos casados». *El Duende. Periódico de buen humor, dedicado a los cachacos de ambos sexos* (Bogotá) 55 (mayo 15, 1847): iv. [Aparece como anónimo].

Neklioudova, Maria. *Anecdotes as History, History of Anecdotes: Transformation of a Genre from Seventeenth-Century French Historiography to Nineteenth-Century Russian Novel*. Diss. University of California, Los Angeles, 1999.

Noel, Thomas. *Theories of the Fable in the Eighteenth Century*. New York and London: Columbia University Press, 1975.

Nöth, Winfried. *Handbook of semiotics*. Bloomington and Indianapolis: Indiana University Press, 1995.

Núñez Segura, José A. *Literatura colombiana: sinopsis y comentarios de autores representativos*. Medellín: Editorial Bedout, 1952.

Ocampo López, Javier. «El proceso político, militar y social de la independencia». *Nueva Historia de Colombia*. II. Bogotá: Planeta Colombiana Editorial S. A., 1989. 9-64.

Orjuela, Héctor H. *El desierto prodigioso y prodigio del desierto de Pedro de Solís y Valenzuela. Primera novela hispanoamericana*. Bogotá: Instituto Caro y Cuervo, 1984.

Ortega Torres, José Joaquín. *Historia de la literatura colombiana*. 2ª ed. Bogotá: Editorial Cromos, 1935.

Ortiz [Rojas], José Joaquín. *María Dolores o la historia de mi casamiento*. *El Cóndor* «María Dolores o la historia de mi casamiento». *El Cóndor. Periódico Semanal, Político i Literario* (Bogotá) 1 (mzo. 11, 1841): 3; 4. «Capítulo II». 2 (mzo. 18, 1841): 5-8. Capítulo III». 3 (mzo. 27, 1841): 9-11. «Capítulo IV: 11-12. «Continuación capítulo IV». 4 (abr. 4, 1841): 13-16. «Continuación del capítulo IV». 5 (abr. 8, 1841): 17-20. «Fin». 6 (abr. 18, 1841): 21-24. 21-24. [reimp]. 3ª ed. Bogotá: Librería Nueva, 1917. IMPRESIONES EN CUADROS DE COSTUMBRES [En su edición original la novela aparece anónimamente].

Ortiz [Rojas], Juan Francisco. «El Oidor de Santafé. Leyenda bogotana». *El Día* (Bogotá) V.261 (ene. 23, 1845): 1-4; V.262 (ene. 26, 1845): 2-3; V.263 (feb. 2, 1845): 2-3.

Ospina, Uriel. *Sesenta minutos de novela en Colombia*. Bogotá: Editorial Retina, 1976?.

Otero Muñoz, Gustavo. «El costumbrismo en Colombia». *Santafé y Bogotá* (Bogotá) XIII (1930): 355-358; 401-403.

_____. «El crimen de Cortés de Mesa en nuestra literatura». *Boletín de Historia y Antigüedades* (Bogotá) 276 (1937): 577-602.

_____. *Historia del periodismo en Colombia*, Bogotá: Editorial Minerva, Biblioteca Aldeana de Colombia, 1925.

_____. «Huellas femeninas en las letras colombianas». *Conferencias dictadas en la Academia Colombiana de Historia con motivo de los festejos patrios*. Bogotá: Editorial Selecta, 1937a. 3-29.

_____. *Resumen de historia de literatura colombiana*. 2ª ed. Bogotá: Editorial A B C., 1937.

_____. *Semblanzas colombianas*. Editorial ABC, 1938.

Ozaeta, María Rosario. «Los fabulistas españoles (con especial referencia a los siglos XVIII y XIX)». *Epos* XIV (1998): 169-205.

Pacheco, Juan Manuel S. J. *Ciencia, filosofía y educación en Colombia (siglo XVIII)*. Bogotá: ECOE Ediciones, 1984.

Pachón Padilla, Eduardo. «El cuento: historia y análisis». *Manual de literatura colombiana*. II. Bogotá: Planeta Colombiana Editorial S. A., 1988. 516-523.

_____. *El cuento colombiano*. I. 1980. 2ª ed revisada. Bogotá: Plaza y Janés, 1985.

Packard, Vance. *Las formas ocultas de la propaganda*. 1973. México: Editorial Sudamericana, 1998.

Pagés-Rangel, Roxana. *Del dominio público: itinerarios de la carta privada*. Amsterdam - Atlanta: Rodopi, 1997.

Palacios Fernández, Emilio. «La *Fábulas* de Félix María de Samaniego: fabulario, bestiario, fisiognomía y lección moral». *Revista de Literatura* (Madrid) 119 (ene.-jun., 1999): 79-100.

Páramo, Pablo y Mónica Cuervo. *Historia social situada en el espacio público de Bogotá desde su fundación hasta el siglo XIX*. Bogotá: Universidad Pedagógica Nacional, 2006.

Páramo Pomareda, Jorge. «Introducción». *El desierto prodigioso y prodigio del desierto. Pedro de Solís y Valenzuela*. Edición de Rubén Páez Patiño, Introducción estudio y notas de Jorge Páramo Pomareda, Manuel Briceño Jáuregui, Rubén Pérez Patiño. Bogotá: Instituto Caro y Cuervo, I: 1977.

Pardo Bazán, Emilia. *La literatura francesa moderna. El Romanticismo. Obras completas*. Vol.37, 2ª ed. Madrid: V. Prieto y Cía, 1911.

Pedraza Jiménez, Felipe B. (Coord.) *Manual de literatura hispanoamericana*. II. Siglo XIX. Navarra: Cenlit Editores, 1991.

Peralta, Jaime Andrés. *Los novatores. La cultura ilustrada y la prensa colonial en Nueva Granada (1750-1810)*. Medellín: Universidad de Antioquia, 2005.

Perelman. Ch. y L. Olbrechts-Tyteca. *Tratado de la argumentación*. (1989). 1ª reimpr. Madrid: Editorial Gredos, 1994.

Pérez, Felipe. *Geografía general física y política de los Estados Unidos de Colombia y geografía particular de la ciudad de Bogotá*. Bogotá: Imprenta de Echeverría Hermanos, 1883.

Pérez Ortiz, Rubén. *Seudónimos colombianos*. Bogotá: Instituto Caro y Cuervo, 1961.

Pérez-Rioja, J. A. *Diccionario de símbolos y mitos*. 1962. 5ª ed. Madrid: Tecnos, 1997.

Pérez Samper, María de los Ángeles. *Espacios y prácticas de sociabilidad en el siglo XVIII; tertulias, refrescos y cafés de Barcelona. Cuadernos de Historia Moderna* 26 (2001): 11-55.

Perloff, Richard M. *The Dinamics of Persusion*. Hillsdale, New jersey; Hove and London: Lawrence Erlbaum Associates, Publishers, 1993.

Peset, José Luis. «Academias y ciencias en la Europa ilustrada». *Península. Revista de Estudios Ibéricos* (2003): 291-400.

Phelan, John. «El auge y la caída de los criollos en la Audiencia de Nueva Granada». *Boletín de Historia y Antigüedades* (Bogotá) 49 (1972): 597-618.

Pineda Botero, Álvaro. *La fábula y el desastre. Estudios críticos sobre la novela colombiana. 1650-1931*. Medellín: Fondo Editorial Universidad EAFIT, 1999.

Pombo, Manuel Antonio y José Joaquín Guerra. *Constituciones de Colombia*. (1892). I-IV. 4ª ed. Bogotá: Biblioteca Banco Popular, 1986.

Porras Collantes, Ernesto. *Bibliografía de la novela en Colombia*. Bogotá: Instituto Caro y Cuervo, 1976.

Porter, Charles A. «Foreword». *Yale French Studies* 71 (1986): 1-16.

Posada, Eduardo. *Narraciones. Capítulos para una historia de Bogotá*. Bogotá: Librería Americana, 1906.

Pozuelo Yvancos, José María. *Poética de la ficción*. Madrid: Editorial Síntesis, 1993.

P. V. «Protestas. II». *El Duende. Periódico de buen humor, dedicado a los cachacos de ambos sexos* (Bogotá) 30 (nov. 8, 1846): 4-5.

Ramos, Oscar Gerardo. *De Manuela a Macondo*. Bogotá: Instituto Colombiano de Cultura, 1972.

Raskin, Victor. *Semantic Mechanisms of Humor*. Dordrecht, Boston: D. Reidel Publiseher Co., 1986.

Reich, R. B. *The power of Public Ideas*. Cambridge: Harvard University Press, 1988.

Reichenberger, Kurt y Roswitha Reichenberger (eds.). *Varia bibliográphica: homenaje a José Simón Díaz*. Kassel: Reichenberger, 1988.

Restrepo, José Manuel. *Compendio de la historia de Colombia*. París: Librería americana, 1833.

Restrepo, Juan de Dios. «Protestas. I». *El Duende. Periódico de buen humor, dedicado a los cachacos de ambos sexos* (Bogotá) 30 (nov. 8, 1846): 3-4. [Firmado: Emiro Kastos Bag].

Revilla, Federico. *Diccionario de iconografía*. Madrid: Cátedra, 1990.

Reyero, Carlos. *Apariencia e identidad masculina. De la Ilustración al Decadentismo*. Madrid: Cátedra, 1996.

Reyes, Carlos José. «El costumbrismo en Colombia». *Manual de literatura colombiana*. I. Bogotá: Planeta Colombiana Editorial S. A., 1988. 175-246.

Ricœur, Paul. *Teoría de la interpretación. Discurso excedente de sentido*. (1976). México: Siglo XXI, 1995.

Ricuperati, Giuseppe. «Hombre de las luces». *Diccionario histórico de la Ilustración*. Vincenzo Ferrone y Daniel Roche (eds.). Madrid: Alianza Editorial, 1998. 21-33.

Rivas, Sacconi, José Manuel. *El Latín en Colombia. Bosquejo histórico del humanismo colombiano*. Bogotá: Instituto Caro y Cuervo - Librería Voluntad, 1949.

Roa, Jorge. «Noticia biográfica y literaria». *María Dolores o la historia de mi casamiento*. José Joaquín Ortiz. Bogotá: Librería Nueva, 1917. 1-2.

Rodríguez Adrados, Francisco. *Historia de la fábula greco-latina. Introducción y de los orígenes a la edad helenística*. Vol. I. Madrid: Editorial de la Universidad Complutense, 1979.

———. *Historia de la fábula greco-latina: La fábula en época imperial romana y medieval*. Vol. II. Madrid: Editorial de la Universidad Complutense, 1985.

———————. *History of the Graeco-Latin Fable*. 3 vols. Trans. Leslie A. Ray. Leiden; Boston: Brill, 1999-2003.

Rodríguez-Arenas, Flor María. *Bibliografía de la literatura colombiana siglo XIX*. Buenos Aires: Stockcero, 2006a. 2 Vols. I (A-L): 556 pp. II (M-Z): 508 pp.

———————. «Colombia: El ensayo literario colonial y la historia de la literatura neogranadina: Manuel del Socorro Rodríguez de la Victoria (1792)». *Hacia la novela: la conciencia literaria en Hispanoamérica (1792-1848)*. Santafé de Bogotá: Editorial Códice, 1993. 22-39. 2ª ed. Medellín: Universidad de Antioquia, 1998. 19-43.

———————. «Descontextualización de pasajes narrativos en las Crónicas de Indias: casos de *El Carnero*». *Thesaurus. Boletín del Instituto Caro y Cuervo* (Santafé de Bogotá) XLVII.2 (mayo-ag., 1992a): 354-367.

———————. «El aporte de los periódicos a la temprana historiografía literaria decimonónica colombiana:el caso de la anécdota.» *Literatura: Teoría, Historia Crítica* (Universidad Nacional de Colombia, Bogotá) 5 (2004): 105-126.

———————. «*El desierto prodigioso y el prodigio del desierto* o Contrarreforma y Barroco en la novela colonial de la Nueva Granada». «Actas XXVIII Congreso, Instituto Internacional de Literatura Iberoamericana. "Letras coloniales: Interacción y vigencia"». México: Colegio de México, 1994. 335-342.

———————. «El ensayo literario colonial: un texto de 1792 en la Nueva Granada». *Thesaurus. Boletín del Instituto Caro y Cuervo* (Santafé de Bogotá) XLVII.3 (sept.-dic., 1992b): 481-503.

———————. «El lenguaje coloquial y el humor en las *Tradiciones en salsa verde* de Ricardo Palma». *Revista de la Casa Museo Ricardo Palma* (Lima, Perú) 2.2 (jul. dic., 2001): 69-89.

———————. «Escritura y oralidad en *El desierto prodigioso y el prodigio del desierto* (hacia 1650) de Pedro de Solís y Valenzuela». *Revista Iberoamericana* (Pittsburgh) 172-173 (jul.-dic., 1995): 1-18.

———————. «Estructura de *Manuela*, novela de Eugenio Díaz Castro». Tesis (Instituto Caro y Cuervo, Bogotá), 1978.

———————. «Evolución de la novela en Hispanoamérica: Colonia y Siglo XIX». Ph. D. dissertation (University of Texas, Austin), 1985.

———————. *Hacia la novela: la conciencia literaria en Hispanoamérica (1792-1848)*. Santafé de Bogotá: Editorial Códice, 1993. 2ª ed. Medellín: Universidad de Antioquia, 1998.

———————. «Josefa Acevedo de Gómez: Modelos iniciales de la escritura femenina en el siglo XIX en Colombia. *El soldado, Angelina* (1861)». *¿Y las mujeres? Estudios de literatura colombiana*. Flor María Rodríguez-Arenas (Coautora). Medellín: Universidad de Antioquia, 1991. 109-132.

_____. «La autobiografía ficticia en *El Duende* (1846), periódico colombiano del siglo XIX». *Cuadernos de Literatura* (Pontificia Universidad Javeriana, Bogotá) X.18 (en.-jun., 2006b): 101-119.

_____. «La carta ficticia como género narrativo en el temprano periodismo decimonónico colombiano». *Signos Literarios y Lingüísticos* (Universidad Autónoma Metropolitana, México D. F.). III.1 (ene.-jun., 2002a): 87-106.

_____. «*La Estrella Nacional* (1836): Comienzos de la novela decimonónica en Colombia». *Cuadernos de Literatura. Pontificia Universidad Javeriana* (Santafé de Bogotá) II.3 (ene.-jun., 1996): 7-16.

_____. «La marginación de la narrativa de escritoras decimonónicas colombianas: "El crimen" de Soledad Acosta de Samper (1869)». *Tradición y actualidad de la literatura iberoamericana*. I. Pamela Bacarisse, Ed. Actas del XXX Congreso del Instituto Internacional de Literatura Iberoamericana. Pittsburgh: University of Pittsburgh, 1995. 153-159.

_____. «La representación del pasado colonial en *El Oidor de Santafé* de Juan Francisco Ortiz (1845)». *Crisis, apocalipsis y utopías*. Eds. Rodrigo Cánovas & Roberto Hozven. Instituto de Letras / Pontifica Universidad Católica de Chile: ag., 2000. 489-493.

_____. «Lina López de Aramburu: el comienzo de la escritura femenina en Venezuela durante el siglo XIX». *Revista de Literatura Hispanaomericana* (Universidad del Zulia, Venezuela) 35 (jul.-dic., 1997): 27-46.

_____. «Literatura colombiana y de colombianos (Colonia y siglo XIX)». *Folios: Revista de la Facultad de Humanidades, Universidad Pedagógica Nacional* (Santafé de Bogotá) 2ª época, 5 (mayo, 1996): 55-68.

_____. «Los casos de *El Carnero* o la retórica en la escritura de la historia colonial santafereña». *Revista Iberoamericana* (Pittsburgh) LXV.186 (1999): 149-170.

_____. «Los orígenes de la novela decimonónica colombiana. *María Dolores o la historia de mi casamiento* (1836) de José Joaquín Ortiz». *Literatura, Teoría, Historia y Crítica* (Universidad Nacional de Colombia, Bogotá) 4 (jul.-dic., 2002b): 37-64.

_____. «Mujer, tradición y novela». *¿Y las mujeres? Estudios de literatura colombiana*. Flor María Rodríguez-Arenas (Coautora). Medellín: Universidad de Antioquia, 1991. 77-88.

_____. *¿Y las mujeres?* Estudios de literatura colombiana. (Coautora). Medellín: Universidad de Antioquia, 1991.

Rodríguez de la Victoria, Manuel del Socorro. «La Tertulia Etropélica». *Papel Periódico de la Ciudad de Santafé de Bogotá* 84 (sept. 21, 1792): 247-248) «Respuesta de Lino». *Papel Periódico de la Ciudad de Santafé de Bogotá* 85 (sept. 28, 1792): 255-256. «De la Tertulia Eutropélica». *Papel Periódico de la Ciudad de Santafé de Bogotá* 86 (oct. 5, 1792): 255-256].

_____. «Satisfacción a un juicio poco exácto sobre literatura y buen gusto, antiguo y actual, de los naturales de la ciudad de Santafé de Bogotá». *Papel Periódico de Santafé de Bogotá* 59-65 (1792): 57-112.

Rodríguez Freile, Juan. *El Carnero*. Bogotá: Biblioteca Ayacucho, 1979.

Rodríguez González, Ana Luz. *Cofradías, capellanías, epidemias y funerales. Una mirada al tejido social de la Independencia*. Santafé de Bogotá: Banco de la República - El Áncora Editores, 1999.

Rodríguez Morales, Ricardo. «Cafés y tertulias literarias». *Gran enciclopedia de Colombia*. Vol. 5. Santafé de Bogotá: Círculo de Lectores, 1994. 229-244.

Rodríguez Villa, Antonio. *Don Pablo Morillo, Primer Conde de Cartagena. Marqués de la Puerta (1778-1837). Estudio biográfico documentado*. Madrid: Establecimiento Tipográfico de Fontaner, 1908.

Rojas, Fabio. «¿Qué es el chiste? El chiste en el teatro». *Cuadernos. Taller permanente de investigación teatral*. Bogotá: Corporación Colombiana de Teatro, 1996.

Rojas Garrido, José María. «Canto a la juventud granadina». *El Albor Literario, periódico científico, literario i noticioso* (Bogotá) 1 (1846): 30-32. [Firmado: J. M. Rojas Garrido].

_____. «Una noche romántica i un día clásico». *El Albor Literario, Periódico Científico, Literario i Noticioso* (Bogotá) 1 (1846): 3-6. [Firmado: J. M. R. G.].

Rojas Paúl, J. P. *Documentos para los anales de Venezuela desde el movimiento separatista de la unión colombiana hasta nuestros días*. I. Caracas: Imprenta y Litografía del Gobierno Nacional, 1890.

Rojas Pontón, Campo. *Logia Libertad de Colombia : parte de la historia de la primera Logia Libertad de Colombia N° 1, fundada en Santafé de Bogotá, el 2 de enero del año de 1820*. Bogotá: C. Rojas Pontón, 1992.

Roger, Philippe. «Felicidad». *Diccionario histórico de la Ilustración*. Vincenzo Ferrone y Daniel Roche (eds.). Madrid: Alianza Editorial, 1998. 48-55.

Romero, Mario Germán. *Bogotá en los viajeros extranjeros del siglo XIX*. Bogotá: Villegas Editores, 1990.

_____. «Introducción». *El Carnero, según el manuscrito de Yerbabuena*. Bogotá: Instituto Caro y Cuervo, 1984. xxiii-lxvi.

Rosemblat, Louise. *The Reader, the Text, the Poem: The Transactional Theory of the Literary Work*. Carbondale: Southern Illinois University Press, 1978.

Ruiz Martínez, Eduardo. *La librería de Nariño*. Bogotá: Planeta Colombiana Editorial S. A., 1990.

Ruiz Sánchez, Marcos. «La teoría de la bipartición del epigrama desde Scalígero hasta nuestros días: consideraciones para un enfoque pragmático del género». *Archivum: Revista de la Facultad de Filología* 54-55, (2004-2005): 163-210.

Samper, José María. *Apuntamientos para la historia política i social de la Nueva Granada desde 1810, i especialmente de la administración del 7 de marzo*. Bogotá: Imprenta del Neo-Granadino, 1853.

_____. «Discurso de recepción Academia Colombiana». *El Repertorio Colombiano* (Bogotá) XII.1 (sept., 1886): 52-81.

_____. *Historia de un alma: memorias íntimas y de historia contemporánea, 1834 a 1881*. Bogotá: Imprenta de Zalamea Hnos., 1881. [reimp] *Historia de un alma*. I. Bogotá: Ministerio de Educación Nacional, 1946. *Historia de un alma*. II. Bogotá: Ministerio de Educación Nacional, 1948.

Sánchez-Blanco, Francisco. *La mentalidad ilustrada*. Madrid: Taurus, 1999.

Sánchez López, Luis María. *Diccionario de escritores colombianos*. Bogotá: Plaza & Janes, 1985.

Sandell, Rolf. *Linguistic Style and Persuasion*. London, New York and San Francisco: Academic Press, 1977.

Sanders, Andrew. *The Short Oxford History of English Literature*. OxfordL Clarendon Press, 1994.

Sanín Cano, Baldomero. *Letras colombianas*. México: Fondo de Cultura Económica, 1944.

Santander, Francisco de Paula. *Apuntamiento para las memorias sobre Colombia y la Nueva Granada*. Bogotá: Lorenzo M. Lleras, 1838.

Santander, Rafael Eliseo. «Recuerdo de 1816». *El alma de Bogotá*. Nicolás Bayona Posada. 1938. 2ª ed. Bogotá: Villegas Editores, 1988. 117-122.

Scarpetta, Manuel Leonidas y Saturnino Vergara. *Diccionario biográfico de los campeones de la libertad Nueva Granada, Venezuela, Ecuador i Perú, que comprende sus servicios hazañas i virtudes*. Bogotá: Imprenta de Zalamea, por M. Díaz, 1879.

Scheufele, Dietram. «Aggendaq-etting, Priming, and Framing Revisited: Another Look at Cognitive Effects of Political Communication». *Mass Communication & Society* 3.2-3 (2000): 297-316.

Searle, John R. *Intentionality. An Essay in the Philosophy of Mind*. 1983. Cambridge: Cambridge University Press, 1996.

Seidler, Victor J. *Unreasonable men. Masculinity and social theory*. London and New York: Routledge, 1994.

Shaw, E. «Agenda-Setting and Mass Communication Theory». *International Journal for Mass Communication Studies* XXV.2 (1979): 96-105.

Sierra, Martha Janeth. «Los masones y los libros en la historia de Colombia». *Boletín de Historia y Antigüedades* LXXXIX.817 (jun., 2002): [s.p]. http://www.lablaa.org/blaavirtual/historia/masones/masones.htm

Silva, Renán. *La Ilustración en el virreinato de la Nueva Granada. Estudios de historia cultural*. Medellín: La Carreta Editores E. U., 2005.

_____. *Los Ilustrados de Nueva Granada, 1760-1808. Genealogía de una comunidad de interpretación*. Medellín: Banco de la República - EAFIT, 2002.

_____. *Prensa y revolución a finales del siglo XVIII. Contribución a un análisis de la formación de la ideología de la Independencia nacional*. Bogotá: Banco de la República, 1988.

_____. *Saber, cultura y sociedad en el Nuevo Reino de Granada, siglos XVII y XVIII*. Bogotá: Universidad Pedagógica Nacional, 1984.

_____. *Universidad y sociedad en el Nuevo Reino de Granada. Contribución a un análisis histórico de la formación intelectual de la sociedad colombiana*. Santafé de Bogotá: Banco de la República, 1992.

Showalter Jr., English. «Authorial Self-Consciousness in the Familiar Letter: The Case of Madame de Graffigny». *Yale frech Studies: Men and Women of Letters* 71 (1986): 113-130.

Snow, D. A. y R. D. Benford. «Master Frames and Cycles of Protest». *Frontiers in Social Movement Theory*. A. D. Morris y C. M. Mueller, eds. New Haven: Yale University Press, 1992. 133-155.

Soriano, Graciela. «La Cosiata». *Diccionario de Historia de Venezuela*. II. Manuel Rodríguez Campos y Sara Colmenares. Caracas, Venezuela : Fundación Polar, 1997. 872-876.

Soto Arango, Diana. *La Ilustración en las Universidades y Colegios Mayores de Santafé, Quito y Caracas: Estudio bibliográfico y de fuentes*. Santafé de Bogotá: Editorial Códice Ltda, 1994.

_____. *Mutis: filósofo y educador*. Bogotá: Universidad Pedagógica Nacional, 1989.

_____. *Polémicas universitarias en Santa Fe de Bogotá, siglo XVIII*. Santafé de Bogotá: Universidad Pedagógica Nacional, CIUP, Colciencias, 1993.

Spencer, Samia I. «Sophie Cottin (1770-1807)». *French Women Writers*. Eva Martin Sartori & Dorothy Wynne Zimmerman, (eds.). Lincoln y Londres: University of Nebraska Press, 1994. 90-98.

Squicciarino, Nicola. *El vestido habla: consideraciones psico-sociológicas sobre la indumentaria*. 1986. José Luis Aja Sánchez, Trad. Madrid: Cátedra, 1990.

Steuart, John. *Bogotá in 1836-7. Being a Narrative of an Expedition to the Capital of New Grenada, and a Residence There of Eleven Months*. New York: Harper & Brothers, 1838.

Straub, Kristina. «Frances Burney and the Rise of the Woman Novelist». *The Columbia History of the British Novel*. John Richetti (ed.). New York: Columbia University, 1994. 199-219.

Taylor, Archer. «The Anecdote: A Neglected Genre». *Medieval Literature and Folklore Studies: Essays in Honor of Feancis Lee Utley*. Bruce Rosenberg. (Ed). New Brunswick, N. J.: Rutgers University Press, 1970.

Torres Caicedo, José María. *Ensayos biográficos y de crítica literaria sobre los principales publicistas, historiadores y poetas y literatos de América Latina*. París: Baudri - Librería Europea, 1868.

Torres Duque, Óscar. «Periódicos y revistas: la cultura y los medios». *Gran enciclopedia de Colombia*. Vol. 5. Santafé de Bogotá: Círculo de Lectores, 1994. 177-192.

Ucelay da Cal, Margarita. *Los españoles pintados por sí mismos (1843-1844). Estudio del género costumbrista*. México: Fondo de Cultura Económica, 1951.

Varios. *Manual de historia de Colombia*. 1984. II. 4ª ed. Bogotá: Procultura S. A. Tercer Mundo Editores, 1992.

Vergara y Vergara, José María. *Artículos literarios de José María Vergara y Vergara* 1ª serie. Londres: Juan M. Fonnegra, 1885.

_____. *Historia de la literatura en Nueva Granada*. (1867). 2 vols. Bogotá: Banco Popular, 1974.

Violi, Patrizia. «La intimidad de la ausencia epistolar». *Revista de Occidente* (Madrod) 68 (ene., 1987): 87-99.

Wade, Gerald. «An Introduction to the Colombian Novel». *Hispania* 30.4 (nov., 1947): 467-483.

Walles, Katie. *A Dictionary of Stylistics*. London and New York: Longman, 1989.

Whitebrook, Maureen. «Taking the Narrative Turn: What the Novel has to Offer Political Theory». *Literature and the Political Imagination*. John Horton y Andrea T. Baumeister, (eds.). London y New York: Routledge, 1996. 32-52.

Williams, Raymond. «Base and Superstructure in Marxixst Cultural Theory». *Historical Criticism*. New York: Longman, 1998. 491-501.

Williams, Raymond Leslie. «Los orígenes de la novela colombiana». *Thesaurus* (Bogotá) XLIV (1989): 580-605.

———————. *The Colombian Novel (1844-1987)*. Austin: University of Texas Press, 1991.

Wimsatt, W. K. y M. C. Beardsley. «Affective Fallacy». *Sewance Review* 57 (1949): 31-55.

Winterowd, W. Ross. *The Rethoric of the «Other» Literature*. Carbondale and Edwardsville: Southern Illinois University Press, 1990.

Yáñez, Mirta (Comp.). *La novela romántica latinoamericana*. La Habana: Casa de las Américas, 1976.

Zafadola. «Debo escribir algo». *El Albor Literario, periódico científico, literario i noticioso* (Bogotá) 1 (1846): 143-144.

Thank you for acquiring

Periódicos literarios y géneros narrativos menores
Fábula, anécdota y carta ficticia
Colombia (1792 - 1850)

from the
Stockcero collection of Spanish and Latin American significant books of the past and present.

This book is one of a large and ever-expanding list of titles Stockcero regards as classics of Spanish and Latin American literature, history, economics, and cultural studies. A series of important books are being brought back into print with modern readers and students in mind, and thus including updated footnotes, prefaces, and bibliographies.

We invite you to look for more complete information on our website, www.stockcero.com, where you can view a list of titles currently available, as well as those in preparation. On this website, you may register to receive desk copies, view additional information about the books, and suggest titles you would like to see brought back into print. We are most eager to receive these suggestions, and if possible, to discuss them with you. Any comments you wish to make about Stockcero books would be most helpful.

The Stockcero website will also provide access to an increasing number of links to critical articles, libraries, databanks, bibliographies and other materials relating to the texts we are publishing.

By registering on our website, you will allow us to inform you of services and connections that will enhance your reading and teaching of an expanding list of important books.

You may additionally help us improve the way we serve your needs by registering your purchase at:

http://www.stockcero.com/bookregister.htm

www.ingramcontent.com/pod-product-compliance
Lightning Source LLC
Chambersburg PA
CBHW021837220426
43663CB00005B/287